中国政法大学新兴学科培育与建设计划
——合规学建设项目

蓟门合规文库

 蓟门合规文库

中央企业合规管理理论与实践

ZHONGYANG QIYE
HEGUI GUANLI
LILUN YU SHIJIAN

李 辉◎著

中国政法大学出版社

2024·北京

图书在版编目（ＣＩＰ）数据

中央企业合规管理理论与实践/李辉著. —北京：中国政法大学出版社，2024.3
ISBN 978-7-5764-1393-9

Ⅰ.①中⋯　Ⅱ.①李⋯　Ⅲ. ①国有企业－企业法－研究－中国　Ⅳ.①D922.291.914

中国版本图书馆CIP数据核字(2024)第053139号

出 版 者	中国政法大学出版社
地　　址	北京市海淀区西土城路 25 号
邮　　箱	fadapress@163.com
网　　址	http://www.cuplpress.com (网络实名：中国政法大学出版社)
电　　话	010-58908435(第一编辑部) 58908334(邮购部)
承　　印	固安华明印业有限公司
开　　本	787mm×1092mm　1/16
印　　张	27
字　　数	700 千字
版　　次	2024 年 3 月第 1 版
印　　次	2024 年 3 月第 1 次印刷
印　　数	1~3000 册
定　　价	109.00 元

作者简介

李辉　目前就职于国务院国资委直属管理的 50 强中央大型企业集团总部法律部。长期负责集团合规、法律、合同管理工作，具有丰富的企业业务实践和管理经验。

主要工作成果：《××合同一体化管理工作》（主创）获得 2016 年公司管理创新成果三等奖；《打造互联网＋电子合同管理体系，构筑契约新生态》（主创）获得 2017 年公司管理创新成果二等奖；《打造智慧中台，践行互联网化新运营》（主创）获得 2018 年公司管理创新成果三等奖。

担任中国信息通信研究院《互联网行业企业合规管理体系标准研究项目》评审专家组组长。担任国务院国资委中国大连高级经理学院合规网络课程《国有企业合规管理从业人员能力提升网络专题班》《国企智慧法治建设》授课讲师；担任中国政法大学《企业合规调查与治理》在校硕士研究生创新课程授课老师；担任联通学院《我分享》授课讲师。《中国企业法务观察》（第 6 辑）副主编。《北大法宝智慧法务研究院》微信公众号《智享》栏目策划人和主理人。

近三年在杂志、图书上发表作品：

1. 《促进法治央企建设全面升维》，载《通信企业管理》2021 年第 3 期。

2. 《法治央企建设的数字化转型之路》，载《法人》2021 年第 4 期。

3. 《立数字化改革潮头　拓大客户智能化服务蓝海》，载《通信企业管理》2021 年第 12 期。

4. 《央企制度建设新解》，载《法人》2022 年第 2 期。

5. 《创新规章制度管理，构建合规新生态》，载《法律与生活》2022 年第 5 期。

6. 《找准央企法治建设生态位》，载《法人》2022 年第 7 期。

7. 《智慧合规迎新格局》，载《法人》2022 年第 7 期。

8. 《合规管理数字化转型》，载《企业家》2022 年第 12 期。

9. 《推开法务之门，护航企业行稳致远》，载《法律与生活》2023 年第 1 期。

10. 《"数据二十条"打开企业数据合规空间》，载《法人》2023 年第 3 期。

11. 《合规学科建设加入数字化元素》，载《法治时代》2023 年第 3 期。

12. 《AI 赋能智慧法治建设》，载《法人》2023 年第 7 期。

13. 《央企法治建设新标准》，载《法人》2023 年第 9 期。

14. 《构建"1＋2＋3＋4＋N"央企大合规智慧管理体系》，载叶小忠主编：《中央企业法务观察》（第 6 辑），法律出版社 2021 年版。

15.《创新规章制度管理，谱写中国特色合规管理新篇章》，载叶小忠主编：《中央企业法务观察》（第 6 辑），法律出版社 2021 年版。

16.《数字化转型构建智慧诉讼新业态》，载叶小忠主编：《中央企业法务观察》（第 7 辑），法律出版社 2023 年版。

17.《国有企业合规管理数字化转型初探》，载《上海国资》2023 年第 11 期。

18.《智慧采购、一体化运营　中国联通推进采购数字化转型》，载《通信企业管理》2023 年第 12 期。

蓟门合规文库总序

中国企业是塑造我国国际合作与竞争新优势的重要力量。当前世界经济格局深刻变化，产业竞争不断加剧，监管要求日趋严格，对企业治理体系和治理能力建设提出新的挑战。合规是组织可持续发展的基石。强化企业合规治理，使合法合规经营成为现代企业治理的内在特质和内生需求，是中国企业的必然选择。

我国的企业合规进程快速推进，国务院国资委、国家发改委、最高人民检察院等有关部门先后出台了一系列引导、督促、强化企业合规建设的规范性文件。中国企业不断深化合规认识，持续拓展合规实践，探索建立合规管理体系，强化合规专项计划，遵守国际通行规则、本土规范及人文风俗，确保合法合规经营管理，有效防控重大合规风险。

合规知识在监管部门、企业和专业服务机构的合规实务探索中生产出来并不断深化，但高等院校的跟进参与、总结提炼和有效输出却略显滞后。当下的合规治理理论不能充分满足合规实践之亟须，不能有效形成对合规实践之引领，高端复合型企业合规人才急缺等问题日渐凸显，在相当程度上影响和制约了企业合规的深度发展。研究和完善合规治理理论，需要学者与合规实践工作者的共同努力。

知之愈明，则行之愈笃；行之愈笃，则知之益明。需要坚持"从实践中来、到实践中去"，立足于历史维度、实践维度和比较维度相结合的一体化视角，深入扎实推进合规理论研究和教书育人工作。澄清概念、纠正误解、理顺逻辑、构建体系，定义合规学科的核心范畴、研究对象和研究范式，在此基础上构建学科化和规范化的合规人才培养体系，优化合规人才成长路径，逐步促进形成以高层次专业合规人才为带动的合规理论与实践发展新局面。

中国政法大学作为国内法学教育和研究的重镇，积极响应国家和时代的重大发展需求，在培养高层次人才和贡献高质量的学术研究方面长期走在国内前沿。在企业合规领域，中国政法大学充分立足和发挥自身优势，不断打磨创新合规理论研究、实践探索和人才培养的方式，已经在许多方面建树颇丰。

开设"企业合规调查与治理""企业内部调查与合规管理"研究生跨学科创新课程；举办"蓟门合规高峰论坛""蓟门合规讲坛""蓟门合规沙龙"等系列活动；成立"企业合规检察研究基地""合规治理理论研究中心"等科研机构，打造多方共同参与的产学研用平台；启动"合规学"新兴学科培育与建设计划，推进合规治理的学科化发展和人才培养的跨越式升级。

《蓟门合规文库》是一个综合性合规主题文库，历经三年时间酝酿与筹备后启动编撰，旨在通过对合规治理相关理论与研究的汇集、引进、阐释、提炼及本土化发展创新，促进合规治理理论体系不断成型、成熟，形成与国内国际合规实践的有益互动和彼此助力。文库聚焦合规事业发展中的重要理论与实践问题，通过整合学界和业界资源，将我国合规实践的有益经验固化、提炼、升华、输出，将域外合规的已有成果引进、消化、借鉴、吸收，促进形成具有时代先进性的合规中国方案和中国智慧。

《蓟门合规文库》包括合规学系列教科书、合规专业论著、合规外文译丛、合规研究集刊、合规实务指南等多种形式，融合社会学、管理学、法学、经济学、心理学、证据学等多层次学科内容，力求在对合规宏观和基础层面的深入研究中体现出系统性与规范性，又在对合规微观和操作层面的积极响应中体现出灵活性与及时性。

《蓟门合规文库》的编撰是一项长期和开放性的工作，欢迎相关专家学者共同参与、指正。期望通过本文库，陆续推出一批高质量的作品，带动合规人才培养、科学研究、社会服务、文化传承及国际交流，促进企业合规事业走向内涵式高质量发展之路，推进合规治理体系和治理能力现代化！

是为序。

中国政法大学终身教授 江平

二〇二二年七月

前　言

　　二十大报告中明确提到"要坚持走中国特色社会主义法治道路，建设中国特色社会主义法治体系、建设社会主义法治国家"。全面依法治国是国家治理的一场深刻革命，全面依法治企是国有企业改革发展始终坚持践行的优良传统。合规管理则是中央企业法治建设的重要组成部分。在国务院国资委的强力推动下，合规管理进入快车道，从试点创新到全面铺开再到强化管理，结出丰硕的管理成果。众多中央企业在合规实践中辛勤耕耘，管理思想彼此浸润，工作机制相互示范，工作举措彼此借鉴，合规管理整体智治已经达到很高的水平。企业合规管理布局业态初现，对合规从业人员在管理理念、操作技能、工具使用、信息获取、资源汲取方面的要求越来越规范。不管是企业还是个人，对合规工作的认知水平，将对合规管理产生巨大影响，直接影响合规管理的目标设定与成果质量。

　　当下中央企业的合规管理，除了涉外法治工作，还有一个重要部分是主动适应政府监管，在探索数字经济中护航企业行稳致远。《中央企业合规管理办法》第3条第3款明确规定："本办法所称合规管理，是指企业以有效防控合规风险为目的，以提升依法合规经营管理水平为导向，以企业经营管理行为和员工履职行为为对象，开展的包括建立合规制度、完善运行机制、培育合规文化、强化监督问责等有组织、有计划的管理活动。"中央企业的合规管理智慧正在为全社会千行百业发挥示范作用，提供合规知识资源。随着合规管理基础设施的升级，合规管理在持续的动态提升中绽放生机与活力。

　　中央企业是中华人民共和国长子，在所处行业中居于领头羊地位，是国家经济建设的主力军，受到国务院及各部委的直接领导与监管，要第一时间贯彻落实国务院及各部委的规制要求。中央企业体量巨大，在全国各地的分支机构和子公司众多，关联企业结构复杂，是地方政府的重点扶植和监管对象，业务开展涉及地方政府的多重监管，要第一时间贯彻落实属地的地方政府监管要求。中央企业在对标世界一流的活动中，主动采用国际标准与国家标准、适应国内司法环境的变迁、服从行业规范的引导、履行商业规则的约束……中央企业做合规，接受的是全方位多维度的监管，避免一点违规触发全局事件的合规风险。计算机程序是一层层互相嵌套的关系，一个程序中有数个大模块，每个大模块中再有数个小模块，小模块中又有数个步骤。目前国内监管体系有些类似计算机程序，有层次嵌套，也有模块嵌套。

　　合规管理具有一个典型特征，就是对形式要件有明确要求，形式要件是否完备直接影响到合规责任的承担，一些情况下形式要件完备是企业及企业领导人员合规免责的依据。搭建制度体系、设置组织机构、建立工作机制、采取合规举措，这些都是不可缺少的规定动作。履行职责的规定动作、设置对应的流程，将合规成果做可视化展示。中央企业做合规，是做大合规，履行全面合规原则，合规成本相对较高。不同企业可在中央企业的合规管理中找到参考系，重在汲取合规智慧，不必全盘复刻。务实的做法是选取合规管理的某一侧面，选择并聚焦重点工作，明确内容量化指标、配置有操作性的工作举措，与本企业的经营实际深度结合，在合规业务实践中持续深耕，打造出具有本企业特色的有价值的合规管理体系。

本书全面介绍了中央企业基于国内经营开展合规管理工作的全貌，有监管要求也有工作实践，分为五个部分。前两个部分介绍国内合规监管政策法规要求，后面三个部分为企业开展合规管理实践提供可借鉴的方法举措。具体来看，第一部分，介绍合规管理的时代背景，法治中国建设、数字经济催生合规管理。第二部分，全面介绍国务院国资委多维合规管理格局，包括一体化与专业线管理。第三部分，介绍合规管理工作机制，结合企业实际开展合规实践。第四部分，介绍重点领域的合规工作场景，突出差异化工作安排。第五部分，构想合规管理数字化转型的新场景，提出前瞻性应对建议。

本书介绍内容体量较大的文件时，采用了思维导图形式，突出局部内容在整体安排中的位置，强调文件内在逻辑，视觉上增强从整体到局部的脉络感。对一些当下热点的合规工作，收集地方政府、检察系统发布的一些政策或指导性文件并做简单介绍。这些文件提出的有关合规管理的建设性要求、列举的合规管理实施举措，凝聚了监管机关的合规管理智慧，对企业也有很好的指导作用。企业复用这些合规管理智慧，既能提高自身合规工作质量，又可以直接对标合规监管要求，一举两得降本增效。

本书涉及面较为宽广，内容有些繁杂，笔者的认知水平有限，不当之处一定会有，期望读者指正，笔者一定虚心听取意见予以修正。收集的资料截至 2023 年 9 月，挂一漏万，尚需随时间演进不断完善。笔者有一个观点：启发大于共识。因此将学习和思考中对合规管理的感悟表达出来，希望为有志于从事合规管理的同仁提供一些工作思路、介绍一些作业工具，目的是触发同仁主动思考的热情。期待更多的人参与到合规工作中，为扩大行业规模、夯实行业基础、深耕行业管理……行动起来，共同将合规这件事情做好，做得更好！

李 辉

2023 年 10 月

目 录
CONTENTS

第一部分　合规管理时代背景

第三部分　合规管理工作机制

第四部分　重点领域合规管理场景

第五部分 智慧合规管理

合规管理时代背景

第一章　理解法治中国的精神内核

本章内容导读

> 学习全面依法治国理论，领悟统筹发展和安全建设更高水平的平安中国的要求，企业要做法治社会建设的使能者。

第一节　良法善治是法治中国的魂

一、全面依法治国是革命性的系统工程

（一）坚持全面依法治国，推进法治中国建设

二十大报告阐述了"坚持全面依法治国，推进法治中国建设"。全面依法治国是国家治理的一场深刻革命，关系党执政兴国，关系人民幸福安康，关系党和国家长治久安。必须更好发挥法治固根本、稳预期、利长远的保障作用，在法治轨道上全面建设社会主义现代化国家。我们要坚持走中国特色社会主义法治道路，建设中国特色社会主义法治体系、建设社会主义法治国家，围绕保障和促进社会公平正义，坚持依法治国、依法执政、依法行政共同推进，坚持法治国家、法治政府、法治社会一体建设，全面推进科学立法、严格执法、公正司法、全民守法，全面推进国家各方面工作法治化。

（二）深刻领悟全面依法治国

"无论是实现'两个一百年'奋斗目标，还是实现中华民族伟大复兴的中国梦，全面依法治国既是重要内容，又是重要保障。我们把全面依法治国纳入'四个全面'战略布局，就是要为全面建成小康社会、全面深化改革、全面从严治党提供长期稳定的法治保障。我多次强调，在'四个全面'中，全面依法治国具有基础性、保障性作用。在统筹推进伟大斗争、伟大工程、伟大事业、伟大梦想，全面建设社会主义现代化国家的新征程上，我们要更好发挥法治固根本、稳预期、利长远的保障作用。"[1]

"全面依法治国是国家治理的一场深刻革命，关系党执政兴国，关系人民幸福安康，关系

---

〔1〕　习近平：《在中央全面依法治国委员会第一次会议上的讲话》（2018 年 8 月 24 日），载习近平：《论坚持全面依法治国》，中央文献出版社 2020 年版，第 223 页。

党和国家长治久安。必须更好发挥法治固根本、稳预期、利长远的保障作用，在法治轨道上全面建设社会主义现代化国家。"[1]

"必须坚持全面依法治国。坚持走中国特色社会主义法治道路，建设中国特色社会主义法治体系，建设社会主义法治国家，弘扬社会主义法治精神，依照宪法法律推进国家各项事业和各项工作，维护社会公平正义，尊重和保障人权，实现国家各项工作法治化。""坚持依法治国首先要坚持依宪治国，坚持依法执政首先要坚持依宪执政。坚持依宪治国、依宪执政，就必须坚持宪法确定的中国共产党领导地位不动摇，坚持宪法确定的人民民主专政的国体和人民代表大会制度的政体不动摇。全面贯彻实施宪法是建设社会主义法治国家的首要任务和基础性工作，也是坚持和完善人民代表大会制度的必然要求。要以宪法为根本活动准则，用科学有效、系统完备的制度体系保证宪法实施，加强宪法监督，弘扬宪法精神，切实维护宪法的权威和尊严。党领导人民制定和实施宪法法律，党自身必须在宪法法律范围内活动。各级人大、政府、监委、法院、检察院都要严格依照宪法法律积极主动、独立负责、协调一致开展工作。"[2]

（三）完善以宪法为核心的中国特色社会主义法律体系

二十大报告阐述了"坚持依法治国首先要坚持依宪治国，坚持依法执政首先要坚持依宪执政，坚持宪法确定的中国共产党领导地位不动摇，坚持宪法确定的人民民主专政的国体和人民代表大会制度的政体不动摇。加强宪法实施和监督，健全保证宪法全面实施的制度体系，更好发挥宪法在治国理政中的重要作用，维护宪法权威。加强重点领域、新兴领域、涉外领域立法，统筹推进国内法治和涉外法治，以良法促进发展、保障善治。推进科学立法、民主立法、依法立法，统筹立改废释纂，增强立法系统性、整体性、协同性、时效性。完善和加强备案审查制度。坚持科学决策、民主决策、依法决策，全面落实重大决策程序制度。"

（四）加快建设法治社会

二十大报告阐述了"社会主义法治精神，传承中华优秀传统法律文化，引导全体人民做社会主义法治的忠实崇尚者、自觉遵守者、坚定捍卫者。建设覆盖城乡的现代公共法律服务体系，深入开展法治宣传教育，增强全民法治观念。推进多层次多领域依法治理，提升社会治理法治化水平。发挥领导干部示范带头作用，努力使尊法学法守法用法在全社会蔚然成风。"

（五）全面依法治国是系统工程

1. 坚持依法治国、依法执政、依法行政共同推进，法治国家、法治政府、法治社会一体建设。全面依法治国是一个系统工程，要整体谋划，更加注重系统性、整体性、协同性。依法治国、依法执政、依法行政是一个有机整体，关键在于党要坚持依法执政、各级政府要坚持依法行政。法治国家、法治政府、法治社会相辅相成，法治国家是法治建设的目标，法治政府是建设法治国家的重点，法治社会是构筑法治国家的基础。[3]

2.《法治中国建设规划（2020－2025年）》提出推进法治中国建设各项工作，奋力建设良

---

〔1〕 习近平：《高举中国特色社会主义伟大旗帜，为全面建设社会主义现代化国家而团结奋斗——在中国共产党第二十次全国代表大会上的报告》，载《求是》2022年第21期。

〔2〕 习近平：《毫不动摇坚持、与时俱进完善人民代表大会制度》（2021年10月13日），载习近平：《习近平谈治国理政》（第4卷），外文出版社2022年版，第249～257页。

〔3〕 习近平：《以科学理论为指导，为全面建设社会主义现代化国家提供有力法治保障》（2020年11月16日），载习近平：《习近平谈治国理政》（第4卷），外文出版社2022年版，第286～299页。

法善治的法治中国。"坚持依法治国、依法执政、依法行政共同推进，坚持法治国家、法治政府、法治社会一体建设，坚持依法治国和以德治国相结合，坚持依法治国和依规治党有机统一，全面推进科学立法、严格执法、公正司法、全民守法。"

3. 坚持走中国特色社会主义法治道路，建设中国特色社会主义法治体系、建设社会主义法治国家，围绕保障和促进社会公平正义，坚持依法治国、依法执政、依法行政共同推进，坚持法治国家、法治政府、法治社会一体建设，全面推进科学立法、严格执法、公正司法、全民守法，全面推进国家各方面工作法治化。[1]

4. 坚持依法治国首先要坚持依宪治国。全面贯彻实施宪法是建设社会主义法治国家的首要任务和基础性工作。坚持走中国特色社会主义法治道路，建设中国特色社会主义法治体系，建设社会主义法治国家，弘扬社会主义法治精神，依照宪法法律推进国家各项事业和各项工作，维护社会公平正义，尊重和保障人权，实现国家各项工作法治化。要以宪法为根本活动准则，用科学有效、系统完备的制度体系保证宪法实施，加强宪法监督，弘扬宪法精神，切实维护宪法的权威和尊严。法治国家是法治建设的目标，以良法谋善治。法治政府是建设法治国家的重点和主体工程，重在以法束权，明确公权边界；严格执法，刀刃向内。法治社会是构筑法治国家的基础，法润人心，强基固本。

5. 法治国家、法治政府和法治社会一体建设，成为中国特色社会主义法治发展的基本路径。这里强调国家、政府和社会是一个有机整体，应当运用法治思维和法治方式来有效治理国家、政府和社会，形成法治国家、法治政府和法治社会的有机统一，一体建设。就法治国家而言，要以法为治国理政的基本方式；就法治政府而言，要用法治给行政权力定规矩、划界限，提高依法行政水平；就法治社会而言，要通过普法工作形成全社会的法治共识，使法治成为全社会的基本遵循。

6. 法治社会将形成全社会的法治共识。法治社会是指与广义政府相对应的社会活动主体和社会生活领域都法治化的状态。要求每个自然人、法人包括各个社会组织、企业事业单位，以至街道、社区、行业协会等都要全面法治化。各个社会活动主体在总体上都能自觉地尊崇法律、遵守法律、服从法律，将自己的行为法治化，从而实现社会关系的法治化。形成全社会法治共识，使法治成为全社会的基本遵循。

二、全民增强规则意识和法治观念

（一）全民守法

《法治中国建设规划（2020－2025年）》提出"深入推进全民守法。全面依法治国需要全社会共同参与，必须大力弘扬社会主义法治精神，建设社会主义法治文化，引导全体人民做社会主义法治的忠实崇尚者、自觉遵守者、坚定捍卫者。改进创新普法工作，加大全民普法力度，增强全民法治观念。"

（二）全面落实"谁执法谁普法"普法责任制

"深入开展法官、检察官、行政复议人员、行政执法人员、律师等以案释法活动。加强突发事件应对法治宣传教育和法律服务。"因此，首先落实"谁执法谁普法"的普法责任制。其

---

〔1〕　习近平：《高举中国特色社会主义伟大旗帜　为全面建设社会主义现代化国家而团结奋斗——在中国共产党第二十次全国代表大会上的报告》，载《求是》2022年第21期。

次，普法教育可以解决"知法、懂法"等认知问题。至于知法之后，是否愿意自觉"守法""用法"、是否会形成法治意识、法治信仰，往往取决于法律规则的社会实践效果。《法治社会建设实施纲要（2020－2025 年）》提出"推动全社会增强法治观念。全民守法是法治社会的基础工程。树立宪法法律至上、法律面前人人平等的法治理念，培育全社会法治信仰，增强法治宣传教育针对性和实效性，引导全体人民做社会主义法治的忠实崇尚者、自觉遵守者、坚定捍卫者，使法治成为社会共识和基本原则。"由此可见增强法治宣传教育具有针对性和实效性。

（三）让遵循法治成为全民观念和行为准则

1. 加强法治宣传教育。法治宣传教育，实效重于形式。各级党委和政府要更加重视普法工作的实际成效。立法执法和司法活动中的各级国家机关应当承担起普法义务。

2. 抓住"关键少数"，加强对领导干部的法治教育。春秋时期，孔子就提出"政者，正也。子帅以正，孰敢不正？其身正，不令而行；其身不正，虽令不从。"各级党员领导干部要带头厉行法治，提高运用法治思维和法治方式深化改革、推动发展、化解矛盾、维护稳定能力，努力推动形成办事依法、遇事找法、解决问题用法、化解矛盾靠法的良好法治环境，在法治轨道上推动各项工作。从而最终以依法执政、依法行政和依法治理来带动整个社会形成全民守法的法治文化氛围。

三、树立"规矩"意识，遵守"规则"

（一）宪法和法律是国家最根本和主要的"规矩"

1. "全面贯彻实施宪法，维护宪法权威和尊严，古人说：'法者，国之权衡也，时之准绳也。'宪法是国家的根本法，是党和人民意志的集中体现，具有最高的法律地位、法律权威、法律效力。我多次强调，维护宪法权威，就是维护党和人民共同意志的权威；捍卫宪法尊严，就是捍卫党和人民共同意志的尊严；保证宪法实施，就是保证人民根本利益的实现。全国各族人民、一切国家机关和武装力量、各政党和各社会团体、各企业事业组织，都必须以宪法为根本活动准则，并且负有维护宪法尊严、保证宪法实施的职责。任何组织和个人都不得有超越宪法法律的特权，一切违反宪法法律的行为都必须予以追究和纠正。"[1]

2. 宪法是国家的根本法，具有最高的法律地位、法律权威、法律效力。要以宪法为根本活动准则，用科学有效、系统完备的制度体系保证宪法实施，加强宪法监督，弘扬宪法精神，切实维护宪法的权威和尊严。宪法和法律构筑起国家规则体系的骨架，是国家最根本和主要的"规矩"，"合规"是法治中国的最基本的形式要求，体现了法治国家、法治政府和法治社会一体建设有效推进的内在一致性。要遵从"依法治理"的认知范式，要培育"遵法崇法拥法护法"的理念精神，尊重宪法和法律至高无上的地位，在宪法和法律的刚性约束之下追求立基于规矩规则的理性治理。

（二）社会规范丰满国家规则体系骨架

除了宪法和法律之外，社会上还存在着诸如企业规章、行业规范、乡规民约等诸多规范。这些规范丰满了宪法和法律构筑的国家规则体系的骨架，与宪法和法律一道筑起法治规范体系。这些宪法和法律之外的规则，是在服膺上位法的前提下，由政府机关、企事业单位及行业

〔1〕习近平：《毫不动摇坚持、与时俱进完善人民代表大会制度》（2021 年 10 月 13 日），载习近平：《习近平谈治国理政》（第 4 卷），外文出版社 2022 年版，第 249～257 页。

组织等立足本机关、本单位、本行业、本企业甚至本区域的特点和实际而形成，旨在贯彻落实宪法和法律的精神和原则。这些规则是否得到良好的遵从，直接关系法治机体的活力和健康程度。

（三）诚信是社会主义核心价值观的重要内容

诚信是筑牢法治的基石。当前各级法院已经率先发力，发挥审判执行职能作用，弘扬"言而有信""有约必践"的契约精神。失信联合惩戒制度成为我国诚信建设一大亮点。通过依法采取纳入失信被执行人名单、限制高消费、司法拘留乃至追究拒执犯罪刑事责任等多种方式不断加大失信曝光和惩戒力度。人民法院采取一系列措施，畅通信用惩戒救济渠道，探索建立守信激励和失信被执行人信用修复制度，推进失信信用惩戒向精准化、精细化发展。

（四）包容和审慎是监管的一体两面

1. 监管不是限制发展，而是为了更健康可持续发展。数字经济蓬勃兴起，市场经济活动频频出现新业态。这些新生事物的出现暴露出一些法律规制的盲区，带来风险和挑战。新业态的发展需要坚持包容和审慎并举的监管原则。面对新业态带来的监管挑战，立法、执法、司法等相关环节不能止步不前，应不断创新监管方式，及时适应新业态，守住安全底线和法律底线。

2. 包容创新。新业态突破了传统的行业边界，开辟了新领域，增加了新要素，采用了新模式，属于创新型经济。对于新业态发展，应在"放管服"改革的大背景下予以审视。市场监管主体要以创新的思维、发展的眼光监管，以开放、包容的价值理念监管。同时，应建立容错机制，明确新业态容错范围，探索建立新业态领域容错清单。

3. 审慎监管。新业态激发经济发展活力的同时也产生不少新问题，有必要用法律对其加以规范和监管。对新业态发展初期存在的问题，主要是通过强化市场主体的责任以及自我约束、自我监管，明确参与原则，约束参与用户的交易行为，以有效维持经济市场的交易安全。

第二节 统筹发展和安全

一、《中共中央关于制定国民经济和社会发展第十四个五年规划和二〇三五年远景目标的建议》

（一）"十四五"时期经济社会发展指导思想

高举中国特色社会主义伟大旗帜，深入贯彻党的十九大和十九届二中、三中、四中、五中全会精神，坚持以马克思列宁主义、毛泽东思想、邓小平理论、"三个代表"重要思想、科学发展观、习近平新时代中国特色社会主义思想为指导，全面贯彻党的基本理论、基本路线、基本方略，统筹推进经济建设、政治建设、文化建设、社会建设、生态文明建设的总体布局，协调推进全面建设社会主义现代化国家、全面深化改革、全面依法治国、全面从严治党的战略布局，坚定不移贯彻创新、协调、绿色、开放、共享的新发展理念，坚持稳中求进工作总基调，以推动高质量发展为主题，以深化供给侧结构性改革为主线，以改革创新为根本动力，以满足人民日益增长的美好生活需要为根本目的，统筹发展和安全，加快建设现代化经济体系，加快构建以国内大循环为主体、国内国际双循环相互促进的新发展格局，推进国家治理体系和治理能力现代化，实现经济行稳致远、社会安定和谐，为全面建设社会主义现代化国家开好局、起好步。

（二）认识我国发展环境面临深刻复杂变化

全党要统筹中华民族伟大复兴战略全局和世界百年未有之大变局，深刻认识我国社会主要矛盾变化带来的新特征新要求，深刻认识错综复杂的国际环境带来的新矛盾新挑战，增强机遇意识和风险意识，立足社会主义初级阶段基本国情，保持战略定力，办好自己的事，认识和把握发展规律，发扬斗争精神，树立底线思维，准确识变、科学应变、主动求变，善于在危机中育先机、于变局中开新局，抓住机遇，应对挑战，趋利避害，奋勇前进。

（三）"十四五"时期经济社会发展必须遵循的原则

在坚持系统观念这一原则中，指出"加强前瞻性思考、全局性谋划、战略性布局、整体性推进，统筹国内国际两个大局，办好发展安全两件大事，坚持全国一盘棋，更好发挥中央、地方和各方面积极性，着力固根基、扬优势、补短板、强弱项，注重防范化解重大风险挑战，实现发展质量、结构、规模、速度、效益、安全相统一。"

（四）统筹发展和安全，建设更高水平的平安中国

坚持总体国家安全观，实施国家安全战略，维护和塑造国家安全，统筹传统安全和非传统安全，把安全发展贯穿国家发展各领域和全过程，防范和化解影响我国现代化进程的各种风险，筑牢国家安全屏障。

二、坚持统筹发展和安全是习近平总书记治国理政的重要方略

《习近平谈治国理政》第四卷中，习近平总书记指出："坚持统筹发展和安全，坚持发展和安全并重，实现高质量发展和高水平安全的良性互动，既通过发展提升国家安全实力，又深入推进国家安全思路、体制、手段创新，营造有利于经济社会发展的安全环境，在发展中更多考虑安全因素，努力实现发展和安全的动态平衡，全面提高国家安全工作能力和水平"。坚持统筹发展和安全是习近平总书记治国理政的重要方略。习近平总书记指出："统筹发展和安全，增强忧患意识，做到居安思危，是我们党治国理政的一个重大原则。"党的十九届五中全会首次把统筹发展和安全纳入"十四五"时期我国经济社会发展的指导思想。党的十九届六中全会再次强调要统筹发展和安全。统筹发展和安全，是我们党立足我国发展所处的新阶段、国家安全面临的新形势作出的战略选择，是统筹中华民族伟大复兴战略全局和世界百年未有之大变局的重要支点，是贯彻总体国家安全观的必然要求。

"只有牢牢扭住经济建设这个中心，毫不动摇坚持发展是硬道理、发展应该是科学发展和高质量发展的战略思想，推动经济社会持续健康发展，才能全面增强我国经济实力、科技实力、国防实力、综合国力，才能为坚持和发展中国特色社会主义、实现中华民族伟大复兴奠定雄厚物质基础。"奋进新时代、开启新征程，我们必须统筹发展和安全两件大事，不仅要高质量发展，还要高水平安全，在推动经济社会持续健康发展的同时防范化解各类风险挑战，满足人民日益增长的美好生活需要，让"中国号"巨轮乘风破浪、行稳致远。

"安全是发展的前提，发展是安全的保障，安全和发展要同步推进。"实现高质量发展和高水平安全相互支撑、相互促进，是贯彻新发展理念的具体体现，是推进国家治理体系和治理能力现代化的重要方面。这就要求我们既要善于运用发展成果夯实国家安全的实力基础，又要善于塑造有利于经济社会发展的安全环境。

三、二十大报告三次提及"统筹发展和安全"

二十大报告强调，加快构建新发展格局，着力推动高质量发展。高质量发展是全面建设社会主义现代化国家的首要任务。发展是党执政兴国的第一要务。必须完整、准确、全面贯彻新发展理念，坚持社会主义市场经济改革方向，坚持高水平对外开放，加快构建以国内大循环为主体、国内国际双循环相互促进的新发展格局。

二十大报告强调，推进国家安全体系和能力现代化，坚决维护国家安全和社会稳定。国家安全是民族复兴的根基，社会稳定是国家强盛的前提。二十大报告首次以专章阐述国家安全，明确了国家安全要以政治安全为根本，经济安全为基础，未来将强化经济、重大基础设施、金融、网络、数据、生物、资源、核、太空、海洋等安全保障体系建设，并确保粮食、能源资源、重要产业链供应链安全。对新时代新征程上的国家安全工作作出了战略部署，充分彰显了国家安全在党和国家工作全局中的重要性，同时提出了健全国家安全体系、增强维护国家安全能力、提高公共安全治理水平、完善社会治理体系四个方面的工作任务，坚定不移贯彻总体国家安全观，为维护国家安全的崭新局面，为党和国家兴旺发达、长治久安提供有力保证。

第三节　中央企业要做法治社会建设的使能者

一、依法治企在法治时代找准定位

(一) 遵从《法治中国建设规划 (2020－2025 年)》要求

1. "建设高效的法治实施体系，深入推进严格执法、公正司法、全民守法"部分明确指出，"加强和创新事中事后监管，推进'双随机、一公开'跨部门联合监管，强化重点领域重点监管，探索信用监管、大数据监管、包容审慎监管等新型监管方式，努力形成全覆盖、零容忍、更透明、重实效、保安全的事中事后监管体系。持续开展'减证便民'行动，推行证明事项告知承诺制。""规范失信惩戒对象名单制度，依法依规明确制定依据、适用范围、惩治标准和救济机制，在加强失信惩戒的同时保护公民、企业合法权益。"基于这些要求，企业要在自身的信用锻造方面发力。

2. 加强党对全面依法治国的统一领导、统一部署、统筹协调。健全党领导立法、保证执法、支持司法、带头守法的制度机制。党政主要负责人要切实履行推进法治建设第一责任人职责，将履行推进法治建设第一责任人职责情况列入年终述职内容。各级党委要将法治建设与经济社会发展同部署、同推进、同督促、同考核、同奖惩。企业要积极落实法治建设第一责任人职责。

3. 推进依法执政。健全党的全面领导制度。推进党的领导入法入规，着力实现党的领导制度化、法治化。完善党领导人大、政府、政协、监察机关、审判机关、检察机关、武装力量、人民团体、企事业单位、基层群众自治组织、社会组织等制度。将坚持党的全面领导的要求载入国家机构组织法、载入政协、民主党派、工商联、人民团体、国有企业、高等学校、有关社会组织等的章程。完善党委依法决策机制，健全议事规则和决策程序。建立领导干部应知应会法律法规清单制度，推动领导干部做尊法学法守法用法的模范。把法治素养和依法履职情况纳入考核评价干部的重要内容。各级领导干部要全面提高运用法治思维和法治方式深化改革、推动发展、化解矛盾、维护稳定、应对风险能力，绝不允许以言代法、以权压法、逐利违法、徇私枉法。企业法治建设过程中，同样要抓住"关键少数"，制定本企业的领导干部应知应会法律法规清单制度，把法治素养和依法履职情况纳入干部考核评价体系。

4. 深入推进全民守法。全面依法治国需要全社会共同参与，必须大力弘扬社会主义法治精神，建设社会主义法治文化，引导全体人民做社会主义法治的忠实崇尚者、自觉遵守者、坚定捍卫者。改进创新普法工作，加大全民普法力度，增强全民法治观念。建立健全立法工作宣传报道常态化机制，对立法热点问题主动发声、解疑释惑。全面落实"谁执法谁普法"普法责任制。深入开展法官、检察官、行政复议人员、行政执法人员、律师等以案释法活动。加强突发事件应对法治宣传教育和法律服务。企业参与普法，要注意以合理的角度对企业的员工进行普法，重点围绕企业生产经营中涉及的法律知识进行普及，培养领导干部和员工的法律意识，筑牢法律红线。

5. 建设高效的法治实施体系，深入推进严格执法、公正司法、全民守法。完善民事诉讼制度体系。探索扩大小额诉讼程序适用范围，完善其与简易程序、普通程序的转换适用机制。探索扩大独任制适用范围。优化司法确认程序适用。改革诉讼收费制度。全面建设集约高效、多元解纷、便民利民、智慧精准、开放互动、交融共享的现代化诉讼服务体系。加快推进跨域立案诉讼服务改革，2022 年年底前实现诉讼服务就近能办、同城通办、异地可办。企业在经营中一旦涉诉，作为诉讼主体，不管是作为被告还是原告，在参与诉讼的过程中都会受到法院工作的牵引，跟上法院改革节奏，才能做好企业的诉讼工作。

6. 加强科技和信息化保障。充分运用大数据、云计算、人工智能等现代科技手段，全面建设"智慧法治"，推进法治中国建设的数据化、网络化、智能化。优化整合法治领域各类信息、数据、网络平台，推进全国法治信息化工程建设。加快公共法律服务实体平台、热线平台、网络平台有机融合，建设覆盖全业务、全时空的公共法律服务网络。企业自身的数字化转型过程中，要同步提升法治央企建设的数字化转型。

（二）遵从《法治社会建设实施纲要（2020－2025 年)》要求

1. 在推动全社会增强法治观念方面。充分发挥法律服务队伍在普法宣传教育中的重要作用，为人民群众提供专业、精准、高效的法治宣传。健全媒体公益普法制度，引导报社、电台、电视台、网站、融媒体中心等媒体自觉履行普法责任。培育壮大普法志愿者队伍，形成人民群众广泛参与普法活动的实践格局。建设社会主义法治文化。弘扬社会主义法治精神，传播法治理念，恪守法治原则，注重对法治理念、法治思维的培育，充分发挥法治文化的引领、熏陶作用，形成守法光荣、违法可耻的社会氛围。丰富法治文化产品，培育法治文化精品，扩大法治文化的覆盖面和影响力。利用重大纪念日、传统节日等契机开展群众性法治文化活动，组织各地青年普法志愿者、法治文艺团体开展法治文化基层行活动，推动法治文化深入人心。大力加强法治文化阵地建设，有效促进法治文化与传统文化、红色文化、地方文化、行业文化、企业文化融合发展。2020 年年底前制定加强社会主义法治文化建设的意见。"企业法治建设处于法治社会范畴内，依法治企是法治社会建设的重要组成部分。

2. 在健全社会领域制度规范方面。推进社会诚信建设。加快推进社会信用体系建设，提高全社会诚信意识和信用水平。完善企业社会责任法律制度，增强企业社会责任意识，促进企业诚实守信、合法经营。健全公民和组织守法信用记录，建立以公民身份证号码和组织机构代码为基础的统一社会信用代码制度。完善诚信建设长效机制，健全覆盖全社会的征信体系，建立完善失信惩戒制度。结合实际建立信用修复机制和异议制度，鼓励和引导失信主体主动纠正违法失信行为。加强行业协会商会诚信建设，完善诚信管理和诚信自律机制。完善全国信用信息共享平台和国家企业信用信息公示系统，进一步强化和规范信用信息归集共享。加强诚信理念宣传教育，组织诚信主题实践活动，为社会信用体系建设创造良好环境。推动出台信用方面的法律。企业要树立合规意识，承担社会责任。合规管理将在企业法治建设工作中占据重要位置。

3. 在加强权利保护方面。引导社会主体履行法定义务承担社会责任。公民、法人和其他组织享有宪法和法律规定的权利，同时必须履行宪法和法律规定的义务。强化规则意识，倡导契约精神，维护公序良俗，引导公民理性表达诉求，自觉履行法定义务、社会责任、家庭责任。引导和推动企业和其他组织履行法定义务、承担社会责任，促进社会健康有序运行。强化政策引领作用，为企业更好履行社会责任营造良好环境，推动企业与社会建立良好的互助互信关系。支持社会组织建立社会责任标准体系，引导社会资源向积极履行社会责任的社会组织倾斜。企业要加强对宪法的宣传力度，教育员工遵循宪法精神、履行宪法义务。提升企业作为商事主体的规则意识，践行契约精神，发挥合同管理效能，以合同为抓手促进企业业务的合规开展。

4. 在依法治理网络空间方面。保障公民依法安全用网。牢固树立正确的网络安全观，依法防范网络安全风险。落实网络安全责任制，明确管理部门和网信企业的网络安全责任。建立完善统一高效的网络安全风险报告机制、研判处置机制，健全网络安全检查制度。加强对网络空间通信秘密、商业秘密、个人隐私以及名誉权、财产权等合法权益的保护。严格规范收集使用用户身份、通信内容等个人信息行为，加大对非法获取、泄露、出售、提供公民个人信息的违法犯罪行为的惩处力度。督促网信企业落实主体责任，履行法律规定的安全管理责任。健全网络与信息突发安全事件应急机制，完善网络安全和信息化执法联动机制。加强网络违法犯罪监控和查处能力建设，依法查处网络金融犯罪、网络诽谤、网络诈骗、网络色情、攻击窃密等违法犯罪行为。建立健全信息共享机制，积极参与国际打击互联网违法犯罪活动。企业在数字化转型过程中，接触到网络是一个无法回避的现实。尤其是在数字经济发展的背景下，合规地参与到网络建设、网络运行中，是企业参与国家网络治理的责任，也是企业自身健康发展的保障。

（三）服从《法治政府建设实施纲要（2021 – 2025 年）》要求

推动政府管理依法进行，把更多行政资源从事前审批转到事中事后监管上来。健全以"双随机、一公开"监管和"互联网 + 监管"为基本手段、以重点监管为补充、以信用监管为基础的新型监管机制，推进线上线下一体化监管，完善与创新创造相适应的包容审慎监管方式。企业作为被监管对象，必须要主动适应政府的监管要求。要做好硬件设施建设和软件系统配置，保障线上线下同步配合政府监管。

二、开展"智慧法治"建设

《法治中国建设规划（2020 – 2025 年）》提出建设法治中国，必须加强政治、组织、队伍、人才、科技、信息等保障，为全面依法治国提供重要支撑。加强科技和信息化保障。充分运用大数据、云计算、人工智能等现代科技手段，全面建设"智慧法治"，推进法治中国建设的数据化、网络化、智能化。优化整合法治领域各类信息、数据、网络平台，推进全国法治信息化工程建设。加快公共法律服务实体平台、热线平台、网络平台有机融合，建设覆盖全业务、全时空的公共法律服务网络。科技能力的提升撬动了企业法治建设的数字化转型，科技成为推动企业法治建设走向智能化的一个重要生产力。引入用管理的方法解决法律问题的新理念，构建利用技术手段确保法律服务有效性和安全性的新模式，企业法治建设能力可实现跨越式增长。企业法治建设必须直面数字时代的种种变革，做数字化转型的使能者。许多新兴应用并不仅仅是将现有、低效的人工处理过程计算机化、流程化、自动化，还有创新力，即这些系统和工具能处理过去无法完成的任务。很多创新技术是有颠覆性的，这些技术不支持或兼容传统的工作方式，将彻底挑战和改变传统习惯，新技术会革新央企法治建设的运作方式。

三、法治央企建设在企业运营中找准定位

（一）企业法务部门立足发挥职能作用

1. 企业内设部门要找准生态位。一个企业可以被看作为一个生态系统，内设部门和企业员工拥有自己的角色和地位，占据企业一定的空间，发挥一定的功能。法务部门是企业的内设部门，必须履行部门职责，使用通用性管理方法，落实企业管理要求，在这一点上与企业的其他部门并无区别。

2. 法务部门开展法律管理是为了提高法律服务质量。对内开展业务管理与团队建设时，需要提高组织能力、工作能力、运营能力，明确部门运转规则，提高法务管理效能，统筹、协调分支机构的法务工作。所谓法律管理，首先，是以管理的方法提高法律业务质量和效能，不是以法律作为手段去管理其他部门和专业线。其次，结合企业的行业特色和运营特点，梳理企业的法律实践外延与内涵，复盘解码提炼出有效的业务管理举措，并以制度形式固化优化。将个性化的个案创新举措提炼为普适性的成熟经验，在后续的推广中进一步引发集体思考，萃取为企业的法治建设集体智慧。最后，营造包容型法务文化，给"活力"留出空间。只有消除法律团队内部"自上而下"的"监管"风气，"释放"每个法律人的能量和创造力，才能改善法务这个法律行业细分赛道的运营环境。工业时代的"控制"已经转为智能时代的"释放"，让法务工作通过"释放"焕发生机活力。

3. 法务部门存在的价值是源于为企业提供法律服务。作为后台部门，应该主动将部门工作嵌入企业整体运转机制，将前台部门作为内部客户提供法律服务，融入企业的一体运营。法务日常工作占比最高的就是为前台部门提供法律服务，一方面，是与合同审核相关的法务工作，另一方面，是基于各种业务场景与管理决策提供法律意见。即使是诉讼处理，也离不开协调各部门的工作参与并尊重业务部门决策开展。法务部门的声誉取决于其提供的服务质量和效率。

（二）企业法务人员要找到工作定准星

落实《法治中国建设规划（2020－2025年）》要求。"建设革命化、正规化、专业化、职业化的法治专门队伍。完善法律职业准入、资格管理制度，建立法律职业人员统一职前培训制度和在职法官、检察官、警官、律师同堂培训制度。完善从符合条件的律师、法学专家中招录立法工作者、法官、检察官、行政复议人员制度。加快发展律师、公证、司法鉴定、仲裁、调解等法律服务队伍。健全职业道德准则、执业行为规范，完善职业道德评价机制。把拥护中国共产党领导、拥护我国社会主义法治作为法律服务人员从业的基本要求。坚持和加强党对律师工作的领导，推动律师行业党的建设。完善律师执业权利保障制度机制。健全法官、检察官、律师等法律职业人员惩戒机制，建立律师不良执业信息记录披露和查询制度。发展公职律师、公司律师和党政机关、企事业单位、村（居）法律顾问队伍。"企业法律顾问是法治队伍的重要组成部分，要厘清定位，躬身入局。

【合规实务建议】

提高政治站位，具备科学的理论知识与扎实的业务知识，兼具综合能力与专业技能，是做好法务与合规管理的基础。拥有大局观、找准生态位，做法治建设的使能者，做智慧合规管理探路人。

第二章 新时代呼唤合规管理

🎯 **本章内容导读**

> 本章着重介绍合规管理的时代属性，包括一个基本面和两个新要素。同时对国内合规管理进行溯源。
>
> 一个基本面，指国家政策引导、政府职能转变为合规管理提供基础条件。
>
> 两个新要素，指数字经济发展与人工智能发展对合规管理产生深刻影响。

第一节 合规管理时代背景

一、党中央国务院出台政策推动企业合规管理

2014 年，党的十八届四中全会审议通过的纲领性文件《中共中央关于全面推进依法治国若干重大问题的决定》强调，坚持法治国家、法治政府、法治社会一体建设。

2015 年 8 月 24 日，中共中央、国务院印发《中共中央、国务院关于深化国有企业改革的指导意见》（中发〔2015〕22 号），强调要"进一步发挥企业总法律顾问在经营管理中的法律审核把关作用，推进企业依法经营、合规管理。集团公司要依法依规、尽职尽责加强对子企业的管理和监督"。

2015 年 10 月 25 日，国务院印发《国务院关于改革和完善国有资产管理体制的若干意见》（国发〔2015〕63 号），强调把合规经营纳入考核指标体系，同时强调要建立健全国有企业违法违规经营责任追究体系。

2016 年 8 月 2 日，国务院办公厅正式印发《国务院办公厅关于建立国有企业违规经营投资责任追究制度的意见》（国办发〔2016〕63 号），明确 9 大方面 54 种追责情形，并对资产损失认定、违规经营投资责任认定、责任追究处理等的标准、方式、程序等作出明确规定。

2017 年 5 月 23 日，习近平总书记主持召开中央全面深化改革领导小组第三十五次会议，此次会议讨论了中国企业面临合规挑战的新问题。会议指出，规范企业海外经营行为，要围绕体制机制建设，突出问题导向，落实企业责任，严格依法执纪，补足制度短板，加强企业海外经营行为合规制度建设，逐步形成权责明确、放管结合、规范有序、风险控制有力的监管体制机制，更好服务对外开放大局。中央最高领导明确要求企业强化合规管理，建立合规制度。中

国企业海外经营行为的根子在国内，要求企业海外经营行为合规必然连带要求企业国内经营合规。中央对于企业海外经营行为合规的要求必然转化为要求企业全方位，包括国内外经营的全面合规。

2018年，为进一步深入推进全面依法治国，加强全面依法治国工作的顶层设计和统筹协调，中央全面依法治国委员会成立，在中央全面依法治国委员会第二次会议上指出，"要强化企业合规意识，走出去的企业在合规方面不授人以柄才能行稳致远"。

2021年，《中华人民共和国国民经济和社会发展第十四个五年规划和2035年远景目标纲要》在"形成强大国内市场构建新发展格局"中也明确指出"引导企业加强合规管理"。

此外，《法治中国建设规划（2020－2025年）》《法治社会建设实施纲要（2020－2025年）》等文件均明确要求企业树立合规意识，守法诚信、合法经营。

二、政府职能转变强化政府监管

党的十八大以来，党中央、国务院把转变政府职能作为深化经济体制改革和行政体制改革的关键，政府更加注重营造公平透明的市场环境，注重监督各类法律政策落地执行，打击市场主体违反法律法规、监管规定、商业惯例、行业准则等不合规行为。政府简政放权，逐步向整治市场环境、监管市场运营的角色转变，合规监管成为政府监管的重要内容，合规处罚也成为政府加强监管的重要手段，各市场主体必须在法规及监管政策范围内开展经营、参与竞争，对于违反法律规定和监管政策的行为，监管部门将加大处罚力度。企业作为市场主体，需要接受政府的严格监管，遵守各类监管要求。

三、市场格局改变触发市场监管改革

（一）《国务院关于促进市场公平竞争维护市场正常秩序的若干意见》

2014年6月，国务院发布《国务院关于促进市场公平竞争维护市场正常秩序的若干意见》（国发〔2014〕20号），明确了简政放权、依法监管、公正透明、社会共治的市场监管改革原则，提出了加快形成权责明确、公平公正、透明高效、法治保障的市场监管格局，到2020年建成体制比较成熟、制度更加定型的市场监管体系改革目标。具体条款如下：

第1条规定，指导思想。以邓小平理论、"三个代表"重要思想、科学发展观为指导，深入学习领会党的十八大、十八届二中、三中全会精神，贯彻落实党中央和国务院的各项决策部署，围绕使市场在资源配置中起决定性作用和更好发挥政府作用，着力解决市场体系不完善、政府干预过多和监管不到位问题，坚持放管并重，实行宽进严管，激发市场主体活力，平等保护各类市场主体合法权益，维护公平竞争的市场秩序，促进经济社会持续健康发展。

第2条规定，基本原则。简政放权。充分发挥市场在资源配置中的决定性作用，把该放的权力放开放到位，降低准入门槛，促进就业创业。法不禁止的，市场主体即可为；法未授权的，政府部门不能为。依法监管。更好发挥政府作用，坚持运用法治思维和法治方式履行市场监管职能，加强事中事后监管，推进市场监管制度化、规范化、程序化，建设法治化市场环境。公正透明。各类市场主体权利平等、机会平等、规则平等，政府监管标准公开、程序公开、结果公开，保障市场主体和社会公众的知情权、参与权、监督权。权责一致。科学划分各级政府及其部门市场监管职责；法有规定的，政府部门必须为。建立健全监管制度，落实市场主体行为规范责任、部门市场监管责任和属地政府领导责任。社会共治。充分发挥法律法规的规范作用、行业组织的自律作用、舆论和社会公众的监督作用，实现社会共同治理，推动市场主体自我约束、诚信经营。

第3条规定,总体目标。立足于促进企业自主经营、公平竞争,消费者自由选择、自主消费,商品和要素自由流动、平等交换,建设统一开放、竞争有序、诚信守法、监管有力的现代市场体系,加快形成权责明确、公平公正、透明高效、法治保障的市场监管格局,到2020年建成体制比较成熟、制度更加定型的市场监管体系。

第12条规定,强化风险管理。加强对市场行为的风险监测分析,加快建立对高危行业、重点工程、重要商品及生产资料、重点领域的风险评估指标体系、风险监测预警和跟踪制度、风险管理防控联动机制。(各相关市场监管部门按职责分工分别负责)完善区域产品质量和生产安全风险警示制度。(质检总局、工商总局、安全监管总局按职责分工分别负责)依据风险程度,加强对发生事故几率高、损失重大的环节和领域的监管,防范区域性、行业性和系统性风险。(各相关市场监管部门按职责分工分别负责)

第13条规定,广泛运用科技手段实施监管。充分利用信息网络技术实现在线即时监督监测,加强非现场监管执法。充分运用移动执法、电子案卷等手段,提高执法效能。(工商总局、质检总局、安全监管总局、食品药品监管总局、环境保护部、文化部、海关总署等部门按职责分工分别负责)利用物联网建设重要产品等追溯体系,形成"来源可查、去向可追、责任可究"的信息链条。(商务部牵头负责)加快完善认定电子签名法律效力的机制。(工业和信息化部、法制办牵头负责)

第28条规定,及时完善相关法律规范。根据市场监管实际需要和市场变化情况,及时修订完善相关法律法规。梳理取消和下放行政审批项目、加强后续监管措施涉及的法律法规、规章和规范性文件,提出法律修改、废止建议,修改或者废止有关法规、规章和规范性文件。研究技术标准、信用信息和信用报告、备案报告等政府管理方式的适用规则。完善市场监管规范性文件合法性审查机制,健全法规、规章和规范性文件备案审查制度。健全行政复议案件审理机制,推动扩大行政诉讼受案范围。(法制办、各相关市场监管部门按职责分工分别负责)

第29条规定,健全法律责任制度。调整食品药品、生态环境、安全生产、劳动保障等领域现行法律制度中罚款等法律责任的规定,探索按日计罚等法律责任形式。扩大市场监管法律制度中惩罚性赔偿的适用范围,依法大幅度提高赔偿倍数。强化专业化服务组织的连带责任。健全行政补偿和赔偿制度,当发生市场监管部门及其工作人员行使职权损害相对人合法权益时,须履行补偿或赔偿责任。(各相关市场监管部门、法制办按职责分工分别负责)

(二)"互联网+监管"出现

随着加强监管改革的不断深化,政府监管理念不断转变,监管意识不断加强,"重审批轻监管""会批不会管""对审批很迷恋、对监管很迷茫"等现象得到改变。推进"互联网+监管",运用大数据、云计算、物联网等信息技术,强化线上线下一体化监管,加快中央部门之间、地方之间、上下之间信息资源共享、互联互通,整合形成统一的市场监管信息平台,形成监管合力。这些新的监管措施对企业的合规管理提出新的挑战。

四、国际组织与外国政府推动企业强化合规管理

(一)国际组织推动企业合规管理进步

经历了两个发展阶段:第一阶段,2000年以联合国全球契约为代表,倡议企业开展国际业务时遵守自愿性合规承诺,包括社会责任、环境责任以及反对商业腐败等;第二阶段,2008

年西门子因"行贿门"被严厉处罚，此后，经济合作与发展组织（OECD）倡导企业遵循合规最佳实践，美英等国纷纷出台更加严格的合规监管规定；2014 年，以国际标准化组织（ISO）为代表，发布了 ISO 19600：2014《合规管理体系 指南》这一国际标准，推动企业建立合规管理体系。2021 年 4 月 13 日，发布 ISO 37301：2021《合规管理体系 要求及使用指南》国际标准。

（二）国外政府推动企业强化合规管理

各发达国家不断加强监管，创新监管方式与思路，从过去关注事后处罚到注重事前预防，要求企业实施更加主动的合规管理工作。比如，1977 年出台的美国《反海外腐败法》（FC-PA），重点是对企业违规行为进行打击。到了 2004 年，美国政府修订后的《针对机构实体的联邦量刑指南》（FSGO）明确了企业建立有效合规体系可以减轻处罚的原则。2010 年，英国出台的《贿赂法 2010》，新增加了未有防止商业贿赂罪，对未有防止商业贿赂的企业加以处罚。但是，企业可以通过采取诸如建立有效的合规管理体系等措施来抗辩，以减免责任。至 2016 年 12 月，法国宪法委员会批准通过了《关于提高透明度、反腐败以及促进经济生活现代化的 2016－1691 号法案》（《萨宾第二法案》），该法案明确要求企业建立合规制度，没有建立合规管理体系的企业可能面临承担处罚的风险与责任。

第二节　数字经济发展催生合规管理

一、国家鼓励发展数字经济

（一）二十大报告明确要求发展数字经济

二十大报告中指出："加快发展数字经济，促进数字经济和实体经济深度融合"。新一代信息技术与各产业结合形成数字化生产力和数字经济，是现代化经济体系发展的重要方向。大数据、云计算、人工智能等新一代数字技术是当代创新最活跃、应用最广泛、带动力最强的科技领域，给产业发展、日常生活、社会治理带来深刻影响。数据要素正在成为劳动力、资本土地、技术、管理等之外最先进、最活跃的新生产要素，驱动实体经济在生产主体、生产对象、生产工具和生产方式上发生深刻变革。数字化转型已经成为全球经济发展的大趋势，世界各主要国家均将数字化作为优先发展的方向，积极推动数字经济发展。围绕数字技术、标准、规则、数据的国际竞争日趋激烈，成为决定国家未来发展潜力和国际竞争力的重要领域。我国有条件、有能力把握以数字技术为核心的新一代科技和产业变革历史机遇，加快发展数字经济，促进数字经济和实体经济深度融合，以信息化培育新动能，用新动能推动新发展，形成引领未来发展的新优势。

（二）《数字中国建设整体布局规划》

1. 2023 年 2 月 28 日，中共中央、国务院印发了《数字中国建设整体布局规划》，数字中国建设按照"2522"的整体框架进行布局，即夯实数字基础设施和数据资源体系"两大基础"，推进数字技术与经济、政治、文化、社会、生态文明建设"五位一体"深度融合，强化数字技术创新体系和数字安全屏障"两大能力"优化数字化发展国内国际"两个环境"。

2. 夯实数字中国建设基础。

（1）打通数字基础设施大动脉。加快 5G 网络与千兆光网协同建设，深入推进 IPv6 规模部署和应用，推进移动物联网全面发展，大力推进北斗规模应用。系统优化算力基础设施布局，促进东西部算力高效互补和协同联动，引导通用数据中心、超算中心、智能计算中心、边缘数据中心等合理梯次布局。整体提升应用基础设施水平，加强传统基础设施数字化、智能化改造。

（2）畅通数据资源大循环。构建国家数据管理体制机制，健全各级数据统筹管理机构。推动公共数据汇聚利用，建设公共卫生、科技、教育等重要领域国家数据资源库。释放商业数据价值潜能，加快建立数据产权制度，开展数据资产计价研究，建立数据要素按价值贡献参与分配机制。

3. 强化数字中国关键能力。筑牢可信可控的数字安全屏障。切实维护网络安全，完善网络安全法律法规和政策体系。增强数据安全保障能力，建立数据分类分级保护基础制度，健全网络数据监测预警和应急处置工作体系。

（三）《发展数字经济，抢占未来发展制高点》

《发展数字经济，抢占未来发展制高点》中指出，近年来，互联网、大数据、云计算、人工智能、区块链等技术加速创新，日益融入经济社会发展各领域全过程，各国竞相制定数字经济发展战略、出台鼓励政策，数字经济发展速度之快、辐射范围之广、影响程度之深前所未有，正在成为重组全球要素资源、重塑全球经济结构、改变全球竞争格局的关键力量。加快新型基础设施建设。要加强战略布局，加快建设以5G网络、全国一体化数据中心体系国家产业互联网等为抓手的高速泛在、天地一体、云网融合、智能敏捷、绿色低碳、安全可控的智能化综合性数字信息基础设施，打通经济社会发展的信息"大动脉"。要全面推进产业化、规模化应用，培育具有国际影响力的大型软件企业，重点突破关键软件，推动软件产业做大做强，提升关键软件技术创新和供给能力。

二、数字经济对企业的深刻影响

数字经济作为一种新的经济形态，是以云计算、大数据、人工智能、物联网、区块链、移动互联网等信息通信技术为载体，基于信息通信技术的创新与融合来驱动社会生产方式的改变和生产效率的提升。数字经济以数字技术为基础，以数据为核心，以网络为载体，以信息化为手段，以创新为动力。数字经济的发展对企业在很多方面产生影响。提高效率，使得企业可以更加高效地进行生产和管理。通过数字化的手段，企业可以实现信息的快速传递和处理，提高生产效率和管理效率；拓展市场，使得企业可以更加广泛地拓展市场。通过数字化的手段，企业可以实现全球化的市场拓展，扩大市场份额；提升创新能力，企业可以更加创新地进行产品研发。通过数字化的手段，企业可以实现数据的深度挖掘和分析，发现市场需求和产品创新点；降低成本，实现生产和管理的自动化，降低人力成本和物流成本。

三、各地政府出台文件促进数字经济发展

（一）多地政府出台新规

1. 多地政府出台数字经济促进条例。《北京市数字经济促进条例》《江苏省数字经济促进条例》《广东省数字经济促进条例》《河北省数字经济促进条例》《山西省数字经济促进条例》纷纷发布实施。

2. 多地政府出台数据类条例。《上海市数据条例》《重庆市数据条例》《四川省数据条例》

《陕西省大数据条例》《广西壮族自治区大数据发展条例》《天津市促进大数据发展应用条例》《山西省大数据发展应用促进条例》《山东省大数据发展促进条例》《辽宁省大数据发展条例》《黑龙江省促进大数据发展应用条例》《吉林省促进大数据发展应用条例》《海南省大数据开发应用条例》《贵州省大数据发展应用促进条例》《安徽省大数据发展条例》《福建省大数据发展条例》《浙江省公共数据条例》纷纷发布实施。

（二）《广东省数字经济促进条例》

2021 年 7 月 30 日，《广东省数字经济促进条例》发布，2021 年 9 月 1 日起施行。

（三）《深圳经济特区数字经济产业促进条例》

1. 概述。2022 年 9 月 5 日，深圳市人民代表大会常务委员会公布《深圳经济特区数字经济产业促进条例》，于 2022 年 11 月 1 日起施行。以数字经济核心产业促进为主线，就基础设施、数据要素、技术创新、产业集聚、应用场景、开放合作、支撑保障等七个方面的内容进行规定。

2. 主要作用。

（1）为数字经济产业发展提供法治保障。明确数字经济产业发展原则，聚焦数字经济产业发展的全生命周期和全链条服务内容进行规定。

（2）把数字经济产业发展摆在国民经济和社会发展的重要地位。第 4 条明确规定，市、区人民政府应当加强对数字经济产业促进工作的领导，将数字经济产业纳入国民经济和社会发展规划，确定数字经济产业发展重点，建立健全数字经济产业工作领导协调机制，统筹部署数字经济产业发展，及时协调解决发展中的重大问题。

（3）明确数字经济产业牵头部门和职责分工，第 5 条明确规定，市工业和信息化部门负责推进、协调、督促本市数字经济产业发展。市网信、发展改革、科技创新、公安、财政、人力资源保障、规划和自然资源、市场监管、统计、政务服务数据管理、中小企业服务、通信管理等部门在各自职责范围内履行数字经济产业促进相关职责。市各行业主管部门负责协调推动数字经济产业与本行业的融合发展。

（4）破解数字经济产业发展痛点难点问题。运用经济特区立法权在数字经济产业领域先行先试立法，积极破解数字经济产业发展痛点难点问题，为数字经济产业健康发展创造有利环境。

四、部委出台专项合规政策

（一）《企业境外反垄断合规指引》

1. 概述。2021 年 11 月 15 日，国家市场监督管理总局印发《企业境外反垄断合规指引》（国市监反垄发〔2021〕72 号）。

（1）效力。仅对企业境外反垄断合规作出一般性指引，供企业参考。

（2）目的。鼓励企业培育公平竞争的合规文化，引导企业建立和加强境外反垄断合规管理制度，增强企业境外经营反垄断合规管理意识，提升境外经营反垄断合规管理水平，防范境外反垄断法律风险，保障企业持续健康发展。

（3）意义。反垄断法是市场经济国家调控经济的重要政策工具，制定并实施反垄断法是世界上大多数国家或者地区（以下称"司法辖区"）保护市场公平竞争、维护市场竞争秩序的普遍做法。不同司法辖区对反垄断法的表述有所不同，例如"反垄断法""竞争法""反托拉

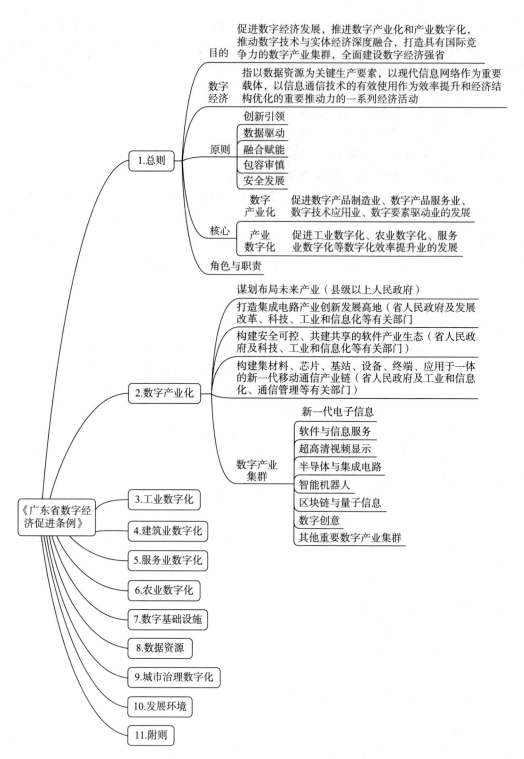

斯法""公平交易法"等,本指引以下统称反垄断法。企业境外经营应当坚持诚信守法、公平竞争。企业违反反垄断法可能面临高额罚款、罚金、损害赔偿诉讼和其他法律责任,企业相关负责人也可能面临罚款、罚金甚至刑事责任等严重后果。加强境外反垄断合规建设,可以帮助企业识别、评估和管控各类反垄断法律风险。

2. 主要内容。

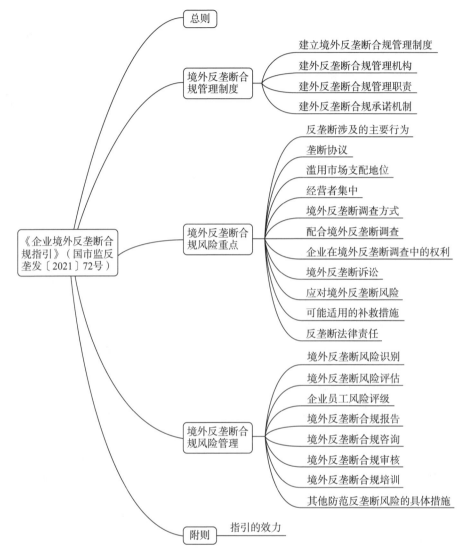

（二）《工业和信息化领域数据安全管理办法（试行）》

1. 概述。2022年12月8日，工业和信息化部印发《工业和信息化领域数据安全管理办法（试行）》（工信部网安〔2022〕166号），自2023年1月1日起施行。共8章42条。

2. 主要内容。界定工业和信息化领域数据和数据处理者概念，明确监管范围和监管职责；确定数据分类分级管理、重要数据识别与备案相关要求；针对不同级别的数据，围绕数据收集、存储、加工、传输、提供、公开、销毁、出境、转移、委托处理等环节，提出相应安全管理和保护要求等七个方面。

3. 主要作用。

（1）明确了工业和信息化领域数据包括工业数据、电信数据和无线电数据等。工业数据是指工业各行业各领域在研发设计、生产制造、经营管理、运行维护、平台运营等过程中产生和收集的数据。电信数据是指在电信业务经营活动中产生和收集的数据。无线电数据是指在开展无线电业务活动中产生和收集的无线电频率、台（站）等电波参数数据。

（2）解决工业和信息化领域数据安全"谁来管、管什么、怎么管"的问题，构建了"工业和信息化部、地方行业监管部门"两级监管机制，以数据分级保护为总体原则，要求一般数据加强全生命周期安全管理，重要数据在一般数据保护的基础上进行重点保护，核心数据在重要数据保护的基础上实施更加严格地保护。

（3）将建立数据安全风险监测机制，组织制定数据安全监测预警接口和标准，统筹建设数据安全监测预警技术手段，形成监测、预警、处置、溯源等能力，与相关部门加强信息共享。

五、各省（市）市场监督管理局出台合规性文件

（一）北京市市场监督管理局发布《网络交易经营者落实主体责任合规指引（市场监管领域)》

1. 背景。为规范网络交易行为，维护网络交易秩序，推进平台企业合规建设，指导平台企业落实主体责任，促进平台经济规范健康持续发展。北京市市场监管发展研究中心按照"线上线下一体化"的监管原则，立足市场监管职能，结合日常监管实践中企业合规问题突出以及企业对合规指导需求较多的领域，依据市场监管领域有关法律、法规要求，形成了《网络交易经营者落实主体责任合规指引（市场监管领域)》，进一步明确市场监管领域对平台企业的合规要求。旨在提高网络交易经营者的法律意识，推动网络交易经营者全面知法、自觉守法。坚持规范与发展并重，坚持寓管理于服务，结合企业合规突出方面，宣讲合规理念，提供全面指导服务，推动网络交易经营者依法依规经营，更好培育和激发网络交易市场主体活力和竞争力。

2. 特点。文件制定坚持法治思维，在法治的基础上合理设计结构、完善内容。依据有关法律、行政法规、部门规章、地方性法规、规范性文件，摘取重点事项收录，内容也将根据法律、法规调整适时动态完善。共涉及 54 部法律、行政法规、部门规章，既注重从整体上系统把握，又着眼细节，聚焦关键领域、重点领域，分章节提出具体的合规要求，给网络交易经营者提供一般性的指导，帮助企业合规健康发展。

3. 效力。指引包括两部分内容，第一部分为市场监管领域的合规监管要求。第二部分为行业领域的合规管理要求，由市场监管部门配合相关行业主管部门进行监管与规范。

4. 内容。文件框架包括两个部分，第一部分主要为与市场监管职权事项相关的合规要求，涉及协同治理、公示提醒、反垄断、反不正当竞争、消费者权益保护、价格、互联网广告、产品质量、食品安全、药品网络经营、医疗器械网络经营以及化妆品经营 12 个章节，共 224 条。第二部分为其他行业领域的合规要求，市场监管部门主要是协同配合，包括个人信息保护、数据安全、算法合规、劳动者权益保护、特殊人群权益保护、反食品浪费以及其他方面的合规要求 7 个章节共 44 条。

5. 明确适用主体。

（1）网络交易经营者：指组织、开展网络交易活动的自然人、法人和非法人组织，包括网络交易平台经营者、平台内经营者、自建网站经营者以及通过其他网络服务开展网络交易活动的网络交易经营者。

（2）网络交易平台经营者：指在网络交易活动中为交易双方或者多方提供网络经营场所、交易撮合、信息发布等服务，供交易双方或者多方独立开展网络交易活动的法人或者非法人组织。

（3）平台内经营者：指通过网络交易平台开展网络交易活动的网络交易经营者。

（4）网络社交、网络直播等网络服务提供者：为经营者提供网络经营场所、商品浏览、订单生成、在线支付等网络交易平台服务的，应当依法履行网络交易平台经营者的义务。通过上述网络交易平台服务开展网络交易活动的经营者，应当依法履行平台内经营者的义务。

（二）浙江省市场监督管理局发布《浙江省平台企业竞争合规指引》

1. 背景。贯彻落实党中央关于强化反垄断和防止资本无序扩张、推动平台经济规范健康持续发展的重大决策部署，引导平台企业加强竞争合规管理，提高竞争合规意识，防范竞争合规风险。

2. 效力。仅对平台企业竞争合规作出的一般性指引，不具有强制性。法律法规和国务院反垄断执法机构对平台企业竞争合规另有专门规定的，从其规定。

3. 内容。共6章30条，分为总则、竞争合规承诺与合规管理、竞争合规风险识别、竞争合规运行、竞争合规保障、附则等。尤其在竞争合规风险识别环节，归纳提炼了7类具有平台企业特性的竞争违法行为，以及14类具有平台企业特性的高风险敏感行为，7条竞争违法行为包括：利用平台收集并交换价格、销量、成本、客户等敏感信息；利用数据、算法、平台规则、技术手段达成固定价格、分割市场等横向垄断协议；通过组织虚假交易、编造用户评价等帮助其他经营者进行虚假或引人误解的商业宣传等。14条高风险敏感行为包括：利用资本、流量等优势低于成本价销售，排挤竞争对手；在平台规则、算法、技术、流量分配等方面设置不合理的限制和障碍；基于大数据和算法实行差异性交易价格；要求平台内经营者在商品价格、数量等方面向其提供优于其他竞争性平台的交易条件等。

4. 适用范围。适用于本省行政区域内的各类平台企业，作为平台企业开展竞争合规管理的指导建议。在本省行政区域内从事经营活动但注册地在其他省（自治区、直辖市）的平台企业，可参照本指引制定竞争合规制度，加强竞争合规风险管控。

5. 基本概念。本指引所称的平台为互联网平台，是指通过网络信息技术，使相互依赖的双边或者多边主体在特定载体提供的规则下交互，以此共同创造价值的商业组织形态。

本指引所称的竞争合规，是指平台企业及其员工的经营管理行为符合《中华人民共和国反垄断法》《中华人民共和国反不正当竞争法》等法律、法规、规章和指南及其他规范性文件（以下统称竞争法）规定的要求。

本指引所称的竞争合规风险，是指平台企业及其员工因违反竞争法，引发法律责任、造成经济或者声誉损失以及其他负面影响的可能性。

本指引所称的竞争合规管理，是指以有效预防和降低竞争合规风险为目的，以平台企业及其员工经营管理行为为对象，开展包括竞争合规承诺、合规管理、合规风险识别、合规运行与合规保障等有组织、有计划的管理活动。

（三）江西省市场监督管理局关于发布《江西省数字经济领域反垄断合规指引》

1. 目的。为认真贯彻落实党中央、国务院关于强化反垄断深入推进公平竞争政策实施的决策部署，精准助力推进我省数字经济做优做强"一号发展工程"，引导数字经济领域的经营者增强反垄断合规意识，建立反垄断合规管理制度，防范反垄断合规风险，培育公平竞争的合规文化，促进全省数字经济高质量跨越式发展。

2. 基本概念。本指引所称数字经济，是指以数据资源作为关键生产要素、以现代信息网络作为重要载体、以信息通信技术的有效使用作为效率提升和结构优化的重要推动力的一系列经济活动。本指引所称数字经济领域的经营者，是指在数字经济领域内从事生产经营活动的自然人、法人和非法人组织。本指引所称互联网平台，是指通过网络信息技术，使相互依赖的双边或者多边主体在特定载体提供的规则下交互，以此共同创造价值的商业组织形态。本指引所称合规风险，是指数字经济领域的经营者及其员工因反垄断不合规行为，引发法律责任、造成经济或者声誉损失以及其他负面影响的可能性。本指引所称反垄断合规，是指数字经济领域的经营者及其员工的经营管理行为符合《中华人民共和国反垄断法》等法律、法规、规章及其他规范性文件的要求。本指引所称合规管理，是指以预防和降低反垄断合规风险为目的，以数字经济领域的经营者及其员工经营管理行为为对象，开展包括制度制定、风险识别、风险处置、合规培训等管理活动。

3. 效力。本指引仅对我省数字经济领域反垄断合规作出一般性指引，不具有强制性。法律、法规和国务院反垄断执法机构对数字经济领域反垄断合规另有专门规定的，从其规定。

4. 特色条款。第21条规定，引导行业合规。行业协会应当加强行业自律，引导本行业的经营者依法竞争，合规经营，维护市场竞争秩序。行业协会不得组织本行业的经营者从事垄断行为。鼓励行业协会制作本行业合规制度的示范文本，投入有效资源，加强教育培训，帮助和督促本行业的经营者了解并遵守反垄断法相关规定。

第27条规定，合规数字管理。鼓励数字经济领域的经营者推进数字化反垄断合规管理，通过数字化优化管理流程，记录和保存相关信息。

5. 主要内容。主要包括3种风险的识别和合规管理（重点事项和制度建设）。

（四）江苏省市场监督管理局发布《江苏省经营者反垄断合规指引》

1. 目的。引导经营者发挥自律合规的主体作用，让经营者更有意识、更有能力做好合规工作。

2. 背景。加强经营者反垄断合规指导，是省委、省政府2021年重点工作任务之一，是省市场监督管理局"两反两保"专项行动的重要举措。

3. 主要内容。主要以经营者反垄断合规风险提示与应对为主线，系统梳理经营者在垄断协议、滥用市场支配地位、违法实施经营者集中、行政性垄断等方面的风险点，逐一进行合规风险提示，帮助划定合法经营的行为边界，引导知晓违法经营的行为后果，指导经营者及早发现、及时改正经营中存在的合规风险。建议经营者根据自身业务状况、规模大小、行业特性等实际，建立反垄断合规管理制度，健全合规审查机制，加强反垄断合规管理，防范竞争合规风险，促进企业规范健康持续发展。同时，加强对经营者应对外部风险权利义务的全过程考量与系统性梳理，指导经营者既懂得应对反垄断执法调查的方法，又知晓应对其他经营者垄断行为侵害的手段；既依法行使回避、陈述、申辩、听证、豁免等合法权利，又积极履行配合反垄断调查、停止违法行为等法定义务。

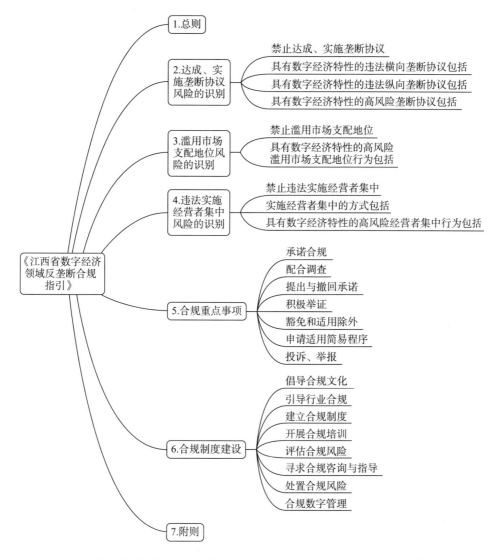

（五）山西省市场监督管理局发布《山西省经营者反垄断合规指引》

1. 目的。从提示经营者反垄断合规风险、指导经营者建立健全合规管理制度、加强合规风险管理等多个层面，对经营者统筹做好反垄断合规工作作出系统性指引。

2. 效力。仅对经营者反垄断合规作出一般性指引，不具有强制性。

3. 基本概念。本指引所称经营者，是指从事商品生产、经营或者提供服务的自然人、法人和其他组织。本指引所称合规，是指经营者及其员工的经营行为符合《中华人民共和国反垄断法》等法律、法规、规章及其他规范性文件的要求。本指引所称风险，是指经营者及其员工因垄断行为，可能引发的法律责任或者造成的经济、声誉损失以及其他负面影响的风险。本指引所称合规管理，是指以预防和降低风险为目的，以经营者及其员工经营管理行为为对象，开展包括合规制度制定、风险识别防范、风险应对处置、考核评价培训等管理活动。

4. 特色条款。第5条规定，行业协会组织达成垄断协议识别。行业协会作为代表本行业利益诉求和权利主张的社团组织，较单个经营者具有更强的市场影响力。行业协会应当加强行业自律，引导本行业的经营者依法竞争，合规经营维护市场竞争秩序，不得违反《反垄断法》的规定，从事排除、限制竞争的行为。协会会员多为同业竞争者，实践中容易出现行业协会组织会员活动时违反《反垄断法》的情况。鼓励行业协会在协会章程中载明不得召集、组织或者推动会员（经营者）达成含有排除、限制竞争内容的协议、决议、纪要、备忘录等。在协会章程、规则、决定、通知、意见、自律公约以及制定的标准中，应避免出现以自律或其他名义固定或者变更商品价格、限制商品生产数量或销售数量、分割销售市场或原材料采购市场、限制购买新技术、新设备或者限制开发新技术、新产品，联合抵制交易等排除、限制竞争的内容。行业协会从事商品生产、经营或者提供服务，属于《反垄断法》规定的经营者时，不得违反《反垄断法》规定，从事垄断协议。

第 14 条规定，法律责任风险提示。经营者违反《反垄断法》相关规定的，应当依法承担相应的法律责任。（一）对垄断协议行为的处罚。经营者达成并实施垄断协议的，由反垄断执法机构责令停止违法行为，没收违法所得，并处上一年度销售额百分之一以上百分之十以下的罚款，上一年度没有销售额的，处五百万元以下的罚款；尚未实施所达成的垄断协议的，可以处三百万元以下的罚款。经营者的法定代表人、主要负责人和直接责任人员对达成垄断协议负有个人责任的，可以处一百万元以下的罚款。经营者组织其他经营者达成垄断协议或为其他经营者达成垄断协议提供实质性帮助的，适用前款规定。（二）对滥用市场支配地位行为的处罚。经营者滥用市场支配地位的，由反垄断执法机构责令停止违法行为，没收违法所得，并处上一年度销售额百分之一以上百分之十以下的罚款。（三）对违法实施经营者集中的处罚。经营者违法实施集中，且具有或者可能具有排除、限制竞争效果的，由国务院反垄断执法机构责令停止实施集中、限期处分股份或者资产、限期转让营业以及采取其他必要措施恢复到集中前的状态，处上一年度销售额百分之十以下的罚款；不具有排除、限制竞争效果的，处五百万元以下的罚款。（四）对拒不配合调查的处罚。在反垄断执法机构依法实施调查过程中，经营者拒绝提供有关材料、信息，或者提供虚假材料、信息，或者隐匿、销毁、转移证据，或者有其他拒绝、阻碍调查行为的，由反垄断执法机构责令改正，对单位处上一年度销售额百分之一以下的罚款，上一年度没有销售额或者销售额难以计算的，处五百万元以下的罚款；对个人处五十万元以下的罚款。（五）对特别严重违法行为的处罚。违反《反垄断法》规定，情节特别严重、影响特别恶劣、造成特别严重后果的，国务院反垄断执法机构可以在《反垄断法》第五十六条、第五十七条、第五十八条、第六十二条规定的罚款数额的二倍以上五倍以下确定具体罚款数额。（六）信用惩戒。经营者因违反《反垄断法》规定受到行政处罚的，按照国家有关规定记入信用记录，并向社会公示。（七）垄断行为的民事责任。经营者实施垄断行为，给他人造成损失的，依法承担民事责任。经营者实施垄断行为，损害社会公共利益的，设区的市级以上人民检察院可以依法向人民法院提起民事公益诉讼。（八）刑事责任。违反《反垄断法》规定，构成犯罪的，依法追究刑事责任。（九）行业协会的责任规定。行业协会违反《反垄断法》规定，组织本行业的经营者达成垄断协议的，由反垄断执法机构责令改正，可以处三百万元以下的罚款；情节严重的，社会团体登记管理机关可以依法撤销登记。

5. 主要内容。

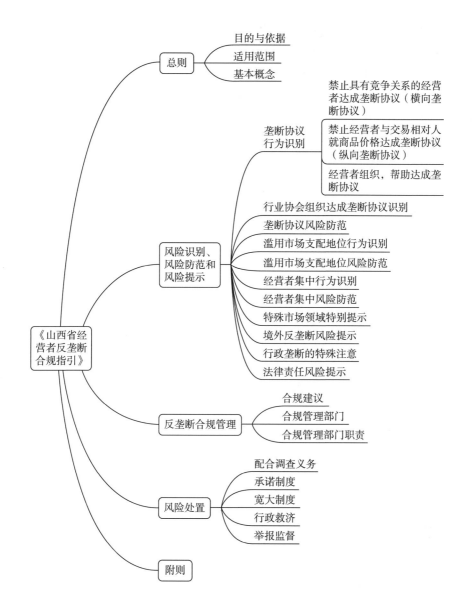

第三节 国内环境鼓励人工智能发展

一、国家高度重视人工智能

（一）人工智能为数字经济发展提供支撑

2018 年 10 月 31 日，习近平主席在中共中央政治局第九次集体学习时强调，我国经济已由高速增长阶段转向高质量发展阶段，正处在转变发展方式、优化经济结构、转换增长动力的攻关期，迫切需要新一代人工智能等重大创新添薪续力。我们要深入把握新一代人工智能发展的特点，加强人工智能和产业发展融合，为高质量发展提供新动能。要围绕建设现代化经济体系，以供给侧结构性改革为主线，把握数字化、网络化、智能化融合发展契机，在质量变革、效率变革、动力变革中发挥人工智能作用，提高全要素生产率。要培育具有重大引领带动作用的人工智能企业和产业，构建数据驱动、人机协同、跨界融合、共创分享的智能经济形态。要发挥人工智能在产业升级、产品开发、服务创新等方面的技术优势，促进人工智能同一、二、三产业深度融合，以人工智能技术推动各产业变革，在中高端消费、创新引领、绿色低碳、共享经济、现代供应链、人力资本服务等领域培育新增长点、形成新动能。要推动智能化信息基础设施建设，提升传统基础设施智能化水平，形成适应智能经济、智能社会需要的基础设施体系。

2019年10月24日，习近平主席在中共中央政治局第十八次集体学习时强调，区块链技术应用已延伸到数字金融、物联网、智能制造、供应链管理、数字资产交易等多个领域。目前，全球主要国家都在加快布局区块链技术发展。我国在区块链领域拥有良好基础，要加快推动区块链技术和产业创新发展，积极推进区块链和经济社会融合发展。要加快产业发展，发挥好市场优势，进一步打通创新链、应用链、价值链。要构建区块链产业生态，加快区块链和人工智能、大数据、物联网等前沿信息技术的深度融合，推动集成创新和融合应用。

（二）人工智能助力建设现代化产业体系

2018年10月31日，习近平主席在中共中央政治局第九次集体学习时强调，人工智能是引领这一轮科技革命和产业变革的战略性技术，具有溢出带动性很强的"头雁"效应。在移动互联网、大数据、超级计算、传感网、脑科学等新理论新技术的驱动下，人工智能加速发展，呈现出深度学习、跨界融合、人机协同、群智开放、自主操控等新特征，正在对经济发展、社会进步、国际政治经济格局等方面产生重大而深远的影响。加快发展新一代人工智能是我们赢得全球科技竞争主动权的重要战略抓手，是推动我国科技跨越发展、产业优化升级、生产力整体跃升的重要战略资源。

二十大报告"加快构建新发展格局，着力推动高质量发展"部分，提出建设现代化产业体系。推动战略性新兴产业融合集群发展，构建新一代信息技术、人工智能、生物技术、新能源、新材料、高端装备、绿色环保等一批新的增长引擎。加快发展数字经济，促进数字经济和实体经济深度融合，打造具有国际竞争力的数字产业集群。优化基础设施布局、结构、功能和系统集成，构建现代化基础设施体系。人工智能被纳入新的增长引擎。

二、科技发展布局新一代人工智能发展规划

2017年7月8日，国务院发布《国务院关于印发新一代人工智能发展规划的通知》（国发〔2017〕35号）。在战略态势部分，明确要求："大数据驱动知识学习、跨媒体协同处理、人机协同增强智能、群体集成智能、自主智能系统成为人工智能的发展重点，受脑科学研究成果启发的类脑智能蓄势待发，芯片化硬件化平台化趋势更加明显，人工智能发展进入新阶段。""人工智能成为经济发展的新引擎……形成从宏观到微观各领域的智能化新需求，催生新技术、新产品、新产业、新业态、新模式。"

2019年10月24日，习近平主席《在十九届中央政治局第十八次集体学习时的讲话》中指出我们要抓住区块链技术融合、功能拓展、产业细分的契机，发挥区块链在促进数据共享、优化业务流程、降低运营成本、提升协同效率、建设可信体系等方面的作用。区块链技术应用已延伸到数字金融、物联网、智能制造、供应链管理、数字资产交易等多个领域，展现出广泛应用前景。

三、司法环境跟随技术进步发展

1. 2019 年 6 月，全球首个 AI 虚拟法官在北京互联网法院在线智慧诉讼服务中心首次亮相，但 AI 法官在当时仅被利用在诉讼服务环节，为民众提供快捷司法通道。同年 9 月，浙江省高院联合浙江大学、阿里巴巴等研发的智能审判系统"小智"完成"出道秀"。在一起标的额 15 万元的金融借款纠纷案件审理过程中，"小智"负责协助法官进行证据分析、庭审争议焦点归纳、案件风险点提示、涉案借款本息金额计算等，法官则对"小智"的推送进行审查。在这个过程中，裁判文书一栏里的判决书稿也在自动生成，"小智"会根据法官的修正进行补全、完善。庭审最后，主审的袁翠玉法官核查确认判决书后当庭宣判，并当庭送达，案件随即进入归档程序。

2. 2022 年 5 月 23 日，最高人民法院发布《最高人民法院关于加强区块链司法应用的意见》，明确提出利用区块链联盟互信服务经济社会治理。推进构建与知识产权、市场监管、产权登记、交易平台、数据权属、数据交易、金融机构、相关政府部门等区块链平台跨链协同应用机制，支持知识产权保护、营商环境优化、数据开发利用、金融信息流转应用、企业破产重组、征信体系建设等。

3. 2022 年 12 月 8 日，最高人民法院发布《最高人民法院关于规范和加强人工智能司法应用的意见》，提出人工智能司法应用需遵循五项基本原则。分别为：安全合法原则；公平公正原则；辅助审判原则；透明可信原则；公序良俗原则。应用范围包括：加强人工智能全流程辅助办案，加强人工智能辅助事务性工作，加强人工智能辅助司法管理，加强人工智能服务多元解纷和社会治理，不断拓宽人工智能司法应用场景和范围。

4. 2023 年 7 月 10 日，《生成式人工智能服务管理暂行办法》已经国家互联网信息办公室 2023 年第 12 次室务会会议审议通过，并经国家发展和改革委员会、教育部、科学技术部、工业和信息化部、公安部、国家广播电视总局同意，予以公布，自 2023 年 8 月 15 日起施行。

第四节　国内合规管理溯源

一、商业银行启动合规管理工作

（一）概述

2006 年 10 月 20 日，中国银行业监督管理委员会（已撤销）根据《中华人民共和国银行业监督管理法》和《中华人民共和国商业银行法》，颁布实施了《商业银行合规风险管理指引》（银监发〔2006〕76 号）。《商业银行合规风险管理指引》是银行业风险监管的一项核心制度。共 5 章 31 条，分为总则，董事会、监事会和高级管理层的合规管理职责，合规管理部门职责，合规风险监管和附则等五个部分。

（二）对合规等基本概念进行定义

1. 明确合规风险是指商业银行因没有遵循适用于银行业经营活动的法律、行政法规、部门规章及其他规范性文件、经营规则、自律性组织的行业准则、行为守则和职业操守可能遭受法律制裁、监管处罚、重大财务损失和声誉损失的风险。具体条款如下：

第 3 条规定，本指引所称法律、规则和准则，是指适用于银行业经营活动的法律、行政法规、部门规章及其他规范性文件、经营规则、自律性组织的行业准则、行为守则和职业操守。

本指引所称合规，是指使商业银行的经营活动与法律、规则和准则相一致。

本指引所称合规风险，是指商业银行因没有遵循法律、规则和准则可能遭受法律制裁、监管处罚、重大财务损失和声誉损失的风险。

本指引所称合规管理部门，是指商业银行内部设立的专门负责合规管理职能的部门、团队或岗位。

2. 明确合规管理是商业银行一项核心的风险管理活动，合规是商业银行所有员工的共同责任，并应从商业银行高层做起。具体条款如下：

第 4 条规定，合规管理是商业银行一项核心的风险管理活动。商业银行应综合考虑合规风险与信用风险、市场风险、操作风险和其他风险的关联性，确保各项风险管理政策和程序的一致性。

第 5 条规定，商业银行合规风险管理的目标是通过建立健全合规风险管理框架，实现对合规风险的有效识别和管理，促进全面风险管理体系建设，确保依法合规经营。

第 6 条规定，商业银行应加强合规文化建设，并将合规文化建设融入企业文化建设全过程。

合规是商业银行所有员工的共同责任，并应从商业银行高层做起。

董事会和高级管理层应确定合规的基调，确立全员主动合规、合规创造价值等合规理念，在全行推行诚信与正直的职业操守和价值观念，提高全体员工的合规意识，促进商业银行自身合规与外部监管的有效互动。

（三）建立合规风险管理体系

1. 要求商业银行建立与其经营范围、组织结构和业务规模相适应的合规风险管理体系。具体条款如下：

第 8 条规定，商业银行应建立与其经营范围、组织结构和业务规模相适应的合规风险管理体系。合规风险管理体系应包括以下基本要素：（一）合规政策；（二）合规管理部门的组织结构和资源；（三）合规风险管理计划；（四）合规风险识别和管理流程；（五）合规培训与教育制度。

2. 建立合规绩效考核制度、合规问责制度和诚信举报制度三项基本制度。具体条款如下：

第 15 条规定，商业银行应建立对管理人员合规绩效的考核制度。商业银行的绩效考核应体现倡导合规和惩处违规的价值观念。

第 16 条规定，商业银行应建立有效的合规问责制度，严格对违规行为的责任认定与追究，并采取有效的纠正措施，及时改进经营管理流程，适时修订相关政策、程序和操作指南。

第 17 条规定，商业银行应建立诚信举报制度，鼓励员工举报违法、违反职业操守或可疑行为，并充分保护举报人。

（四）明确合规管理部门的职责以及与其他相关部门的职责区隔

1. 合规管理部门的职责。具体条款如下：

第 18 条规定，合规管理部门应在合规负责人的管理下协助高级管理层有效识别和管理商业银行所面临的合规风险，履行以下基本职责：（一）持续关注法律、规则和准则的最新发展，正确理解法律、规则和准则的规定及其精神，准确把握法律、规则和准则对商业银行经营的影响，及时为高级管理层提供合规建议；（二）制定并执行风险为本的合规管理计划，包括特定政策和程序的实施与评价、合规风险评估、合规性测试、合规培训与教育等；（三）审核评价商业银行各项政策、程序和操作指南的合规性，组织、协调和督促各业务条线和内部控制部门对各项政策、程序和操作指南进行梳理和修订，确保各项政策、程序和操作指南符合法律、规则和准则的要求；（四）协助相关培训和教育部门对员工进行合规培训，包括新员工的合规培训，以及所有员工的定期合规培训，并成为员工咨询有关合规问题的内部联络部门；（五）组织制定合规管理程序以及合规手册、员工行为准则等合规指南，并评估合规管理程序和合规指南的适当性，为员工恰当执行法律、规则和准则提供指导；（六）积极主动地识别和评估与商业银行经营活动相关的合规风险，包括为新产品和新业务的开发提供必要的合规性审核和测试，识别和评估新业务方式的拓展、新客户关系的建立以及客户关系的性质发生重大变化等所产生的合规风险；（七）收集、筛选可能预示潜在合规问题的数据，如消费者投诉的增长数、异常交易等，建立合规风险监测指标，按照风险矩阵衡量合规风险发生的可能性和影响，确定合规风险的优先考虑序列；（八）实施充分且有代表性的合规风险评估和测试，包括通过现场审核对各项政策和程序的合规性进行测试，询问政策和程序存在的缺陷，并进行相应的调查。合规性测试结果应按照商业银行的内部风险管理程序，通过合规风险报告路线向上报告，以确保各项政策和程序符合法律、规则和准则的要求；（九）保持与监管机构日常的工作联系，跟踪和评估监管意见和监管要求的落实情况。

2. 合规管理职能应与风险职能分离，互相协作。具体条款如下：

第21条规定，商业银行应建立合规管理部门与风险管理部门在合规管理方面的协作机制。

3. 合规管理职能应与内部审计职能分离，合规管理职能的履行情况应受到内部审计部门定期的独立评价，并要求内部审计部门负责商业银行各项经营活动的合规性审计。具体条款如下：

第22条规定，商业银行合规管理职能应与内部审计职能分离，合规管理职能的履行情况应受到内部审计部门定期的独立评价。内部审计部门应负责商业银行各项经营活动的合规性审计。内部审计方案应包括合规管理职能适当性和有效性的审计评价，内部审计的风险评估方法应包括对合规风险的评估。商业银行应明确合规管理部门与内部审计部门在合规风险评估和合规性测试方面的职责。内部审计部门应随时将合规性审计结果告知合规负责人。

（五）规定了报备、报送、报告要求

涉及合规政策、合规管理程序和合规指南等内部制度的报备要求、合规风险管理计划和合规风险评估报告的报送要求、重大违规事件的报告要求。具体条款如下：

第14条规定，合规负责人应全面协调商业银行合规风险的识别和管理，监督合规管理部门根据合规风险管理计划履行职责，定期向高级管理层提交合规风险评估报告。合规负责人不得分管业务条线。合规风险评估报告包括但不限于以下内容：报告期合规风险状况的变化情况、已识别的违规事件和合规缺陷、已采取的或建议采取的纠正措施等。

第23条规定，商业银行应明确合规风险报告路线以及合规风险报告的要素、格式和频率。

第26条规定，商业银行应及时将合规政策、合规管理程序和合规指南等内部制度向银监会备案。商业银行应及时向银监会报送合规风险管理计划和合规风险评估报告。商业银行发现重大违规事件应按照重大事项报告制度的规定向银监会报告。

第 27 条规定，商业银行任命合规负责人，应按有关规定报告银监会。商业银行在合规负责人离任后的十个工作日内，应向银监会报告离任原因等有关情况。

第 28 条规定，银监会应定期对商业银行合规风险管理的有效性进行评价，评价报告作为分类监管的重要依据。

二、保险公司启动合规管理工作

（一）《保险公司合规管理指引》

2007 年 9 月 7 日，中国保险监督管理委员会（已撤销）根据《中华人民共和国公司法》《保险公司管理规定》《关于规范保险公司治理结构的指导意见（试行）》，颁布实施了《保险公司合规管理指引》（保监发〔2007〕91 号）。《保险公司合规管理指引》从合规职责、合规负责人和管理部门合规管理、合规管理的外部监管等方面加以规范。具体条款如下：

第 2 条规定，本指引所称的合规是指保险公司及其员工和营销员的保险经营管理行为应当符合法律法规、监管机构规定、行业自律规则、公司内部管理制度以及诚实守信的道德准则。本指引所称的合规风险是指保险公司及其员工和营销员因不合规的保险经营管理行为引发法律责任、监管处罚、财务损失或者声誉损失的风险。

第 3 条规定，合规管理是保险公司通过设置合规管理部门或者合规岗位，制定和执行合规政策，开展合规监测和合规培训等措施，预防、识别、评估、报告和应对合规风险的行为。合规管理是保险公司全面风险管理的一项核心内容，也是实施有效内部控制的一项基础性工作。保险公司应当按照本指引的要求，建立健全合规管理制度，完善合规管理组织架构，明确合规管理责任，构建合规管理体系，有效识别并积极主动防范化解合规风险，确保公司稳健运营。

第 30 条规定，保险公司合规管理部门负责组织学习中国保监会发布的重要监管文件，进行风险提示，并提出合规建议。保险公司合规管理部门应当及时向中国保监会咨询，准确理解和把握监管要求，并反馈公司的意见和建议。

（二）《保险公司合规管理办法》

1. 文件概述。2016 年 12 月 30 日，中国保险监督管理委员会（已撤销）关于印发《保险公司合规管理办法》（保监发〔2016〕116 号）的通知进一步完善保险公司合规管理制度，提高保险合规监管工作的科学性和有效性。具体条款如下：

第 42 条规定，本办法自 2017 年 7 月 1 日起施行。中国保监会 2007 年 9 月 7 日发布的《保险公司合规管理指引》（保监发〔2007〕91 号）同时废止。

2. 对合规等一些基本工作概念进行定义。具体条款如下：

第 2 条规定，本办法所称的合规是指保险公司及其保险从业人员的保险经营管理行为应当符合法律法规、监管规定、公司内部管理制度以及诚实守信的道德准则。

本办法所称的合规风险是指保险公司及其保险从业人员因不合规的保险经营管理行为引发法律责任、财务损失或者声誉损失的风险。

第 3 条规定，合规管理是保险公司通过建立合规管理机制，制定和执行合规政策，开展合规审核、合规检查、合规风险监测、合规考核以及合规培训等，预防、识别、评估、报告和应对合规风险的行为。合规管理是保险公司全面风险管理的一项重要内容，也是实施有效内部控制的一项基础性工作。保险公司应当按照本办法的规定，建立健全合规管理制度，完善合规管理组织架构，明确合规管理责任，构建合规管理体系，推动合规文化建设，有效识别并积极主动防范、化解合规风险，确保公司稳健运营。

3. 对合规管理做了规定。具体条款如下：

第20条规定，保险公司应当建立三道防线的合规管理框架，确保三道防线各司其职、协调配合，有效参与合规管理，形成合规管理的合力。

第21条规定，保险公司各部门和分支机构履行合规管理的第一道防线职责，对其职责范围内的合规管理负有直接和第一位的责任。保险公司各部门和分支机构应当主动进行日常的合规管控，定期进行合规自查，并向合规管理部门或者合规岗位提供合规风险信息或者风险点，支持并配合合规管理部门或者合规岗位的合规风险监测和评估。

第22条规定，保险公司合规管理部门和合规岗位履行合规管理的第二道防线职责。合规管理部门和合规岗位应当按照本办法第16条规定的职责，向公司各部门和分支机构的业务活动提供合规支持，组织、协调、监督各部门和分支机构开展合规管理各项工作。

第23条规定，保险公司内部审计部门履行合规管理的第三道防线职责，定期对公司的合规管理情况进行独立审计。

第24条规定，保险公司应当在合规管理部门与内部审计部门之间建立明确的合作和信息交流机制。内部审计部门在审计结束后，应当将审计情况和结论通报合规管理部门；合规管理部门也可以根据合规风险的监测情况主动向内部审计部门提出开展审计工作的建议。

4. 明确合规管理部门的职责和权利。具体条款如下：

第16条规定，合规管理部门履行以下职责：（一）协助合规负责人制订、修订公司的合规政策和年度合规管理计划，并推动其贯彻落实，协助高级管理人员培育公司的合规文化；（二）组织协调公司各部门和分支机构制订、修订公司合规管理规章制度；（三）组织实施合规审核、合规检查；（四）组织实施合规风险监测，识别、评估和报告合规风险；（五）撰写年度合规报告；（六）为公司新产品和新业务的开发提供合规支持，识别、评估合规风险；（七）组织公司反洗钱等制度的制订和实施；（八）开展合规培训，推动保险从业人员遵守行为准则，并向保险从业人员提供合规咨询；（九）审查公司重要的内部规章制度和业务规程，并依据法律法规、监管规定和行业自律规则的变动和发展，提出制订或者修订公司内部规章制度和业务规程的建议；（十）保持与监管机构的日常工作联系，反馈相关意见和建议；（十一）组织或者参与实施合规考核和问责；（十二）董事会确定的其他合规管理职责。合规岗位的具体职责，由公司参照前款规定确定。

第17条规定，保险公司应当保障合规负责人、合规管理部门和合规岗位享有以下权利：（一）为了履行合规管理职责，通过参加会议、查阅文件、调取数据、与有关人员交谈、接受合规情况反映等方式获取信息；（二）对违规或者可能违规的人员和事件进行独立调查，可外聘专业人员或者机构协助工作；（三）享有通畅的报告渠道，根据董事会确定的报告路线向总经理、董事会授权的专业委员会、董事会报告；（四）董事会确定的其他权利。董事会和高级管理人员应当支持合规管理部门、合规岗位和合规人员履行工作职责，并采取措施切实保障合规管理部门、合规岗位和合规人员不因履行职责遭受不公正的对待。

5. 明确合规管理部门与其他相关部门的职责区隔。具体条款如下：

第15条规定，保险公司应当确保合规管理部门和合规岗位的独立性，并对其实行独立预算和考评。合规管理部门和合规岗位应当独立于业务、财务、资金运用和内部审计部门等可能与合规管理存在职责冲突的部门。

第24条规定，保险公司应当在合规管理部门与内部审计部门之间建立明确的合作和信息交流机制。内部审计部门在审计结束后，应当将审计情况和结论通报合规管理部门；合规管理部门也可以根据合规风险的监测情况主动向内部审计部门提出开展审计工作的建议。

第32条规定，保险公司合规管理部门应当与公司相关培训部门建立协作机制，制订合规培训计划，定期组织开展合规培训工作。保险公司董事、监事和高级管理人员应当参加与其职责相关的合规培训。保险从业人员应当定期接受合规培训。

第33条规定，保险公司应当建立有效的信息系统，确保在合规管理工作中能够及时、准确获取有关公司业务、财务、资金运用、机构管理等合规管理工作所需的信息。

6. 规定了报备、报告要求。具体条款如下：

第25条规定，保险公司应当制订合规政策，经董事会审议通过后报中国保监会备案。合规政策是保险公司进行合规管理的纲领性文件，应当包括以下内容：（一）公司进行合规管理的目标和基本原则；（二）公司倡导的合规文化；（三）董事会、高级管理人员的合规责任；（四）公司合规管理框架和报告路线；（五）合规管理部门的地位和职责；（六）公司识别和管理合规风险的主要程序。保险公司应当定期对合规政策进行评估，并视合规工作需要进行修订。

第37条规定，保险公司应当于每年4月30日前向中国保监会提交公司上一年度的年度合规报告。保险公司董事会对合规报告的真实性、准确性、完整性负责。公司年度合规报告应当包括以下内容：（一）合规管理状况概述；（二）合规政策的制订、评估和修订；（三）合规负责人和合规管理部门的情况；（四）重要业务活动的合规情况；（五）合规评估和监测机制的运行；（六）存在的主要合规风险及应对措施；（七）重大违规事件及其处理；（八）合规培训情况；（九）合规管理存在的问题和改进措施；（十）其他。中国保监会可以根据监管需要，要求保险公司报送综合或者专项的合规报告。中国保监会派出机构可以根据辖区内监管需要，要求保险公司省级分公司书面报告合规工作情况。

7. 对合规风险做了明确说明。具体条款如下：

第27条规定，保险公司应当定期组织识别、评估和监测以下事项的合规风险：（一）业务行为；（二）财务行为；（三）资金运用行为；（四）机构管理行为；（五）其他可能引发合规风险的行为。

【合规实务建议】

了解合规工作的基本面，可以更好地理解合规管理的底层逻辑。结合数字经济发展与人工智能发展两个新要素，可以更好地体会合规管理的工作内容及未来的发展趋势。本章内容有助于合规工作人员加深对合规管理的全面理解，有助于对企业的合规管理工作做出科学安排与前瞻性布局。

为了促进数字经济发展，国家部委、各级地方政府纷纷出台一系列新政策，企业经营既要遵守中央政府的统一规制，也要遵守地方政府的差异化管理。由于合规管理整体上仍处于探索发展阶段，合规管理需要多维度多参与多角色的智慧贡献，形成合力提高全社会对合规管理的认知水平，因此企业可以从这些新政策中汲取新知识，移植到企业的工作中。这些政策中既有规制性要求需要企业执行，也有扶持性指引为企业提供辅助，企业合规管理的内容可以扩大到对政策红利的应用中。

追踪国内合规管理的源点，可以更好地理解国内合规管理发展的趋势。

【本章涉及法规文件】（不包括地方政府出台的法规文件）

1. 2014 年 6 月，国务院发布《国务院关于促进市场公平竞争维护市场正常秩序的若干意见》（国发〔2014〕20 号）。

2. 2023 年 2 月，中共中央、国务院印发了《数字中国建设整体布局规划》。

3. 2021 年 11 月，国家市场监督管理总局印发《企业境外反垄断合规指引》（国市监反垄发〔2021〕72 号）。

4. 2022 年 12 月，工业和信息化部印发《工业和信息化领域数据安全管理办法（试行）》（工信部网安〔2022〕166 号）。

5. 2017 年 7 月，国务院关于印发《国务院关于印发新一代人工智能发展规划的通知》（国发〔2017〕35 号）。

6. 2022 年 5 月，最高人民法院发布《最高人民法院关于加强区块链司法应用的意见》。

7. 2022 年 12 月，最高人民法院发布《最高人民法院关于规范和加强人工智能司法应用的意见》（法发〔2022〕33 号）。

8. 2023 年 7 月，国家互联网信息办公室联合国家发展和改革委员会、教育部、科学技术部、工业和信息化部、公安部、国家广播电视总局发布《生成式人工智能服务管理暂行办法》。

9. 2006 年 10 月，中国银行业监督管理委员会（已撤销）颁布实施《商业银行合规风险管理指引》（银监发〔2006〕76 号）。

10. 2016 年 12 月，中国保险监督管理委员会（已撤销）关于印发《保险公司合规管理办法》（保监发〔2016〕116 号）的通知【2007 年 9 月 7 日，中国保险监督管理委员会（已撤销）颁布实施的《保险公司合规管理指引》（保监发〔2007〕91 号）同时废止】。

第三章 国内合规监管多维架构

🎯 **本章内容导读**

　　本章聚焦中央企业在国内经营所处的大环境，从五个维度介绍合规管理的多重线条，全面介绍合规监管涉及的规制性要求、指导性要求，全面展示当前国内合规管理整体形势与格局。合规是国家监管体系的组成部分，企业合规管理是企业整体运营的组成部分，开展合规工作要注意避免造成企业管理合成谬误。借鉴国际标准和国家标准，有利于开阔企业合规管理的视野。

第一节 国内合规大环境

一、概述

　　企业在国内合规经营，涉及国家部委的监管、国际标准的影响、司法环境的约束、各级地方政府的要求，合规要求越来越丰富。企业在经营中要遵从国务院、国家各部委的政策指引，要遵从各级地方政府及所属机构的政策要求，保障企业作为经营主体的健康发展。在合规管理业务开展工作中，要满足多维管理要求，落实规定要求，保障企业的合规工作达到标准。一旦发生违规情形，需要考虑迅速实施止损举措，采取正当有效的合规工作方式，最大限度地避免企业损失。这就要求企业能够从多个层级、正反两个方向融会贯通，构建企业相对完整的合规管理体系，开展符合企业实际的合规工作。企业开展合规管理工作，需要全面考虑可能涉及的合规规制性及指导性要求，避免出现合规管理的漏洞。

二、不同维度的合规管理

（一）多部委的联合监管

1. 2018年12月，国家发展和改革委员会、外交部、商务部、人民银行、国资委、外汇局、全国工商联七部委联合发布实施《企业境外经营合规管理指引》（发改外资〔2018〕1916号）。适用于开展对外贸易、境外投资、对外承包工程等"走出去"相关业务的中国境内企业及其境外子公司、分公司、代表机构等境外分支机构（以下简称"企业"）。

2. 2021年3月18日，人力资源社会保障部会同国家市场监督管理总局、国家统计局向社会正式发布了18个新职业，其中就包括企业合规师。"企业合规师"正式列入2022年版《中华人民共和国职业分类大典》。

（二）国务院国资委的监管

主要涉及两个层面，即企业整体发展要求与合规专项业务管理要求。

1. 从企业整体发展要求视角，突出一体化管理。主要从落实对标世界一流与数字化转型两个方面，国务院国资委不同司局对企业整体经营管理工作提出不同要求。

2. 从企业专项工作视角，提出协同工作机制。从政策法规局的要求来看，建立合规、法务、内控、风险，协同联动运行机制。从综合监督局的要求来看，以"强内控、防风险、促合规"为目标，进一步整合优化内控、风险和合规管理相关制度，完善内控缺陷认定标准、风险评估标准和合规评价标准，构建相互融合、协同高效的内控监管制度体系。国务院国资委的工作惯例通常是采取文件规制，会议指导，先进典型示范，具体举措推广等管理手段，从理论到实践渐次推进工作，由点及面，全面铺开。

（三）司法环境的约束

主要涉及最高人民检察院开展的"合规不起诉"工作。另外公安机关也会参与部分合规管理工作，如反电信诈骗。

（四）国际组织制定标准的引导

1. 2014 年 12 月发布的 ISO 19600∶2014《合规管理体系 指南》国际标准。

2. 2021 年 4 月发布 ISO 37301∶2021《合规管理体系 要求及使用指南》国际标准。后者是前者的迭代版本。

（五）各级地方政府及所属机构的政策要求

目前这一类政策正处于动态发展中，各地纷纷出台不同级别不同方向的政策，例如数据合规、反垄断等，需要及时追踪最新信息，落实最新要求。

第二节　多部委联合监管

一、《企业境外经营合规管理指引》

（一）概述

2018 年 12 月，国家发展和改革委员会、外交部、商务部、人民银行、国资委、外汇局、全国工商联七部委联合发布实施《企业境外经营合规管理指引》（发改外资〔2018〕1916号）。文件包括总则，合规管理要求，合规管理架构，合规管理制度，合规管理运行机制，合规风险识别、评估与处置，合规评审与改进，合规文化建设八部分，共 30 条。文件将合规工作提到很高的站位，指出合规是企业"走出去"行稳致远的前提，合规管理能力是企业国际竞争力的重要方面。文件适用于开展对外贸易、境外投资、对外承包工程等"走出去"相关业务的中国境内企业及其境外子公司、分公司、代表机构等境外分支机构（以下简称"企业"）。

（二）主要特点

1. 基础性。为企业境外经营合规管理提供的基础性指导。国际经营环境复杂多变，企业合规管理的基础和条件也不尽相同。企业可对照《企业境外经营合规管理指引》，结合自身实际加强与境外经营相关的合规制度建设，不断提高合规管理水平。

2. 针对性。以企业境外经营面临的"合哪些规""怎么合规"等实际问题为导向，相应提

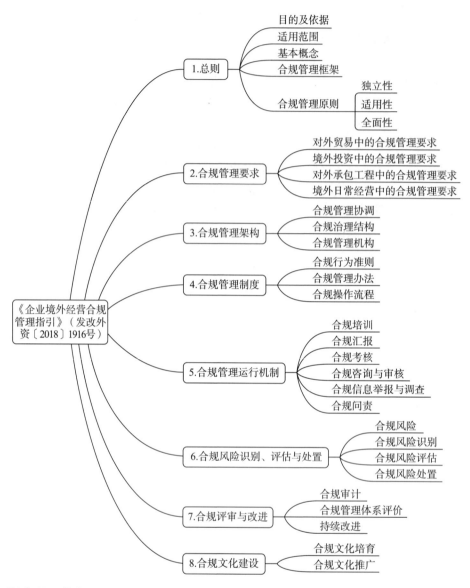

供了可操作的具体指引。

3. 系统性。指导企业统筹兼顾做好境外经营合规管理各项工作。例如，注重"软硬结合"，倡导企业在完善合规管理刚性制度的同时，积极培育和推广合规文化；注重"上下贯通"，倡导企业在决策、管理和执行三个层级上均明确合规责任，决策层应充分发挥表率作用；注重"内外兼顾"，倡导企业在合规管理中实时追踪外部合规要求变化，并定期评估和改进企业内部管理流程，防范合规风险。

（三）明确企业境外经营合规管理的基本要素

1. 指导企业从自身经营范围、组织结构和业务规模等实际出发，加强境外经营合规管理，全面识别合规要求。企业应系统全面地识别合规要求，清楚合规要求对于企业经营活动、产品和服务的影响，确保经营活动全流程、全方位合规；健全合规管理架构。

2. 企业可结合发展需要，明晰内部各层级的合规管理责任，并根据业务性质、地域范围、监管要求等设置相应的合规管理机构，制定合规管理制度。

3. 企业可从合规行为准则、合规管理办法、合规操作流程三个层次，建立健全合规管理制度，作为合规管理的指引和依据；完善合规运行机制；防范应对合规风险；持续改进合规管理体系，企业应持续跟踪监管政策变化，定期进行合规审计和管理体系评价；重视合规文化建设，将合规文化作为企业文化建设的重要内容，树立积极正面的合规形象，促进行业合规文化发展，营造和谐健康的内外部合规环境。

（四）强调关注主要活动

在强调境外经营活动全流程、全方位合规的同时，重点针对对外贸易、境外投资、对外承包工程和境外日常经营四类主要活动，明确了具体的合规要求。

1. 对外贸易方面。企业开展对外货物和服务贸易，应确保经营活动全流程、全方位合规，全面掌握关于贸易管制、质量安全与技术标准、知识产权保护等方面的具体要求，关注业务所涉国家（地区）开展的贸易救济调查，包括反倾销、反补贴、保障措施调查等。

2. 境外投资方面。企业开展境外投资，应确保经营活动全流程、全方位合规，全面掌握关于市场准入、贸易管制、国家安全审查、行业监管、外汇管理、反垄断、反洗钱、反恐怖融资等方面的具体要求。

3. 对外承包工程方面。企业开展对外承包工程，应确保经营活动全流程、全方位合规，全面掌握关于投标管理、合同管理、项目履约、劳工权利保护、环境保护、连带风险管理、债务管理、捐赠与赞助、反腐败、反贿赂等方面的具体要求。

4. 境外日常经营方面。企业开展境外日常经营，应确保经营活动全流程、全方位合规，全面掌握关于劳工权利保护、环境保护、数据和隐私保护、知识产权保护、反腐败、反贿赂、反垄断、反洗钱、反恐怖融资、贸易管制、财务税收等方面的具体要求。

（五）加强境外经营合规管理

1. 全面识别合规要求。企业应系统全面地识别合规要求，清楚合规要求对于企业经营活动、产品和服务的影响，确保经营活动全流程、全方位合规。

2. 健全合规管理架构。企业可结合发展需要，明晰内部各层级的合规管理责任，并根据业务性质、地域范围、监管要求等设置相应的合规管理机构。

3. 制定合规管理制度。企业可从合规行为准则、合规管理办法、合规操作流程三个层次，建立健全合规管理制度，作为合规管理的指引和依据。

4. 完善合规运行机制。企业应完善合规培训、汇报、考核、咨询、调查、问责等运行机制，将制度规定贯彻落实于工作实践中。

5. 防范应对合规风险。企业应通过合规咨询、违规调查等内部途径或外部咨询等方式，有效识别各类合规风险，并依法采取恰当的控制和处置措施。

6. 持续改进合规管理体系。企业应持续跟踪监管政策变化，定期进行合规审计和管理体系评价，根据内外部环境变化动态调整管理制度和运行机制，保障合规管理体系稳健运行。

7. 重视合规文化建设。企业应将合规文化作为企业文化建设的重要内容，树立积极正面的合规形象，促进行业合规文化发展，营造和谐健康的内外部合规环境。

（六）注意点

1. 明确提到了 GB/T 35770 – 2017《合规管理体系 指南》及有关国际合规规则。表明国内政策与国际规则、标准化组织的要求一体融合。为更好服务企业开展境外经营业务，推动企业持续加强合规管理，根据国家有关法律法规和政策规定，参考 GB/T 35770 – 2017《合规管理体系 指南》及有关国际合规规则，制定本指引。

2. 明确提到了企业要合规经营的定位。后续在对合规工作的描述中，也是非常注重要求企业合规经营的。企业应以倡导合规经营价值观为导向，明确合规管理工作内容，健全合规管理架构，制定合规管理制度，完善合规运行机制，加强合规风险识别、评估与处置，开展合规评审与改进，培育合规文化，形成重视合规经营的企业氛围。

3. 明确提到了首席合规官设置。这与后期国务院国资委的合规工作要求相同。企业可结合实际任命专职的首席合规官，也可由法律事务负责人或风险防控负责人等担任合规负责人。首席合规官或合规负责人是企业合规管理工作具体实施的负责人和日常监督者，不应分管与合规管理相冲突的部门。首席合规官或合规负责人一般应履行以下合规职责：贯彻执行企业决策层对合规管理工作的各项要求，全面负责企业的合规管理工作。协调合规管理与企业各项业务之间的关系，监督合规管理执行情况，及时解决合规管理中出现的重大问题。领导合规管理部门，加强合规管理队伍建设，做好人员选聘培养，监督合规管理部门认真有效地开展工作。

4. 提到行业监管。行业监管部门对境外合规管理有另有专门规定的，遵从行业规定。

二、"企业合规师"成为国家正式职业

2021 年 3 月 18 日，由人力资源和社会保障部、国家市场监督管理总局、国家统计局三部门联合发布的国家新职业。"企业合规师"正式进入《中华人民共和国职业分类大典》。在《中华人民共和国职业分类大典》中被归类为第二大类——与专业技术人员，同会计师、税务师、审计师、经济师、工程师、律师等同类别。

"企业合规师"成为国家正式职业，是适应新时代企业高质量发展的需要。近年来，政府有关部门出台了一系列企业合规管理政策及指引，持续加快推进企业合规管理体系建设，不仅对企业合规经营和强化合规管理进行规制规范，也对合规管理人员的专业知识、业务素质、技术能力、操作水平提出更高的要求。企业合规管理正在向着专业化、职业化方向发展，需要大批掌握合规专门知识并具备实务专业技术能力的企业合规师。企业合规管理是对企业法律、财务、审计、进出口、劳动环境、社会责任等多方面进行合规管控，具有较强的综合性、独立性和技术性。

具体条款如下。

（二）2 – 06 – 06 – 06 企业合规师

【定义】从事企业合规建设、管理和监督工作，使企业及企业内部成员行为符合法律法规、监管要求、行业规定和道德规范。

【主要工作任务】制定企业合规管理战略规划和管理计划；识别、评估合规风险与管理企业的合规义务；制定并实施企业内部合规管理制度和流程；开展企业合规咨询、合规调查，处理合规举报；监控企业合规管理体系运行有效性，开展评价、审计、优化等工作；处理与外部监管方、合作方相关的合规事务，向服务对象提供相关政策解读服务；开展企业合规培训、合

规考核、合规宣传及合规文化建设。

三、司法部对公司律师参与企业合规管理工作提出要求

（一）概述

2021 年 12 月 15 日，司法部发布《司法部办公厅关于加强公司律师参与企业合规管理工作的通知》（司办通〔2021〕98 号）。提出，公司律师应重点做好企业治理、刑事合规、行政合规、海外合规、反垄断合规、知识产权合规等企业合规管理工作。

（二）具体工作要求

1. 着力做好企业治理合规管理。完善的内部治理是现代企业制度建设的核心，是企业依法合规经营、持续健康发展的前提条件。公司律师应当协助企业按照法律法规和相关规定，健全以章程为核心、权责明确、运转协调、制衡有效的法人治理结构，规范股东会、董事会、监事会、管理层、执行层、党组织、职工代表大会等各治理主体权利义务，完善重大经营管理决策合法合规性审查机制，健全适应合规管理要求的各项内部规章制度，提升企业合规治理水平。

2. 着力做好刑事合规管理。刑事合规是企业经营管理必须遵守的底线和红线，直接关系企业生存和发展。公司律师应当协助企业建立刑事违法案件应对处置机制，开展内外部刑事违法风险评估，加强预防犯罪教育培训，完善投诉举报、审查处理、线索移送等工作制度，配合司法机关和纪检监察等部门依法办案，积极参与企业合规和第三方监督评估机制改革试点工作，推进刑事合规问题整改，降低刑事责任风险，促进企业在守法合规中实现可持续发展。

3. 着力做好行政合规管理。遵守法律、法规、规章和国家有关部门的政策规定、监管要求、业务指引，是企业依法合规经营的应有之义。公司律师应当跟进了解国家相关法律、法规、规章和大政方针政策，帮助企业在有关部门指导、监督下，有针对性地制定、实施合规管理措施，严格执行产品质量、安全生产、劳动用工、财务税收、节能减排、环境保护、数据安全、信息保护、广告宣传、规划建设、交通运输、卫生防疫等各项行政监管政策和规定，防范违规风险，整改违规问题，促进企业依法合规审慎经营。

4. 着力做好海外合规管理。合规是企业"走出去"行稳致远的前提，合规管理能力是企业国际竞争力的重要方面。公司律师应当协助企业健全海外经营合规制度，根据跨境贸易、对外投资、承包工程等不同业务特点加强风险防控，遵守东道国法律法规、监管政策和相关国际规则，落实市场准入、安全审查、外汇管理、劳工保护、反洗钱、反贿赂等方面合规要求，注重保护环境和履行社会责任，防范经济制裁、出口管制、技术封锁等方面法律经营风险，切实维护我国企业在海外合法权益，维护国家主权、安全和发展利益。

5. 着力做好反垄断合规管理。强化反垄断和反不正当竞争，防止资本无序扩张、野蛮生长，是维护公平竞争市场环境、构建高水平社会主义市场经济体制的重要举措。公司律师应当密切关注国家反垄断法律法规和政策要求，帮助企业制定内部反垄断规章制度及工作流程，避免在参与市场竞争、扩大经营规模过程中出现签订垄断协议、滥用市场支配地位、违规实施经营者集中等垄断行为，切实维护市场经济秩序，维护消费者利益和社会公共利益。

6. 着力做好知识产权合规管理。加强知识产权保护和运用，对激发企业创新创造活力、推进产业转型升级、强化国家战略科技力量具有重要作用。公司律师应当密切关注新技术、新产品、新业态的立法、执法、司法动态，帮助企业做好专利、商标、著作权等各类知识产权的申请、取得、维护等工作，强化商业秘密、个人信息和数据安全保护，规范科技创新成果许可和转让，防范应对知识产权侵权行为，为推动企业创新发展、实现科技自立自强提供有力法治支撑。

第三节　司法环境约束

一、刑事合规不起诉改革基本历程

2020 年 3 月起，最高人民检察院在上海浦东、金山，江苏张家港，山东郯城，广东深圳南山、宝安六家基层检察院开展企业合规改革第一期试点工作。

2021 年 4 月，最高人民检察院下发《关于开展企业合规改革试点工作方案》，正式启动第二期企业合规改革试点工作，涉及北京、辽宁、上海、江苏、浙江、福建、山东、湖北、湖南、广东十个省（直辖市）。

2021 年 6 月，最高人民检察院会同全国工商联等八部门制定发布的《关于建立涉案企业合规第三方监督评估机制的指导意见（试行）》及其配套文件。明确提出，涉案企业提交的合规计划，应当以专项合规为重点、全面合规为目标，主要针对与企业涉嫌犯罪有密切联系的企业内部治理结构、规章制度、人员管理等方面存在的问题，制定可行的专项合规管理规范，构建有效的合规组织体系，完善相关业务管理流程，健全合规风险防范报告机制，弥补企业制度建设和监督管理漏洞，从源头防止再次发生相同或类似的违法犯罪。

2021 年 9 月，最高人民检察院、全国工商联等九部门共同成立第三方监督评估机制管委会。同年 11 月，九部门联合下发《涉案企业合规第三方监督评估机制专业人员选任管理办法（试行）》《〈关于建立涉案企业合规第三方监督评估机制的指导意见（试行）〉实施细则》两个配套规定，为第三方机制规范有序运行提供了有力制度保障。2021 年 12 月，九部门正式组建了国家层面第三方机制专业人员库，发挥带头示范作用，探索解决各地区专业人员分布不均衡的问题，为第三方机制规范有序运行提供有力人才保障。要注意把握企业合规案件及第三方机制适用条件，加强与第三方机制管委会的沟通协调，加强对第三方组织组建以及涉案企业合规计划制定、执行等审查把关，促涉案企业整改到位。

2022 年 4 月，最高人民检察院联合全国工商联等八部门发布《涉案企业合规建设、评估和审查办法（试行）》，召开会议宣布涉案企业合规改革试点在全国检察机关全面推开。

2022 年 6 月，最高人民检察院会同全国工商联召开第三方监督评估工作推进会，邀请人力资源和社会保障部、应急管理部、海关总署、中国证券监督管理委员会 4 个部门加入国家层面第三方机制管委会。

2022 年 7 月，最高人民检察院下发文件关于印发《涉案企业合规典型案例（第三批）》的通知，发布涉案企业合规典型案例。2021 年发布第一、二批合规典型案。

二、重要文件

（一）《关于建立涉案企业合规第三方监督评估机制的指导意见（试行）》

1. 文件意义。这是我国企业刑事合规不起诉制度建设的重大突破与进展。最高人民检察院从制度层面对于刑事合规不起诉制度中的合规监督评估机制进行了落地化设置，加速了我国刑事合规不起诉制度全面建设及适用进程。

2. 四大亮点。

（1）确认将第三方监督评估引入刑事合规不起诉制度。明确由第三方监督评估机制管理委员会选任组成的第三方监督评估组织对涉案企业的合规承诺进行调查、评估、监督和考察，考察结果作为人民检察院依法处理案件的重要参考。

（2）多部门联动参与第三方监督评估机制建设。探索建立了"检察主导、各方参与、客观中立、强化监督"的第三方监督评估机制。从规则的制定到实施的各个环节，都贯彻了多方参与，联动配合的理念。

（3）明确合规不起诉制度适用的案件类型及适用条件。

在适用主体方面，采用了较为科学的设置方法，以案件类型为基础，而不是以企业类型为基础对可适用主体进行判断。根据《关于建立涉案企业合规第三方监督评估机制的指导意见（试行）》规定，第三方机制适用于公司、企业等市场主体在生产经营活动中涉及的经济犯罪、职务犯罪等案件。这种划分避免了以企业类型做区分而导致的适用上相对不公平的情况，并且促进了经济犯罪等突出问题的针对性解决。不仅适用于单位犯罪案件，同时也包括公司、企业实际控制人、经营管理人员、关键技术人员等实施的与生产经营活动密切相关的犯罪案件。

在适用条件方面，主体适用前提下，需同时符合了三个条件，一是涉案企业、个人认罪认罚；二是涉案企业能够正常生产经营，承诺建立或者完善企业合规制度，具备启动第三方机制的基本条件；三是涉案企业自愿适用第三方机制。

在不适用情形方面，以规定排除条件方式列举了五种情形，且仅需具有五种情形之一。一是个人为进行违法犯罪活动而设立公司、企业的；二是公司、企业设立后以实施犯罪为主要活动的；三是公司、企业人员盗用单位名义实施犯罪的；四是涉嫌危害国家安全犯罪、恐怖活动犯罪的；五是其他不宜适用的情形。

（4）明确第三方机制的启动和运行流程，具体分为启动和运行两个阶段。

启动阶段：检察院负责审查适用条件，满足条件的商请第三方机制管委会启动第三方机制，并由第三方机制管委会从专业人员名录中随机抽取人员组成第三方组织。

运行阶段：涉案企业根据第三方组织要求提供专项或者多项合规计划，并明确合规计划的承诺完成时限。第三方组织在此基础上对涉案企业合规计划的可行性、有效性与全面性进行审查，提出修改完善的意见建议，并确定合规考察期限。在合规考察期限内，第三方组织可以定期或者不定期对涉案企业合规计划履行情况进行检查和评估，要求涉案企业定期书面报告合规计划的执行情况。合规考察期届满后，第三方组织对涉案企业的合规计划完成情况进行全面检查、评估和考核，并制作合规考察书面报告。落实刑事司法与行政执法的衔接，明确提出，若人民检察院对涉案企业作出不起诉决定，认为需要给予行政处罚、处分或者没收其违法所得的，应当结合合规材料，依法向有关主管机关提出检察意见。这将刑事司法与行政执法进行了衔接，有利于对于涉案企业的全面及有效评价，同时有助于行政部门科学执法。

（二）《涉案企业合规建设、评估和审查办法（试行）》

1. 概述。共5章23条，明确了涉案企业合规建设、评估与审查的具体内容。覆盖七个方面，包括明确涉案企业合规监管主体的职责、明确涉案企业合规适用阶段范围的扩张、明确涉案企业合规处理的原则、明确小微企业合规监管的模式、明确涉案企业合规建设的内容、明确涉案企业合规评估的内容、明确涉案企业合规审查的内容。

2. 关注点。

（1）首次明确规定"对于涉案企业合规建设经评估未达到有效性标准或者采用弄虚作假手段骗取评估结论的，人民检察院可以依法作出批准逮捕、起诉的决定，提出从严处罚的量刑建议，或者向有关主管机关提出从严处罚、处分的检察意见。"如果企业未通过合规考察，未来可能将面对更严厉的刑事制裁，一定要做好涉案企业合规可行性评估工作。

（2）考虑到小微企业数量多，规模小，抗风险能力薄弱，受限于规模及成本利润情况治理结构不规范，通常的合规体系对于小微企业而言负担过重。因此，突破了的第三方监管合规的原则，例外地对小微企业采用"简易合规模式"，即可以由人民检察院直接对涉案小微企业提交的合规计划和整改报告进行审查。这样的合规模式可以有效降低小微企业的合规投入成本，避免长时间的合规整改给企业的经营带来负面影响。

（3）对于涉案企业合规建设，明确规定十项内容，便于企业一体执行：一是全面停止涉罪的违法违规行为；二是成立涉罪企业合规整改小组；三是制定专项的合规计划；四是制定合规承诺；五是设置合规管理机构和管理人员；六是建立健全的合规管理制度；七是为运行合规制度提供必要保障；八是建立监测、举报、调查、处理机制；九是建立合规绩效评价机制；十是建立持续整改、定期报告等机制。

（4）对第三方组织对合规计划和合规体系有效性的评估，明确了考察六项内容，便于第三方组织评估时有具体的参考标准，也促进第三方机构与被评估企业形成一致行动。一是对涉案合规风险的有效识别、控制；二是对违规违法行为的及时处置；三是合规管理机构或者管理人员的合理配置；四是合规管理制度机制建立以及人力物力的充分保障；五是监测、举报、调查、处理机制及合规绩效评价机制的正常运行；六是持续整改机制和合规文化已经基本形成。

（5）规定检察机关合规审查的重要内容，对第三方组织进行规制，包括三项内容：一是第三方组织制定和执行的评估方案是否适当；二是评估材料是否全面、客观、专业，足以支持考察报告的结论；三是第三方组织或其组成人员是否存在可能影响公正履职的不当行为或者涉嫌违法犯罪行为。

第四节　标准引导

一、ISO 19600：2014《合规管理体系 指南》国际标准

（一）概述

2014 年 12 月，ISO 19600：2014《合规管理体系 指南》国际标准正式发布。其适用于一系列广泛的组织结构。

2017 年 12 月 29 日，中华人民共和国国家质量监督检验检疫总局、中国国家标准化管理委员会发布国家标准《合规管理体系 指南》（标准号：GB/T 35770 - 2017），自 2018 年 7 月 1 日实施，是 ISO 19600：2014 等同转换标准。该标准成为包括国有企业在内的我国企业开展合规管理的重要文件。该标准以良好治理、比例原则、透明和可持续性原则为基础，给出了合规管理体系的各项要素以及各类组织建立、实施、评价和改进合规管理体系的指导和建议。该标准不具强制性，企业可以自主选择是否采用和实施。

（二）关注点

1. 采取以风险为基础方法。

2. 提出建立合规三道防线。业务和直线管理人员通过内部业务流程和控制措施的制定，形成应对违规行为的第一道防线；合规职能部门通过合规框架的建立和管理，构成第二道防线；内部审计，以维护和测试整个合规管理体系的有效性，成为第三道防线。

3. 合规体系的创建、监控和提高分配至合规功能中，将业务流程的制定分配至一线管理中。

二、ISO 37301：2021《合规管理体系 要求及使用指南》国际标准

（一）概述

2021 年 4 月，正式发布 ISO 37301：2021《合规管理体系 要求及使用指南》国际标准，其对于各类组织的合规管理能力建设、政府监管活动、国际贸易交流、沟通合作改善等具有重要的意义，作为各类组织自我合规管理能力声明符合、认证机构开展认证、政府机构监管、司法机关对违规企业量刑与监管验收的依据。

2022 年 10 月 12 日，正式发布并实施国家标准《合规管理体系 要求及使用指南》（标准号：GB/T 35770－2022）该标准等同采用 ISO 37301：2021。由中国标准化研究院归口管理，主管部门为国家市场监督管理总局。《合规管理体系 要求及使用指南》由正文、附录 A 和附录 NA 组成。其中，正文从组织环境、领导作用、策划、支持、运行、绩效评价和改进七个方面，规定了组织建立、开发、实施、维护和改进合规管理体系的要求；附录 A 给出了使用指南和推荐做法；附录 NA 对合规义务、合规文化、数字化与合规管理、管理体系一体化融合等内容做了补充、提示或者进一步的细化与解释。

（二）主要观点

1. 组织所处的环境构成了组织赖以生存的基础，既涉及法律法规、监管要求、行业准则、良好实践、道德标准，又涉及组织自行制定或公开声明遵守的各类规则。

2. 领导是合规管理的根本，对于整个组织树立合规意识、建立高效的合规管理体系非常重要。组织的治理机构、最高管理者要发挥对合规管理体系的领导作用和承诺，确保合规治理原则得到实施，明确职责并履行职责。

3. 策划是预测潜在的情形和后果，可有效保障合规管理体系实现预期效果，防范并减少风险，发挥持续改进作用。

4. 支持是合规管理的重要保障，促进合规管理体系被认可、被实施。

5. 运行是立足于执行层面，策划、实施和控制满足合规义务和战略层面规划的措施相关的过程，确保组织运行合规管理体系。

6. 绩效评价是对合规管理体系建立并运行后的绩效、体系的有效性评价，对于查找可能存在的问题、后续改进合规管理体系等具有意义。

7. 改进是对合规管理体系运行中发生不符合或不合规情况做出反应，评价是否需要采取措施，消除不符合或不合规的根本原因，以避免再次发生或在其他地方发生，并持续改进，以确保合规管理体系的动态持续有效。

（三）关注点

1. 整体内容包括合规管理的目标，合规管理的原则，合规管理领导力、治理与文化，企业及其环境；

2. 涉及廉洁诚信、合规文化、管理一致性、良好声誉、企业价值观和伦理道德等；

3. 涉及诚信、良好治理、比例原则、透明性、可靠性及可持续性六个原则；

4. 涉及领导力、治理与文化建设，包括建立、发展、执行、管理、评估和提升；

5. 关注企业所处的法律、社会、文化、数字化、金融、结构、环境、利益相关方等因素；

6. 做好持续改进，实现计划、实施、检查、行动的循环。

部分内容对后续合规工作的开展发挥重要借鉴作用。

【合规实务建议】

企业开展合规管理，在规划合规管理工作体系时需要关注三个方面。第一，要将全局统筹和局部深耕有机结合，结合国家、行业全局性大趋势来谋定企业的合规管理重点，有重点地开展企业合规工作，将合规管理嵌入企业整体运营工作中，不能眉毛胡子一把抓。第二，要服从垂直线条的多层级的合规规制要求，做好不同维度不同场景合规要求的叠加、融合、贯通。第三，要从合规践行与违规救济两个方向齐抓并举，既要筑牢合规风险防控防线，也要着力价值创造。

【本章涉及法规文件】

1. 2018 年 12 月，国家发展和改革委员会等七部委联合发布《企业境外经营合规管理指引》（发改外资〔2018〕1916 号）。

2. 2021 年 12 月 15 日，司法部发布《司法部办公厅关于加强公司律师参与企业合规管理工作的通知》（司办通〔2021〕98 号）。

3. 2021 年 6 月，最高人民检察院会同全国工商联等八部门制定发布的《关于建立涉案企业合规第三方监督评估机制的指导意见（试行)》

4. 2021 年 11 月，最高人民检察院、全国工商联等九部门联合下发《涉案企业合规第三方监督评估机制专业人员选任管理办法（试行)》《〈关于建立涉案企业合规第三方监督评估机制的指导意见（试行)〉实施细则》。

5. 2022 年 4 月，最高人民检察院联合全国工商联等八部门发布《涉案企业合规建设、评估和审查办法（试行)》。

6. 2021 年 4 月，发布国际标准 ISO 37301：2021《合规管理体系 要求及使用指南》。

7. 2022 年 10 月 12 日，发布国家标准《合规管理体系 要求及使用指南》（标准号：GB/T 35770 - 2022）。

第四章 "合规学"进入新兴学科培育建设流程

🎯 本章内容导读

> 本章内容围绕"合规学"学科建设展开介绍，涉及三个方面。
> 第一，国内部分大学，在合规学科建设相关方面进行的探索；
> 第二，合规学作为新兴学科的跨学科属性特点，包括涉及法学内部多维度知识交叉、源于实践；
> 第三，合规学学科建设要考虑时代特色，在国家数字化战略与企业数字化转型的牵引下丰富学科内容。

第一节 "合规学"学科建设蓬勃兴起

一、高校探索合规学学科建设和人才培养

目前国内各大高校积极探索"合规学"学科建设与人才培养有关工作。合规工作实践亟待有效的合规理论做引导，实践中积淀的工作成果亟待萃取为智慧结晶，经过理论化总结和提炼并反哺合规实践工作的再提升。合规工作的开展急需专业人才的充实，期盼由专业的人才来承担专业的工作。国内有关高校积极探索，努力奠定合规学科基石、丰富合规知识体系、增强产学研用互动、促进合规生态建设。

二、中国政法大学的相关探索

中国政法大学自 2020 年秋季，每学期开设"企业合规"主题的跨学科研究生创新课程。该课程由校内教师组织主持，邀请合规实务专家走进课堂，极大地拓宽了学生的眼界，收到了良好的教学效果。

在企业合规主题课程持续滚动的基础上，中国政法大学蓟门合规高峰论坛（2022）正式启动了"合规学"新兴学科培育与建设计划。中国政法大学时建中副校长谈到，当前我国合规领域存在合规业务主动化、合规队伍专职化、合规范围扩张化、合规力量提升化等新趋势。在国家出台法律政策的激励推动及社会合规意识的不断强化下，合规发展需要专业供给与学科支撑，合规学科建设正当其时。国务院国资委政策法规局林庆苗局长提到，国资委高度重视企业合规管理工作，将 2022 年确定为中央企业合规管理强化年，以规章的形式印发了《中央企业

合规管理办法》，并介绍了中央企业合规管理的整体工作情况。他认为，发展的实践呼唤科学理论的指导，合规学科建设一是要突出理论研究的实践性，形成符合企业特点和实践需要的合规管理理论研究成果；二是要突出学科建设的创新性，立足于中国企业实际，反映中国企业特点；三是要突出人才培养的综合性，培养出精法律、通管理、懂理论、擅实务的复合管理人才。最高人民检察院法律政策研究室主任高景峰认为，合规学这一新兴学科的培育与建设是以实际行动贯彻落实党的二十大精神的具体体现。在全国检察机关创新开展涉案企业合规改革试点下，两年来取得企业单位犯罪趋势明显下降，企业再犯风险不断降低等诸多治理成效。合规学科化建设要体现出对改革实践的跟进与引领，不仅要为社会主义市场经济体制提供智力支撑，还要科学地把握学科建设的要点与方法，更要积极推进合规新兴学科的协同与创新。法治日报社邵炳芳社长表示，经济社会的高质量发展，离不开企业的合规管理。合规学学科建设对促进产教融合，实现合规理论与合规实践的紧密互动有重要意义。《法治日报》一直高度重视企业合规的宣传与理论研究工作，引导法律服务需求侧与供给侧的有效匹配，致力于在依法治企、法治兴企中发挥应有的作用。

推出《蓟门合规文库》，通过对合规治理相关理论与研究的汇集、引进、阐释、提炼及本土化发展创新，促进合规治理理论体系不断成型、成熟，形成与国内国际合规实践的有益互动和彼此助力。聚焦合规事业发展中的重要理论与实践问题，通过整合学界和业界资源，将我国合规实践的有益经验固化、提炼、升华、输出，将域外合规的已有成果引进、消化、借鉴、吸收，促进形成具有时代先进性的合规中国方案和中国智慧。

三、西南政法大学的相关探索

2022 年西南政法大学新增合规实务方向法律硕士。参见西南政法大学研究生院法律硕士（合规实务方向）简介。

法律硕士（合规实务方向）的培养目标，旨在培养一批能够适应数字中国、法治中国与创新中国战略需求，适应企业、国家机关等治理体系和治理能力现代化需求的，具有法学、管理学、经济学等复合型学科知识融通能力，具备合规职业伦理、合规职业素养、合规理论知识、合规审查技能的，高素质应用型、复合型、创新型合规专业人才。

1. 培养企业合规通才。以小微企业和科创企业为人才培养输出，以识别、评估、提供咨询、检查、监控和报告企业的合规风险为培养目标。从企业的需求出发，根据学生专业方向和专业课程设置，设置包括制度制定、风险识别、合规审查、风险应对、责任追究、考核评价、合规培训专项课程，让学生在上岗前基本学会等有组织、有计划的管理活动。

2. 培养各类合规专才。结合学院以及人工智能法学学科发展方向，以培养企业合规、数据合规、网络合规、金融合规、事业单位和国家机关合规等单位的合规官为目标，结合相关法律规定以及国内国外的合规前沿问题，开设各类合规业务的专项课程。

3. 培养刑事合规人才。以省级检察机关统领省内合规不起诉改革的契机，从"事前—事中—事后"全过程梳理整合刑事合规的相关规程，培养学生在刑事合规中风险识别、机制建设、培训宣传、合规审查、刑事和解、合规整改的实务能力，使学生技能培养能够与企业刑事合规、检察机关合规不起诉改革的实际需要相适应。

四、中国人民大学的相关探索

中国人民大学法学院在 2021 年秋季学期，面向法律硕士开设了《企业合规前沿理论与实

践应用》系列课程。该系列课程聚集企业合规领域的顶尖理论和实务专家，将前沿理论与丰富实践紧密结合，打造理论联系实践的跨学科教学科研育人平台。系列课程在介绍前沿理论的基础上，为学生搭建企业合规的理论和知识体系框架，并结合企业合规的传统重点领域（反垄断合规、反贿赂合规、反腐败合规、国际监管合规）以及新兴领域（个人信息保护合规、数据合规、跨境金融合规）等，跨专业、跨学科重点讲解企业合规的具体实践操作，充分联系企业合规应用的各种场景，帮助学生全面掌握前沿理论、拓展新思维、收获新观点、掌握新方法。

第二节 "合规学" 学科具有跨学科属性

一、合规学具有跨学科属性

（一）政策规定突出合规管理属性

《中央企业合规管理办法》（国务院国有资产监督管理委员会令第42号）对合规管理做出了明确定义。"本办法所称合规管理，是指企业以有效防控合规风险为目的，以提升依法合规经营管理水平为导向，以企业经营管理行为和员工履职行为为对象，开展的包括建立合规制度、完善运行机制、培育合规文化、强化监督问责等有组织、有计划的管理活动。"合规管理内涵非常丰富，不局限于提供法律服务，也不是法律救济手段的适用。

（二）合规管理涉及多个职能部门协作

合规管理在企业不同的平行职能线条之间要有协同联动，这是合规管理与法律服务的最大区别。尽管目前中央企业的合规工作大部分放在法律部门，造成合规管理与法务管理一定程度的混淆。法律服务被动性较强、法律实务工作占比重，操作层面的工作在日常工作中占主导。在多个场合听到专家学者发声，反复提及法律学科要重视实务的观点，反映出实务是法律学科关注的重点之一。而合规管理主动性较强，协同联动的因素多。从事企业合规管理工作，必须明确合规管理的内涵外延。在企业组织架构中设置平行的职能部门，大量涉及职责交叉的问题，需要强化横向协同，避免"重复造轮子"。《中央企业合规管理办法》（国务院国有资产监督管理委员会令第42号）明确规定"中央企业应当结合实际建立健全合规管理与法务管理、内部控制、风险管理等协同运作机制，加强统筹协调，避免交叉重复，提高管理效能。"

（三）合规业务开展涉及多个角色分工

《中央企业合规管理办法》（国务院国有资产监督管理委员会令第42号）对不同参与角色的工作进行规范与明确，其中涉及三种主要角色。业务及职能部门承担合规管理主体责任；合规管理部门牵头负责本企业合规管理工作；纪检监察机构和审计、巡视巡察、监督追责等部门依据有关规定，在职权范围内对合规要求落实情况进行监督，对违规行为进行调查，按照规定开展责任追究。这些规定充分考虑到落实"管业务必须管合规"的工作原则。合规部门立足于做合规工作牵头者，不能局限于单项具体合规工作的操作者。企业实际业务开展中，具体合规工作的操盘手诞生于业务部门，比如《中央企业合规管理办法》（国务院国有资产监督管理委员会令第 42 号）中要求业务部门设置合规管理员。事实上不同企业的商业模式不同，对应的合规业务内容不同，具体合规工作更是千差万别。合规工作的开展要遵循合规的底层逻辑，合规重点工作选择的仅是内容不同而已。

（四）合规工作从业者兼具综合素养与专业能力

合规工作人员自身的知识体系搭建，要注重知识结构的全面均衡，注重跨学科知识储备，以及多维度的思考能力。合规工作的强管理属性，需要合规工作人员提升综合素质，培育管理思维，才能将管理到位。但是从事合规审核这些专项工作时，就需要合规工作人员具有扎实的合规专业知识与技能，提供高质量的合规服务。合规工作人员既要有专业技能，也要有管理思维。

二、合规学涉及法学与其他多门学科多维度知识交叉与贯通

（一）合规涉及行政监管问题

1. 合规既是行政法的范畴，又是国家管制的经济法范畴，两者在市场监管法领域具有相同的内涵。除了行政法以外，合规还涉及证券监管、环保监管、税务监管、市场秩序监管、金融监管等专门监管领域。

2. 国外采取的行政和解方式，是对已经建立合规体系或有建立合规体系意愿的企业，行政监管部门可以与其达成行政和解，由企业交纳罚款或和解金、重建合规计划，监管机关为此设定一定的考察期限。美国商务部、证交会、财政部等监管机关都与企业签订过以合规为中心的行政和解协议。这里的"行政和解"，可以理解为是一种"行政执法和解"。

3. 我国开展的行政和解。证监会在调查违规企业的过程中，如果企业有合规意愿，双方可以达成和解协议。和解协议条款需要具备两项内容，一是企业交纳和解金，二是证监会责令企业在一定期限内建立合规管理体系。作为一种交换，只要企业交纳和解金，证监会就中止行政调查，同时要求在两年时间内加强合规整改，建立一套合规体系，根据企业建立合规计划、实施整改方案的情况决定是否恢复调查程序。这就是运用行政和解制度建立一种附合规条件的行政宽大处理的激励机制。行政和解目前在我国已经产生了两个重大案例，第一个案件是 2019 年中国证监会与美国高盛公司亚洲分公司达成和解协议，高盛公司交纳 1.5 亿元和解金，并被责令建立合规体系，但没有期限要求。第二个案件是 2020 年中国证监会与上海司度贸易有限公司等五家企业达成行政和解协议，要求上海司度公司交纳 6.8 亿元和解金，创造了行政和解金的最高纪录。

（二）合规涉及刑事法律规制问题

1. 企业合规涉及刑法问题，如合规无罪抗辩。英国《贿赂法 2010》首次确立了合规无罪抗辩制度。该法创立了"商业组织预防贿赂失职罪"（failure of commercial organization to prevent bribery），只要一个商业组织的员工实施了商业贿赂行为，该商业组织即构成该罪。但与此同时，该法也规定只要该商业组织已经按照要求完成合规体系建设，就可以被免除刑事责任，这意味着和自然人可以用正当防卫、紧急避险做无罪抗辩一样，企业一旦符合犯罪构成要件，则可以用合规来作出无罪抗辩，由此，合规成为商业组织的无罪抗辩事由。

2. 2016年中国合规无罪抗辩第一案，是兰州中院判决的雀巢公司五名员工侵犯公民个人信息案。案件中五名员工均被定罪，后上诉，理由是所实施的向医务人员提供贿赂收买婴幼儿信息的行为是职务行为，本案应是单位犯罪案件。但是终审结果是雀巢公司没有被认定构成犯罪。理由就是雀巢公司的答辩中提交了充分的证据证明公司已尽到合规管理义务。包括禁止员工侵犯公民个人信息的政策和规范被列入包括雀巢公司宪章、公司指示、员工手册等规范性文件之中，被列入员工培训内容之中。证据证明雀巢公司对这些员工的行为不知情，也尽到了管理、监督、教育、培训的责任。对于这些员工违背公司规定实施的犯罪行为，雀巢公司既没有犯罪故意也没有主观过失，不承担法律责任。

（三）"企业合规不起诉"制度

最高人民检察院开展企业合规改革试点工作，这部分内容在本书第三章第三节有详细介绍。企业合规改革试点工作推出具有中国特色的"企业合规不起诉"制度，即"检察机关对于办理的涉企刑事案件，在依法做出不批准逮捕、不起诉决定或者根据认罪认罚从宽制度提出轻缓量刑建议等的同时，针对企业涉嫌具体犯罪，结合办案实际，督促涉案企业作出合规承诺并积极整改落实，促进企业合规守法经营，减少和预防企业犯罪，实现司法办案政治效果、法律效果、社会效果的有机统一"。事实上包括了"合规不批捕""合规不起诉""合规从宽量刑建议""合规从宽处罚建议（行政处罚建议）"等多重含义。检察机关积极发挥职能作用，在定罪和量刑两个环节都把企业。同时也是对企业合规建设的价值予以认可。

三、合规学科建设应源于实践，从现有合规实践经验中萃取知识成果

随着国务院国资委的大力推动，中央企业的合规实践已经走在了学科理论前面。2014年，国务院国资委将"大力加强企业合规管理体系建设"作为重点任务之一进行布置；后续工作中，到2023年，央企合规工作已经进入深化阶段。中央企业的合规管理演进路线图非常清晰，合规管理质量稳步提升。有大量的中央企业在对标世界一流的活动中，全面学习并将世界一流企业的合规经验引入到本企业的合规实践中，在搭建好企业合规管理框架的基础上，不断优化合规管理举措，探索开辟合规工作新场景……通过实践的洗礼，合规工作成果提纯、推广、改进，再提纯、推广、改进，形成螺旋上升的良好业态。中央企业创造的大规模的合规工作经验有待萃取，提纯为合规知识产品，升华为合规理论精粹。这些源于实践的中国式合规管理智慧，可以丰富合规学科知识体系的内容，扩大合规研究对象的外延，有效夯实合规学科的理论基石。合规学科的创建，最初就是着眼于知识体系的搭建、丰富、完善，在发展过程中进一步附加组织意义。合规学科知识体系搭建完全可以从中央企业的合规实践中汲取养分，让实践来夯实合规学科的支撑点，并影响学科发展方向。

第三节　学科建设为社会创造价值

一、"合规学"学科建设有助于为企业输送合规人才

合规学科培养人才重要的输出方向就是就职于企业，企业合规工作需要优质的合规人才，需要高质量的合规师。企业合规师的定义是"从事企业合规建设、管理和监督工作，使企业及企业内部成员行为符合法律法规、监管要求、行业规定和道德规范的人员"。企业合规师职业发展依托于企业、服务于企业。学科建设涉及的因素很多，从企业角度看，立足实践，面向实践，指导实践，是作为企业合规从业人员对合规学科建设的最大期望。结合合规师的七项主要工作，可以看到企业合规管理是对企业法律、财务、审计、进出口、劳动环境、社会责任等多方面进行合规管控，具有较强的综合性、独立性和技术性。企业需要什么样的合规人才，合规人才具有怎样的职业素养才能在企业中获得价值感？合规学科在搭建知识体系的过程中，应该将企业需求一并考虑，让学科的支撑点具有科学性，更好地把握学科发展方向；同时在培养学生的理论能力和实务技能方面可以更接地气，让学生进入社会就可以发挥价值。学科建设造福社会，形成学科与实践的良性互动。

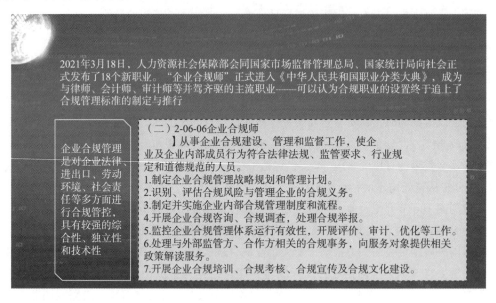

2021年3月18日，人力资源社会保障部会同国家市场监督管理总局、国家统计局向社会正式发布了18个新职业。"企业合规师"正式进入《中华人民共和国职业分类大典》，成为与律师、会计师、审计师等并驾齐驱的主流职业——可以认为合规职业的设置终于追上了合规管理标准的制定与推行

企业合规管理是对企业法律、进出口、劳动环境、社会责任等多方面进行合规管控，具有较强的综合性、独立性和技术性

（二）2-06-06企业合规师
　　】从事企业合规建设、管理和监督工作，使企业及企业内部成员行为符合法律法规、监管要求、行业规定和道德规范的人员。
1.制定企业合规管理战略规划和管理计划。
2.识别、评估合规风险与管理企业的合规义务。
3.制定并实施企业内部合规管理制度和流程。
4.开展企业合规咨询、合规调查，处理合规举报。
5.监控企业合规管理体系运行有效性，开展评价、审计、优化等工作。
6.处理与外部监管方、合作方相关的合规事务，向服务对象提供相关政策解读服务。
7.开展企业合规培训、合规考核、合规宣传及合规文化建设。

二、合规学科建设需要落实国家数字化战略

（一）数字经济时代合规融入数字要素

党的二十大报告中指出，"加快发展数字经济，促进数字经济和实体经济深度融合"。新一代信息技术与各产业结合形成数字化生产力和数字经济，是现代化经济体系发展的重要方向。大数据、云计算、人工智能等新一代数字技术是当代创新最活跃、应用最广泛、带动力最强的科技领域，给产业发展、日常生活、社会治理带来深刻影响。数据要素正在成为劳动力、资本土地、技术、管理等之外最先进、最活跃的新生产要素，驱动实体经济在生产主体、生产对象、生产工具和生产方式上发生深刻变革。数字化转型已经成为全球经济发展的大趋势，世界各主要国家均将数字化作为优先发展的方向，积极推动数字经济发展。围绕数字技术、标准、规则、数据的国际竞争日趋激烈，成为决定国家未来发展潜力和国际竞争力的重要领域。数字经济需要数字合规，合规学科需要引入数字思维，体现数字合规的特色，研究数字经济引发的合规管理新领域，丰富合规工作新内容。

（二）企业数字化转型合规管理基础设施改进

早在 2020 年 8 月，国务院国资委下发《国务院国资委办公厅关于加快推进国有企业数字化转型工作的通知》，提出"打造数字经济新优势等决策部署，促进国有企业数字化、网络化、智能化发展，增强竞争力、创新力、控制力、影响力、抗风险能力，提升产业基础能力和产业链现代化水平"。企业数字化转型是一项涉及数据、技术、流程、组织等的复杂系统工程。合规管理为企业健康发展保驾护航，必然要嵌入到企业数字化转型的系统工程中。企业数字化转型中商业模式、经营范式都在发生颠覆性变化，合规管理必然随之变化。合规人员要及时了解企业新业务、更新合规知识、掌握新的作业工具、迭代常规工作范式，让整体工作跟上企业数字化转型的节奏。运用区块链、大数据、云计算、人工智能等新一代信息技术，推动合规管理从信息化向数字化升级，探索智能化应用场景，有效提高管理效能。通过数字化建设，将合规管理融入企业经营、业务流程，通过大数据等手段实现合规风险在线识别、分析、评估、防控等。这些新变化，需要充实到合规学科建设中去，才能保障合规学科的先进性与科学性，培养出合格的数字化合规人才。

【合规实务建议】

合规管理高质量发展离不开理论指导。了解合规作为新兴学科的发展态势及研究成果，有助于合规工作人员持续丰富合规知识，提升个人职业素养。

【本章涉及法规文件】

1. 2015 年 2 月 17 日，《行政和解试点实施办法》（中国证券监督管理委员会令第 114 号）公布。

第二部分

国务院国资委多维合规管理格局

第五章　国务院国资委履行监管职责

🎯 **本章内容导读**

本章介绍了国务院国资委的管理线条，着重从"对标一流"与"数字化转型"两个维度，介绍对企业整体发展提出的管理要求与涉及的重点工作。

"对标一流"涉及三个时间节点和四个重要文件。

第一个时间节点是2013年，涉及重要文件有两个：2013年1月，国务院国资委关于印发《中央企业做强做优、培育具有国际竞争力的世界一流企业要素指引》（国资发改革〔2013〕17号）的通知；2013年1月，国务院国资委关于印发《中央企业做强做优、培育具有国际竞争力的世界一流企业对标指引》（国资发改革〔2013〕18号）的通知。

第二个时间节点是2020年，涉及重要文件是：2020年6月，国务院国资委印发《关于开展对标世界一流管理提升行动的通知》（国资发改革〔2020〕39号）。

第三个时间节点是2022年。涉及重要文件是：2022年，国务院国资委印发《国务院国有资产监督管理委员会关于开展对标世界一流企业价值创造行动的通知》（国资发改革〔2022〕79号）。

"数字化转型"涉及一个时间节点和一个重要文件。时间节点是2022年。涉及重要文件是：2020年8月，国务院国资委下发《国务院国资委办公厅关于加快推进国有企业数字化转型工作的通知》。

第一节　国资监管不同工作线条

一、各司局职责

国务院国资委履行对国有企业的监管责任。在国务院国资委网站上可以看到，有24个内设机构，拥有不同的职责。（该信息来源于国务院国资委网站）

企业改革局职责：研究提出国企改革、国有资本授权经营体制改革的政策建议；指导国有企业建立中国特色现代企业制度；健全完善规范董事会运作的制度体系；拟订所监管企业合并、股份制改造、上市、合资等方案；牵头承办所监管企业章程审核工作，指导推进国企加强企业管理；指导推进剥离国有企业办社会职能和解决历史遗留问题，配合有关部门做好中央企

业职工安置工作。

科技创新局职责：组织指导所监管企业科技创新工作，提出推动所监管企业科技创新的政策建议，推动所监管企业实施创新驱动发展战略，指导推动原创技术策源地建设，组织开展关键核心技术攻关，促进科技成果转化和应用推广，推进两化融合和数字化转型，培育战略性新兴产业，提升所监管企业科技创新体系能力，推动军民融合发展等工作。

政策法规局职责：起草国资监管法律法规草案，承担规章、规范性文件和政策性文稿的组织起草、审核协调工作；研究提出国资监管体制和制度改革完善的政策建议；牵头党内法规制度建设；牵头指导和监督地方国有资产管理工作；研究国企改革发展中的有关法律问题，指导推动国企法治建设和法律顾问工作；负责政府间国企议题的对话谈判和有关应对协调工作；承担委机关重大决策合法性审查工作；承办委机关法律事务。

综合监督局职责：牵头承担国有资产监督职责，指导所监管企业内部监督工作；负责综合检查国资监管规章制度执行情况，提出健全完善规章制度体系的政策建议；指导所监管企业内控体系建设、全面风险管理，组织开展合规管理监督；指导所监管企业内部审计及企业监事会工作。

监督追责局职责：负责所监管企业违规经营投资责任追究工作，建立监督追责工作体系；负责分类处置、督办和核查发现移交的问题，对有关共性问题开展专项核查；组织开展国有资产重大损失调查，提出有关责任追究的意见建议。

宣传工作局（党委宣传部）职责：负责所监管企业理论武装、意识形态管理、对外宣传；指导所监管企业新闻舆论工作、思想政治工作、企业文化建设和精神文明建设；负责对外宣传、新闻和网信工作。

党委巡视工作办公室职责：按照管理权限，组织开展对所监管企业、直属单位、行业协会的巡视监督工作，指导所监管企业开展巡视巡察工作，协助中央巡视工作领导小组办公室指导所监管企业开展巡视巡察工作；承担国务院国资委党风廉政建设和反腐败工作领导小组办公室的工作。

二、不同司局负责不同管理线条

结合各司局的职责与工作实际来看，不同司局牵头监管央企的不同工作。企业改革局负责对标一流活动，科技创新局负责企业的数字化转型，监督追责局负责监管企业违规经营投资责任追究工作，政策法规局负责合规管理、法务管理，综合监督局负责合规监督、内控与风险管理。企业改革局与科技创新局是从企业的整体发展角度进行一体化的工作指导，政策法规局与综合监督局是从企业的专项工作角度进行专业指导。监督追责局负责企业违规经营投资责任追究工作，宣传工作局（党委宣传部）负责企业文化建设工作，党委巡视工作办公室指导企业开展巡视巡察工作。

三、合规管理在不同司局的共同管理下一体推进

（一）从企业管理的角度

1. 企业要落实对标世界一流与数字化转型的要求，全面落实企业的主体责任，提升企业的治理能力、管理水平，助力数字经济发展，不断推进企业的数字化转型。

2. 一旦出现违规经营情形，企业要按照违规经营投资责任追究的规定承担违规责任。政策文件中明确规定了责任追究的原则、范围、依据、启动机制、程序、方式、标准和职责，企业必须遵照执行。

结合国有企业组织架构的设置特点，责任追究工作要加强与党建、审计、纪检监察、干部管理等部门的协同，形成合力。

（二）从合规专项工作的角度

1.《中央企业合规管理办法》（国务院国有资产监督管理委员会令第 42 号），要求建立建全合规管理与法务管理、内部控制、风险管理等协同运作机制……

2.《关于加强中央企业内部控制体系建设与监督工作的实施意见》（国资发监督规〔2019〕101 号）的通知要求建立健全以风险管理为导向、合规管理监督为重点，严格、规范、全面、有效的内控体系。进一步树立和强化管理制度化、制度流程化、流程信息化的内控理念，通过"强监管、严问责"和加强信息化管理，严格落实各项规章制度，将风险管理和合规管理要求嵌入业务流程，促使企业依法合规开展各项经营活动，实现"强内控、防风险、促合规"的管控目标，形成全面、全员、全过程、全体系的风险防控机制，切实全面提升内控体系有效性，加快实现高质量发展。

（三）一体推进全面执行

国务院国资委的工作要求是复合型的，企业要一体推进全面执行。不管是整体工作统筹开展，还是专项工作的垂直推进，需要企业内部多个职能部门互相配合，避免工作重复降低效率，工作交叉造成不必要的混乱。实际工作中需要保障一个企业一体运营的良好状态。

第二节 对标世界一流管理活动

一、《中央企业做强做优、培育具有国际竞争力的世界一流企业要素指引》

（一）概述

2013 年 1 月 31 日，国务院国资委关于印发《中央企业做强做优、培育具有国际竞争力的世界一流企业要素指引》（国资发改革〔2013〕17 号）的通知。首次系统提出建设世界一流企业。这一阶段的实施范围主要涉及中央企业，对标要素包含 12 项核心管理要素和 1 项绩效要素，为中央企业指明了对标工作的基本概念、实施原则和工作流程等具体实施细则。

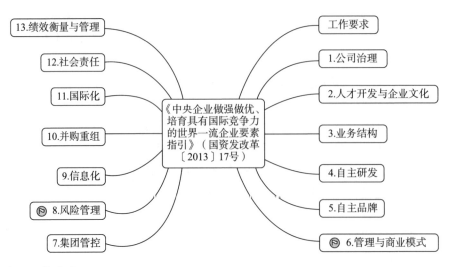

（二）工作要求

1. 深刻领会实质要求，打造一流能力体系。做强做优、培育具有国际竞争力的世界一流企业，是"十二五"乃至更长时期中央企业改革发展的核心目标。朝着核心目标扎实迈进并促进企业基业长青，必须打造具有持续竞争优势和卓越价值创造能力的核心能力体系。企业要正确理解把握核心目标内涵，将要素体系及其配套实务指南作为共性与重要依据，作为指导或参照，打造一流核心能力体系。

2. 紧密结合企业实际，完善一流要素体系。要素体系从中央企业整体出发，突出做强做优、培育世界一流的战略性、关键性与普适性等特征。各中央企业可以此为基础，根据企业实际情况，研究确定是否调整完善要素体系，对新增加的要素，应研究确定达到要素目标的基本标准以及实现的有效途径和关键举措，从而形成切合企业实际、具有企业特色的要素体系，以增强其针对性、指导性和有效性。

3. 全面提升管理水平，形成一流支撑体系。未纳入要素体系的其他工作尤其是基础管理工作是做好要素体系的重要基础和有效支撑。企业既要着力抓好要素体系，又要重视抓好其他工作尤其是基础管理工作，形成相互促进的、一流的支撑体系，使做强做优、培育世界一流工作沿着正确的方向系统推进，不断取得实效。

4. "两个指引"有机结合，构建一流工作体系。对标是实现核心目标的必要举措和有效阶梯。为指导企业围绕、瞄准核心目标开展对标，国务院国资委制定了《中央企业做强做优、培育具有国际竞争力的世界一流企业对标指引》。企业应将"两个指引"有机结合起来，将对标作为做强做优、培育世界一流的重要工作抓手，通过对标找准短板和差距，完善细化要素体系，并以此为指导开展对标工作，推动企业经营管理水平整体提升。

5. 加强宣贯凝聚共识，培育一流理念体系。各中央企业要加强对"两个指引"的宣贯培训，加强对同行业以及其他行业世界一流企业的研究分析和借鉴，使员工特别是各级管理人员正确认识做强做优的实质内涵，正确认识什么是世界一流企业、如何建设世界一流企业，培育形成指导和支撑一流工作的先进理念体系并转化为正确的决策管理行为，引导企业不断做强做优、朝着世界一流的目标稳步推进。

（三）管理与商业模式

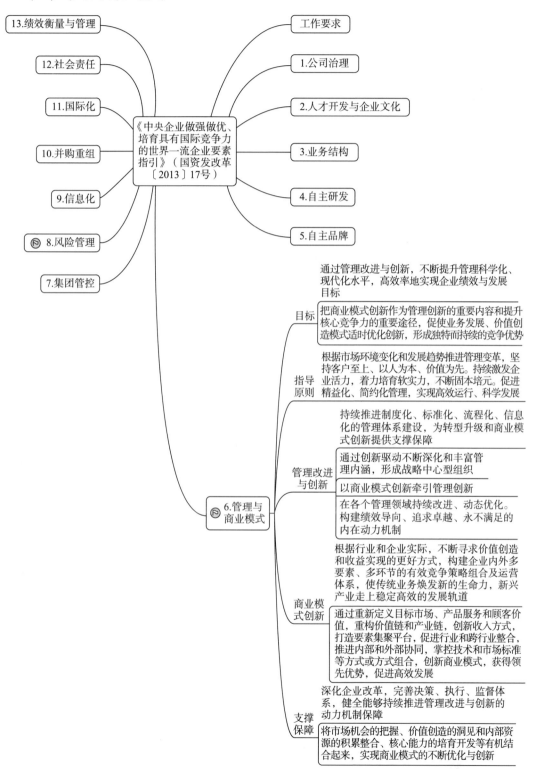

二、关于印发《中央企业做强做优、培育具有国际竞争力的世界一流企业对标指引》的通知

（一）概述

2013 年 1 月 31 日，国务院国资委关于印发《中央企业做强做优、培育具有国际竞争力的世界一流企业对标指引》（国资发改革〔2013〕18 号）的通知要求中央企业针对世界一流企业 13 项要素开展对标管理，明确了对标管理的指导思想、主要原则、对标要素评价体系、对标类型及主要特征、对标工作基本流程、对标工作保障服务体系等内容。

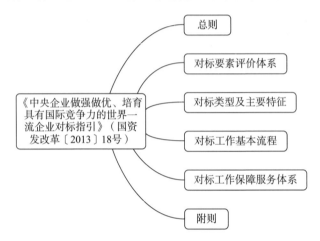

（二）工作要求

1. 把握实质掌握精髓，学习创新追求卓越。在全球化、信息化、网络化的当今世界，学习能力尤其是比竞争对手更快、更有效的学习能力是企业十分重要而持久的核心竞争力。对标是目的性、针对性、实效性、创新性极强的学习，是注重行动的学习。各中央企业要运用对标管理这一有效工具，向一切优于自己或带来有益启示的东西学习借鉴并在此基础上改进创新，尤其要把世界一流企业作为标杆对象对标学习，不断超越自我，持续追求卓越，永不自满止步。

2. "两个指引"有机结合，找准短板认清自我做强做优、培育具有国际竞争力的世界一流企业是"十二五"乃至更长时期中央企业改革发展的核心目标。各中央企业要在认真学习《中央企业做强做优、培育具有国际竞争力的世界一流企业要素指引》及配套实务指南的基础上，全面准确地把握核心目标的内涵尤其是关键成功领域、要素以及实现的有效途径和关键举措、达到目标的基本标准和要求，全面分析评价本企业改革发展现状，找准差距明晰目前所处位置，瞄准核心目标研究制订顶层设计、总体规划和实施方案并基于此开展对标工作。在对标工作中，应以核心目标为远景导向，以结合实际完善细化的要素体系及实务指南为指导，增强对标管理的目的性、系统性、针对性和实效性。

3. 联系实际扎实推进，全面多层开展对标。各中央企业应全方位、多层次地开展对标工作，使各层级、部门、环节和岗位经营管理和绩效水平都能得到显著提升，全面提高竞争力。企业各对标主体应基于总体发展战略和业务结构，根据对标主体不同情况、对标工作阶段，适时选择行之有效的对标类型包括类型组合开展对标。所有企业都应开展持续性内部对标，营造创先争优氛围，交流共享最佳实践。鼓励支持中央企业之间互为标杆合作伙伴开展对标，促进共同进步和提升。

4. 全员参与加强培训，提升素质打造团队。各中央企业应通过对标管理，促使员工开阔视野、增进交流、增长知识、提高技能、更新观念。要加强对标培训工作，建设高效协同的对标工作团队，在对员工普及对标管理基本知识、提高对标工作重要性认识的基础上，每一对标项目实施前都应进行培训教育，统一员工特别是团队成员的思想认识，明确目标和责任。在对标管理全过程中，要使更多的员工尤其是一线员工参与进来，配合做好项目推进工作，并为将来有效实施及持续优化改进奠定良好基础。

5. 健全激励约束机制，保障对标取得实效。各中央企业领导班子、主要负责人应对对标工作高度重视、有力推动，建立健全保障服务体系。要围绕企业战略目标和发展定位，探索建立符合本企业实际的对标指标体系，将各所属单位对标目标与分解的战略目标相结合，每年进行一次系统化对标，在总结分析与标杆差距及其原因的基础上，科学合理地确定年度对标工作目标，并选取部分关键绩效指标纳入业绩考核体系，分解落实到相关对标主体，形成科学有效的激励约束机制，使对标管理成为各级管理者和全体员工具有内在动力的一项重要工作，成为全面提升企业经营管理水平的一项重要举措，逐步接近和达到做强做优、培育世界一流的目标。

（三）对标要素评价体系

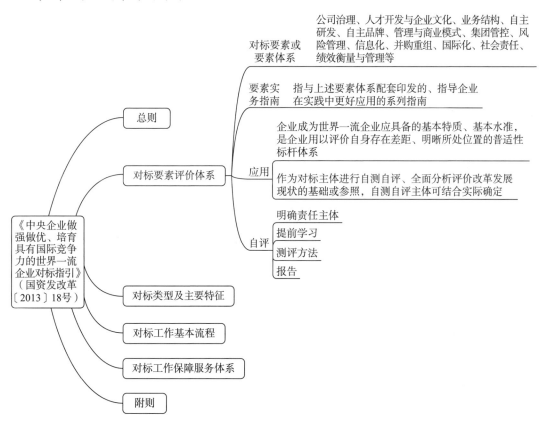

（四）对标类型及主要特征

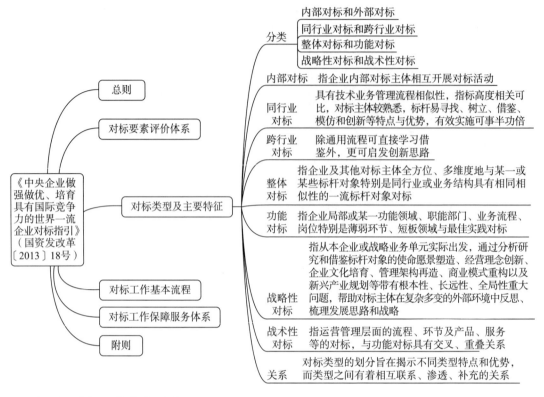

（五）对标工作基本流程

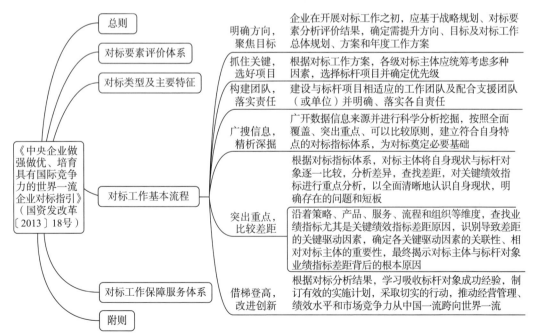

（六）对标工作保障服务体系

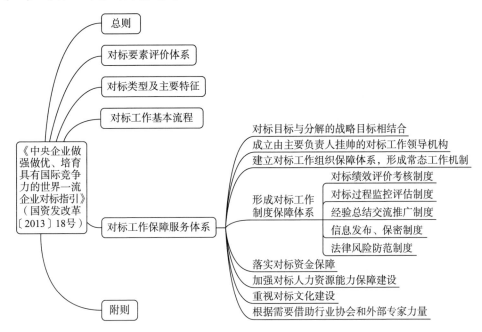

三、《关于中央企业创建世界一流示范企业有关事项的通知》

（一）概述

2019 年，国务院国资委印发《关于中央企业创建世界一流示范企业有关事项的通知》。

（二）主要内容

指明了中央企业建设世界一流企业的标准为"三个领军""三个领先""三个典范"。"三个领军"是要成为在国际资源配置中占主导地位的领军企业，引领全球行业技术发展的领军企业，在全球产业发展中具有话语权和影响力的领军企业；"三个领先"是指效率领先、效益领先和品质领先；"三个典范"是要成为践行绿色发展理念的典范、履行社会责任的典范、全球知名品牌形象的典范。

选定十家中央企业为创建世界一流示范企业，进一步授权放权；选定的十家企业包括航天科技、中国石油、国家电网、中国三峡集团、国家能源集团、中国移动、中航集团、中国建筑、中国中车和中广核集团。十家企业发挥示范引领作用，有针对性地铺开多领域、综合性改革举措，重点探索培育具有全球竞争力的世界一流企业的有效途径。准确把握世界一流企业的核心内涵，结合各自实际情况展开深层次探索，开创性地做好工作。坚持目标和问题导向，抓紧研究制定实施方案，明确企业长远战略规划和目标，确定实施重点、主攻方向和实现路径，形成"顶层设计"和"路线图"，在部分细分领域和关键环节要取得实质性突破，在整体上要取得显著成效。

（三）重要会议

2019 年 1 月 25 日，国务院国资委召开中央企业创建世界一流示范企业座谈会，要求示范企业对标世界一流企业，有针对性地开展多领域、综合性改革举措，并进一步明确了"统一授权和个性化授权相结合"的一企一策授权原则，实现"该放的放权到位，该管的管住管好"，为培育世界一流企业创造有利条件。

四、《关于开展对标世界一流管理提升行动的通知》

（一）概述

2020年6月，国务院国资委印发《关于开展对标世界一流管理提升行动的通知》（国资发改革〔2020〕39号）。提出对标提升行动的8个重要任务，34个核心工作模块的对标要素。提出要在中央企业和地方国有重点企业开展对标世界一流管理提升行动，以对标世界一流为出发点和切入点，对照世界一流企业、行业先进企业找差距，有针对性地采取务实管用的工作措施，推动部分国有重点企业管理达到或接近世界一流水平。同时指出了对标提升行动的八项重点任务，包括加强战略管理，提升战略引领能力；加强组织管理，提升科学管控能力；加强运营管理，提升精益运营能力；加强财务管理，提升价值创造能力；加强科技管理，提升自主创新能力；加强风险管理，提升合规经营能力；加强人力资源管理，提升科学选人用人能力；加强信息化管理，提升系统集成能力。

2020年6月30日，中央全面深化改革委员会第十四次会议审议通过了《国企改革三年行动方案（2020—2022年)》，明确指出要突出抓好"世界一流企业创建"专项工程，充分发挥专项工程的示范引领和突破带动作用。

（二）总体要求

以习近平新时代中国特色社会主义思想为指导，以对标世界一流为出发点和切入点，以加强管理体系和管理能力建设为主线，坚持突出重点、统筹推进、因企施策，对照世界一流企业、行业先进企业找差距，有针对性地采取务实管用的工作措施，促进企业管理水平在现有基础上明显提升。

（三）工作目标

国有重点企业管理理念、管理文化更加先进，管理制度、管理流程更加完善，管理方法、管理手段更加有效，管理基础不断夯实，创新成果不断涌现，基本形成系统完备、科学规范、运行高效的中国特色现代国有企业管理体系，企业总体管理能力明显增强，部分国有重点企业管理达到或接近世界一流水平。为实现这一目标，要综合分析世界一流企业的优秀实践，深入查找企业管理的薄弱环节，持续加强企业管理的制度体系、组织体系、责任体系、执行体系、评价体系等建设，全面提升管理能力和水平，具体包括战略管理、组织管理、运营管理、财务管理、科技管理、风险管理、人力资源管理、信息化管理八个方面。

（四）涉及合规工作的要求

加强风险管理，提升合规经营能力。针对风险防范意识不强、内控体系不完善、合规管理不到位、责任追究力度不够等突出问题。推进法律管理与经营管理深度融合，突出抓好规章制度、经济合同、重大决策的法律审核把关，切实加强案件管理，着力打造法治国企；健全合规管理制度，加强对重点领域、重点环节和重点人员的管理，推进合规管理全面覆盖、有效运行；加强内控体系建设，充分发挥内部审计规范运营和管控风险等作用，构建全面、全员、全过程、全体系的风险防控机制；强化风险防控意识，抓好各类风险的监测预警、识别评估和研判处置，坚决守住不发生重大风险的底线。

五、《国资委办公厅关于印发国有重点企业管理标杆创建行动标杆企业、标杆项目和标杆模式名单的通知》

（一）概述

2021年7月9日，国务院国资委发布《国资委办公厅关于印发国有重点企业管理标杆创建行动标杆企业、标杆项目和标杆模式名单的通知》（国资厅发改革〔2021〕30号）。

（二）主要内容

按照对标世界一流管理提升行动工作部署，国务院国资委组织国有重点企业认真开展管理标杆企业、标杆项目和标杆模式（以下简称"三个标杆"）创建行动。经过企业申报、专家评审、征求意见等环节，确定"三个标杆"名单并印发，要求做好"三个标杆"创建工作，切实发挥管理标杆的示范带头作用，以点带面推动对标世界一流管理提升行动取得更大成效，促进国有企业不断强化管理体系和管理能力建设。

国务院国资委将指导和推动企业高标准、严要求做好标杆创建工作，适时开展评估评价，对管理提升成效显著的企业，加大宣传推广，打造一批充分展现新时代国有企业管理水平的优秀品牌。

六、《国资委关于中央企业加快建设世界一流财务管理体系的指导意见》

（一）概述

2022年2月18日，国务院国资委发布《国资委关于中央企业加快建设世界一流财务管理体系的指导意见》（国资发财评规〔2022〕23号），瞄准对标世界一流管理提升行动八大方面中的财务管理，明确世界一流财务管理体系的全景框架以及建设一流财务管理体系的关键抓手等内容，为央企建设世界一流财务管理体系提供了清晰、明确的标准和路径。

（二）总体要求

以习近平新时代中国特色社会主义思想为指导，深入贯彻落实习近平总书记关于国有企业改革发展和党的建设重要论述，全面贯彻党的十九大和十九届历次全会精神，完整、准确、全面贯彻新发展理念，服务构建新发展格局，以高质量发展为主题，以深化供给侧结构性改革为主线，以更好履行经济责任、政治责任、社会责任为目标，坚定不移做强、做优、做大国有资本和国有企业，推动财务管理理念变革、组织变革、机制变革、手段变革，更好统筹发展和安全，更加注重质量和效率，更加突出"支撑战略、支持决策、服务业务、创造价值、防控风险"功能作用，以"规范、精益、集约、稳健、高效、智慧"为标准，以数字技术与财务管理深度融合为抓手，固根基、强职能、优保障，加快构建世界一流财务管理体系，有力支撑服务国家战略，有力支撑建设世界一流企业，有力支撑增强国有经济竞争力、创新力、控制力、影响力、抗风险能力。

（三）推动四个变革

1. 推动财务管理理念变革。

（1）立足实际。借鉴先进但不照搬照抄，坚持独立自主、贴合自身，建立与企业行业特点、愿景文化、战略规划、发展阶段、组织架构相适应，与中国特色现代企业制度相匹配的财务管理体系；

（2）守正创新。既要坚守"支撑战略、支持决策、服务业务、创造价值、防控风险"的基本功能定位，更要积极顺应内外部环境变化，着眼未来，主动变革，把财务管理转型升级放到国资国企改革发展大局中去谋划、去推动；

（3）开放协同。对内深化业财融合、产融协同，对外保持与投资者、债权人的有效沟通，强化产业链、供应链的有效链接，推动各方主体、各类资源、各种要素协同联动聚合发力，实现内外部利益相关者价值共生、共享；

（4）精益求精。深入践行全员、全要素、全价值链精益管理理念，强化精准投入、精细作业、精确评价，实现资源配置更优化、业务管控更科学、考核导向更明确，促进企业不断提高劳动、资本、技术、管理、数据等全要素生产率；

（5）技术赋能。主动运用大数据、人工智能、移动互联网、云计算、区块链等新技术，充分发挥财务作为天然数据中心的优势，推动财务管理从信息化向数字化、智能化转型，实现以核算场景为基础向业务场景为核心转换，努力成为企业数字化转型的先行者、引领者、推动者，为加快产业数字化、数字产业化注智赋能。

（6）坚守底线。严守财经法纪，确保会计信息真实可靠；严把合规关口，强化经营管理活动监督与控制，促进依法合规经营理念深入人心；坚持底线思维，严控财务边界，有效保障经营稳健、资产安全，牢牢守住不发生重大风险的底线。

2. 推动财务管理组织变革。

（1）健全职能配置。树立"大财务"观，坚持不缺位、不越位、不错位，建立健全各级财务职能和岗位设置，不断夯实财务报告、资金管控、税务管理等基础保障职能，深化拓展成本管控、投融资管理、资本运作等价值创造职能，确保财务资源科学配置、财务运作高效协同。

（2）优化管控模式。坚持集团化运作、集约化管理，强化集团重要财务规则制定权、重大财务事项管理权、重点经营活动监督权，实现集团对各级企业财务管控的"远程投放"和"标准化复制"；坚持因企施策、因业施策、因地制宜，区分不同业务特点、上市非上市、国际国内等情况，探索完善差异化管控模式，实现集中监管与放权授权相统一、管好与放活相统一。

（3）转变运行机制。结合数字化时代企业管理转型需要，探索推动财务运行机制从金字塔模式向前中后台模式转变，从流程驱动为主向流程驱动与数据驱动并重转变，努力实现管理层级扁平化、管理颗粒精细化、管理视角多维化、管理场景动态化、管理信息实时化，确保反应敏捷、运转高效。

（4）拓展服务对象。以资本和业务为纽带，将财务服务对象由单个企业或集团的利益相关者，延伸到整个产业链、供应链、生态链，促进数据、信息、技术、标准、金融等全方位协同融合，实现价值共生、共建、共享、共赢，努力促进企业成为产业发展的引领者、产业协同的组织者，助力打造原创技术"策源地"和现代产业链"链长"。

3. 推动财务管理机制变革。

（1）加强关键指标硬约束。坚持质量第一、效益优先，建立以资产负债率、净资产收益率、自由现金流、经济增加值等关键指标为核心的财务边界，科学测算投资、负债、利润、现金流等指标的平衡点，保持企业整体资本结构稳健、风险可控、在控。

（2）加强资源配置硬约束。坚守主责主业，建立资本收益目标约束，限制资源流向盈利低、占资多、风险高的业务领域，加强金融、境外等重点领域管控，加快低效资本回笼、无效资本清理、亏损资本止损，促进资本布局动态优化。

（3）加强风控规则硬约束。统筹发展和安全，健全与公司治理架构及管控要求相适应的财务内控体系，扎紧、扎牢制度的笼子，健全完善风险管理机制，以规则的确定性应对风险的不确定性。

（4）加强政策激励软引导。科学制定个性化、差异化指标体系和激励措施，统筹利用财务资源，促进企业更好发挥在落实国家安全、国计民生等重大战略任务中的主力军作用，加强对创新能力体系建设和前瞻性、战略性新兴产业投入的支持，助力科技自立、自强和国有经济布局优化。

4. 推动财务管理功能手段变革。

（1）支撑战略。科学配置财务资源，平衡好资本结构，建立由战略规划到年度预算、由预算到考核的闭环联动机制，推动上下贯通、协调一致，促进企业实现发展质量、结构、规模、速度、效益、安全的有机统一。

（2）支持决策。积极有效参与重大决策全过程，提供准确、高效、多维数据信息，主动、及时发表专业性、建设性意见，支持理性决策、科学决策。

（3）服务业务。主动融入业务事前、事中、事后全流程，有效识别业务改进的机会和目标，帮助解决业务痛点和难点，为生产运行优化赋能。

（4）创造价值。运用全面预算、成本管控、税务规划等有效工具，通过资金运作、资产管理、资源配置、资本运营等有效手段，主动创造财务价值，促进提升企业价值。

（5）防控风险。健全风险防控体系，加强源头治理，强化穿透监测，实现经营、财务风险精准识别、及时预警、有效处置，为企业持续健康发展保驾护航。

（四）强化五项职能

1. 强化核算报告，实现合规精准。建立健全统一的财务核算和报告体系，统一集团内同行业、同板块、同业务的会计科目、会计政策和会计估计，统一核算标准和流程，确保会计核算和报告规范化、标准化。优化核算和报告信息系统，实现会计核算智能化、报表编制自动化。强化决算管理，通过财务决算复盘经营成果、全面清查财产、确认债权债务、核实资产质量。加强审计管理，依规选聘、统一管理中介机构，做好审计沟通协调，抓好审计问题整改，充分发挥审计作用。完善财务稽核机制，加强会计信息质量监督检查，对违规问题严肃惩戒。构建业财融合的财务报告分析体系，利用报表、数据、模型、管理会计工具，建立纵贯企业全部经营管理链条，覆盖各个产品、市场、项目等的多维度指标体系，开展价值跟踪分析，准确反映价值结果，深入揭示价值成因。探索研究利益相关方和行业利益共生报表，更好地用财务语言反映企业发展生态。

2. 强化资金管理，实现安全高效。加强司库管理体系顶层设计，科学制定总体规划，完善制度体系和管理架构，建立总部统筹、平台实施、基层执行"三位一体"的组织体系和"统一管理、分级授权"的管理模式。加快推进司库管理体系落地实施，将银行账户管理、资金集中、资金预算、债务融资、票据管理等重点业务纳入司库体系，强化信息归集、动态管理和统筹调度，实现对全集团资金的集约管理和动态监控，提高资金运营效率、降低资金成本、防控资金风险。逐步将司库管理延伸到境外企业，加强境外资金动态监测，实现"看得到、管得住"。切实加强"两金"管控和现金流管理，强化客户和供应商信用风险管理，减少资金占用，做到应收尽收、"颗粒归仓"，实现收入、效益和经营现金流的协同增长。完善资金内控体系，将资金内控规则嵌入信息系统。建立健全资金舞弊、合规性、流动性、金融市场等风险监测预警机制。加强对担保、借款等重大事项的统一管理，严格落实各项监管规定。

3. 强化成本管控，实现精益科学。牢固树立过"紧日子"思想，坚持一切成本费用皆可控，坚持无预算不开支，健全全员、全要素、全价值链、全生命周期成本费用管控机制。注重源头管控，着力加强产品研发设计、工程造价等环节管理，实现前瞻性成本控制。抓好过程管控，通过科技创新、工艺优化、流程再造、采购协同、供应链管理、物流和营销渠道整合等方式，持续推进降本增效。创新管控方式，推进目标成本管理，强化对标管理，开展多维度成本分析。有效运用作业成本法、标准成本法、量本利分析、价值工程等工具，持续完善标准成本体系，细化成本定额标准。严控各项费用性开支和非生产性支出。强化考核激励，层层压实责任，激发内生动力。

4. 强化税务管理，实现规范高效。推进集团化税务管理，建立税务政策、资源、信息、数据的统筹调度和使用机制。加强财税政策研究，不断完善税务政策库、信息库，及时指导各级子企业用足、用好优惠政策，做到"应缴尽缴，应享尽享"。完善对重大经营决策的税务支持机制，强化业务源头涉税事项管控，积极主动参与投资并购、改制重组等重大事项及新业务模式、交易架构、重大合同等前期设计规划，深入研判相关税务政策，提出专业意见。完善税务管理信息系统，努力实现税务管理工作流程、政策解读、计税规则等事项的统一，提高自动化处理水平。开展税务数据分析，挖掘税务数据价值。加强税务风险防控，分业务、分税种、分国别梳理涉税风险点，制定针对性防控措施，定期开展税务风险监督检查。注重加强境外税收政策研究和涉税事项管理，统筹风险控制与成本优化。

5. 强化资本运作，实现动态优化。加强制度和规则设计，立足国有经济布局优化和结构调整，服务企业战略，聚焦主责主业，遵循价值创造理念，尊重资本市场规律，适应财务承受能力，优化资本结构，激发资本活力。通过债务重组、破产重整、清算注销等法制化方式，主动减量；有效运用专业化整合、资产证券化等运作手段，盘活存量；有序推进改制上市、引战混改等改革措施，做优增量，促进资本在流动中增值，实现动态优化调整。加大"两非"剥离、"两资"

清理工作力度，加快亏损企业治理、历史遗留问题处理，优化资产和业务质量，提升资本效益。强化上市公司管理，提升上市公司市值和价值创造能力。强化金融业务管理，严防脱实向虚，加大产融协同力度，实现产融衔接、以融促产。强化价值型、战略型股权管理，完善股权治理体系，优化股权业务结构、产业结构、地域结构，不断提高股权投资回报水平。强化参股企业管理，依法行使股东权责，严格财务监管，规范字号等无形资产使用，有效保障股东权益。

（五）持续完善五大体系

1. 完善纵横贯通的全面预算管理体系。完善覆盖全部管理链条、全部企业和预算单元，跨部门协同、多方联动的全面预算组织体系、管理体系和制度体系，实现财务预算与业务、投资、薪酬等预算的有机融合。建立高效的资源配置机制，实现全面预算与企业战略、中长期发展规划紧密衔接。完善预算编制模型，优化预算指标体系，科学测算资本性支出预算，持续优化经营性支出预算，搭建匹配企业战略的中长期财务预测模型。统筹兼顾当期效益和中长期资本积累，以财务承受能力作为业务预算和投资预算的边界和红线。加强预算执行跟踪、监测、分析，及时纠偏。按照"无预算不开支、无预算不投资"原则，严控预算外经济行为。强化预算执行结果考核评价，增强刚性约束，实现闭环管理。

2. 完善全面有效的合规风控体系。建立健全财务内部控制体系，细化关键环节管控措施。提高自动控制水平，实现财务内控标准化、流程化、智能化。严格财务内控执行，定期开展有效性评价。严把合规关口，深度参与企业重要规章制度的制定，参与战略规划、改制重组、投资并购等重大事项决策，参与业务模式设计、项目评估、合同评审等重点环节，强化源头合规把控、过程合规管控、结果合规监控。完善债务风险、资金风险、投资风险、税务风险、汇率风险等各类风险管控体系，加强对重要子企业和重点业务管控，针对不同类型、不同程度的风险，建立分类、分级风险评估和应对机制。采用信息化、数字化手段，建立风险量化评估模型和动态监测预警机制，实现风险"早发现、早预警、早处置"。积极主动防范境外国有资产风险，合理安排境外资产负债结构，努力推动中高风险国家（地区）资产与负债相匹配，降低风险净敞口。加强财会监督与纪检、巡视、审计等监督主体的协同联动，形成合力。

3. 完善智能前瞻的财务数智体系。统筹制定全集团财务数字化转型规划，完善制度体系、组织体系和管控体系，加强跨部门、跨板块协同合作，建立智慧、敏捷、系统、深入、前瞻的数字化、智能化财务。统一底层架构、流程体系、数据规范，横向整合各财务系统、连接各业务系统，纵向贯通各级子企业，推进系统高度集成，避免数据孤岛，实现全集团"一张网、一个库、一朵云"。推动业财信息全面对接和整合，构建因果关系的数据结构，对生产、经营和投资活动实施主体化、全景化、全程化、实时化反映，实现业、财、技一体化管控和协同优化，推进经营决策由经验主导向数据和模型驱动转变。建立健全数据产生、采集、清洗、整合、分析和应用的全生命周期治理体系，完善数据标准、规则、组织、技术、模型，加强数据源端治理，提升数据质量，维护数据资产，激活数据价值。积极探索依托财务共享实现财务数字化转型的有效路径，推进共享模式、流程和技术创新，从核算共享向多领域共享延伸，从账务集中处理中心向企业数据中心演进，不断提高共享效率、拓展共享边界。加强系统、平台、数据安全管理，筑牢安全防护体系。具备条件的企业应探索建立基于自主可控体系的数字化、智能化财务。

4. 完善系统科学的财务管理能力评价体系。构建与企业战略和业务特点相适应、与财务管理规划和框架相匹配的财务管理能力评价体系，促进各级企业财务管理能力水平渐进改善、持续提升。科学设计评价指标，分类、分级制定评价标准、评价方式和分值权重。坚持导向性原则，充分满足财经法规约束和监管要求、体现财务管理发展目标；坚持系统性原则，覆盖全部财务管理职能要素、全级次企业、全业务板块，涵盖财务管理基本规范、过程表现及成效结果；坚持适用性原则，统筹通用性标准与个性化特点，根据不同子企业经营规模、业务特点等设置不同基础系数或差异化指标；坚持重要性原则，对重点子企业和关键流程，予以分值或权重倾斜。完善评价工作机制，建立健全制度体系、组织体系，深化评价结果应用。结合财务管理提升进程，动态优化评价体系。

5. 完善面向未来的财务人才队伍建设体系。健全财务人才选拔、培养、使用、管理和储备机制，打造政治过硬、作风优良、履职尽责、专业高效、充满活力的财务人才队伍，实现能力更多元、结构更优化，数量和质量充分适应时代进步、契合企业需求。科学构建与企业高质量发展目标相匹配的复合型财务人才能力提升框架，着重增强科学思维能力、创新提效能力、风险管控能力、统筹协调能力、国际经营能力。建立健全多层次财务人才培养培训体系。加强中高端财务人才队伍建设，提高中高级财务人才占比，推动财务人才结构从金字塔形向纺锤形转变。配强、配优各级总会计师和财务部门负责人，深入开展重要子企业总会计师委派。加大轮岗交流力度，探索开展业务和项目派驻制。加强境外财务人才管理，全面落实向境外派出财务主管人员要求。加强履职管理，建立关键岗位任职资格要求和科学评价体系，强化正向引导激励，畅通职业发展通道。强化党建引领和文化建设，营造干事创业的良好环境，培养风清气正的团队氛围和健康向上的财务文化，推动财务人才不断提高政治素质和党性修养，坚守职业操守和道德底线。

（六）做好组织实施

1. 加强组织领导。各中央企业要高度重视世界一流财务管理体系建设，强化组织领导，健全工作机制，主要负责人抓总负责，总会计师或分管财务工作负责人牵头落实，财务部门具体组织实施，各职能部门和各级子企业协同联动，共同推动落地见效。

2. 抓好贯彻落实。各中央企业要把建设世界一流财务管理体系列入重要议事日程，做好与各项改革发展工作的统筹结合，研究重大问题，把握改革方向，蹄疾步稳扎实推进。结合企业实际制定完善规划方案，明确工作目标，细化时间节点，分解工作任务，层层落实责任。

3. 强化培训交流。各中央企业要加强世界一流财务管理体系建设理念、方法、措施、任务的培训宣贯，统一思想，凝聚共识，营造良好氛围。深入总结企业财务管理先进经验，搭建沟通交流平台，对标先进找差距，相互交流促提升。鼓励具备条件的企业建立专门的财务研究机构。

4. 持续跟踪评估。各中央企业要将世界一流财务管理体系建设融入年度工作目标，及时跟进落地实施情况，分阶段评估执行效果，适当与企业内部绩效考核挂钩，探索建立财务管理提升的长效机制。

七、《关于加快建设世界一流企业的指导意见》

（一）概述

2022年2月，中央全面深化改革委员会第二十四次会议审议通过《关于加快建设世界一流企业的指导意见》，由国务院印发实施。文件提出要坚持党的全面领导，发展更高水平的社会主义市场经济，毫不动摇巩固和发展公有制经济，毫不动摇鼓励、支持和引导非公有制经济发展，加快建设一批产品卓越、品牌卓著、创新领先、治理现代的世界一流企业。明确了建设世界一流企业的十六字标准，具体为"产品卓越、品牌卓著、创新领先、治理现代"，回答了在十四五期间乃至更长时期内我国加快建设世界一流企业的基本路径，为加快建设世界一流企业指明了方向，也明确提出了世界一流企业的评判标准。国家在顶层设计中对世界一流企业内涵和特征的界定逐步深化，为推动中央企业建设世界一流企业奠定了认知基础、提供了基本遵循。

（二）主要内容

要坚持党的全面领导，发展更高水平的社会主义市场经济，毫不动摇巩固和发展公有制经济，毫不动摇鼓励、支持和引导非公有制经济发展，加快建设一批产品卓越、品牌卓著、创新领先、治理现代的世界一流企业，在全面建设社会主义现代化国家、实现第二个百年奋斗目标进程中实现更大发展、发挥更大作用。要支持引导行业领军企业和掌握关键核心技术的专精特新企业深化改革、强化创新，加大培育力度。要强化企业创新主体地位，促进各类创新要素向企业集聚，推动企业主动开展技术创新、管理创新、商业模式创新。要坚持壮大实体经济，推进产业基础高级化、产业链现代化，打造具有全球竞争力的产品服务。要支持企业充分利用国际国内两个市场、两种资源，增强面向全球的资源配置和整合能力，将我国超大规模市场优势转化为国际竞争优势。要推动有为政府和有效市场更好结合，提高政府监管和服务效能，保护和激发企业活力，注重维护好公平竞争的市场环境，推动更多优秀企业在市场竞争中脱颖而出。要统筹发展和安全，引导企业积极稳妥开拓国际市场。

八、《国务院国有资产监督管理委员会关于开展对标世界一流企业价值创造行动的通知》

（一）概述

2022年，国务院国资委印发《国务院国有资产监督管理委员会关于开展对标世界一流企业价值创造行动的通知》（国资发改革〔2022〕79号）。

（二）工作目标

提出到2025年，国有企业价值创造体系基本完善，实现诊断科学、执行有力、评价有效、保障到位；全员、全过程、全方位、全要素的价值创造活力动力不断增强，目标方向更加精准，能力水平显著提升，理念文化深入人心，部分国有重点企业价值创造能力达到世界一流水平。通过价值创造，推动国有企业高质量发展的根基更加强固、转型升级的动能更加充沛、国有经济的战略支撑作用更加凸显、长期价值的实现能力更加强劲、国有企业为经济社会发展作出的贡献更大。

（三）指导思想

以习近平新时代中国特色社会主义思想为指导，立足新发展阶段，完整、准确、全面贯彻新发展理念，以提升发展质量效益效率为主线，以对标世界一流企业为抓手，推动国有企业完善价值创造体系，提升价值创造能力，加快实现从数量型规模型向质量型效益效率型转变，从注重短期绩效向注重长期价值转变，从单一价值视角向整体价值理念转变，更好履行经济责任、政治责任和社会责任，为加快建设世界一流企业提供坚强支撑。

（四）基本原则

1. 坚持对标一流。把对标作为出发点和立足点，瞄准世界一流企业和行业先进企业，聚焦价值创造中体现质量效益效率的核心指标和要素，开展科学对标、精准对标，确保对标措施可操作、效果可量化、过程可检查。深化研究交流，及时评估分析，持续动态优化，把对标评价贯穿价值创造行动全过程。

2. 坚持突出重点。聚焦价值创造的重点领域、关键环节、核心要素，把体系能力建设作为重点任务和关键内容，结合企业实际，制定科学合理、精准高效的提升措施，确保价值创造行动取得实效。

3. 坚持问题导向。深入分析制约价值创造的因素，找准短板弱项，通过对标提升，有效解决企业存在的价值创造目标不清晰、要素不具体、体系不健全、机制不完善、能力不突出等问题。

4. 坚持分类施策。综合考虑企业功能分类和业务特点，结合不同的职责定位和发展阶段，因企施策、因业施策开展价值创造行动，不搞"齐步走""一刀切"，切实增强工作的针对性、有效性。

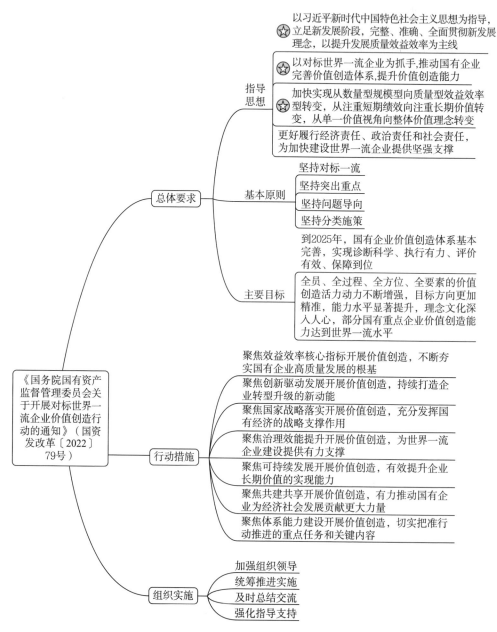

5. 涉及合规工作的要求。强化风险防控，抓好各类风险的监测预警、识别评估和研判处置，依法维护国有资产安全。深化法治建设，健全合规管理体系，加强对重大决策的合法合规性审查，定期开展合规评价，推进法治工作与生产经营深度融合，确保企业持续健康运营。

（五）会议部署

2023 年 3 月 3 日，国务院国资委召开会议，对国有企业对标开展世界一流企业价值创造行动进行动员部署。

会议要求，国资央企要强化改革攻坚，着力构建有利于企业价值创造的良好生态。要把价值创造理念贯穿于企业经营决策全过程，进一步完善中国特色现代企业治理，加强董事会建设，在准确判断市场、准确预见产业长远发展的基础上科学决策、理性决策；把价值创造融入企业管理运营诸环节，以对标促达标、以达标促创标，增强集团化管控、集约化运作能力，加强成本管控、管理创新能力，进一步强化精益运营和精益管理；把价值创造导向体现到有效激励约束各方面，加快建立科学评价体系，更大力度实施以价值创造为导向的中长期激励，营造人人想价值、人人创价值的良好氛围。要强化分类改革，针对不同类别企业，建立更加科学精准的考核工作体系，指导推动企业提升价值创造的整体功能。要加强组织领导，逐级落实责任，结合实际抓紧制定实施方案，明确整体目标、重点任务、主要措施精心组织实施。国务院国资委将加强调研督导，出台相关支持政策，确保开局之年推动价值创造行动开好局起好步。2023 年到 2025 年，价值创造成为企业对标一流的重要工作导向。合规工作也必然将价值创造作为下一步工作的主旨予以贯彻执行。

九、对标世界一流管理活动整体活动安排

2023 年 2 月 17 日，《学习时报》刊发国务院国资委党委书记、主任张玉卓署名文章《为全面建设社会主义现代化国家开好局起好步作出国资央企更大贡献》。

文章提到国务院国资委和中央企业将全面贯彻党的二十大精神和中央经济工作会议部署，深刻领悟"两个确立"的决定性意义，增强"四个意识"、坚定"四个自信"、做到"两个维护"，以心中有数保持战略清醒，以心中有底坚定战略自信，以心中有责强化战略主动，突出党建引领、创造价值、科技自强、深化改革、优化布局、守牢底线，扎实推进国资央企各项工作，积极促进稳增长、稳就业、稳物价，在推动经济运行整体好转、实现质的有效提升和量的合理增长上勇挑大梁，为全面建设社会主义现代化国家开好局起好步多作贡献。在突出深化改革，开展新一轮国企改革深化提升行动部分，明确指出全面加快建设世界一流企业。强化对标提升和分类施策，分行业建立可量化可操作的世界一流企业评价体系，深化创建示范、管理提升、价值创造、品牌引领"四个专项行动"，建设一批主导全球产业链供应链价值链的龙头企业，培育一批"专精特新""小巨人"和单项冠军企业，在不同领域形成百家以上不同层级的典型示范企业。

在"四个专项行动"中有两个涉及合规工作。工作要求体现为两个文件要求。第一，《关于开展对标世界一流管理提升行动的通知》（国资发改革〔2020〕39 号）；第二，国务院国资委印发《国务院国有资产监督管理委员会关于开展对标世界一流企业价值创造行动的通知》（国资发改革〔2022〕79 号）。

第三节 数字化转型要求

一、提高政治站位认识数字化

国家主席习近平2020年11月21日晚，在北京以视频方式出席二十国集团领导人第十五次峰会第一阶段会议并发表重要讲话。习近平主席强调，要主动应变、化危为机，以科技创新和数字化变革催生新的发展动能。加强数据安全合作，加强数字基础设施建设，为各国科技企业创造公平竞争环境。

二、《国务院国资委办公厅关于加快推进国有企业数字化转型工作的通知》

（一）概述

2020年8月21日，国务院国资委下发《国务院国资委办公厅关于加快推进国有企业数字化转型工作的通知》。文件解读了国有企业推进数字化转型的背景，数字化转型是企业高质量发展的重要引擎，构筑国际竞争新优势的有效路径，构建创新驱动发展格局的有力抓手。积极落实党中央、国务院关于推进新一代信息技术和制造业深度融合，打造数字经济新优势等决策部署，增强国有企业推动数字化转型的责任感、使命感、紧迫感，凝聚国有企业数字化转型共识，加强国有企业数字化转型工作指引，多措并举推动国有企业数字化转型，助力经济高质量发展。旨在打造数字经济新优势等决策部署，促进国有企业数字化、网络化、智能化发展，增强竞争力、创新力、控制力、影响力、抗风险能力，提升产业基础能力和产业链现代化水平。要求国有企业推进数字化转型遵循六大主要原则，即坚持价值导向、深化改革、数据驱动、创新引领、统筹推进、开放合作。

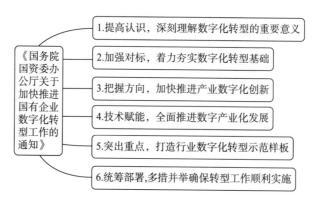

（二）国有企业推进数字化转型的总体思路

1. 提高三个基本认识。国有企业推动数字化转型首先要做的就是理念和认识的转型。

（1）数字化转型是一项涉及数据、技术、流程、组织等的复杂系统工程，要注重深化对数字化转型艰巨性、长期性和系统性的认识，加强战略性统筹布局；

（2）数字化转型当前工作重心是充分发挥数据要素驱动作用，打通全产业链、全价值链、全创新链，共建产业发展生态，获得价值增量发展空间，要强化数据驱动、集成创新、合作共赢等数字化转型理念，加强多线条协同并进；

（3）数字化转型不仅是一把手工程，更是涉及全员、全要素的创新活动，要充分激发基层创新活力、营造勇于、乐于、善于数字化转型的氛围，强化上下一盘棋。

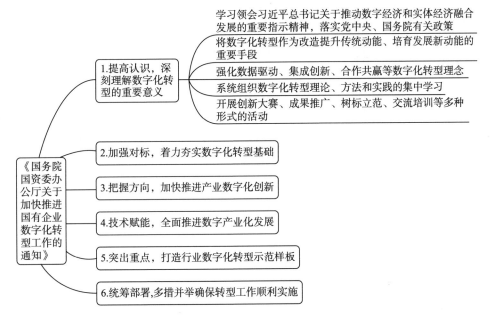

2. 夯实四个转型基础。国有企业要从技术、管理、数据、安全四个方面，加强对标，夯实数字化转型基础。

（1）技术基础。数字化转型本质是新一代信息技术引发的系统性变革，新一代信息技术作为通用使能技术，需要不断强化其技术赋能作用，及与其他专业技术融合。

（2）管理基础。数字化转型不仅仅是技术渗透和融合的问题，更是一项优化管理模式以适应技术变革的问题，要导入系统化管理体系，有效获取预期的转型成效。

（3）数据基础。纵观历史上历次转型的核心都是动力转换，数据已成为第五大生产要素，要充分发挥数据要素驱动作用，打破传统要素有限供给对企业增长的制约。

（4）安全基础。安全是发展的前提，要加强安全可靠和信息安全两方面基础工作，强化本质安全。

3. 把握四个转型方向。国有企业要从真正获得转型价值出发，从产品、生产运营、用户服务、产业体系四个方面系统推进数字化转型。

（1）产品创新数字化。与价值创造的载体有关，要加强产品和服务创新及产品研发过程创新，以不断提高产品附加价值，缩短价值变现周期。

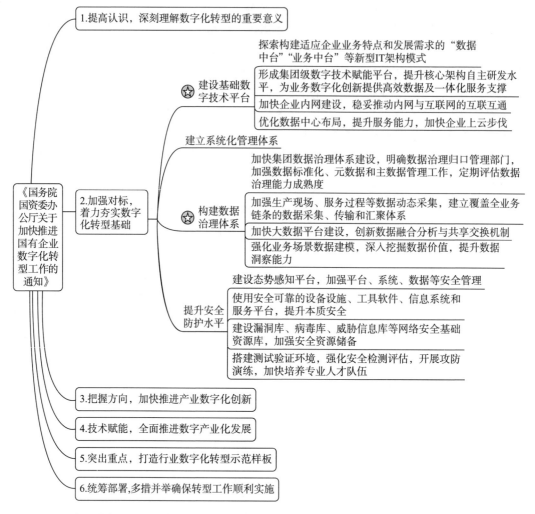

（2）生产运营智能化。与价值创造的过程有关，要加强横向纵向全过程贯通，实现全价值链、全要素资源的动态配置和全局优化，提高全要素生产率。

（3）用户服务敏捷化。与价值创造的对象有关，要以用户为中心，实现全链条用户服务，最大化为用户创造价值，提高用户满意度和忠诚度。

（4）产业体系生态化。与价值创造的生态合作伙伴有关，要加强与合作伙伴之间的资源、能力和业务合作，构建优势互补、合作共赢的协作网络。

4. 突出三个赋能举措。国有企业要站在服务于经济全面转型的高度，勇于担当，加强核心技术攻关和资源能力的社会化输出，提升整个经济社会的数字化转型价值。

（1）新型基础设施建设。积极开展新型基础设施投资和建设，带动产业链上下游及各行业丰富应用场景。

（2）关键核心技术攻关。加快攻克核心短板技术，着力构建国际先进、安全可控的数字化转型技术体系。

（3）发展数字产业。合理布局数字产业，培育行业领先的数字化服务龙头企业。

```
                        ┌─ 1.提高认识，深刻理解数字化转型的重要意义
                        │
                        ├─ 2.加强对标，着力夯实数字化转型基础
                        │
                        │                    ┌─ 推进产品创    ┌─ 推动产品服务的数字化改造，提升产品与服务策划、实施和
                        │                    │   新数字化     │   优化过程的数字化水平，打造差异化、场景化、智能化的数
                        │                    │                │   字产品和服务
                        │                    │                └─ 开发具备感知、交互、自学习、辅助决策等功能的
                        │                    │                   智能产品与服务，更好地满足和引导用户需求
                        │                    │
                        │                    │                ┌─ 推进智慧办公、智慧园区等建设，加快建设推广共享服务中心，
                        │                    ├─ 推进生产运    │   推动跨企业、跨区域、跨行业集成互联与智能运营
                        │                    │   营智能化     └─ 按照场景驱动、快速示范的原则，加强智能现场建设，推进5G、
                        │                    │                   物联网、大数据、人工智能、数字孪生等技术规模化集成应用，
      《国务院          │                    │                   实现作业现场全要素、全过程自动感知、实时分析和自适应优化
      国资委办          │ 3.把握方向，       │                   决策，提高生产质量、效率和资产运营水平，赋能企业提质增效
      公厅关于          │ 加快推进产业 ─────┤
      加快推进 ─────────┤ 数字化创新        │                ┌─ 加快建设数字营销网络,实现用户需求的实时感知、分析和预测。
      国有企业          │                    ├─ 推进用户服    │   整合服务渠道，建设敏捷响应的用户服务体系，实现从订单到交
      数字化转          │                    │   务敏捷化     │   付全流程的按需、精准服务，提升用户全生命周期响应能力
      型工作的          │                    │                └─ 动态采集产品使用和服务过程数据，提供在线监控、远程诊断、
      通知》            │                    │                   预测性维护等延伸服务，丰富完善服务产品和业务模式，探索平
                        │                    │                   台化、集成化、场景化增值服务
                        │                    │
                        │                    │                ┌─ 依托产业优势，加快建设能源、电信、制造、医疗、旅游等
                        │                    │                │   领域产业链数字化生态协同平台，推动供应链、产业链上下
                        │                    └─ 推进产业体    │   游企业间数据贯通、资源共享和业务协同，提升产业销连资
                        │                       系生态化     │   源优化配置和动态协调水平
                        │                                     └─ 加强跨界合作创新，与内外部生态合作伙伴共同探索形成融合、
                        │                                        共生、互补、互利的合作模式和商业模式，培育供应链金融、网
                        │                                        络化协同、个性化定制、服务化延伸等新模式，打造互利共赢的
                        │                                        价值网络，加快构建跨界融合的数字化产业生态
                        │
                        ├─ 4.技术赋能，全面推进数字产业化发展
                        │
                        ├─ 5.突出重点，打造行业数字化转型示范样板
                        │
                        └─ 6.统筹部署，多措并举确保转型工作顺利实施
```

```
                        ┌─ 1.提高认识，深刻理解数字化转型的重要意义
                        │
                        ├─ 2.加强对标，着力夯实数字化转型基础
                        │
                        ├─ 3.把握方向，加快推进产业数字化创新
      《国务院          │
      国资委办          │                    ┌─ 加快新型基础设施建设
      公厅关于          │                    ├─ 加快关键核心技术攻关
      加快推进 ─────────┤ 4.技术赋能，       │                ┌─ 结合企业实际，合理布局数字产业，聚焦能源互联网、车
      国有企业          │ 全面推进数字 ─────┤                │   联网等新领域，着力推动电子商务、数据资产运营、共享
      数字化转          │ 产业化发展        │                │   服务、平台服务、新零售等数字业务发展，打造规模化数
      型工作的          │                    │                │   字创新体，培育新业务增长点
      通知》            │                    └─ ✪ 加快发展   ┤
                        │                       数字产业     └─ 面向企业数字化转型需要，加强资源整合优化，创新体制
                        │                                        机制，培育行业领先的数字化服务龙头企业，研发和输出
                        │                                        数字化转型产品和系统解决方案
                        │
                        ├─ 5.突出重点，打造行业数字化转型示范样板
                        │
                        └─ 6.统筹部署,多措并举确保转型工作顺利实施
```

5. 统筹部署，多措并举确保转型工作顺利实施。

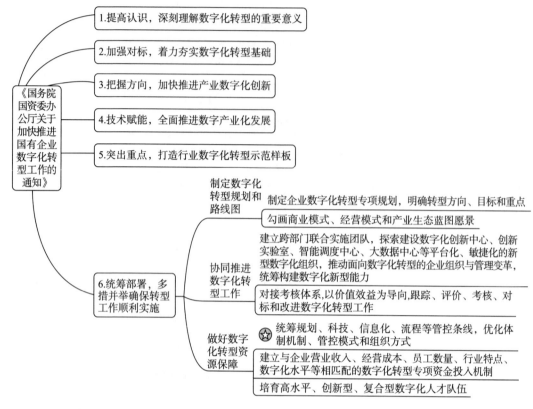

三、后续工作

（一）国有企业数字化转型三年行动计划

2019 年 12 月，习近平总书记在中央经济工作会议上明确提出制定实施国企改革三年行动方案，2020 年 6 月 30 日亲自主持召开中央全面深化改革委员会第十四次会议审定《国企改革三年行动方案（2020－2022 年）》，正式拉开了国企改革三年行动的大幕。

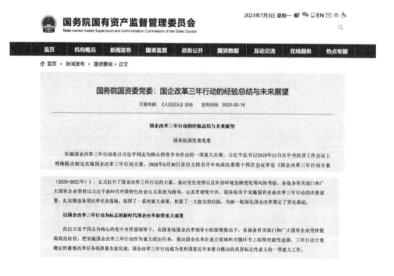

（二）《2023 年国有企业数字化转型十大趋势》

2023 年 4 月 27 日，国务院国资委党委委员、副主任赵世堂参加以"数字赋能国企 创新引领未来"为主题的第三届国有企业数字化转型论坛。指出国务院国资委坚决贯彻落实习近平总书记重要指示和党中央、国务院决策部署，牢牢把握做强做优做大国有企业这一根本目标，抓住数字化网络化智能化融合发展契机，深入实施国有企业数字化转型行动计划，推动中央企业在产业数字化、数字产业化等方面取得积极进展，为数字中国建设增添了成色亮色。下一步，国资委将坚持以习近平总书记重要指示为根本遵循，立足"两个大局"，强化企业科技创新主体地位，推动国有企业深化统筹部署，强化重点突破，优化保障机制，进一步加快数字化发展，切实担负起在数字中国建设中的使命责任。

随后发布《2023 年国有企业数字化转型十大趋势》，成果旨在分析国有企业数字化转型进展成效，从产业数字化、数据要素化、数字产业化和数字新基建等方面为国企数字化转型发展提供指引。2023 年国有企业数字化转型十大趋势包括：一是理念革新，传统管理方式和体系正在革新，企业数字化转型提档加速。二是素养提升，数字化人才队伍加速建设，激发企业创新动力活力。三是数据激活，新要素价值体系逐步构建，加速数据资产化进程。四是场景创新，连点成线、聚线成面，不断催生新业态新模式。五是产业互联，数字化加速融通发展，不断拓展产业协同新生态。六是同频共振，能源革命与数字革命融合，数字化赋能绿色低碳。七是数实融合，催生出一批产业驱动的数科公司走上舞台，大大丰富了数字化供给能力。八是强基赋能，数字基础设施建设和规模化应用加快，数字经济底座更加坚实。九是智能引领，关键核心技术不断突破，不断开创数字技术创新新局面。十是安全护航，网络防护体系强化可信可控，筑牢数字空间安全屏障。

（三）国务院国资委召开深入推进国有企业数字化转型专题会

1. 整体情况。2023 年 6 月 27 日，国务院国资委召开深入推进国有企业数字化转型专题会。会议指出国有企业要深入学习贯彻习近平总书记有关重要论述，进一步提高政治站位，深刻认识国企数字化转型重要意义，加强对标评估、推进试点示范、完善体制机制、加强合作发展，深入实施国有企业数字化转型行动计划，全面提升数字化智能化发展水平，加快世界一流企业建设，更好发挥国企科技创新、产业控制、安全支撑作用，为加快建设现代化产业体系、促进实体经济高质量发展作出更大贡献。会上通报了 2022 年国有企业数字化转型工作情况，中国船舶、中国电科、中国联通、中国一汽、中国电建等中央企业及浙江省国资委作经验交流。国资委有关厅局、有关中央企业和地方国资委负责同志参加会议。

2. 总结国企数字化转型工作进展。

（1）加快"五转"落地，转型工作体系初步形成。国企围绕转意识、转组织、转模式、转方法、转文化，多措并举推进转型工作落地。89 家央企明确数字化转型发展规划。90 多家央企组建"一把手"负责的转型领导机制，明确牵头部门。800 多家国企探索传统业务转型模式，推出典型企业 900 多个，建设数字场景 3200 多个，组织转型培训 3.7 万场，参加人次近千万。国企数字化转型"上热中温下冷"局面得到较大改观。

（2）加强"五化"提升，传统产业数字化转型提档加速。国企积极推进研发数字化、生产智能化、经营一体化、服务敏捷化、产业生态化，促进传统业务全方位、全链条改造。52 家中央工业企业 2022 年数字化研发设计工具普及率平均 85.9%，关键工序数控化率平均

72.6%，分别超全国水平8.9和14个百分点。60多家央企建设数字化产业链协同平台数量超100个，带动产业链上下游、大中小企业融通发展。国企数字化转型"不愿转不敢转不会转"情况得到一定程度改变。

（3）加力"五新"突破，数字产业化加快发展。国企集中优势力量攻关新技术、推出新产品、布局新基建、打造"专精特新"企业、培育新兴产业，助力实现高水平科技自立自强。70多家央企取得5G光收发芯片、操作系统等200余项数字技术成果。累计开通5G基站273万个，建设北斗地基增强站1.2万余座。组建数字科技类公司近500家。国企数字技术供给服务能力加快提升。

（4）加大"五维"赋能，服务现代化高效推进。国有企业积极牵头或参与证照电子化、办事"最多跑一次"、智慧文化宫、"数字技术＋医疗健康"服务体系、"雪亮工程""村村通"工程、可再生能源数据库等建设，赋能数字政务、数字文化、数字社会、数字乡村、数字生态文明建设。国企在数字中国建设中的骨干支撑作用日益凸显。

3. 提出国有企业深入实施数字化转型行动计划要点。

（1）加强对标评估，提升转型系统推进能力。定期开展转型实施方案对标评估，动态调整转型策略，保障数字化转型与企业发展战略的协调性。持续开展转型水平对标评估，学习借鉴行业先进经验，动态优化转型路径。开展业务与数字化能力适应性评估，定期梳理优化转型架构，保障业务架构、数据架构、应用架构、技术架构融合一致。加强评估、规划、实施、优化闭环管理，强化一把手负责，明确分工，压实责任，定期通报进展情况，保障转型任务顺利实施。

（2）推进试点示范，提升生产方式变革能力。聚焦主责主业，组织开展数字化转型试点企业建设，发挥转型引领作用，力争"试成一批、带动一片"。聚焦智能制造，加快推进"人机隔离""机器换人""黑灯工厂"等智能工厂建设，提升制造业高端化智能化绿色化水平。聚焦企业全流程，加快数字技术应用和场景创新，提高全要素生产率。加快"北斗＋"数字场景创新，形成工作机制，促进北斗规模化应用。

（3）完善体制机制，提升转型支撑保障能力。建立适应数据要素价值发挥的组织机制，加强数据要素治理，完善数据权属、责任认定、收益分配等机制，促进数据集成共享与价值释放。建立科学、合理的资源统筹调度机制，提升数字化转型投入强度，提高资金使用效率。加快培育高水平、创新型、复合型数字化人才队伍，创新工作方法，促进全员数字素养与技能提升。出台含金量高、分量足的配套制度办法、支持政策，提升转型动力活力。

（4）加强合作发展，提升安全自主创新水平。发挥创新联合体等作用，促进产学研合作，加强"卡脖子"技术、原创性引领性技术攻关，主动开放市场，促进成果应用，带动产业链上下游、大中小企业融通发展。发挥国企骨干作用，加快5G、北斗、卫星互联网、人工智能、区块链、工业互联网等数字新型基础设施建设，提升信息服务支撑能力。发挥央企数字协同创新平台作用，促进区域间、行业间、企业间经验交流、创新合作。加强前瞻性谋划，持续培育新业务增长点和数字科技领军企业，加快发展战略性新兴产业和未来产业。

第四节　协同其他部门推进合规工作

作为中央企业主管单位，国务院国资委不仅发布推进中央企业合规管理体系建设的指引性文件，还积极参与其他国家部委和司法机关推进企业合规工作发展的政策文件制定工作。

2012 年，参与由商务部联合国资委等七部门发布的《中国境外企业文化建设若干意见》，该意见明确要求境外企业"确保国际化经营合法、合规。"这也是首个由多个部门联合发布涉及强化企业合规经营的文件。在 2018 年，参与由国家发展和改革委员会联合国资委七部门发布的《企业境外经营合规管理指引》，积极推进央企境外合规经营。

2019 年，参与商务部联合国资委等十九部门发布的《商务部、外交部、发展改革委等关于促进对外承包工程高质量发展的指导意见》，推动对外承包工程类中央企业加强合规管理。

2021 年，参与由最高人民检察院联合国资委等九部门发布关于印发《关于建立涉案企业合规第三方监督评估机制的指导意见（试行）》的通知。

国务院国资委积极参与这些强化企业合规治理文件的制定工作，一方面，为其他牵头推进企业合规治理的部门提供国资合规监管的经验，另一方面，通过多部门的协同形成合规监管合力，实现对企业合规特别是中央企业合规的全面促进作用。

【合规实务建议】

"对标一流"与"数字化转型"两个维度的管理要求，都是以企业为主体提出的，涉及企业经营管理的各个方面，是企业开展不同线条业务工作的整体性、普适性要求。如果说专业线条业务工作是树木，整体性工作就是森林。合规管理工作如果过分专注业务细节，就会陷入只见树木不见森林的窘境。洞察企业整体性工作安排，了解企业在"对标一流"与"数字化转型"活动中取得的成效，以及这些成效在业务发展、管理范式、商业模式等方面的表现，有助于合规工作人员结合这些成效开展对应的合规管理工作，保持合规工作与时俱进的发展状态。在整体工作的牵引下，合规管理也要对标一流，也要进行数字化转型。

【本章涉及法规文件】

1. 2013 年 1 月，国务院国资委关于印发《中央企业做强做优、培育具有国际竞争力的世界一流企业要素指引》（国资发改革〔2013〕17 号）的通知。

2. 2013 年 1 月，国务院国资委关于印发《中央企业做强做优、培育具有国际竞争力的世界一流企业对标指引》（国资发改革〔2013〕18 号）的通知。

3. 2019 年，国务院国资委印发《关于中央企业创建世界一流示范企业有关事项的通知》。

4. 2020 年 6 月，国务院国资委印发《关于开展对标世界一流管理提升行动的通知》（国资发改革〔2020〕39 号）。

5. 2021 年 7 月，国务院国资委《国资委办公厅关于印发国有重点企业管理标杆创建行动标杆企业、标杆项目和标杆模式名单的通知》（国资厅发改革〔2021〕30 号）。

6. 2022 年 2 月，国务院国资委发布《国资委关于中央企业加快建设世界一流财务管理体系的指导意见》（国资发财评规〔2022〕23 号）。

7. 2022 年 2 月,中央全面深化改革委员会第二十四次会议审议通过《关于加快建设世界一流企业的指导意见》。

8. 2022 年,国务院国资委印发《国务院国有资产监督管理委员会关于开展对标世界一流企业价值创造行动的通知》(国资发改革〔2022〕79 号)。

9. 2020 年 8 月,国务院国资委下发《国务院国资委办公厅关于加快推进国有企业数字化转型工作的通知》。

第六章　中央企业法治建设发展历程

本章内容导读

中央企业法治建设在国务院国资委成立以来就是一项独立开展的工作，是自成体系的专业工作线条。数年耕耘，大部分中央企业已构建相对完整的法治建设管理体系，建立起良性运转的工作机制。国务院国资委开展中央企业法治建设过程中，有三个文件具有里程碑意义。

第一，2015 年 12 月，国务院国资委关于印发《关于全面推进法治央企建设的意见》（国资发法规〔2015〕166 号）的通知，对中央企业法治建设工作提出体系化管理要求，明确工作机制。

第二，2017 年 7 月，国务院国资委党委关于印发《中央企业主要负责人履行推进法治建设第一责任人职责规定》（国资党发法规〔2017〕8 号）的通知，对中央企业主要负责人、党委（党组）书记、董事长、总经理这几种角色的职责做了明确要求。

第三，2021 年 10 月，国务院国资委关于印发《关于进一步深化法治央企建设的意见》（国资发法规规〔2021〕80 号）的通知，这份文件当前阶段正在发挥指导中央企业开展法治建设工作的作用。

了解这三份文件的主要内容，可以更好地理解中央企业法治建设的发展脉络，整体要求及最新工作安排。遵照国务院国资委的监管要求开展工作。

第一节　中央企业法治建设发展路线图

一、重要文件回溯

1997 年 5 月，原国家经济贸易委员会颁布《企业法律顾问管理办法》（中华人民共和国国家经济贸易委员会令〔第 2 号〕）。

2004 年 5 月，国务院国资委颁布《国有企业法律顾问管理办法》（国务院国有资产监督管理委员会令第 6 号）。

2014 年 12 月，国务院国资委下发《国资委关于推动落实中央企业法制工作新五年规划有关事项的通知》（国资发法规〔2014〕193 号）。

2015 年 12 月，国务院国资委下发《关于全面推进法治央企建设的意见》（国资发法规〔2015〕166 号）。

2017 年 7 月，国务院国资委党委下发关于印发《中央企业主要负责人履行推进法治建设第一责任人职责规定》（国资党发法规〔2017〕8 号）的通知。

2021 年 10 月，国务院国资委下发关于印发《关于进一步深化法治央企建设的意见》（国资发法规〔2021〕80 号）的通知。

二、法治建设工作起点源于建立企业法律顾问制度

（一）《企业法律顾问管理办法》

1997 年 5 月 3 日，原国家经济贸易委员会颁布《企业法律顾问管理办法》（中华人民共和国国家经济贸易委员会令〔第 2 号〕）。第一次以部门规章的形式对建立企业法律顾问制度、企业法律顾问、总法律顾问工作进行明确和规范。

（二）《国有企业法律顾问管理办法》

2004 年 5 月 11 日，国务院国资委颁布《国有企业法律顾问管理办法》（国务院国有资产监督管理委员会令第 6 号）全面规定了企业法律顾问如何管理，分两章详细介绍企业法律顾问、总法律顾问工作。重点关注两点：

1. 首次对企业法律顾问管理工作进行明确规定，给出企业法律顾问定义，指明企业法律顾问的企业内部人身份。第 7 条规定，本办法所称企业法律顾问，是指取得企业法律顾问执业资格，由企业聘任，专门从事企业法律事务工作的企业内部专业人员。

2. 对规定总法律顾问配备与工作安排进行明确，给出企业总法律顾问定义。第 16 条规定，本办法所称企业总法律顾问，是指具有企业法律顾问执业资格，由企业聘任，全面负责企业法律事务工作的高级管理人员。企业总法律顾问对企业法定代表人或者总经理负责。第 21 条规定，企业总法律顾问履行下列职责：（一）全面负责企业法律事务工作，统一协调处理企业决策、经营和管理中的法律事务；（二）参与企业重大经营决策，保证决策的合法性，并对相关法律风险提出防范意见；（三）参与企业重要规章制度的制定和实施，建立健全企业法律事务机构；（四）负责企业的法制宣传教育和培训工作，组织建立企业法律顾问业务培训制度；（五）对企业及下属单位违反法律、法规的行为提出纠正意见，监督或者协助有关部门予以整改；（六）指导下属单位法律事务工作，对下属单位法律事务负责人的任免提出建议；（七）其他应当由企业总法律顾问履行的职责。

（三）《国有企业法律顾问职业岗位等级资格评审管理暂行办法》

2008 年 4 月 29 日，国务院国资委颁布《国有企业法律顾问职业岗位等级资格评审管理暂行办法》（国资发法规〔2008〕95 号），对企业法律顾问队伍建设和等级资格管理进行了补充规定。

三、企业合规工作起点内嵌于法治建设开展

2015 年 12 月 8 日，国务院国资委下发《关于全面推进法治央企建设的意见》在"进一步加强依法规范管理"部分，第一次出现了"合规管理"的说法。

1. 大力提升法律管理水平。进一步深化法律风险防范机制，加快促进法律管理与经营管理的深度融合，将法律审核嵌入管理流程，使法律审核成为经营管理的必经环节，在确保规章制度、经济合同、重要决策法律审核率 100% 的同时，通过开展后评估等方式，不断提高审核质量。

2. 加快提升合规管理能力，建立由总法律顾问领导，法律事务机构作为牵头部门，相关部门共同参与、齐抓共管的合规管理工作体系，研究制定统一有效、全面覆盖、内容明确的合规制度准则，加强合规教育培训，努力形成全员合规的良性机制。探索建立法律、合规、风险、内控一体化管理平台。

第二节　《关于全面推进法治央企建设的意见》

一、概述

2015 年 12 月 8 日，国务院国资委下发《关于全面推进法治央企建设的意见》（国资发法规〔2015〕166 号）。按照工作惯例，这是下一个五年对中央企业开展法治建设的整体要求。

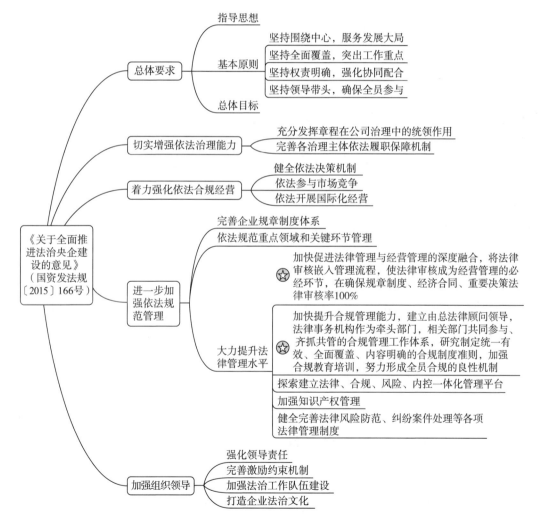

二、法治建设队伍建设和工作机制建立

（一）全面推进法治央企建设从法律队伍建设提升为法律管理机制构建

明确法律工作责任主体是企业主要负责人、总法律顾问、法律事务机构、其他部门。坚持

权责明确，强化协同配合。切实加强对法治央企建设的组织领导，明确企业主要负责人、总法律顾问、法律事务机构、其他部门在推进法治建设中的责任，有效整合资源，增强工作合力，形成上下联动、部门协调的法治建设大格局。

（二）明确法律管理工作机制

形成三级结构的法律管理工作机制。具体条款如下：

第12条规定，强化领导责任。企业主要负责人充分发挥"关键少数"作用，认真履行推进本企业法治建设第一责任人职责，把法治建设作为谋划部署全局工作的重要内容，对工作中的重点难点问题，亲自研究、亲自部署、亲自协调、亲自督办。明确法治建设领导机构，加快形成企业主要负责人负总责、总法律顾问牵头推进、法律事务机构具体实施、各部门共同参与的工作机制。研究制定本企业法治央企建设实施方案，将中央企业法制工作新五年规划各项要求作为重要内容，与企业"十三五"规划相衔接，同步实施、同步推进。积极为企业法治建设提供必要的制度、人员、机构和经费等保障。

（三）明确企业法律顾问工作要求

明确企业法律顾问的工作要求，包括建立企业法律顾问制度、提升企业法律顾问专业化水平等。具体条款如下：

第14条规定，加强法治工作队伍建设。在中央企业及其重要子企业全面推行总法律顾问制度，并在公司章程中予以明确。总法律顾问应当具有法学专业背景或者法律相关职业资格。设立董事会的中央企业，总法律顾问可以由董事会聘任。总法律顾问作为企业高级管理人员，全面领导企业法律管理工作，统一协调处理经营管理中的法律事务，全面参与重大经营决策，领导企业法律事务机构开展相关工作。建立健全总法律顾问述职制度。对标同行业世界一流企业，加快健全企业法治工作体系，中央企业及其重要子企业设立独立的法律事务机构，配备与经营管理需求相适应的企业法律顾问。建立健全企业法律顾问职业发展规划，将企业法律顾问纳入人才培养体系，提升企业法律顾问队伍专职化、专业化水平。建立健全企业法律顾问专业人员评价体系，完善职业岗位等级评审制度，实行与职级和专业技术等级相匹配的差异化薪酬分配办法。

（四）调整总法律顾问职责定位

这是一个分水岭，直接导致总法律顾问职责定位的变化。此前，总法律顾问的职责规定多为事务性工作，侧重于依赖法律专业性技能开展工作；之后，总法律顾问的法律支撑性工作职责相对弱化，渐渐变为管理性工作，侧重于领导力的发挥。

三、主要内容

（一）指导思想

认真贯彻落实党的十八届三中、四中、五中全会精神和习近平总书记系列重要讲话精神，按照全面依法治国战略部署，围绕中央企业改革发展总体目标，适应市场化、现代化、国际化发展需要，坚持依法治理、依法经营、依法管理共同推进，坚持法治体系、法治能力、法治文化一体建设，加强制度创新，以健全公司法人治理结构为基础，以促进依法经营管理为重点，以提升企业法律管理能力为手段，切实加强对企业法治建设的组织领导，大力推动企业治理体系和治理能力现代化，促进中央企业健康可持续发展。

（二）基本原则

1. 坚持围绕中心，服务发展大局。紧紧围绕中央企业改革发展中心任务，充分发挥法治在推进分类改革、完善现代企业制度、发展混合所有制经济、强化监督防止国有资产流失等重点改革任务中的重要作用，支持企业实施自主创新、转型升级等重大发展战略，为中央企业改革发展提供坚实的法治保障。

2. 坚持全面覆盖，突出工作重点。把依法治企要求全面融入企业决策运营各个环节，贯穿各业务领域、各管理层级、各工作岗位，努力实现法治工作全流程、全覆盖，同时突出依法治理、依法合规经营、依法规范管理等重点领域法治建设。

3. 坚持权责明确，强化协同配合。切实加强对法治央企建设的组织领导，明确企业主要负责人、总法律顾问、法律事务机构、其他部门在推进法治建设中的责任，有效整合资源，增强工作合力，形成上下联动、部门协同的法治建设大格局。

4. 坚持领导带头，确保全员参与。牢牢抓住领导干部这个"关键少数"，大力提升领导干部的法治思维和依法办事能力，充分发挥领导干部尊法学法守法用法的示范作用，进一步强化普法宣传教育，提高全员法治素养，充分调动职工的积极性和主动性，努力形成全员守法的良好氛围。

（三）提出依法合规经营的要求

1. 健全依法决策机制。进一步完善"三重一大"等决策制度，细化各层级决策范围、事项和权限。健全依法决策程序，严格落实职工参与、专家论证、风险评估、法律审核、集体决策等程序要求。完善重大决策合法性审查机制，未经合法性审查或者经审查不合法的，不得提交决策会议讨论。高度重视对重大改革事项的法律论证，切实防范法律风险，确保各项改革措施于法有据。中央企业报请国资委审批事项涉及法律问题的，应当出具总法律顾问签字的法律意见书。依法健全以职工代表大会为基本形式的企业民主管理制度，规范职工董事、职工监事产生的程序，切实发挥其在参与决策和公司治理中的作用。

2. 依法参与市场竞争。严格执行有关反垄断、安全生产、环境保护、节能减排、产品质量、知识产权、劳动用工等国家法律法规和市场规则，坚决杜绝违法违规行为。崇尚契约精神，重合同、守信用，公平参与市场竞争，自觉维护市场秩序。认真履行社会责任，切实维护消费者和其他利益相关方的合法权益。明确法律事务机构的合同管理职责，严格落实合同法律审核制度，充分发挥法律审核在规范市场竞争、防止违法违规行为中的重要作用。提升依法维权能力，加大对侵权行为的追责力度，妥善解决法律纠纷案件，切实维护自身合法权益。

3. 依法开展国际化经营。在实施走出去战略、参与"一带一路"建设、推进国际产能和装备制造合作过程中，严格按照国际规则、所在国法律和我国相关法律法规开展境外业务，有效防范法律风险。建立境外重大项目法律顾问提前介入工作机制，将法律论证与市场论证、技术论证、财务论证有机结合，实现从可行性论证到立项决策、从谈判签约到项目实施全程参与，确保法律风险防范全覆盖。突出境外法律风险防范重点，高度重视国家安全审查、反垄断审查、反倾销反补贴调查和知识产权等领域的法律风险，深入做好尽职调查，组织拟定防范预案。建立健全涉外重大法律纠纷案件预警和应对机制。完善境外法治工作组织体系，推动境外重要子企业或业务相对集中的区域设立法律事务机构或配备专职法律顾问。

（四）提出法律管理要求

1. 进一步深化法律风险防范机制，加快促进法律管理与经营管理的深度融合，将法律审核嵌入管理流程，使法律审核成为经营管理的必经环节，在确保规章制度、经济合同、重要决策法律审核率100%的同时，通过开展后评估等方式，不断提高审核质量。

2. 加快提升合规管理能力，建立由总法律顾问领导，法律事务机构作为牵头部门，相关部门共同参与、齐抓共管的合规管理工作体系，研究制定统一有效、全面覆盖、内容明确的合规制度准则，加强合规教育培训，努力形成全员合规的良性机制。探索建立法律、合规、风险、内控一体化管理平台。

3. 加快加强知识产权管理，强化知识产权保护，为企业自主创新、转型升级、品牌建设提供有力支撑。

4. 健全完善法律风险防范、纠纷案件处理等各项法律管理制度，探索创新法律管理方式方法，大力推进信息化建设，提高管理效能。

（五）部署后续工作

1. 强化领导责任。企业主要负责人充分发挥"关键少数"作用，认真履行推进本企业法治建设第一责任人职责，把法治建设作为谋划部署全局工作的重要内容，对工作中的重点难点问题，亲自研究、亲自部署、亲自协调、亲自督办。明确法治建设领导机构，加快形成企业主要负责人负总责、总法律顾问牵头推进、法律事务机构具体实施、各部门共同参与的工作机制。

2. 研究制定本企业法治央企建设实施方案，将中央企业法制工作新五年规划各项要求作为重要内容，与企业"十三五"规划相衔接，同步实施、同步推进。积极为企业法治建设提供必要的制度、人员、机构和经费等保障。

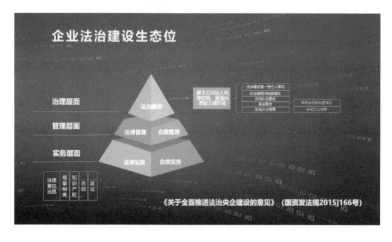

第三节 《中央企业主要负责人履行推进法治建设第一责任人职责规定》

一、概述

2017年7月20日，国务院国资委党委为贯彻落实党的十八届四中全会精神，进一步推进中央企业法治建设，提升依法治企能力水平，根据中共中央办公厅、国务院办公厅关于印发《党政主要负责人履行推进法治建设第一责任人职责规定》（中办发〔2016〕71号）的通知有关精神，结合中央企业实际制定、印发《中央企业主要负责人履行推进法治建设第一责任人职责规定》（国资党发法规〔2017〕8号）。

二、调整法律管理工作机制

（一）首次提出由中央企业主要负责人履行推进法治建设第一责任人职责

明确企业主要负责人是推进本企业法治建设第一责任人，设立法治建设领导机构，把法治建设纳入全局工作统筹谋划。

（二）总法律顾问定位变化

总法律顾问职责进一步弱化，将总法律顾问职责纳入到第一责任人职责体系中，形成在企业第一责任人领导下的总法律顾问负责制。

三、主要内容

（一）对适用人员做了明确规定

具体条款如下：

第2条规定，本规定所称的中央企业主要负责人是指国务院国资委履行出资人职责的企业党委（党组）书记、董事长、总经理（总裁、院长、局长、主任）。

（二）履行推进法治建设第一责任人职责的整体要求

具体条款如下：

第3条规定，中央企业主要负责人履行推进法治建设第一责任人职责，必须坚持党的领导，充分发挥党委（党组）的领导核心和政治核心作用；坚持统筹协调，做到依法治理、依法经营、依法管理共同推进，法治体系、法治能力、法治文化一体建设；坚持权责一致，确保有权必有责、有责要担当、失责必追究；坚持以身作则、以上率下，带头尊法学法守法用法。

第4条规定，中央企业主要负责人作为推进法治建设的第一责任人，应当切实履行依法治企重要组织者、推动者和实践者的职责，贯彻党中央关于法治建设的重大决策部署，认真落实国务院国资委关于法治建设的各项要求，自觉运用法治思维和法治方式深化改革、推动发展、化解矛盾、维护稳定，把法治建设纳入全局工作统筹谋划，对重要工作亲自部署、重大问题亲自过问、重点环节亲自协调、重要任务亲自督办，把各项工作纳入法治化轨道。

（三）对违规追责做了明确规定

具体条款如下：

第10条规定，中央企业主要负责人不履行或者不正确履行推进法治建设第一责任人职责的，应当依照有关党内法规、国家法律法规和相关规定予以问责。

第四节　《关于进一步深化法治央企建设的意见》

一、概述

2021年10月17日，国务院国资委下发《关于进一步深化法治央企建设的意见》（国资发法规规〔2021〕80号）。共分为 4 个部分 17 条。旨在深入贯彻全面依法治国战略部署，进一步深化法治央企建设，着力提升依法治企能力水平，为深化改革、高质量发展提供更加坚强的法治保障。本章着重介绍文件关于法治建设中非合规管理部分的内容，有关合规管理的内容参见第七章第一节。

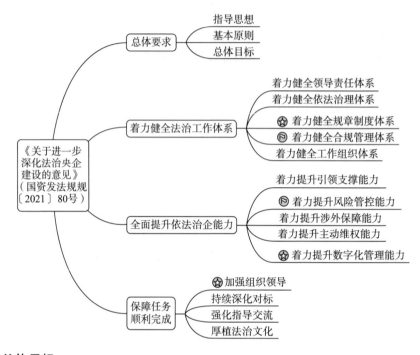

二、总体目标

"十四五"时期，中央企业法治理念更加强化、治理机制更加完善、制度体系更加优化、组织机构更加健全、管理方式更加科学、作用发挥更加有效，法治建设取得更大进展，部分企业率先达到世界一流水平，为企业深化改革、高质量发展提供更加有力的支撑保障。

三、整体思路

围绕"实现一个目标，健全五个体系，提升五种能力"展开。

第一部分"总体要求"，明确了法治央企建设的指导思想、基本原则，提出"十四五"时期中央企业法治建设取得更大进展，对改革发展支撑保障更加有力，部分中央企业法治工作率先实现世界一流的目标。第二部分"着力健全法治工作体系"，从健全领导责任体系、依法治理体系、规章制度体系、合规管理体系、工作组织体系五个方面提出要求。第三部分"全面提升依法治企能力"，着重从提升法治工作引领支撑能力、风险管控能力、涉外保障能力、主动维权能力和数字化管理能力五个角度作出部署。第四部分"保障任务顺利完成"，从加强组织领导、持续深化对标、强化指导交流、厚植法治文化方面，为确保目标实现提供有力支撑。

四、强调对标一流

一流的企业不仅要有一流的技术、一流的产品这种"硬实力"，也要有一流的法治工作这样的"软实力"作为支撑保障。具体可以从五个维度来理解。

（一）一流的法治理念

从主要领导到普通员工，牢固树立法治意识，把依法合规、不逾红线作为经营管理的首要前提和基本衡量标准，贯穿决策、执行、监督全过程。

（二）一流的治理机制

以公司章程为统领，管理制度体系完善，治理结构更加规范，依法决策机制健全，风险管控精准到位，企业经营管理在法治轨道上有序开展。

（三）一流的管理系统

建立党委（党组）顶层谋划、主要领导亲自负责、总法律顾问全面领导、法务管理机构主责推动、各职能部门协同配合的法治建设管理系统，有效动员各方力量，汇聚依法治企工作合力。

（四）一流的业务能力

拥有一支精法律、通业务、懂管理，能与世界一流企业法务人员同台竞技的高素质法治工作人才队伍，在全球范围内具备较强的规则话语权、行业引领力和价值创造力，成为企业核心竞争力的重要组成部分。

（五）一流的价值创造

法治工作与经营管理深度融合，全程参与企业改革，助力重大专项，促进品牌价值提升，有效应对外部变革，确保改革发展各项任务依法合规进行。

五、明确工作举措

（一）健全法治工作体系的主要举措

1. 在健全领导责任体系方面，坚持企业党委（党组）对依法治企工作的全面领导，不断完善企业主要负责人履行推进法治建设第一责任人职责工作机制，推动各项要求向子企业延伸。

2. 在健全依法治理体系方面，指导企业高度重视章程在公司治理中的统领地位，科学配置各治理主体权利、义务和责任，落实总法律顾问列席党委（党组）会、董事会参与研究讨论或审议涉及法律合规相关议题，参加总经理办公会等重要决策会议制度，将合法合规性审查和重大风险评估作为重大决策事项必经前置程序。

3. 在健全规章制度体系方面，明确法务管理机构归口管理职责，健全规章制度制定、执行、评估、改进等工作机制，加强法律审核把关，构建分层分类的制度体系框架，强化对制度的全生命周期管理。

4. 在健全合规管理体系方面，健全企业主要负责人领导、总法律顾问牵头、法务管理机构归口、相关部门协同联动的合规管理体系，强化重点领域合规管理，探索构建法律、合规、内控、风险管理协同运作机制，提高管理效能。

5. 在健全工作组织体系方面，加大企业法律专业领导干部培养选拔力度，在部分国有大型骨干企业，推进符合条件的具有法律教育背景或法律职业资格的专业人才进入领导班子。推动总法律顾问制度写入集团总部及其重要子企业章程，明确高级管理人员定位，直接向企业主要负责人负责。加强法务管理机构建设，配备与企业规模和需求相适应的法治工作队伍，持续提升法务人员能力水平，为法治建设提供坚实组织保障。

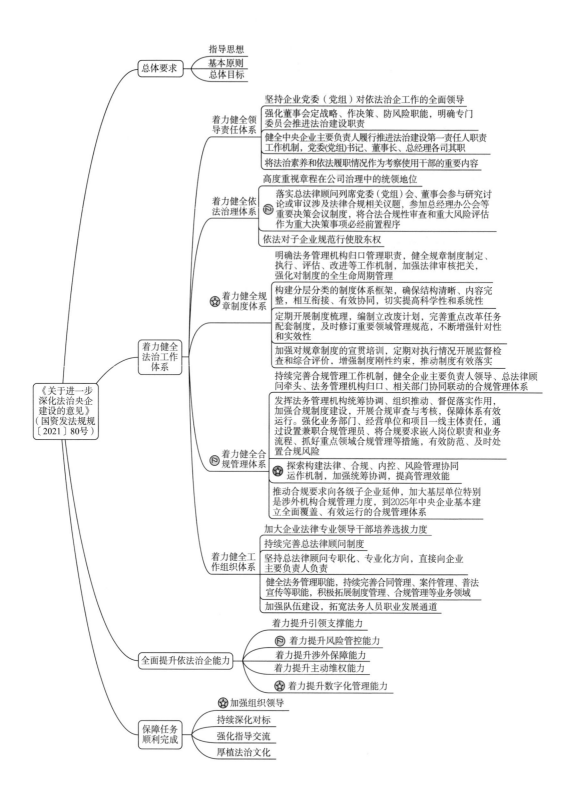

（二）全面提升依法治企能力的主要举措

1. 在提升引领支撑能力方面，推动企业法务人员紧盯国企改革三年行动、中央企业"十四五"发展规划重点工作，全程参与混合所有制改革、投资并购等重大项目，加强法律审核把关，严控法律合规风险。

2. 在提升风险管控能力方面，在坚持规章制度、经济合同、重要决策法律审核100%的同时，持续提升审核质量，常态化开展风险隐患排查处置，针对共性风险及时开展预警，有效防范化解。

3. 在提升涉外保障能力方面，健全涉外法律合规风险防范机制，推动境外重点企业、区域或项目设置专门机构，配备专职法务人员，完善涉外重大项目和重要业务法务人员全程参与制度。

4. 在提升主动维权能力方面，加大法律纠纷案件处置力度，综合运用多种手段妥善解决。深化案件管理"压存控增、提质创效"专项工作，加强典型案件分析，及时发现管理问题，堵塞管理漏洞，推动"以案促管、以管创效"。

5. 在提升数字化管理能力方面，运用区块链、大数据、云计算、人工智能等新一代信息技术，深化合同管理、案件管理、合规管理等重点领域信息化、数字化建设，将法律审核嵌入重大决策、重要业务管理流程，实现法律合规风险在线识别、分析、评估、防控，推动法务管理从信息化向数字化升级。

第五节　总部去机关化整改工作对企业法治建设工作的影响

一、概述

2019年10月24日，国务院国资委党委下发《关于中央企业开展"总部机关化"问题专项整改工作的通知》（国资党委〔2019〕161号），要求切实解决中央企业"总部机关化"问题，其中一些要求对中央企业的法治工作产生影响。

在公开渠道上查阅可以看到，泉州市人民政府国有资产监督管理委员会官网上一则文章《一图看懂｜中央企业"总部机关化"问题专项整改》，对这项工作有个整体性介绍，参见下图。

二、中央企业法律机构在调整范围中

（一）中央企业总部法律机构职责向管理型转变

总部机关要明晰职能定位，优化组织体系，促进总部机构和岗位设置进一步精简，在探索推行"扁平化""大部门制""项目制"管理的组织体系过程中，法律人员数量会相应减少。总部的定位和管控模式变了，法律工作必然会随之变化。管理属性的工作增多，事务性工作减少，法律管理机构的职责将会比肩其他的职能部门，真正向突出管理，弱化法律支撑的方向转型。

（二）法律业务工作向层级化方向演变

大型企业内部会形成长链条工作机制，总部做管理，省分公司做管理传导和法律实务，地市公司专注法律实务，保障上下级单位工作要求贯通，工作质量保持一致。很多情况下，省分公司的主营业务是总部业务的延展，不同省份的主营业务具有同质性，法律解决方案是可以复用的。总部层面应发挥资源禀赋，强化工作成果萃取与共享。重点是将同质化的法律意见或是法律解决方案加工成标准化的法律知识产品，提供给全集团共享。同时收集省分公司成功经验，主动推广、实时分享。总部要主动为下级单位提供先进的作业工具，推广先进的作业方式，以科技力量提高法律实务工作效能。

一图看懂

中央企业"总部机关化"问题专项整改
扎实推进央企总部市场化改革

为深入学习贯彻习近平总书记重要指示批示精神，落实中央巡视整改有关要求，切实解决中央企业"总部机关化"问题，2019年10月24日，国务院国资委党委正式印发《关于中央企业开展"总部机关化"问题专项整改工作的通知》（国资党委〔2019〕161号），加快推进市场化改革，进一步整治形式主义、官僚主义。

6 大重点任务

①明晰职能定位，优化组织体系
优化总部机构和岗位设置，探索推行"扁平化""大部门制""项目制"管理；建立市场化职级名称体系，规范总部机构名称和职务称谓。

②精简审批事项，加大授权放权
制定完善总部权责事项清单、总部授权放权事项清单，厘清权责界面，加大授权放权力度。

③优化工作流程，提升决策效率
制定完善党委（党组）会、董事会、总经理办公会决策事项清单，制定规章制度修编清单，健全总部部门间以及总部部门与所属单位间高效沟通协调机制，加快推进集团管控信息化建设。

④改进文风会风，规范检查调研
严格落实中央八项规定精神和整治形式主义、官僚主义的要求，制定会议、文件和检查管理计划，确保印发文件、召开会议和检查数量大幅减少。

⑤转变工作方式，强化服务意识
推行首问负责制、一次告知制、限时办结制、责任追究制，转变行政化管理方式，增强总部价值创造、服务支撑功能。

⑥打造高素质人才队伍，培育优秀企业文化
制定完善总部人才队伍建设规划，深入推进选人用人制度化、规范化。注重从基层企业选拔优秀人才，强化专业培训。

工作推进时间表

2019 年

9-10 月	开展中央企业全面调研。
10 月 24 日	正式印发国资党委〔2019〕161 号文件。
10 月 31 日	国资委召开专项整改工作视频会议。
11 月 4 - 10 日	各中央企业成立领导小组，及时召开启动会，推进专项整改工作。
11 月 10 日	中央企业完成机构名称和职务称谓调整。
11 月 12 日	开展首期视频培训，华润集团、中智公司推广打造价值创造型总部、优化集团管控的有效模式。
11 月 15 日	组织发电央企召开行业座谈会。
11 月 22 日	开展第二期视频培训，鞍钢和正略集团分别介绍传统产业中的实体企业和世界一流企业在功能定位、职能机构、管控模式、运作机制等方面的经验做法。
11 月 27 日	开展第三期视频培训，中国华能和建设科技集团结合所处行业特点和自身实际情况介绍总部市场化改革的做法和经验。
11 月 30 日	各中央企业按时报备专项整改实施方案。

9 项立行立改事项
（2019 年底完成）

1. 制定本企业解决"总部机关化"问题的专项整改实施方案

2. 调整具有行政色彩的机构名称和职务职级称谓

3. 研究提出总部职能、机构、岗位等调整优化的思路和措施

4. 制定完善总部权责事项清单、总部授权放权事项清单

5. 提出审批备案事项压缩计划安排

6. 对审批事项流程、时限等作出明确规定

7. 提出 2020 年文件、会议、检查等管理计划

8. 提出总部与基层企业人员交流计划安排

9. 开展"总部机关化"整改主题宣贯活动

国资小新 国资委网站 联合出品

第六节　不同角色工作职责对比

一、企业总法律顾问

企业总法律顾问的职责第一次出现在《国有企业法律顾问管理办法》（国务院国有资产监督管理委员会令第 6 号）中。具体条款如下：

第 21 条规定，企业总法律顾问履行下列职责：（一）全面负责企业法律事务工作，统一协调处理企业决策、经营和管理中的法律事务；（二）参与企业重大经营决策，保证决策的合法性，并对相关法律风险提出防范意见；（三）参与企业重要规章制度的制定和实施，建立健全企业法律事务机构；（四）负责企业的法制宣传教育和培训工作，组织建立企业法律顾问业务培训制度；（五）对企业及下属单位违反法律、法规的行为提出纠正意见，监督或者协助有关部门予以整改；（六）指导下属单位法律事务工作，对下属单位法律事务负责人的任免提出建议；（七）其他应当由企业总法律顾问履行的职责。

需要注意的是，企业总法律顾问的职责后期在国务院国资委陆续下发的文件中也有涉及，但没有再统一进行论述。

二、党委（党组）书记

党委（党组）书记的职责第一次出现在《中央企业主要负责人履行推进法治建设第一责

任人职责规定》（国资党发法规〔2017〕8 号）中。具体条款如下：

第 5 条规定，党委（党组）书记在推进法治建设中应当履行以下主要职责：（一）促进党委（党组）充分发挥把方向、管大局、保落实的重要作用，成立法治建设领导机构，及时研究解决有关重大问题，督促企业领导班子其他成员和下级企业主要负责人依法履职，确保全面依法治国战略在本企业得到贯彻落实；（二）落实全面从严治党、依规治党要求，加强制度建设，提高党内法规制度执行力；（三）严格依法依规决策，落实党委（党组）议事规则和决策机制，认真执行"三重一大"等重大决策制度，党委（党组）研究讨论事项涉及法律问题的，应当要求总法律顾问列席会议，加强对党委（党组）文件、重大决策的合法合规性审查；（四）坚持重视法治素养和法治能力的用人导向，完善企业领导班子知识结构，相同条件下，优先提拔使用法治素养好、依法办事能力强的干部；（五）落实企业法律顾问制度，加强企业法律顾问队伍建设和人才培养，推动完善法律管理组织体系，支持总法律顾问和法律事务机构依法依规履行职能、开展工作；（六）深入推进法治宣传教育，定期组织党委（党组）中心组开展法治学习，推动企业形成浓厚的法治氛围。

三、董事长

董事长的职责第一次出现在《中央企业主要负责人履行推进法治建设第一责任人职责规定》（国资党发法规〔2017〕8 号）中。具体条款如下：

第 6 条规定，董事长在推进法治建设中应当履行以下主要职责：（一）推动依法完善公司章程，合理配置权利义务，完善议事规则和决策机制，在董事会有关专门委员会中明确推进法治建设职责，并将依法治企要求写入公司章程；（二）促进将法治建设纳入企业发展规划和年度工作计划，与改革发展重点任务同部署、同推进、同督促、同考核、同奖惩；（三）组织研究部署法治建设总体规划，加强指导督促，为推进法治建设提供保障、创造条件；（四）定期听取法治建设进展情况报告，并将其纳入董事会年度工作报告；（五）带头依法依规决策，董事会审议事项涉及法律问题的，应当要求总法律顾问列席会议并听取法律意见；（六）推动建立健全企业法律顾问制度，落实总法律顾问可由董事会聘任的相关规定，设立与经营规模和业务需要相适应的法律事务机构，促进企业法律顾问队伍建设。未设立董事会的中央企业，董事长推进法治建设第一责任人的相关职责由总经理履行。

四、总经理

总经理的职责第一次出现在《中央企业主要负责人履行推进法治建设第一责任人职责规定》（国资党发法规〔2017〕8 号）中。具体条款如下：

第 7 条规定，总经理在推进法治建设中应当履行以下主要职责：（一）加强对法治建设的组织推动，根据董事会审议通过的法治建设总体规划，研究制定年度工作计划，切实抓好组织落实；（二）依法建立健全经营管理制度，确保企业各项活动有章可循；（三）督促经理层其他成员和各职能部门负责人依法经营管理，加强内部监督检查，纠正违法违规经营管理行为；（四）推动法律管理与企业经营管理深度融合，充分发挥总法律顾问和法律事务机构作用，不断健全法律风险防范机制和内部控制体系，严格落实规章制度、重大决策、经济合同法律审核制度，加强合规管理和法律监督；（五）完善法律顾问日常管理、业务培训、考评奖惩等工作机制，拓宽职业发展通道，并为其履职提供必要条件；（六）组织实施普法规划，强化法治宣传教育，大力提升全员法治意识，努力打造法治文化。

第七节 地方国资委开展法治建设工作示例

一、《关于进一步深化上海法治国企建设的意见》（沪国资委法规〔2022〕303 号）

（一）概述

上海市国资委于 2022 年正式印发《关于进一步深化上海法治国企建设的意见》（沪国资委法规〔2022〕303 号）。持续深化上海法治国企建设，更好发挥法治工作对上海国有企业"十四五"时期深化改革、高质量发展的支撑保障作用。

（二）基本原则

1. 坚持融入中心、服务大局。以服务上海国资国企发展"十四五"规划和建设世界一流企业为目标，牢固树立全局意识和系统观念，法治工作全面融入完善中国特色现代企业制度、深化混合所有制改革、科技创新、国际化经营以及国家战略等重点任务，充分发挥支撑保障作用。

2. 坚持完善制度、固本强基。以强化制度建设为基础，坚持法治建设"两实、四有、三融入"（即符合实际、务求实效，领导有意识、企业有制度、工作有队伍、员工有培训，融入决策、融入管理、融入文化），将行之有效的经验做法，及时转化为企业规章制度，嵌入业务流程，加强制度执行情况监督检查和激励约束。

3. 坚持突出重点、全面深化。以落实法治建设第一责任人职责、完善总法律顾问制度、健全法律风险防范机制、强化合规管理为重点，坚持问题导向，全面做深做细做实各项工作，真正发挥强管理、促经营、防风险、创价值作用。

4. 坚持勇于创新、拓展升级。以适应市场化、专业化、法治化、国际化发展需要为方向，结合实际拓宽法治工作领域，探索优化法务管理职能，创新工作方式，加快提升信息化、数字化、智能化水平。

（三）全面健全依法治理体系

1. 切实贯彻习近平法治思想。把深入学习贯彻习近平法治思想作为一项长期的重大政治任务，深入学习领会习近平法治思想的精神实质、核心要义和深刻内涵，将《习近平法治思想学习纲要》纳入市国资委系统领导干部和法治队伍的必学必训内容，组织开展多形式、多层次、全覆盖的系列培训，持续推进把习近平法治思想贯彻落实到依法治企各领域、全过程。运用法治思维和法治方式应对风险挑战，在法治的轨道上保障企业行稳致远。

2. 切实发挥章程统领作用。市国资委按照公司法和相关国资监管法律法规等要求，依法修订国有独资、国有控股公司章程指引，指导推进企业完善公司章程。企业要高度重视章程在公司治理中的统领地位，把加强党的领导和完善现代企业制度统一起来，把加强党的领导总体要求纳入各级子企业公司章程。切实发挥总法律顾问和法务管理机构专业审核把关作用，科学配置各治理主体权利、义务和责任，明晰履职程序和要求，保障章程依法制定、依法实施。依法对子企业规范行使股东权，认真研究制定子企业特别是多元投资主体企业章程，严格按照公司治理结构，通过参加股东（大）会、派出董事、推荐高级管理人员等方式行权履职。

3. 切实提升依法治理效能。市国资委按照公司法、企业国有资产法等法律法规，进一步推动企业完善法人治理结构，提升依法治理效能。优化董事会知识结构，通过选聘法律专业背景人员担任董事、加强法律培训等方式，提升董事会依法决策水平。企业董事会明确专门委员会推进法治建设职责，把法治建设纳入整体工作统筹谋划，将进展情况作为年度工作报告的重要内容。多元投资主体企业严格依据法律法规、国有资产监管规定和公司章程，明确股东权利义务、股东会定位与职权，规范议事决策方式和程序，完善运作制度机制，强化决议执行和监督，切实维护股东合法权益。

（四）全面强化依法合规治理

1. 着力完善规章制度体系。市国资委加快推进本市国资监管立法进程，定期编制国资监管文件制定计划，开展国资监管文件清理和监督评价，加强"立改废释"工作，持续完善上海国资监管制度体系。企业应当明确规章制度的归口管理部门和职责，构建分层分类的制度体系框架，健全规章制度制定、执行、评估、改进等工作机制，加强法律审核把关，强化对制度的全生命周期管理。定期开展制度梳理，完善重点改革任务配套制度，及时修订重要领域管理规范。加强对制度的宣贯培训，定期对制度落实情况开展监督检查，增强制度刚性约束，推动制度有效落实。

2. 着力完善重大事项管理机制。落实和完善总法律顾问列席党委会、董事会参与研究讨论或审议涉及法律合规相关议题，参与总经理办公会等重要决策会议制度，将合法合规性审查和重大风险评估作为重大决策事项必经前置程序。探索建立重大决策总法律顾问联签制度。企业应当分层分类明确重大决策范围、事项和权限，健全依法决策程序以及合法性审核机制。企业总法律顾问、法务管理机构应当参与重要项目并在尽职调查工作的基础上提供法律论证，加强风险识别和提示，提出法律风险防范措施和预案。探索建立法律论证与市场论证、技术论证、财务论证相结合的工作机制，实现法务管理机构从可行性论证到立项决策、从谈判签约到项目实施全过程参与，确保法律风险防范全覆盖。

3. 着力健全合规管理体系。市国资委通过制发《上海市国资委监管企业合规管理办法》、编制重点领域合规管理系列指南、积极参与涉案企业合规第三方监督评估机制等持续推动监管企业加强合规管理。企业要健全合规管理制度，完善合规管理组织架构，明确合规管理责任，加强合规文化建设，全面构建合规管理体系，有效防控合规风险，确保企业依法合规经营。设立合规管理委员会，建立企业主要负责人领导、首席合规官、法务管理或合规管理机构归口、相关部门协同联动的合规管理工作机制。将合规要求嵌入岗位职责和业务流程，结合行业特点抓好重点领域、重点环节、重点人员合规管理。积极引导、支持公司律师充分参与企业合规管理工作。形成业务和职能部门承担主体责任、合规管理部门牵头协调、纪检监察和审计等部门强化监督的合规管理"三道防线"。探索构建法律、合规、内控、风险管理协同运作机制，加强统筹协调，提高管理效能。通过发布合规宣言、制定合规手册、签署合规承诺等方式，强化依法合规经营理念，积极培育具有行业特点、企业特色的合规文化。

4. 着力加强知识产权保护。市国资委全面落实与市知识产权局加强知识产权工作战略合作的框架协议，在企业与行业主管部门之间搭建桥梁纽带，推动各项合作机制落实落地。以指导企业创建知识产权维权援助工作站为抓手，加强知识产权保护体系建设，健全知识产权风险预警和纠纷应对机制。企业应当按照《上海市国有企业知识产权管理和保护工作指引》的要求，构建多方位的支持创新体系和完备的知识产权管理体系，加强内部知识产权专业人才的储备培养，依法妥善运用行为保全、证据保全等措施主动维权，努力实现知识产权全域保护。

（五）全面提升风险防范能力

1. 持续强化重大案件管理。市国资委持续深化案件管理专项行动，完善重大法律纠纷案件管理相关制度，加强案件信息采集，加大案件督办力度，定期梳理研判企业重大案件情况，编写案例汇编，制定调解指引，深化与相关部门情况通报、案件协调、课题研究、政策会商等工作机制。企业集团应当健全完善统一管理、分类指导、分级负责、专人跟进的案件管理体系，严格落实案件报告制度，建立健全重大案件事前、事中、事后监督管理、总结问责等各项机制。聚焦"压存案、挽损失、降败诉、建系统、促管理"专项工作，加强典型案例分析，及时发现管理问题，推动"以案促管、以管创效"。鼓励综合运用调解、诉讼、仲裁等多元化纠纷解决方式，提高纠纷解决实效，加大案件挽损力度。

2. 持续提升风险管控能力。市国资委推动企业建立常态化风险隐患排查机制，组织开展专项法治体检，实施线索移送，通过梳理风险点、下发提示函、监管约谈、案件通报等形式对共性风险开展预警。企业要持续巩固规章制度、经济合同、重要决策法律审核制度，并推动向各级子企业延伸，在确保100%审核率的同时，通过跟进采纳情况、完善后评估机制，反向查找工作不足等方式持续提升审核质量。加强对企业投资融资、改制重组、产权交易、企业增资、股权并购、对外担保、商业模式创新、境外投资、退出清算等重点领域的风险管理和预警机制，探索建立供应商黑名单共享制度。完善企业内部监督体系，加强与审计监督、财会监督、司法监督等协调联动，统筹推进法治工作与违规经营投资责任追究等监督工作，完善内部协同机制。

3. 持续加强境外法律风险防范。市国资委加强涉外法律合规风险研究和制度完善。企业应当健全工作机制，推动境外重要子企业或业务相对集中的区域设立法务管理机构或配备专职法务人员。完善涉外重大项目和重要业务法务人员全程参与制度，形成事前审核把关、事中跟踪控制、事后监督评估的管理闭环。建立健全涉外重大法律纠纷案件预警和应对机制，提高涉外案件处置能力。深入研究、掌握运用所在国法律，加强国际规则学习研究，密切关注高风险国家和地区法律法规和政策变化，提前做好预案，切实防范风险。

二、《关于进一步深化省管企业法治建设的意见》（豫国资规〔2021〕13 号）

（一）概述

河南省政府国资委于 2021 年 12 月 31 日正式印发《关于进一步深化省管企业法治建设的意见》（豫国资规〔2021〕13 号），明确了未来一段时期省管企业法治建设工作的发展目标和主要任务，确定了推进思路和工作措施。

（二）基本原则

1. 坚持融入中心、服务大局。以服务国企改革三年行动和"十四五"发展规划为目标，牢固树立全局意识和系统观念，法治工作全面融入完善中国特色现代企业制度、深化混合所有制改革、科技创新、国际化经营等重点任务，充分发挥支撑保障作用。

2. 坚持完善制度、夯基固本。以强化制度建设为基础，坚持尊法、学法、守法、用法，将行之有效的经验做法，及时转化为企业规章制度，嵌入业务流程，加强制度执行情况监督检查，强化制度刚性约束。

3. 坚持突出重点、全面深化。以落实法治建设第一责任人职责、完善总法律顾问制度、健全法律风险防范机制、强化合规管理为重点，坚持问题导向，在做深做细做实上下更大功夫，真正发挥强管理、促经营、防风险、创价值作用。

4. 坚持勇于创新、拓展升级。以适应市场化、法治化、国际化发展需要为方向，结合实际拓宽法治工作领域，探索优化法务管理职能，创新工作方式，加快提升信息化、数字化、智能化水平。

（三）健全法治工作体系

1. 着力健全领导责任体系。坚持企业党委对依法治企工作的全面领导，不断完善党委定期专题学法、定期听取工作汇报、干部任前法治谈话、述职必述法等制度，切实发挥党委把方向、管大局、促落实作用。强化董事会定战略、作决策、防风险职能，明确专门委员会推进法治建设职责，把法治建设纳入整体工作统筹谋划，将进展情况作为年度工作报告的重要内容。健全省管企业主要负责人履行推进法治建设第一责任人职责工作机制，党委书记、董事长、总经理各司其职，对重点问题亲自研究、部署协调、推动解决。将第一责任人职责要求向子企业延伸，把落实情况纳入领导人员综合考核评价体系，将法治素养和依法履职情况作为考察使用干部的重要内容。

2. 着力健全依法治理体系。高度重视章程在公司治理中的统领地位，切实发挥总法律顾问和法务管理机构专业审核把关作用，科学配置各治理主体权利、义务和责任，明晰履职程序和要求，保障章程依法制定、依法实施。多元投资主体企业严格依据法律法规、国有资产监管规定和公司章程，明确股东权利义务、股东会定位与职权，规范议事决策方式和程序，完善运作制度机制，强化决议执行和监督，切实维护股东合法权益。优化董事会知识结构，通过选聘法律专业背景人员担任董事、加强法律培训等方式，提升董事会依法决策水平。落实总法律顾问列席党委会、董事会参与研究讨论或审议涉及法律合规相关议题，参加总经理办公会等重要决策会议制度，将合法合规性审查和重大风险评估作为重大决策事项必经前置程序。依法对子企业规范行使股东权，认真研究制定子企业章程，严格按照公司治理结构，通过股东（大）会决议、派出董事监事、推荐高级管理人员等方式行权履职，切实防范公司人格混同等风险。

3. 着力健全规章制度体系。明确法务管理机构归口管理职责，健全规章制度制定、执行、评估、改进等工作机制，加强法律审核把关，强化对制度的全生命周期管理。根据适用范围、重要程度、管理幅度等，构建分层分类的制度体系框架，确保结构清晰、内容完整，相互衔接、有效协同，切实提高科学性和系统性。定期开展制度梳理，编制立改废计划，完善重点改革任务配套制度，及时修订重要领域管理规范，不断增强针对性和实效性。加强对规章制度的宣贯培训，定期对执行情况开展监督检查和综合评价，增强制度刚性约束，推动制度有效落实。

4. 着力健全合规管理体系。持续完善合规管理工作机制，健全企业主要负责人领导、总法律顾问牵头、法务管理机构归口、相关部门协同联动的合规管理体系。发挥法务管理机构统筹协调、组织推动、督促落实作用，加强合规制度建设，开展合规审查与考核，保障体系有效运行。强化业务部门、经营单位和项目一线主体责任，将合规要求嵌入岗位职责和业务流程、抓好重点领域合规管理等措施，有效防范、及时处置合规风险。探索构建法律、合规、内控、风险管理协同运作机制，加强统筹协调，提高管理效能。推动合规要求向各级子企业延伸，加大基层单位特别是涉外机构合规管理力度，到2025年省管企业基本建立全面覆盖、有效运行的合规管理体系。

5. 着力健全工作组织体系。加大企业法律专业领导干部培养选拔力度，在市场化国际化程度较高、法律服务需求大的省管重要骨干企业，推进符合条件的具有法律教育背景或法律职业资格的专业人才进入领导班子。持续完善总法律顾问制度，2025年省管企业及其重要子企业全面写入章程，明确高级管理人员定位，由董事会聘任，领导法务管理机构开展工作。坚持总法律顾问专职化、专业化方向，直接向企业主要负责人负责，2025年省管企业及其重要子企业全面配备到位，具有法律教育背景或法律职业资格的比例达到80%。加强法务管理机构建设，省管企业及其重要子企业原则上独立设置，充实专业力量，配备与企业规模和需求相适应的法治工作队伍。健全法务管理职能，持续完善合同管理、案件管理、普法宣传等职能，积极拓展制度管理、合规管理等业务领域。加强队伍建设，拓宽法务人员职业发展通道，完善高素质法治人才市场化选聘、管理和薪酬制度，采取有效激励方式充分调动积极性、主动性。

三、《北京市人民政府国有资产监督管理委员会2022年法治政府建设年度情况报告》

2022年，市国资委坚持以习近平新时代中国特色社会主义思想为指导，深入学习贯彻习近平法治思想，贯彻落实党的二十大、市十三次党代会和市委全会精神，按照《法治政府建设实施纲要（2021－2025年)》和市委市政府推进法治政府建设的各项工作要求，依据国资监管法律法规及国资国企改革部署，扎实推进法治政府和法治国企建设，不断提升依法监管和依法治企能力，法治建设各项工作取得积极成效。现将有关情况报告如下：

（一）2022年推进法治政府建设的主要举措和成效

1. 深入学习贯彻习近平法治思想，在法治轨道上履行国资监管职责市国资委坚持将深入学习贯彻习近平法治思想与推动法治政府建设、法治国企建设紧密结合，把习近平法治思想作为依法推进国资监管和国资国企改革工作的根本遵循和行动指南，切实增强运用法治思维和法治方式推动国资国企改革发展的能力。高度重视领导干部学法，通过党委理论学习中心组学习、会前学法等方式集体学习习近平法治思想、知识产权保护、接诉即办等相关法律法规、党内法规，提升领导干部依法决策能力。持续推进机关干部参加"京企云帆"法治讲堂培训，提升干部职工的法治素养和依法监管能力。

2. 坚持依法行权履职，提升法治政府建设水平。

（1）持续深化国资监管体制改革。一是高质量完成国企改革三年行动任务。中国特色现代企业制度更加成熟定型，国有经济布局结构更加符合首都城市功能需求，国有企业市场化经营机制更加健全完善。二是国有资产监管方式更加完善。加强市管金融企业国有资本监管，进一步厘清出资人和企业的权责边界。

（2）不断夯实国资监管工作基础。一是健全完善国资监管制度体系。通过制定或修订方式，围绕董事会授权管理、兼职外部董事选聘等国资监管重点内容出台多个制度文件，着力打造事前制度规范、事中跟踪监控、事后监督问责的国资监管工作闭环。二是强化机关内部规范化管理。落实公平竞争审查制度，将公平竞争审查纳入文件制发和规范性文件合法性审核流程，制定多个内部管理制度，进一步提升机关运行的规范化、法治化水平。

（3）依法做好行政复议、诉讼应诉工作。依法办理行政复议、行政诉讼案件，根据法律规定及时提交行政复议复函、行政诉讼答辩状，依法维护市国资委合法权益及依法行权履职的良好形象。在做好应诉工作的同时，不断完善相关工作机制，扎实做好行政复议、行政诉讼应诉"后半篇文章"，有效提升依法行权履职水平。

（4）全面提升政务公开质效。严格对照市国资委主动公开清单，对年度工作要点、履职考核清单等内容做到应公开尽公开。畅通申请公开办理流程，健全完善以市民服务热线、部门电话、政府网站、政务新媒体等为支撑的政务咨询服务体系，政府互动效率大幅提升。

3. 统筹推进法治国企建设，护航企业高质量发展。

（1）强化风险排查处置，健全完善法律风险管理长效机制。一是组织市管企业开展重大案件处置和重大合同履行情况专项法律风险排查，突出重大风险管理导向，从源头上防范化解重大法律纠纷。二是制定发布 2021 年度市管企业法律纠纷案件情况通报白皮书，全面梳理分析企业年度法律纠纷案件，对案件反映出的企业经营管理突出问题、重大风险进行提示，指导企业健全完善管控机制。三是协调督办企业重大案件，推动重大风险妥善处置，维护国有资产安全。

（2）深入开展分类考核，推动提升企业法治建设整体水平。组织开展 2021 年度市管企业法治建设考核评价工作，形成对市管企业法治建设考核评价结果，并将其纳入企业领导人员经营业绩考核，推动企业全面落实各项法治建设重点任务，进一步提升重大风险防控能力及依法合规经营水平。优化考核指标，对不同类型企业实施分类考核，进一步提升考核的科学性和精准性。

（3）推进落实总法律顾问制度，加强企业法务人才队伍建设。一是开展 2021 年度市管企业总法律顾问述职评议，督促总法律顾问切实行权履职，发挥法治工作具体牵头人的作用，及时防范和化解重大风险。二是推动总法律顾问制度向重要的子企业延伸，督促市管企业狠抓子企业总法律顾问制度建设。三是推动法务人员力量及专业素养进一步提升。促进市管企业实现专职法务人员数量与企业经营规模、发展定位相匹配。

（4）全面推进合规管理体系建设，推动企业合规管理提质增效。一是落实国企改革三年行动任务，推动市管企业合规管理全覆盖。持续推动市管企业完善合规管理工作机制，深入推进合规管理试点工作任务落实。二是开展合规管理体系建设评估。以评促建推动合规管理要求向各领域、各级子企业延伸，将合规风险管控措施嵌入合规管理制度和经营管理流程，加快建立全面覆盖、协同联动、适宜有效的合规管理体系。三是协助推动北京市涉案企业合规改革试点工作，落实市国资委在涉案企业合规第三方监督评估机制管委会中的职责，协助建立北京市第三方专业人员库，为第三方监督评估机制有效运转奠定基础。四是增强形势预判，开展国际经贸规则课题研究。成立由清华大学经管学院教授牵头的课题组，梳理不同区域协定中关于国有企业的相关条款，开展课题研究，积极探索和预判履行国际经贸规则义务对国资监管及国有企业的影响。

（5）推进法治宣传教育，助力企业依法治理能力水平提升。一是组织开展"京企云帆"法治讲堂，组织参加国务院国资委法治讲堂，以视频会议形式实时转播至各市管企业、各区国资委及其所属企业，推动提升全系统领导人员法治意识和法务队伍专业能力。举办 2022 年北京市管企业法治建设网络专题培训班，组织各市管企业及二、三级子企业法治工作负责人参加，进一步推动全系统领导干部法治意识和履职能力的提升。二是在全系统启动"迎接二十大送法进企业"主题普法宣传活动，组织开展《中华人民共和国民法典》学习宣传、"世界知识产权日"、"宪法宣传周"等多种多样的法宣活动，普及专业法律知识，增强法治意识，营造良好浓厚的法治文化氛围。三是持续加大"国资京京·国企法治建设"栏目法治信息编发、宣传力度，及时宣传企业法治建设动态和工作经验。市国资委推动法治国企建设相关工作经验获得中央全面依法治国委员会办公室高度肯定。市国资委法宣工作成绩突出，被中央宣传部、司法部、全国普法办评为"2016－2020年全国普法工作先进单位"，荣获市委全面依法治市办、普法协调小组、市司法局"北京市宪法知识竞赛优秀组织奖"。

（二）2022年主要负责人履行推进法治建设第一责任人职责情况

2022年，市国资委主要负责人坚持以习近平新时代中国特色社会主义思想为指引，深入学习宣传贯彻党的二十大精神和习近平法治思想，严格按照市委市政府关于推进法治建设的工作部署，切实履行法治建设第一责任人的职责，统筹推动法治建设与国资监管工作协同发展。

1. 强化组织领导，切实履行法治建设主体责任。一是强化法治意识。认真学习领会习近平法治思想和中央全面依法治国工作会议精神，结合全面贯彻落实党的二十大精神和市第十三次党代会精神，深刻领悟全面依法治国的核心要义。吃透基本精神、明确工作要求，掌握工作机制。严格落实会前学法、党委理论学习中心组学习等制度。二是强化组织领导。带头认真履行法治建设组织者、推动者和实践者职责，加强对法治建设工作的领导，积极谋划参与推进法治建设各项工作。牵头明确年度法治工作重点，并将其纳入全局工作规划，定期听取法治建设工作情况汇报，牵头研究推进法治工作，及时研究解决合规管理、法治考核、重大风险处置等法治工作重点难点问题，做到重要工作亲自过问、重点环节亲自协调、重要任务亲自督办。三是强化部署落实。把法治建设重点工作纳入市国资委年度重点工作清单，与业务工作同部署、同推进、同检查。定期跟踪法治建设重点工作进展，及时掌握新情况、把握新动向、调整新策略。将法治工作完成情况纳入绩效考核，及时验收工作成果。法治建设工作做到了年初有规划，实施有步骤，推进有督查，完成有考核。

2. 健全体制机制，强化法治建设工作督导效能。一是不断加强党的领导。推动全系统第一时间学习贯彻党的二十大精神和市第十三次党代会精神，切实把思想和行动统一到党中央决策部署上来。督导市管企业强化法治建设领导小组建设，充分发挥党组织在推进法治建设中的领导核心作用。二是坚持科学民主依法决策。严格执行"三重一大"决策制度，决策过程中注重听取法律顾问、有关专家的意见，全面落实合法性审核机制，健全完善公平竞争审查制度，确保决策程序正当、过程公开、决策内容依法合规。严格落实"第一议题"、跟进督办、重大事项请示报告制度。三是创新完善国有资产监管体制。实现经营性国有资产集中统一监管。加强市管金融企业国有资本监管，进一步明确市国资委受托监管事项清单。四是健全完善监督制约机制。大力推进"六位一体"监督协同机制，推动党内监督与纪检监察监督、巡视巡察监督、出资人监督、审计监督、职工民主监督和社会监督有机贯通、相互协调，实现监督资源有效整合、监督内容全面覆盖、监督成果及时共享。认真落实中央关于加强对"一把手"和领导班子监督的意见以及北京市相关措施，加强对下级"一把手"监督。坚持"以公开为常态，不公开为例外"原则，做好国资监管信息公开工作。

（三）2022年推进法治政府建设工作存在的不足

近年来，市国资委法治建设取得了积极成效，但与党中央、国务院、市委、市政府的要求以及国资国企改革发展新形势新要求相比，还存在着一些问题和不足：一是运用法治思维和法治方式指导国资国企改革实践、推动解决深层次问题的能力还需进一步提升。二是适应集中统一监管新形势的国资监管体系有待进一步探索完善。三是市管企业法治人才队伍建设还需进一步加强。四是对审计、巡视巡察结果运用的"举一反三"长效机制还需要进一步完善。

（四）2023 年推进法治政府建设的主要安排

1. 继续深入学习贯彻习近平法治思想。深入学习领会习近平法治思想的精神实质和核心要义，引导市国资委系统坚定不移走中国特色社会主义法治道路，切实增强贯彻落实习近平法治思想的政治自觉、思想自觉、行动自觉。发挥领导干部的示范带动作用，切实把习近平法治思想作为谋划工作、行权履职、推动改革的根本遵循和行动指南，以上率下在全系统形成尊法学法守法用法的法治氛围。

2. 持续推进国资监管体制机制改革。聚焦法治政府建设目标，深入实施法治建设"一规划两纲要"，狠抓各项任务落实落地，积极研究谋划新一轮国企改革，深化提升依法监管、依法履职工作水平。站在新的更高起点上，积极研究谋划新一轮国企改革深化提升，更加突出整体效能、更加突出融合效应、更加突出机制效率，切实提升企业改革发展活力。着力完善国资监管体制，加大国资监管力度，优化监管方式，加强重点领域风险防控，健全协同高效的监督体系，进一步提升监管专业化、体系化、法治化水平。

3. 不断深化法治国企建设。以夯实基础管理和防范重大风险为主线，以法治建设考核为抓手，以法律纠纷案件管理和合规管理体系建设为重点，统筹推进企业法治建设第一责任人职责落实、总法律顾问制度落实、法治人才队伍建设、法治文化宣传等各项工作，以高水平法治建设为企业改革发展保驾护航。

4. 着力打造法治宣传文化阵地。全面落实年度普法工作要求，做好"八五"普法中期验收。进一步丰富法治文化宣传方式，拓宽宣传范围和渠道。分层分类组织开展法治教育培训，不断完善培训内容和模式，增强教育培训的针对性、有效性、覆盖面。紧紧围绕服务"十四五"时期经济社会发展，不断增强领导干部职工依法行权履职能力，为推动市属国有经济高质量发展营造良好的法治环境。

【合规实务建议】

当前大部分央企的合规工作由法务部门承担，合规工作开展过程中涉及大量遵从法治建设要求的工作场景，合规管理与法务管理交叉的情形也很常见。从法治建设的角度来看，法治是治理层面的工作，法务管理与合规管理是管理层面的工作，在法治建设统领下并行开展。了解法治建设发展路径及工作要求，有助于理解央企合规管理的逻辑和特点，有助于理解央企法治建设与合规管理一体推进的工作特色，同时也有助于理解内控风险管理线条中合规管理的要求。

【本章涉及法规文件】

1. 1997 年 5 月，原国家经济贸易委员会颁布《企业法律顾问管理办法》（中华人民共和国国家经济贸易委员会令〔第 2 号〕）。

2. 2004 年 5 月，国务院国资委颁布《国有企业法律顾问管理办法》（国务院国有资产监督管理委员会令第 6 号）。

3. 2014 年 12 月，国务院国资委下发《国资委关于推动落实中央企业法制工作新五年规划有关事项的通知》（国资发法规〔2014〕193 号）。

4. 2015 年 12 月，国务院国资委下发《关于全面推进法治央企建设的意见》（国资发法规〔2015〕166 号）。

5. 2017 年 7 月，国务院国资委党委关于印发《中央企业主要负责人履行推进法治建设第一责任人职责规定》（国资党发法规〔2017〕8 号）的通知。

6. 2021 年 10 月，国务院国资委关于印发《关于进一步深化法治央企建设的意见》（国资发法规规〔2021〕80 号）的通知。

7. 2019 年 10 月 24 日，国务院国资委党委下发《关于中央企业开展"总部机关化"问题专项整改工作的通知》（国资党委〔2019〕161 号）。

8. 2022 年，上海市国资委发布关于印发《关于进一步深化上海法治国企建设的意见》（沪国资委法规〔2022〕303 号）的通知。

9. 2021 年 12 月，河南省政府国资委正式印发《关于进一步深化省管企业法治建设的意见》（豫国资规〔2021〕13 号）。

第七章　中央企业法治建设主导的合规管理

本章内容导读

　　本章沿着法治建设这条主线，梳理其中涉及合规管理的重要事件，介绍中央企业合规管理动态发展的历程。本章与第六章的侧重点不同，第六章着重全面介绍法治央企建设工作，本章专注于法治建设工作中合规管理的部分。重点关注合规管理发展历程中具有里程碑意义的文件、规章、活动与会议。

　　重要文件、规章三个。

　　一是 2018 年 11 月，关于印发《中央企业合规管理指引（试行）》（国资发法规〔2018〕106 号）的通知；

　　二是 2018 年 12 月，《企业境外经营合规管理指引》（发改外资〔2018〕1916 号）；

　　三是 2022 年 8 月，《中央企业合规管理办法》（国务院国有资产监督管理委员会令第 42 号）。

　　重要活动一个。

　　2022 年为中央企业"合规管理强化年"。具体包括部署会和推进会两次会议与一份工作通知。

　　2021 年 12 月 3 日，国务院国资委召开中央企业"合规管理强化年"工作部署会，会上明确 2022 年为中央企业"合规管理强化年"。

　　2022 年 1 月 18 日，国务院国资委发布《关于开展中央企业"合规管理强化年"工作的通知》（国资厅发法规〔2022〕1 号）。

　　2022 年 9 月 13 日，国务院国资委召开中央企业合规管理工作推进会，贯彻落实《中央企业合规管理办法》。

　　重要会议一个。

　　2023 年 3 月 2 日，国务院国资委召开"中央企业深化法治建设加强合规管理工作会议"，以落实《中央企业合规管理办法》为主线，在深化提升、发挥作用上下真功、求实效。文件从合规工作体系构建及机制运营方面做出整体要求，会议结合不同阶段的工作重点提出管理要求及工作举措，从理论与实践两个方面推进合规管理工作。

　　三个文件都是现行有效的状态。内容有交叉也有不同，企业在落实的过程中尽量遵从合规管理的底层逻辑。其中《中央企业合规管理指引（试行）》与《中央企业合规管理办法》规定不同的，按照《中央企业合规管理办法》执行。三个会议结合中央企业合规管理发展不同阶段提出相应的工作要求。第三次会议对当前中央企业合规工作进行了总结，反映了中央企业合规管理工作的全貌。

第一节　中央企业合规管理发展路线图

2014 年 12 月，国务院国资委下发《国资委关于推动落实中央企业法制工作新五年规划有关事项的通知》（国资发法规〔2014〕193 号）提出：在未来五年，各中央企业应"大力加强企业合规管理体系建设"；指出合规管理"是深化企业法制工作的新要求，也是提升依法治企能力的新抓手"。

2015 年 12 月，国务院国资委下发《关于全面推进法治央企建设的意见》（国资发法规〔2015〕166 号）要求："加快提升合规管理能力，建立由总法律顾问领导，法律事务机构作为牵头部门，相关部门共同参与、齐抓共管的合规管理工作体系，研究制定统一有效、全面覆盖、内容明确的合规制度准则，加强合规教育培训，努力形成全员合规的良性机制。探索建立法律、合规、风险、内控一体化管理平台。"

2016 年 4 月 18 日，国务院国资委印发《关于在部分中央企业开展合规管理体系建设试点工作的通知》，选定中国石油等五家企业，开展合规管理体系建设试点。

2017 年开始，国务院国资委先后出台了 4 批 10 余个重点领域合规管理指南，包括《反商业贿赂》《反垄断（经营者集中）》《商业秘密保护》《反垄断（垄断协议、滥用市场支配地位）》《PPP》《个人信息保护》《商业伙伴》《劳动用工》《出口管制》《法人人格否定视域下国有企业母子公司管控》《世界银行制裁》等系列合规管理指南，指导企业加快推进合规管理体系建设，取得积极进展和明显成效。

2018 年 7 月，国务院国资委发布《中央企业违规经营投资责任追究实施办法（试行）》（国务院国有资产监督管理委员会令第 37 号），对违规经营投资的责任追究与认定进行明确规定。

2018 年 11 月，国务院国资委印发关于《中央企业合规管理指引（试行）》（国资发法规〔2018〕106 号）的通知，对于中央企业的合规管理体系建设提出了清晰明确的要求。

2018 年 12 月，国家发展和改革委员会等七部委联合发布施行《企业境外经营合规管理指引》（发改外资〔2018〕1916 号），对于推动企业持续提升合规管理水平提供了更加具体的行动指引。

2022 年 8 月，国务院国资委印发《中央企业合规管理办法》（国务院国有资产监督管理委员会令第 42 号），提出合规管理新要求，突出"强化"标签。

第二节　国务院国资委开展合规管理体系建设试点工作

一、《关于在部分中央企业开展合规管理体系建设试点工作的通知》

2016 年 4 月 18 日，国务院国资委印发《关于在部分中央企业开展合规管理体系建设试点工作的通知》，将中国石油、中国移动、东方电气集团、招商局集团、中国中铁五家央企列为合规管理体系建设试点单位。

同年 9 月 26 日《国资委系统法治工作简报》（第 7 期）中报道五家试点企业的合规管理体系建设有序推进，均已制定了本企业合规管理体系建设试点方案，招商局集团专门成立由主要领导担任负责人的合规管理委员会，中国中铁在全系统推行合规管理体系建设并明确将合规管理纳入依法经营考核体系，有力提升了各级领导干部的合规意识。中国联通、中煤集团等不在试点范围的中央企业，也按照通知要求，结合实际，积极探索，大力推进合规管理体系建设，有效提高了企业合规经营、规范管理水平。

二、企业合规管理经验示例 1

（一）整体布局

制定下发《××"合规护航计划"实施纲要》和《任务分解表》，明确组织、制度、流程、文化四方面××项举措、××项关键任务，积极构建合规管理体系，各单位均制定具体推进方案。加强组织保障，成立了集团公司党组书记、董事长任组长的合规管理体系建设领导小组和总法律顾问任组长的推进组。发布合规倡议，正式提出"严守法纪、尊崇规则、践行承诺、尚德修身"的合规精神和理念。修改公司章程，明确集团公司董事会审计和风险管理委员会指导合规管理体系建设等合规职责。

（二）基本原则

1. 统一有效。构建与公司"31＋N"管理模式相匹配的合规组织体系、制度流程和合规文化，有计划、分步骤推进"合规护航计划"的标准化、一体化实施，实现全集团合规能力的统一部署、同步提升。

2. 全面覆盖。合规能力提升要"横向到边、纵向到底"，实现全面覆盖、全员参与。要将法治思维和合规理念体现于企业治理、经营、管理各领域，将法律规则和合规要求贯穿于企业决策、执行、监督各环节。

3. 内容明确。按照合规管理体系建设的标准和框架，围绕合规组织体系健全、合规制度体系完备、合规工作流程规范和合规文化全面普及四个目标，细化措施，分解任务，明确进度，规范要求，确保实施成效。

4. 重点突出。结合公司经营发展实际，在重点领域建立与业务融合的合规工作机制，实现关键节点合规管控。强化"关键少数"和重点岗位人员的合规遵循意识和合规管理能力。

（三）总体目标

通过"健全合规组织机构、完备合规管理制度、规范合规工作流程、培育依法合规文化"四个方面，创新构建××合规管理体系，推动形成合规管理常态化运行机制，全面提升依法治企能力和合规管理能力，有效保障公司依法治理、合规经营、规范管理。

（四）实施举措

1. 健全合规组织机构。在公司治理层面，设立全集团统一的领导机构；在经营管理层面，进一步落实合规管理责任；在工作执行层面，明确合规管理牵头部门。通过体系建设，建立完整的、自上至下的合规管理组织体系，明确合规管理责任部门和具体职责。

（1）落实集团董事会合规职责。按照国资委由董事会中负责推进法治建设工作的委员会领导合规管理体系建设的要求，明确集团公司董事会审计和风险管理委员会合规管理职责。

（2）明确总法律顾问合规职责。经营管理层面，由总法律顾问全面领导合规管理工作，在法律管理相应领域充实完善总法律顾问的合规管理职能。

（3）推动合规管理职责落实。工作执行层面，法律部门是合规管理的牵头部门，财务等部门是合规管理的配合部门，界分牵头部门和配合部门的合规职能，建立工作流程和机制，推动合规职责落实。设置合规管理专岗，配备符合公司发展需要的合规管理人员。

（4）完善合规考核评价机制。将合规管理纳入下属单位经营业绩考核体系，作为管理控制事项指标进行管理。探索将合规管理纳入各级单位和各类人员考核评价。

（5）建立合规管理督导报告机制。对各单位合规管理体系运行情况、合规管理的有效性进行督导评估，发布合规管理报告，建立合规报告沟通机制。

2. 完备合规管理制度。健全完整的合规管理制度体系包括适用于全集团的合规管理制度准则、配套规定和专项指引。通过体系建设，逐步形成以合规管理办法为核心，相关配套制度为补充的"1＋N"××合规管理制度体系。

（1）制定合规管理专项制度。制定《××合规管理办法》，作为全集团适用的合规管理基本制度，形成合规闭环管理。

（2）逐步完善合规管理配套制度。梳理合规管理相关制度规范，通过单独制定办法或修订完善规章制度、业务规范等方式，将合规管理准则和要求以制度形式予以固化，转化为公司经营管理遵循的行为准则和规范。

（3）实现重点领域合规要求标准化。总结推广重点专项领域合规管理试点成果，在重点领域形成全集团统一的合规要求。逐步扩大重点领域范围，实现全集团在重点领域、关键环节合规管理要求的完整统一。

（4）制定业务合规指引。针对具体业务领域制定分业务、分领域的合规指南，及时将法律法规等规范性文件转化为公司合规要求，为企业经营活动提供依法合规指引。

（5）探索开展商业伙伴合规管理。探索将合规管理延伸到客户、供应商、承包商、销售商和中介服务机构等商业伙伴，传导××合规要求，共建诚信合规商业环境。

3. 规范合规工作流程。通过体系建设，建立融入业务、动态更新、全程把控的合规工作流程，实现合规管理与经营活动的有机融合。

（1）深化合规审查流程。持续开展关键环节制度流程合规扫描和合规风险防控，将合规审查嵌入决策和业务流程，有效防控合规风险。

（2）规范合规事件处理流程。建立合规事件应对预案，规范处理流程，形成合规事件报告制度。建立合规事件案例数据库，促进合规信息的沟通与共享。

（3）建立合规巡查流程。定期对公司经营管理行为的合规性，各级员工对法律、法规、规则和准则的遵循情况进行巡查，提出改进完善建议。

（4）建立合规举报流程。探索设立电子邮箱、热线电话等合规举报途径，接受企业内外部对违规行为的举报。

（5）完善违规问责流程。加大违规问责力度，对违反公司合规管理禁止性或强制性要求，给公司造成经济损失或形成负面影响的，按照相关管理制度开展调查、进行处理。

4. 培育依法合规文化。通过体系建设，推动形成领导带头、全员参与的合规文化体系，营造崇尚合规、践行合规、捍卫合规的文化氛围。

（1）将合规文化融入企业文化。将依法合规理念作为企业文化的重要内涵，通过网上大学、手机课堂、电子期刊等方式，开展全员参与的普及性合规活动，使"合规人人有责""合规创造价值"等理念深入人心。

（2）发挥关键少数合规带动作用。发挥领导干部"关键少数"的引领带动作用，通过将合规宣教纳入高层学法范畴，明确领导干部合规培训的内容、频次要求，以领导干部合规带动全员合规。

（3）发布合规倡议。通过发布合规倡议的方式，强化合规意识，倡导合规承诺，恪守合规准则，使合规成为全体员工的内心遵循和行为指引。

（4）开展多样化的合规培训。结合公司发展实际和行业特性，梳理合规培训的重点内容和特殊需求，重点针对关键岗位、业务一线和新员工，丰富合规培训的内容和形式，定期开展合规培训。

（5）表明企业合规态度和立场。打造与国际接轨的企业合规文化，通过多种渠道，积极向社会表达企业恪守契约精神，遵循秩序规则、推崇商业道德的合规态度和立场。

三、企业合规管理经验示例 2

（一）重战略，求实效，建体系

总体思路：结合集团发展战略、年度重点工作、各二级公司实际以及巡视审计过程中发现的问题，在集团总部和有代表性的二级公司重点领域率先开展合规工作，逐步建立与本企业经营范围、组织结构及业务规模相适应的合规管理体系，在 2016 年试点成果基础上进行深化和推广，利用三年时间（2017 年到 2019 年），在所有二级公司全面推广和实施合规管理体系建设工作。

确立需求导向、统一领导、完善体系、注重实效、体现价值的合规建设指导原则，以"四化"（标准化、重点化、内生化和常态化）为要求确定合规建设内容和手段，以实现合规组织体系健全、合规制度体系完备、合规工作流程规范和合规文化全面普及为合规建设工作目标。

（二）获重视，搭组织，建队伍

将风险管理委员会作为合规工作领导机构，四家下属合规试点企业均设立了主要领导挂帅的合规工作领导机构，集团和下属试点企业均确定法律工作机构为合规工作机构，设置了合规专职岗位，建立和培养一支合规专业队伍。

（三）定方案，造声势，齐行动

下发《××合规管理体系建设试点工作方案》，确定合规试点范围和具体工作目标，召开工作启动会，宣讲工作方案，安排工作计划、产出成果和考核内容，进行合规专题培训。组织召开合规试点项目中期沟通会，总结成果，解决问题，安排后续工作。召开法律合规工作研讨会，进行了合规管理专题培训和互动，为集团的法律合规工作践行落实，谋划未来。

（四）立办法，优制度，奠基础

集团发布施行《××合规管理办法（试行）》，下属合规试点企业也陆续发布或修订了各自的合规管理制度。后续开展规章制度的修订工作，优化和完善规章制度体系。

（五）看业务，聚重点，快整改

集团总部对采购管理、投资管理、"三重一大"决策程序及重要商业合作伙伴四个领域开始专项合规检查，下属企业亦围绕各自重点业务领域及重要商业合作伙伴开展专项合规检查，防范重点领域的合规风险，边检查，边整改，发现问题，即行整改。

（六）重文化，广宣传，固根本

合规文化是合规体系的重要组成部分，也是建立合规工作长效机制、保障合规工作取得成效的根本。集团制作了合规宣传动画片，利用微信公众号、会议视频、平面媒体等多种方式进行广泛传播，让人人了解什么是合规、为什么要合规、怎么做合规，倡导"合规从高层做起""全员主动合规""合规创造价值"的理念。

四、企业合规管理经验示例 3

（一）指导思想

以落实中央企业法制工作三个三年目标和新五年规划实施方案为抓手，通过建立完备的规章制度体系、高效的法人治理体系、严密的风险管控体系、有力的市场维权体系，积极指导推动依法治企、守法经营、合法发展，积极实现"经济效益、社会公益、国家利益"三位一体协调发展。

（二）建设举措

1. 提升企业领导法治思维和法治能力。塑造依法治企氛围，加强依法治企领导。通过党组中心组（扩大）专题学习、法律工作座谈会等形式，学习国务院国资委关于法治央企建设的精神和相关要求。通过开展主要领导讲法律课，提高企业管理人员的法治思维和法治能力。将法治建设纳入公司十三五整体规划，成为全面覆盖、全员参与的全局性、战略性工作。

2. 进一步夯实法律风险防范基础。完善制度体系，使各项决策行为"于法有据"，为经营管理活动提供全面指引；加强合同全流程管理，防范交易风险；妥善应对诉讼、仲裁案件，依法维权成效明显。

3. 依法保障公司改革发展。拓展国际项目的法律服务，积极为海外运营提供合规指引。密切关注改革发展动向，开展专项法律研究。依法稳定核心技术人员队伍，参与签署《××公约》，表达公司诉求，维护公司利益。

4. 加强法治队伍建设。结合企业发展规划，加快完善法律机构。总法律顾问实行委派制，法律机构建设从二级向三级企业延伸。开展多领域多层次的法律事务，提升法律团队综合能力。制定《法律人员能力提升指导意见》，积极参与立法工作，开展法律课题研究，编写《××法律案例精结》。适应市场竞争形势，法律人才岗位薪酬实行"一部两制"。区隔重要人才和核心人才，重要人才薪酬向优秀人才倾斜，核心人才采用市场化年薪制。

五、企业合规管理经验示例 4

（一）合规管理要素的本土化

外企及跨国企业合规管理工作，受到其自身或同行已发生过因违反国际合规监管要求而受到高额罚金的真实案例的影响，以及美国《反海外腐败法》等立法的域外效力的影响。中国企业经营地域范围主要在本土，相关国际立法及案例的参考适用性有限，因所处行业、市场交易相对地位、企业发展阶段等因素的不同，相关指导性原则在各企业的实际落地也必须因事、因地、因人制宜。此外，东西方文化观念和管理思维的差异也导致很多国外企业的合规管理操作很难直接照搬使用。对照公司主营的本土业务范围，衡量相关管理要素对于公司目前所处发展阶段的重要性及紧迫性，确保公司的合规管理实践既能切实帮助公司规避在本土环境下的合规风险，也不会与国际通行的合规管理要素存在冲突。在具体业务操作上，比如合规风险审查中的风险指标的制定，公司合规部有选择性地借鉴了部分跨国企业的选择，但总体的流程和表单均结合公司业务需求重新编制。

（二）合规与公司内控体系的融合

公司合规部作为新设立的管理部门在公司治理体系内部的定位，要区别于已存在纪检部门、法律部门、审计部门等具备风险职能的部门，避免合规管理职能被架空，以及管理范围存在交叉重叠或不清晰而导致"重复监管"或"监控真空"问题。实现与纪检、审计等部门的风险一体化管控模式，明确了各部门在合规管理环节中的管理内容，界定了合规部门的重点工作，实现标准统一、各有侧重、风险信息共享、措施联动的统一纪检、审计、合规及其他管控部门共同推进的风险管控形式。尤其在与纪检部门的配合上，在设计制度与业务流程时做了充分考虑。同时，在采购、销售、投资等业务板块嵌入合规审查环节，相对增加了业务审批流程和业务人员的工作量，具体操作细节落地实施也需要前期大量的部门业务人员之间的沟通。

（三）合规管理效用价值的发掘

合规部门及合规管理的长久运转最终要依靠合规管理的各项工作切实能够为公司创造价值。风险防控虽然是合规管理的目标之一，但不能矫枉过正，风险管控需要与公司业务运营目标相适应，这样的合规管理才能更加得到公司和员工的认同，才真正能形成企业自发的合规文化环境。这是搭建自身合规管理体系时一个重要的基本原则。例如，在商业伙伴的合规审查中，将合规审查业务流程简化并优化到对业务开展消极影响最小的状态。在日常合规业务开展阶段，合规部门定期收集整理合规咨询及举报案件暴露问题较为集中的风险领域，有针对性地组织相应专题合规培训或制作合规手册，既务实高效地为业务人员答疑解惑，也起到了防微杜渐的事前预防效果。当然，服务于公司主营业务的前提是了解业务，这也对合规管理人员提出了更高的要求，合规人员必须在熟悉业务的基础上，准确识别合规风险，将风险控制在最低状态，减少公司财产及信誉的损失。

六、企业合规管理经验示例5

（一）厘清合规要求

通过理清业务、职责对应的制度，使公司规划、基建、营销等主营业务管理的流程更为清晰，工作流转的衔接点和各专业、各岗位对应的职责边界更为明确，工作效率大幅提升。以××专业为例，建立了合规文件看板管理制度，将合规管理纳入项目建设全过程。其结合工程实际，选择具体项目将分为"项目前期、工程前期、实施阶段、工程后评价"四个阶段，并梳理出每个阶段主要工作内容。

（二）融合业务流程

以满足业务需要为着力点，区分业务内容，抓住关键环节，明确推进重点，将合规管理纵深到各专业业务、工作流程的前期、中期、后期管理。结合基础业务针对工程项目合规管理涉及大量内外部协调工作的特点，重点对项目前期与工程前期相关用地协议、手续、文件等交接记录检查，厘清各类合规管理工作程序，精准发力，逐一完善行政审批专题要件，依法办理项目建设行政许可手续，为工程依法开工打好基础。

（三）落实检查考核

如建设专业培养"懂政策、会协调"的管理人员，科学制定合规管理工作进度计划，做好统计分类。针对各项目合规管理差异情况，逐项落实具体措施，把控关键节点进度，落实各属地单位责任，严格跟踪督办考核，确保工作有序推进。

第三节　《中央企业合规管理指引（试行）》

一、概述

2018年11月，国务院国资委关于印发《中央企业合规管理指引（试行）》（国资发法规〔2018〕106号）的通知（本节以下简称《指引》）。共6章31条，包括六个方面：总则、合规管理职责、合规管理重点、合规管理运行、合规管理保障及附则。对中央企业强化合规经营、构建合规管理体系提供了全面的指导意见。

《指引》确立了中央企业合规管理的基本原则，确定了企业内部的合规管理职责、企业合规管理的重点、合规管理的运行方式以及合规管理的保障机制，初步形成了国有企业合规管理的基本框架，是国务院国资委指导中央企业开展合规管理过程中的重要里程碑。

二、从多个方面对合规工作做出指导规定

（一）理念方面

"理念"，指大合规的理念。要推动中央企业全面加强合规管理，加快提升中央企业依法合规经营管理水平，着力打造法治央企，保障企业持续健康发展，将"合规"拓展到中央企业及其员工的经营管理行为符合法律法规、监管规定、行为准则和企业章程、规章制度以及国际条约、规则等要求的范围。

（二）制度方面

"制度"，涉及合规管理和合规报告两套制度。具体条款如下：

第17条规定，建立健全合规管理制度，制定全员普遍遵守的合规行为规范，针对重点领域制定专项合规管理制度，并根据法律法规变化和监管动态，及时将外部有关合规要求转化为内部规章制度。

第28条第1款规定，建立合规报告制度，发生较大合规风险事件，合规管理牵头部门和相关部门应当及时向合规管理负责人、分管领导报告。重大合规风险事件应当向国资委和有关部门报告。

（三）机制方面

"机制"涉及合规风险识别预警机制、合规审查机制、违规行为处罚机制。具体条款如下：

第18条规定，建立合规风险识别预警机制，全面系统梳理经营管理活动中存在的合规风险，对风险发生的可能性、影响程度、潜在后果等进行系统分析，对于典型性、普遍性和可能产生较严重后果的风险及时发布预警。

第20条规定，建立健全合规审查机制，将合规审查作为规章制度制定、重大事项决策、重要合同签订、重大项目运营等经营管理行为的必经程序，及时对不合规的内容提出修改建议，未经合规审查不得实施。

第21条规定，强化违规问责，完善违规行为处罚机制，明晰违规责任范围，细化惩处标准。畅通举报渠道，针对反映的问题和线索，及时开展调查，严肃追究违规人员责任。

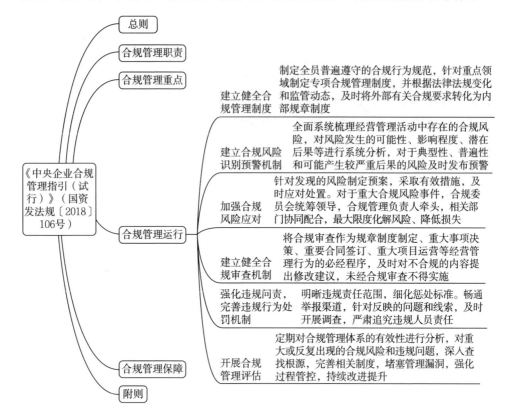

（四）原则方面

"原则"，包括全面覆盖原则、强化责任原则、协同联动原则和客观独立原则。具体条款如下：

第4条规定，中央企业应当按照以下原则加快建立健全合规管理体系：（一）全面覆盖。坚持将合规要求覆盖各业务领域、各部门、各级子企业和分支机构、全体员工，贯穿决策、执行、监督全流程。（二）强化责任。把加强合规管理作为企业主要负责人履行推进法治建设第一责任人职责的重要内容。建立全员合规责任制，明确管理人员和各岗位员工的合规责任并督促有效落实。（三）协同联动。推动合规管理与法律风险防范、监察、审计、内控、风险管理等工作相统筹、相衔接，确保合规管理体系有效运行。（四）客观独立。严格依照法律法规等规定对企业和员工行为进行客观评价和处理。合规管理牵头部门独立履行职责，不受其他部门和人员的干涉。

（五）职责方面

"职责"，涉及董事会、监事会、经理层、中央企业相关负责人及总法律顾问、法律事务机构或者其他机构等不同部门承担不同职责。具体条款如下：

第5条规定，董事会的合规管理职责主要包括：（一）批准企业合规管理战略规划、基本制度和年度报告；（二）推动完善合规管理体系；（三）决定合规管理负责人的任免；（四）决定合规管理牵头部门的设置和职能；（五）研究决定合规管理有关重大事项；（六）按照权限决定有关违规人员的处理事项。

第6条规定，监事会的合规管理职责主要包括：（一）监督董事会的决策与流程是否合规；（二）监督董事和高级管理人员合规管理职责履行情况；（三）对引发重大合规风险负有主要责任的董事、高级管理人员提出罢免建议；（四）向董事会提出撤换公司合规管理负责人的建议。

第7条规定，经理层的合规管理职责主要包括：（一）根据董事会决定，建立健全合规管理组织架构；（二）批准合规管理具体制度规定；（三）批准合规管理计划，采取措施确保合规制度得到有效执行；（四）明确合规管理流程，确保合规要求融入业务领域；（五）及时制止并纠正不合规的经营行为，按照权限对违规人员进行责任追究或提出处理建议；（六）经董事会授权的其他事项。

第8条规定，中央企业设立合规委员会，与企业法治建设领导小组或风险控制委员会等合署，承担合规管理的组织领导和统筹协调工作，定期召开会议，研究决定合规管理重大事项或提出意见建议，指导、监督和评价合规管理工作。

第9条规定，中央企业相关负责人或总法律顾问担任合规管理负责人，主要职责包括：（一）组织制订合规管理战略规划；（二）参与企业重大决策并提出合规意见；（三）领导合规管理牵头部门开展工作；（四）向董事会和总经理汇报合规管理重大事项；（五）组织起草合规管理年度报告。

第10条规定，法律事务机构或其他相关机构为合规管理牵头部门，组织、协调和监督合规管理工作，为其他部门提供合规支持，主要职责包括：（一）研究起草合规管理计划、基本制度和具体制度规定；（二）持续关注法律法规等规则变化，组织开展合规风险识别和预警，参与企业重大事项合规审查和风险应对；（三）组织开展合规检查与考核，对制度和流程进行合规性评价，督促违规整改和持续改进；（四）指导所属单位合规管理工作；（五）受理职责范围内的违规举报，组织或参与对违规事件的调查，并提出处理建议；（六）组织或协助业务部门、人事部门开展合规培训。

第11条规定，业务部门负责本领域的日常合规管理工作，按照合规要求完善业务管理制度和流程，主动开展合规风险识别和隐患排查，发布合规预警，组织合规审查，及时向合规管理牵头部门通报风险事项，妥善应对合规风险事件，做好本领域合规培训和商业伙伴合规调查等工作，组织或配合进行违规问题调查并及时整改。监察、审计、法律、内控、风险管理、安全生产、质量环保等相关部门，在职权范围内履行合规管理职责。

（六）在保障方面对合规工作做了指导规定

"保障"，要求加强中央企业合规管理的条件保障，包括人、财、物、信息、文化环境、合规培训六个方面的条件保障。具体条款略。

（七）重点方面

"重点"，从重点领域、重点环节和重点人员三个方面提出管理要求。具体条款如下：

第13条规定，加强对以下重点领域的合规管理：（一）市场交易。完善交易管理制度，严格履行决策批准程序，建立健全自律诚信体系，突出反商业贿赂、反垄断、反不正当竞争，规范资产交易、招投标等活动；（二）安全环保。严格执行国家安全生产、环境保护法律法规，完善企业生产规范和安全环保制度，加强监督检查，及时发现并整改违规问题；（三）产品质量。

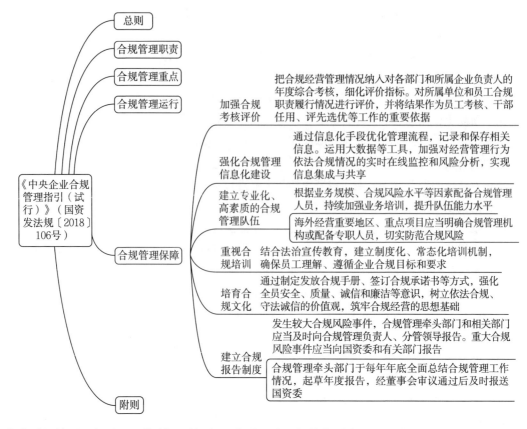

《中央企业合规管理指引（试行）》（国资发法规〔2018〕106号）

- 总则
- 合规管理职责
- 合规管理重点
- 合规管理运行
- 合规管理保障
  - 加强合规考核评价：把合规经营管理情况纳入对各部门和所属企业负责人的年度综合考核，细化评价指标。对所属单位和员工合规职责履行情况进行评价，并将结果作为员工考核、干部任用、评先选优等工作的重要依据
  - 强化合规管理信息化建设：通过信息化手段优化管理流程，记录和保存相关信息。运用大数据等工具，加强对经营管理行为依法合规情况的实时在线监控和风险分析，实现信息集成与共享
  - 建立专业化、高素质的合规管理队伍：根据业务规模、合规风险水平等因素配备合规管理人员，持续加强业务培训，提升队伍能力水平 ／ 海外经营重要地区、重点项目应当明确合规管理机构或配备专职人员，切实防范合规风险
  - 重视合规培训：结合法治宣传教育，建立制度化、常态化培训机制，确保员工理解、遵循企业合规目标和要求
  - 培育合规文化：通过制定发放合规手册、签订合规承诺书等方式，强化全员安全、质量、诚信和廉洁等意识，树立依法合规、守法诚信的价值观，筑牢合规经营的思想基础
  - 建立合规报告制度：发生较大合规风险事件，合规管理牵头部门和相关部门应当及时向合规管理负责人、分管领导报告。重大合规风险事件应当向国资委和有关部门报告 ／ 合规管理牵头部门于每年年底全面总结合规管理工作情况，起草年度报告，经董事会审议通过后及时报送国资委
- 附则

完善质量体系，加强过程控制，严把各环节质量关，提供优质产品和服务；（四）劳动用工。严格遵守劳动法律法规，健全完善劳动合同管理制度，规范劳动合同签订、履行、变更和解除，切实维护劳动者合法权益；（五）财务税收。健全完善财务内部控制体系，严格执行财务事项操作和审批流程，严守财经纪律，强化依法纳税意识，严格遵守税收法律政策；（六）知识产权。及时申请注册知识产权成果，规范实施许可和转让，加强对商业秘密和商标的保护，依法规范使用他人知识产权，防止侵权行为；（七）商业伙伴。对重要商业伙伴开展合规调查，通过签订合规协议、要求作出合规承诺等方式促进商业伙伴行为合规；（八）其他需要重点关注的领域。

第14条规定，加强对以下重点环节的合规管理：（一）制度制定环节。强化对规章制度、改革方案等重要文件的合规审查，确保符合法律法规、监管规定等要求；（二）经营决策环节。严格落实"三重一大"决策制度，细化各层级决策事项和权限，加强对决策事项的合规论证把关，保障决策依法合规；（三）生产运营环节。严格执行合规制度，加强对重点流程的监督检查，确保生产经营过程中照章办事、按章操作；（四）其他需要重点关注的环节。

第15条规定，加强对以下重点人员的合规管理：（一）管理人员。促进管理人员切实提高合规意识，带头依法依规开展经营管理活动，认真履行承担的合规管理职责，强化考核与监督问责；（二）重要风险岗位人员。根据合规风险评估情况明确界定重要风险岗位，有针对性加大培训力度，使重要风险岗位人员熟悉并严格遵守业务涉及的各项规定，加强监督检查和违规行为追责；（三）海外人员。将合规培训作为海外人员任职、上岗的必备条件，确保遵守我国和所在国法律法规等相关规定；（四）其他需要重点关注的人员。

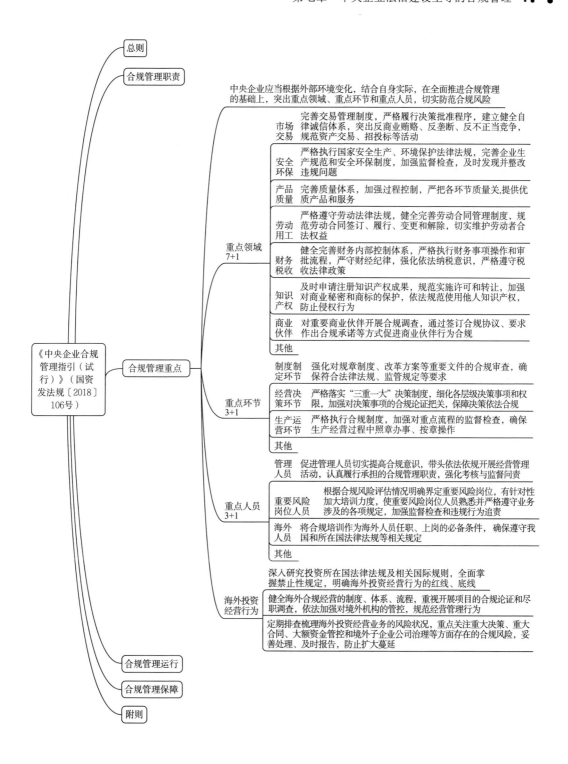

第四节 《关于进一步深化法治央企建设的意见》

一、对开展合规管理体系建设进行长期规划

2021 年 10 月 17 日，国务院国资委关于印发《关于进一步深化法治央企建设的意见》（国

资发法规〔2021〕80号）的通知。（部分内容参见第六章第四节）

党的十九大召开后，党中央专门成立中央全面依法治国委员会，首次召开中央全面依法治国工作会议，明确提出习近平法治思想，进一步彰显了对法治建设的高度重视，凸显了法治在新发展阶段的重要支撑保障作用。"十四五"时期，国有企业面临的内外部环境更加复杂，改革发展的任务更加艰巨，对法治工作的需求也更加迫切"十四五"时期，中央企业法治建设要以服务国企改革三年行动和中央企业"十四五"发展规划为目标。法治工作要纳入中央企业"十四五"发展规划和年度计划统筹谋划、同步推进中央企业在制定法治建设五年规划时，要结合"十四五"发展战略分析外部合规监管环境，要准确诊断自身在合规管理体系建设的现状与问题，同时借鉴世界一流企业合规管理体系建设的经验，提出符合中央企业特点合规管理体系深入推进方案。

文件明确指出，探索构建法律、合规、内控、风险管理协同运作机制，加强统筹协调，提高管理效能。

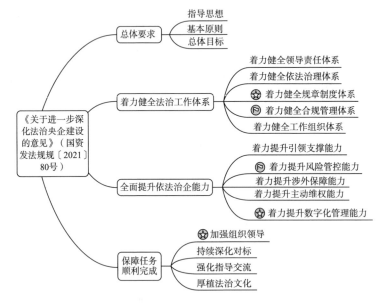

二、基本原则中明确提到合规管理

基本原则涉及四个方面，分别是：坚持融入中心、服务大局；坚持完善制度、夯基固本；坚持突出重点、全面深化；坚持勇于创新、拓展升级。其中，"坚持突出重点、全面深化"部分指出，以落实法治建设第一责任人职责、完善总法律顾问制度、健全法律风险防范机制、强化合规管理为重点，坚持问题导向，在做深做细做实上下更大功夫，真正发挥强管理、促经营、防风险、创价值作用。

三、主要工作要求中涉及合规工作

（一）总体思路

围绕"实现一个目标，健全五个体系，提升五种能力"的总体思路。第一部分"总体要求"，明确了法治国企建设的指导思想、基本原则，提出"十四五"时期所出资企业法治建设应取得更大进展，对改革发展支撑保障更加有力的目标。第二部分"着力健全法治工作体系"，从健全领导责任体系、依法治理体系、规章制度体系、合规管理体系、工作组织体系五个方面提出要求。第三部分"全面提升依法治企能力"，着重从提升法治工作引领支撑能力、风险管控能力、涉外保障能力、主动维权能力和数字化管理能力五个角度作出部署。第四部分"保障任务顺利完成"，从加强组织领导、加强监督管理、持续深化对标、强化指导交流、厚植法治文化四个方面，加强对所出资企业法治建设的督促指导，为确保目标实现提供有力支撑。

（二）健全法治工作五大体系

1. 着力健全领导责任体系。坚持企业党委（党组）对依法治企工作的全面领导，不断完善党委（党组）定期专题学法、定期听取工作汇报、干部任前法治谈话、述职必述法等制度，切实发挥党委（党组）把方向、管大局、促落实作用。强化董事会定战略、作决策、防风险职能，明确专门委员会推进法治建设职责，把法治建设纳入整体工作统筹谋划，将进展情况作为年度工作报告的重要内容。健全中央企业主要负责人履行推进法治建设第一责任人职责工作机制，党委（党组）书记、董事长、总经理各司其职，对重点问题亲自研究、部署协调、推动解决。将第一责任人职责要求向子企业延伸，把落实情况纳入领导人员综合考核评价体系，将法治素养和依法履职情况作为考察使用干部的重要内容。

2. 着力健全依法治理体系。高度重视章程在公司治理中的统领地位，切实发挥总法律顾问和法务管理机构专业审核把关作用，科学配置各治理主体权利、义务和责任，明晰履职程序和要求，保障章程依法制定、依法实施。多元投资主体企业严格依据法律法规、国有资产监管规定和公司章程，明确股东权利义务、股东会定位与职权，规范议事决策方式和程序，完善运作制度机制，强化决议执行和监督，切实维护股东合法权益。优化董事会知识结构，通过选聘法律专业背景人员担任董事、加强法律培训等方式，提升董事会依法决策水平。落实总法律顾问列席党委（党组）会、董事会参与研究讨论或审议涉及法律合规相关议题，参加总经理办公会等重要决策会议制度，将合法合规性审查和重大风险评估作为重大决策事项必经前置程序。依法对子企业规范行使股东权，认真研究制定子企业章程，严格按照公司治理结构，通过股东（大）会决议、派出董事监事、推荐高级管理人员等方式行权履职，切实防范公司人格混同等风险。

3. 着力健全规章制度体系。明确法务管理机构归口管理职责，健全规章制度制定、执行、评估、改进等工作机制，加强法律审核把关，强化对制度的全生命周期管理。根据适用范围、重要程度、管理幅度等，构建分层分类的制度体系框架，确保结构清晰、内容完整，相互衔接、有效协同，切实提高科学性和系统性。定期开展制度梳理，编制立改废计划，完善重点改革任务配套制度，及时修订重要领域管理规范，不断增强针对性和实效性。加强对规章制度的宣贯培训，定期对执行情况开展监督检查和综合评价，增强制度刚性约束，推动制度有效落实。

4. 着力健全合规管理体系。持续完善合规管理工作机制，健全企业主要负责人领导、总法律顾问牵头、法务管理机构归口、相关部门协同联动的合规管理体系。发挥法务管理机构统筹协调、组织推动、督促落实作用，加强合规制度建设，开展合规审查与考核，保障体系有效运行。强化业务部门、经营单位和项目一线主体责任，通过设置兼职合规管理员、将合规要求嵌入岗位职责和业务流程、抓好重点领域合规管理等措施，有效防范、及时处置合规风险。探索构建法律、合规、内控、风险管理协同运作机制，加强统筹协调，提高管理效能。推动合规要求向各级子企业延伸，加大基层单位特别是涉外机构合规管理力度，到2025年中央企业基本建立全面覆盖、有效运行的合规管理体系。

关于健全合规管理体系，可以从五个方面加深理解。一是在工作机制方面，要健全企业主要负责人领导、总法律顾问牵头、法务管理机构归口、相关部门协同联动。二是在体系运行方面，要发挥法务管理机构统筹协调、组织推动、督促落实作用，加强合规制度建设，开展合规审查与考核，保障体系有效运行。三是在职能职责方面。要强化业务部门、经营单位和项目一线主体责任，通过设置兼职合规管理员、将合规要求嵌入岗位职责和业务流程、抓好重点领域合规管理等措施，有效防范、及时处置合规风险。四是在效能提升方面，要构建"四位一体"的协同运作机制，实现法律、合规、内控、风险管理协同运作。五是在目标结果方面，实现合规管理体系的全面覆盖和有效运行。

5. 着力健全工作组织体系。加大企业法律专业领导干部培养选拔力度，在市场化国际化程度较高、法律服务需求大的国有大型骨干企业，推进符合条件的具有法律教育背景或法律职业资格的专业人才进入领导班子。持续完善总法律顾问制度，2022年中央企业及其重要子企业全面写入章程，明确高级管理人员定位，由董事会聘任，领导法务管理机构开展工作。坚持总法律顾问专职化、专业化方向，直接向企业主要负责人负责，2025年中央企业及其重要子企业全面配备到位，具有法律教育背景或法律职业资格的比例达到80%。加强法务管理机构建设，中央企业及其重要子企业原则上独立设置，充实专业力量，配备与企业规模和需求相适应的法治工作队伍。健全法务管理职能，持续完善合同管理、案件管理、普法宣传等职能，积极拓展制度管理、合规管理等业务领域。加强队伍建设，拓宽法务人员职业发展通道，完善高素质法治人才市场化选聘、管理和薪酬制度，采取有效激励方式充分调动积极性、主动性。

（三）提升依法治企五大能力

1. 着力提升引领支撑能力。坚持运用法治思维和法治方式深化改革、推动发展，紧盯国企改革三年行动、中央企业"十四五"发展规划重点工作，深入分析对企业提出的新任务新要求，提前研究可能出现的法律合规问题，及时制定应对方案和防范措施。法务人员全程参与混合所有制改革、投资并购等重大项目，加强法律审核把关，坚持依法依规操作，严控法律合规风险。加强对《中华人民共和国民法典》等法律法规的学习研究，深入分析对企业生产经营、业务模式可能产生的影响，推动从健全制度、强化管理等方面及时作出调整。结合企业、行业实际，对相关立法研究提出完善建议，为改革发展创造良好政策环境。

2. 着力提升风险管控能力。持续巩固规章制度、经济合同、重要决策法律审核制度，在确保100%审核率的同时，通过跟进采纳情况、完善后评估机制，反向查找工作不足，持续提升审核质量。常态化开展风险隐患排查处置，针对共性风险通过提示函、案件通报、法律建议书等形式及时开展预警，有效防范化解。加强知识产权管理，完善专利、商标、商号、商业秘密等保护制度，坚决打击侵权行为，切实维护企业无形资产安全和合法权益。严格落实重大法律合规风险事件报告制度，中央企业发生重大法律合规风险事件，应当及时向国资委报告。

3. 着力提升涉外保障能力。加强涉外法律合规风险防范，健全工作机制，推动在境外投资经营规模较大、风险较高的重点企业、区域或项目设置专门机构，配备专职法务人员，具备条件的设立总法律顾问。完善涉外重大项目和重要业务法务人员全程参与制度，形成事前审核把关、事中跟踪控制、事后监督评估的管理闭环。深入研究、掌握运用所在国法律，加强国际

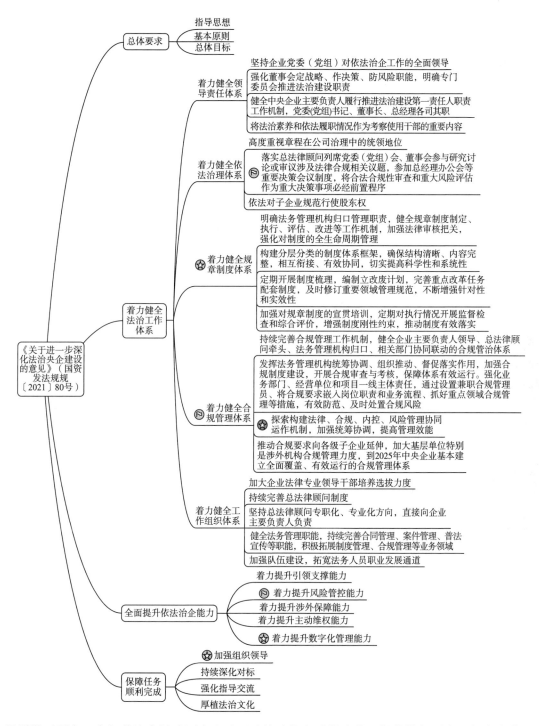

规则学习研究，密切关注高风险国家和地区法律法规与政策变化，提前做好预案，切实防范风险。重视涉外法治人才培养，强化顶层设计，健全市场化选聘和激励制度，形成重视人才、吸引人才、留住人才的良好机制。

　　4. 着力提升主动维权能力。加大法律纠纷案件处置力度，综合运用诉讼、仲裁、调解等多种手段妥善解决，探索建立集团内部纠纷调解机制。加强积案清理，健全激励机制，力争

2025 年中央企业历史遗留重大法律纠纷案件得到妥善解决。深化案件管理"压存控增、提质创效"专项工作，加强典型案件分析，及时发现管理问题，堵塞管理漏洞，推动"以案促管、以管创效"。严格落实案件报告制度，中央企业发生重大法律纠纷案件应当及时报告，按时报送年度法律纠纷案件综合分析报告。

5. 着力提升数字化管理能力。运用区块链、大数据、云计算、人工智能等新一代信息技

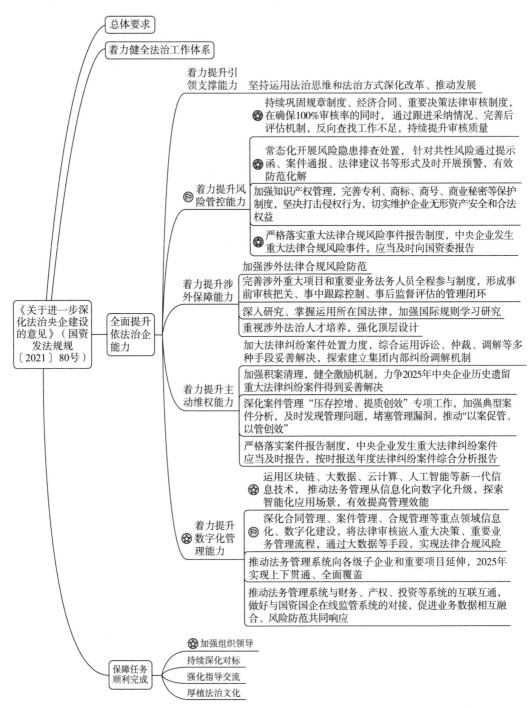

术，推动法务管理从信息化向数字化升级，探索智能化应用场景，有效提高管理效能。深化合同管理、案件管理、合规管理等重点领域信息化、数字化建设，将法律审核嵌入重大决策、重要业务管理流程，通过大数据等手段，实现法律合规风险在线识别、分析、评估、防控。推动法务管理系统向各级子企业和重要项目延伸，2025 年实现上下贯通、全面覆盖。推动法务管理系统与财务、产权、投资等系统的互联互通，做好与国资国企在线监管系统的对接，促进业务数据相互融合、风险防范共同响应。

需要注意的是，合规管理工作开展同样要提升这五种能力，特别是在风险防控、数字化管理方面，要及时跟进国际国内环境变化，筛查新的风险面，梳理新的风险点，引入先进的管理方法与作业工具，主动适应数字时代的新形势，塑造合规管理的新范式。

（四）保障

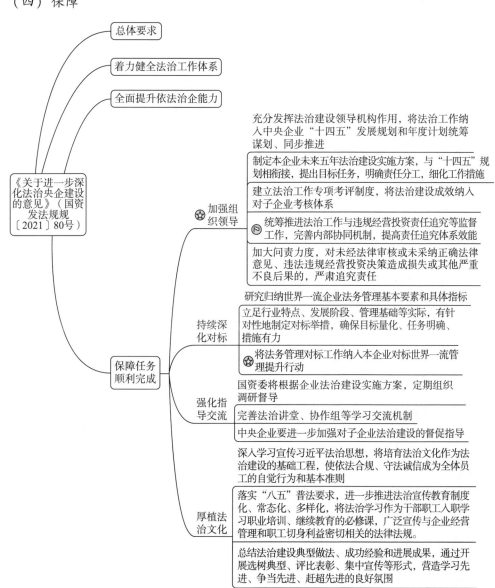

第五节　2022 年定为中央企业"合规管理强化年"

一、国务院国资委召开中央企业"合规管理强化年"工作部署会

（一）概述

2021 年 12 月 3 日，国务院国资委召开中央企业"合规管理强化年"工作部署会，会上明确 2022 年为中央企业"合规管理强化年"。

（二）强调探索法治框架下法律、合规、风控协同运作的有效路径

会议要求中央企业要深入学习贯彻党的十九届六中全会精神，把思想和行动统一到全面依法治国战略部署上来，将合规管理纳入全局工作统筹谋划、一体推进。要提高站位把强化合规放到贯彻习近平法治思想的高度来认识，放到落实全面依法治国战略的全局来部署，放到保障企业高质量发展的层面来推动。探索法治框架下法律、合规、风控协同运作的有效路径，完善工作机制，减少交叉重复，提升管理效能。认真研判法律法规、监管规定、行业准则、国际标准有关合规管理的新变化，推动企业加快突破难点、补齐短板，推动合规管理工作往深里走、实里走，真正发挥规范管理、防控风险、支撑保障的重要作用。

（三）部署五项工作

1. 强化领导合规意识，切实发挥"关键少数"作用。要带头落实管理制度，严格依法依规决策，将合法合规性审查作为必经前置程序，对违规行为"一票否决"。要将强化合规管理纳入明年全局工作统筹谋划、一体推进，对重点问题难点问题研究、推动，保障工作实效。

2. 建立健全工作机制，加快突破重点难点。明确业务部门主体责任、合规部门牵头责任、纪检监察审计等部门监督责任，着力打造合规管理"三道防线"工作格局，推动合规要求向各级子企业延伸，确保全面覆盖、落地见效。要根据行业特点，突出抓好高风险领域合规管理，深入开展风险识别和评估，通过制定合规清单、完善岗位手册、嵌入管理流程等手段，提高标准化、精细化管理水平。要积极探索深化法治框架下法律、合规、风控协同运作的有效路径，及时总结经验，完善工作机制，实现"1＋1＞2"的效果。

3. 抓好境外合规，全面保障国际化经营。要在境外重要子企业或区域设置合规管理机构，配备法律合规人员，完善重大项目全程参与机制，强化法律合规审查，有效防范风险。要加强对境外规则的研究，深入做好知识产权、出口管制、数据安全、税收等领域风险防范应对工作。

4. 严肃开展监督问责，形成合规管理工作闭环。

5. 加大资源投入力度，进一步夯实工作基础。要充实合规管理专业队伍，不断优化知识结构，充分吸纳法律、财务、管理、运营等多方面人才，积极开展业务培训，持续提升专业水平。要探索在业务部门和基层一线配备合规管理员，加强对经营决策和业务行为的合规审查，切实防范合规风险。要将合规管理纳入企业年度预算，有条件的可以设立专项资金，不断加大资金支持力度。加快推进合规管理信息化、数字化建设，探索建立合规管理在线监管系统，加强对重点领域、关键节点的管理，通过大数据等手段，实现合规风险在线识别、评估和管控。

二、《关于开展中央企业"合规管理强化年"工作的通知》

2022 年 1 月 18 日，国务院国资委发布《关于开展中央企业"合规管理强化年"工作的通知》（国资厅发法规〔2022〕1 号），正式确定 2022 年为中央企业合规管理强化年，提出中央

企业 2022 年强化合规管理工作的总体思路、重点任务、进度安排和工作要求。具体列明 6 个方面，20 项重点任务，涵盖制度建设、运行机制、管理责任、境外合规、组织基础、合规文化等各方面。

"合规管理强化年"工作的开展，标志着中央企业合规管理进入一个新的阶段，是三年合规建设期（2019 年至 2021 年）的进一步深化。

三、国务院国资委召开中央企业合规管理工作推进会

（一）概述

2022 年 9 月 13 日，国务院国资委召开中央企业合规管理工作推进会，国务院国资委党委委员、副主任翁杰明出席会议并讲话。翁杰明强调，合规管理是企业切实有效防范经营风险的关键制度性措施，是新形势下持续健全公司治理，确保企业良性循环、稳健发展的迫切需要，是一件"必须要做、并且一定要做好"的事。中央企业要深入贯彻落实《中央企业合规管理办法》，着力抓好"五个关键"，确保"五个到位"，将首席合规官作为关键人物，全面参与重大决策，确保管理职责到位；把合规审查作为关键环节，加快健全工作机制，确保流程管控到位；聚焦关键领域，扎实做好"三张清单"，确保风险防范到位；将风险排查作为关键举措，坚持查改并举，确保问题整改到位；把强化子企业合规作为关键任务，通过信息化手段加强动态监测，确保要求落实到位。

（二）抓好"五个关键"

1. 抓好首席合规官这个关键人物，确保管理职责到位。为进一步健全合规管理组织体系，《中央企业合规管理办法》在充分借鉴世界一流企业先进经验的基础上，明确提出中央企业设立首席合规官，由总法律顾问兼任，对主要负责人负责。国资委将推动中央企业高度重视、尽快设立，明确职责定位，完善制度机制，保障首席合规官全面参与重大经营管理活动，发挥防风险、促合规、稳经营的重要作用。

2. 突出合规审查这个关键环节，确保流程管控到位。健全工作机制，将合规审查作为经营管理的必经环节，对存在重大违规行为的事项"一票否决"。厘清工作职责，明确业务及职能部门、合规管理部门的职责边界，完善审查标准、流程和重点。开展后评估，定期对审查意见采纳情况进行梳理分析，针对问题及时整改。强化责任追究，企业领导未采纳合规审查意见、违规决策产生重大风险、造成重大损失的要严肃问责；合规管理人员因重大过失未发现违规问题，给企业造成严重损失的，也要追究相应责任。

3. 聚焦合规管理关键领域，确保风险防范到位。完善相关制度，研究制定合规管理专门制度或指南手册，将法律法规和监管要求内化为规章制度。做好"三张清单"，开展风险识别，不断完善重点岗位职责清单和关键流程管控清单。建立合规管理员制度，在业务及职能部门优选业务骨干担任，加强对本领域经营管理行为的合规审查。

4. 抓实风险排查这个关键举措，确保问题整改到位。及时组织"回头看"，排查问题明显与实际不符的，要按照要求重新开展排查，认真梳理相关问题，全面摸清风险底数。坚持查改并举、标本兼治，发现一个问题解决一个问题，深入分析原因，抓紧完善制度，堵塞管理漏洞。把排查及整改情况作为年底总结的重要内容，全面报告问题数量、整改措施、完成进度等。建立健全长效机制，聚焦重点领域和突出问题，定期开展排查。

5. 强化子企业合规这个关键任务，确保要求落实到位。抓好体系建设，通过健全制度、

专项检查、考核评价等多种形式,推动合规要求上下贯通、层层落实。

(三) 四个中央企业介绍先进经验

1. 鞍钢——聚焦合规能力再提升,增强合规之"力"。开展经营业务合规、企业名称字号、民企挂靠国资、打击假冒国企、境外合规"五项排查",增强重点问题清查治理能力。聚焦重点业务领域、重要岗位类别以及重要管理流程,制定"合规风险清单""重点岗位合规职责清单""重点流程节点清单"——合规管理"三张清单",形成合规"风险库""风险辞典""风险地图",增强合规风险识别能力。加快建设"一套系统"即鞍钢法治合规风控一体化信息平台,以技术赋能业务合规、决策合规及制度合规,增强合规智慧管控能力。

2. 中航——中航集团精准聚焦,健全境外合规体系。以法治中航建设规划及实施方案为统领,形成以合规管理规定和合规行为准则为基础,多个重点领域专项手册为配套的"2 + N"境外合规管理制度体系。做好重点领域风险防范。持续跟踪境内外法律动态,重点加强反垄断、反腐败、出口管制等重点领域专项研究。常态化开展境外合规风险排查机制。形成以月报、季报、年报为主,突发事件专项报告为辅的合规风险报告渠道。实现合规风险研判、境外法律风险排查处置机制常态化。持续落实法律合规审查。已建立起法律合规人员全程参与重大涉外项目机制,法律合规人员对项目中各类法律文件进行起草、审核,参与项目谈判。加快境外合规队伍建设。将境外合规教育培训宣贯纳入集团"八五"普法规划,坚持全员覆盖的同时突出"三个重点面向",将合规培训作为驻外机构员工任职、上岗的必备条件。

3. 招商局——强化法律合规审核,前移合规风险防线。构建主营业务标准合同体系。2016 年以来,统筹各单位全面开展标准合同体系建设,制定覆盖核心主营业务和日常经营管理行为所需的标准合同 2600 余份,建立了年初计划、年中执行、年终盘点的常态化标准合同更新机制,在提升合同质量和审核效率的同时,有效降低了经营风险。确立重大事项法律合规人员提前介入机制。把合规审查作为防控风险的第一道防线,通过制度、流程、系统确保法律合规人员提前介入重大项目合同谈判和审核,各单位 500 余项非标准合同审核流程将法律合规审核设为刚性节点,重大项目法律合规审核率达到 100%。

4. 中国铁建——中国铁建抓好"三项机制",保障合规管理切实有效。以"日常工作机制"规范管理。发挥首席合规官和合规官的组织协调作用,做实合规会议、培训宣贯、合规报告、评估审查等"四项"日常工作。以"事前审核机制"防范风险。在招投标、第三方管理、合同审核、捐赠赞助、业务招待、现金支付等重点业务和领域,增加合规官前置审核的"红线",赋予其一票否决权。以"境外管理机制"促进提升。建立境外合规差异化网络式管理模式,区分支柱类市场、成长类市场、新进类市场,分别建立监督式、对接式、挂靠式合规管理体系,完善境外合规风险防范链条,通过规范工作流程,将法律合规审核嵌入境外业务各个环节,有效防范境外风险。

(四) 用好"三张清单"

1. 正确认知"三张清单"。"三张清单"作为合规运行的重要抓手,是当前国有企业合规管理体系建设的重要环节,是重点领域合规风险管控的关键支撑。

2. "三张清单"的构成。

(1) 风险识别清单。是合规管理的基础性工作手段,以风险为导向。一方面,对外部法律法规、国家政策、行业标准等相关规定以及企业内部的规章制度作为合规标准,另一方面,结合企业经营管理与业务发展进行稽核，梳理出合规风险领域及风险点，划分风险等级，形成清单。可按照业务类型等将合规风险进行分类，以合规风险的表现形式、产生原因、违规后果、责任主体等为元素综合考虑，针对重点领域编制风险识别清单。

（2）岗位合规职责清单。是以岗位为抓手，梳理出涉及合规工作的岗位，在现有岗位职责的基础上，将其中涉及合规审核、合规管理、合规监督的合规动作列示出来，形成清单。岗位合规职责清单编制仅需针对重点岗位及重点人员，要以企业岗位说明书为基础落实合规职责，明确具体合规要点、履职要求，

（3）流程管控清单。对现有工作流程中涉及风险防控或是合规管控的节点进行梳理，设置必要环节，嵌入合规要求，形成清单。流程管控清单的编制要注意与公司内控流程或现有工作流程的衔接，融入企业流程重塑的整体安排。

第六节 《中央企业合规管理办法》

一、《中央企业合规管理办法》整体解读

（一）概述

2022 年 8 月 23 日，国务院国资委正式印发《中央企业合规管理办法》（国务院国有资产监督管理委员会令第 42 号）（在本节中以下简称"《办法》"）。《办法》共八章四十二条。作为国务院国资委成立以来第一个针对合规管理发布的部门规章，为央企强化合规管理提供风向标。是后续一个阶段企业深化合规管理工作的"动员令"和"规划图"，是企业依法合规经营的"宣言书"，描绘出合规管理新愿景。

（二）出台背景

党中央明确提出加快建设世界一流企业的目标，一流的企业必须要有一流的法治工作为保障。在当前国际竞争越来越体现为规则之争、法律之争的大背景下，中央企业面临的国内外环境和风险挑战日趋复杂严峻，必须加快提升依法合规经营管理水平，确保改革发展各项任务在法治轨道上稳步推进。在总结中央企业合规管理实践、借鉴国际大企业先进做法的基础上出台《办法》。

（三）总体特点

1. 从效力上看，突出了刚性约束。以国资委令的形式印发，作为部门规章对合规管理进行了全面规定，更多使用了"应当"的表述，许多是硬性要求，并明确规定因合规管理不到位引发违规行为的，国资委要严肃问责。

2. 从内容上看，强调了系统性。对深化合规管理体系作了全面规定，从组织体系、制度

体系、运行机制、文化建设、监督问责等方面提出了明确要求，突出了合规管理工作的体系化和系统性。

3. 从要求上看，体现了实效性。对反馈的意见建议逐一进行了梳理，充分吸收采纳。认真总结企业比较实际的经验做法，将其固化为制度，推动合规管理各项要求能够真正在企业落地。

4. 从措施上看，体现了创新性。参考国际大企业管理经验，借鉴部分央企典型做法，明确提出首席合规官、定期开展合规评价、建立违规行为记录制度等

（四）设立首席合规官

在中央企业设立首席合规官，是强化合规管理工作的一项重要举措。从国际大企业实践看，设立首席合规官是世界一流企业的普遍做法，首席合规官作为企业核心管理层成员，全面领导合规管理体系建设与运行，发挥了积极作用。从中央企业实际看，企业合规管理工作取得积极进展，但顶层设计和统筹依然不够，工作协同有待进一步强化。2021 年国际标准化组织印发的《合规管理体系 要求及使用指南》（ISO 37301：2021）明确规定，应当指定一人对合规管理体系运行负有职责、享有权限。世界银行、经合组织等国际组织鼓励企业设立首席合规官，并作为评估合规管理水平的重要指标。因此，在中央企业设立首席合规官，既有利于进一步明确合规管理职责、落实责任，统筹各方力量更好推动工作，也展现了中央企业对强化合规管理的高度重视和积极态度，对推动各类企业依法合规经营具有重要示范带动作用。中央企业应当结合实际设立首席合规官，领导合规管理部门组织开展相关工作，指导所属单位加强合规管理。具体条款如下：

第 12 条规定，中央企业应当结合实际设立首席合规官，不新增领导岗位和职数，由总法律顾问兼任，对企业主要负责人负责，领导合规管理部门组织开展相关工作，指导所属单位加强合规管理。

（五）对合规审查作了明确规定

加强合规审查是规范经营行为、防范违规风险的第一道关口，合规审查做到位就能从源头上防住大部分合规风险。《办法》中对合规审查提出了更高要求：

1. 明晰各部门合规审查职责和界限。业务及职能部门负责本部门经营管理行为的合规审查，合规管理部门负责规章制度、经济合同、重大决策等重要事项的合规审查，进一步明确各自分工，便于职责落地。

2. 进一步提升合规审查的刚性。企业应当将合规审查作为必经程序嵌入流程，重大决策事项的合规审查意见应当由首席合规官签字，对决策事项的合规性提出明确意见，进一步突出合规审查的刚性约束，确保"应审必审"。

3. 完善合规审查闭环管理。参考部分企业的经验做法，业务及职能部门、合规管理部门依据职责权限，不断完善审查标准、流程、重点等，定期对审查情况开展后评估以及合规评价，通过闭环管理不断提升审查质量，更好支撑保障中心工作。具体条款如下：

第 21 条规定，中央企业应当将合规审查作为必经程序嵌入经营管理流程，重大决策事项的合规审查意见应当由首席合规官签字，对决策事项的合规性提出明确意见。业务及职能部门、合规管理部门依据职责权限完善审查标准、流程、重点等，定期对审查情况开展后评估。

（六）对合规管理信息化建设专章作出规定

《法治中国建设规划（2020－2025年）》首次提出，运用大数据、云计算、人工智能等现代科技手段，全面建设"智慧法治"，推进法治中国建设的数据化、网络化、智能化。这为企业法治建设搭乘数字化快车、实现加速发展带来新机遇，也提出了更高要求。世界一流企业之所以合规管理做得好，一个重要原因就是充分运用大数据、人工智能等现代科技手段，真正将合规要求嵌入经营管理流程，并通过数据分析、智能控制等方式，实现即时预警、快速处置，切实提高了管理效能。《办法》专章对合规管理信息化建设作出规定，从明确主要功能、推进与其他信息系统互联互通、加强重点领域和关键节点实时动态监测等提出要求。具体条款如下：

第33条规定，中央企业应当加强合规管理信息化建设，结合实际将合规制度、典型案例、合规培训、违规行为记录等纳入信息系统。

第34条规定，中央企业应当定期梳理业务流程，查找合规风险点，运用信息化手段将合规要求和防控措施嵌入流程，针对关键节点加强合规审查，强化过程管控。

第35条规定，中央企业应当加强合规管理信息系统与财务、投资、采购等其他信息系统的互联互通，实现数据共用共享。

第36条规定，中央企业应当利用大数据等技术，加强对重点领域、关键节点的实时动态监测，实现合规风险即时预警、快速处置。

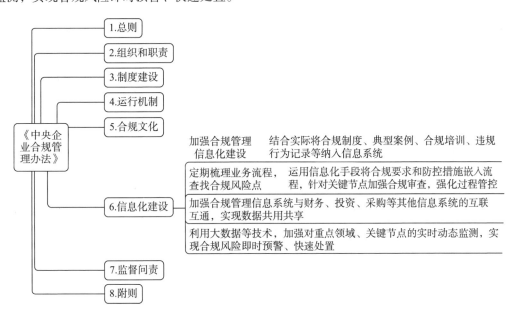

（七）阐述了合规管理与法治建设的关系

法治建设的概念大于合规管理，合规管理是法治建设的组成部分。具体条款如下：

第28条规定，中央企业应当将合规管理作为法治建设重要内容，纳入对所属单位的考核评价。

（八）强调发挥评价作用

对评价工作做了明确规定。且将评价工作作为后续企业合规工作的重点内容着力开展。具体条款如下：

第27条规定，中央企业应当定期开展合规管理体系有效性评价，针对重点业务合规管理情况适时开展专项评价，强化评价结果运用。

（九）与《中央企业合规管理指引（试行）》的关系

1. 与《中央企业合规管理指引（试行）》相比，内容更加突出刚性约束，内容更全、要求更高、措施更实。

（1）明确合规管理相关主体职责。按照法人治理结构，规定了企业党委（党组）、董事会、经理层、首席合规官等主体的合规管理职责，进一步明确了业务及职能部门、合规管理部门和监督部门合规管理"三道防线"职责。

（2）建立健全合规管理制度体系。要求中央企业结合实际，制定合规管理基本制度、具体制度或专项指南，构建分级分类的合规管理制度体系，强化对制度执行情况的检查。

（3）全面规范合规管理流程。对合规风险识别评估预警、合规审查、风险应对、问题整改、责任追究等提出明确要求，实现合规风险闭环管理。

（4）积极培育合规文化。要求中央企业通过法治专题学习、业务培训、加强宣传教育等，多方式、全方位提升全员合规意识，营造合规文化氛围。

（5）加快推进合规管理信息化建设。推动中央企业运用信息化手段将合规要求嵌入业务流程，利用大数据等技术对重点领域、关键节点开展实时动态监测，实现合规风险即时预警、快速处置。

2. 与《中央企业合规管理指引（试行）》并行不悖、相辅相成。在落实过程中，对于《办法》中有明确规定的，应当按照《办法》要求落实相关工作。对于《办法》中没有规定但是《中央企业合规管理指引（试行）》中有要求的，要继续按照《中央企业合规管理指引（试行）》规定推进落实。

3. 与《中央企业合规管理指引（试行）》对比，工作原则进行优化。具体条款如下：

第5条规定，中央企业合规管理工作应当遵循以下原则：（一）坚持党的领导。充分发挥企业党委（党组）领导作用，落实全面依法治国战略部署有关要求，把党的领导贯穿合规管理全过程。（二）坚持全面覆盖。将合规要求嵌入经营管理各领域各环节，贯穿决策、执行、监督全过程，落实到各部门、各单位和全体员工，实现多方联动、上下贯通。（三）坚持权责清晰。按照"管业务必须管合规"要求，明确业务及职能部门、合规管理部门和监督部门职责，严格落实员工合规责任，对违规行为严肃问责。（四）坚持务实高效。建立健全符合企业实际的合规管理体系，突出对重点领域、关键环节和重要人员的管理，充分利用大数据等信息化手段，切实提高管理效能。

4. 与《中央企业合规管理指引（试行）》对比，机构职责的规定更加丰富多元。具体条款如下：

第7条规定，中央企业党委（党组）发挥把方向、管大局、促落实的领导作用，推动合规要求在本企业得到严格遵循和落实，不断提升依法合规经营管理水平。中央企业应当严格遵守党内法规制度，企业党建工作机构在党委（党组）领导下，按照有关规定履行相应职责，推动相关党内法规制度有效贯彻落实。

第8条规定，中央企业董事会发挥定战略、作决策、防风险作用，主要履行以下职责：

（一）审议批准合规管理基本制度、体系建设方案和年度报告等。（二）研究决定合规管理重大事项。（三）推动完善合规管理体系并对其有效性进行评价。（四）决定合规管理部门设置及职责。

第9条规定，中央企业经理层发挥谋经营、抓落实、强管理作用，主要履行以下职责：（一）拟订合规管理体系建设方案，经董事会批准后组织实施。（二）拟订合规管理基本制度，批准年度计划等，组织制定合规管理具体制度。（三）组织应对重大合规风险事件。（四）指导监督各部门和所属单位合规管理工作。

第10条规定，中央企业主要负责人作为推进法治建设第一责任人，应当切实履行依法合规经营管理重要组织者、推动者和实践者的职责，积极推进合规管理各项工作。

第11条规定，中央企业设立合规委员会，可以与法治建设领导机构等合署办公，统筹协调合规管理工作，定期召开会议，研究解决重点难点问题。

第12条规定，中央企业应当结合实际设立首席合规官，不新增领导岗位和职数，由总法律顾问兼任，对企业主要负责人负责，领导合规管理部门组织开展相关工作，指导所属单位加强合规管理。

第13条规定，中央企业业务及职能部门承担合规管理主体责任，主要履行以下职责：（一）建立健全本部门业务合规管理制度和流程，开展合规风险识别评估，编制风险清单和应对预案。（二）定期梳理重点岗位合规风险，将合规要求纳入岗位职责。（三）负责本部门经营管理行为的合规审查。（四）及时报告合规风险，组织或者配合开展应对处置。（五）组织或者配合开展违规问题调查和整改。中央企业应当在业务及职能部门设置合规管理员，由业务骨干担任，接受合规管理部门业务指导和培训。

第14条规定，中央企业合规管理部门牵头负责本企业合规管理工作，主要履行以下职责：（一）组织起草合规管理基本制度、具体制度、年度计划和工作报告等。（二）负责规章制度、经济合同、重大决策合规审查。（三）组织开展合规风险识别、预警和应对处置，根据董事会授权开展合规管理体系有效性评价。（四）受理职责范围内的违规举报，提出分类处置意见，组织或者参与对违规行为的调查。（五）组织或者协助业务及职能部门开展合规培训，受理合规咨询，推进合规管理信息化建设。中央企业应当配备与经营规模、业务范围、风险水平相适应的专职合规管理人员，加强业务培训，提升专业化水平。

第15条规定，中央企业纪检监察机构和审计、巡视巡察、监督追责等部门依据有关规定，在职权范围内对合规要求落实情况进行监督，对违规行为进行调查，按照规定开展责任追究。

5. 与《中央企业合规管理指引（试行）》对比，制度规定有所变化，涉及合规管理制度、合规管理基本制度、合规管理具体制度或者专项指南。具体条款如下：

第16条规定，中央企业应当建立健全合规管理制度，根据适用范围、效力层级等，构建分级分类的合规管理制度体系。

第17条规定，中央企业应当制定合规管理基本制度，明确总体目标、机构职责、运行机制、考核评价、监督问责等内容。

第18条规定，中央企业应当针对反垄断、反商业贿赂、生态环保、安全生产、劳动用工、税务管理、数据保护等重点领域，以及合规风险较高的业务，制定合规管理具体制度或者专项指南。中央企业应当针对涉外业务重要领域，根据所在国家（地区）法律法规等，结合实际制定

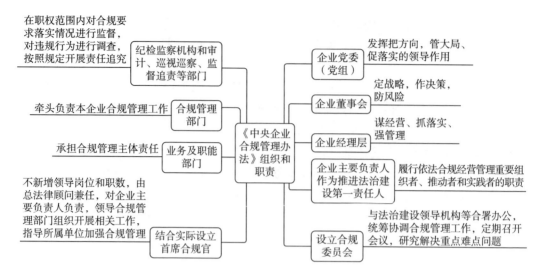

专项合规管理制度。

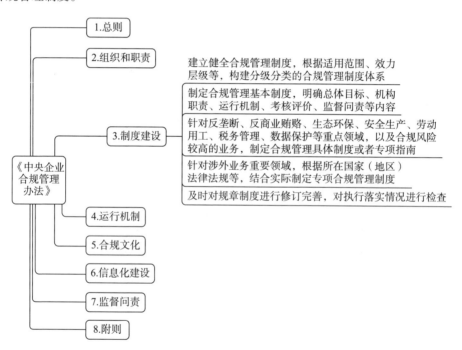

6. 与《中央企业合规管理指引（试行）》对比，机制规定有所变化，涉及合规风险识别预警机制、建立违规问题整改机制、违规行为追责问责机制。具体条款如下：

第20条规定，中央企业应当建立合规风险识别评估预警机制，全面梳理经营管理活动中的合规风险，建立并定期更新合规风险数据库，对风险发生的可能性、影响程度、潜在后果等进行分析，对典型性、普遍性或者可能产生严重后果的风险及时预警。

第23条规定，中央企业应当建立违规问题整改机制，通过健全规章制度、优化业务流程等，堵塞管理漏洞，提升依法合规经营管理水平。

第25条规定，中央企业应当完善违规行为追责问责机制，明确责任范围，细化问责标准，针对问题和线索及时开展调查，按照有关规定严肃追究违规人员责任。中央企业应当建立所属单位经营管理和员工履职违规行为记录制度，将违规行为性质、发生次数、危害程度等作为考核评价、职级评定等工作的重要依据。

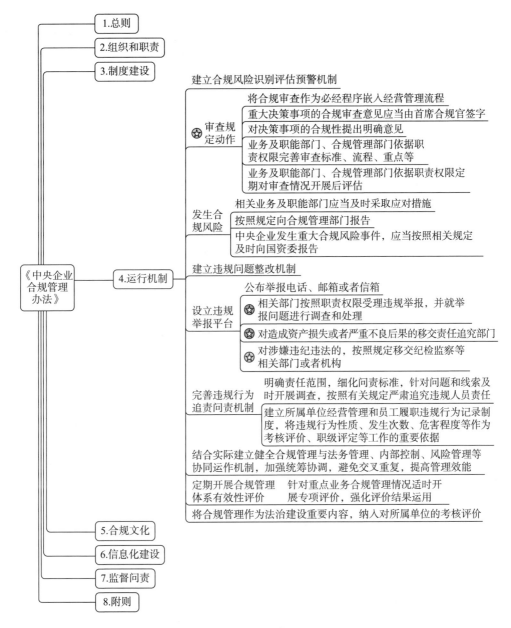

二、企业如何落实《中央企业合规管理办法》

（一）加强合规管理体系和能力建设

2021年，国务院国资委印发《关于进一步深化法治央企建设的意见》（国资发法规规〔2021〕80号），提出实现一个目标、健全五个体系、提升五种能力，其中就包括合规管理体系和数字化管理能力。企业法务要提高政治素养，以更高站位深度理解合规工作的意义。合规管理在遵循全面依法治国战略、对标世界一流管理提升、深化法治央企建设的路径中，将多层级的要求贯通落实，一体发展，纵向深耕，触达企业主体，在企业内部创建高质量的合规业态。

企业做合规，要紧紧围绕企业的发展，结合企业实际选取合规工作内容，塑造合规工作范式。

（二）形成合规管理合力

1. 明确责任主体，坚持权责清晰。《办法》规定从企业内部组织机构安排的角度，要求业务及职能部门作为第一责任主体承担合规责任，完成职责范围内的合规管理及日常合规工作。因此，业务及职能部门承担责任的同时，必然拥有本部门职责范围内的合规工作规划权、执行权、对下级单位对应范围内的合规工作监督权。合规管理部门在这个方面，要注意厘清合规工作边界，尊重业务及职能部门开展合规工作的主动性和独立性，配合业务及职能部门工作。实际上业务中的合规风险业务人员最清楚，合规举措也必须由业务规则予以规范和落实。

2. 强调统筹、协调、联动，形成管理合力。企业发展要求内部各专业条线要耦合关联，拥有整体意识和协同意识，做战略性全局性系统性推进。因此，虽然不同企业合规管理与法务管理、内部控制、风险管理的部门划分及专业要求可能不同，归根结底都要形成管理合力，达到系统整体的效用最优。合规管理要采取管理的方法，横向关联企业经营活动多方面内容、多业务流程，形成多部门联动、多工作条线协同的高效能合规业态。《办法》为企业合规工作中必然出现的部门联动与专业协同指明了方向，合规管理要在洞察企业全局工作的系统构建中，从局部服从整体、管理赋能经营的角度找准定位，在联动中不断进化，保持合规工作的科学性和先进性。

（三）抓牢合规风险防控

《办法》强调企业要有效防控合规风险。多个条款涉及合规风险的识别、评估、预警与应对等内容，搭建起合规风险闭环管理架构。第 20 条指出中央企业应当建立合规风险识别评估预警机制，全面梳理经营管理活动中的合规风险，建立并定期更新合规风险数据库，对风险发生的可能性、影响程度、潜在后果等进行分析，对典型性、普遍性或者可能产生严重后果的风险及时预警。这就对合规风险防控提出明确工作要求、具体作业方式。当下很多企业在数字化转型中进行流程重塑，合规风险防控工作要纳入流程重塑统一部署。在做好合规风险识别评估预警的基础上，进一步与合规审查、风险应对、问题整改、责任追究等多项工作衔接，环节相连、流程贯穿。

（四）探索智慧合规管理

《法治中国建设规划（2020—2025 年）》首次提出，推进法治中国建设的数据化、网络化、智能化。为企业法治建设搭乘数字化快车、实现加速发展带来新机遇。2020 年，国务院国资委下发《国务院国资委办公厅关于加快推进国有企业数字化转型工作的通知》，要求"打造数字经济新优势等决策部署，促进国有企业数字化、网络化、智能化发展"。这是一项涉及数据、技术、流程、组织等的复杂系统工程，最直接的影响是，企业经营管理业态变化了，经营管理数字化、业务数据化，与之相伴而行的合规工作必然随之变化。《办法》在第六章设置专章对合规管理信息化建设作出规定，从明确主要功能、推进与其他信息系统互联互通、加强重点领域和关键节点实时动态监测等提出要求。随着企业数字化转型进程加快，业务数据化、数据业务化的成效越来越突出。与管理相随、与业务相伴的合规工作如何调整强化，是一个挑战。当下很多企业在进行中台建设，通过中台拉通共享全国核心业务、核心能力、核心数据、核心流程，共享复用共性能力，打造企业智慧大脑。未来企业合规管理数字化转型，一定要服从企业的整体规划，纳入企业系统建设的大盘子中，调用管理中台、数据中台的基础能力，复用业务中台的运营工具，利用大数据、人工智能等现代科技手段，将合规综合管理要素与业务管理合规要素紧密结合，合规管理系统与业务支持系统协同开发，通过数据分析、智能控制等方式，切实提高合规管理效能，成为企业智慧大脑的组成部分。

第七节　2023 年深化法治建设加强合规管理工作会议

一、要深化提升、发挥作用上下真功、求实效

2023 年 3 月 2 日，国务院国资委召开了"中央企业深化法治建设加强合规管理工作会议"，国务院国资委党委委员、副主任翁杰明出席会议并讲话。会议强调，中央企业要以习近平法治思想为指导，旗帜鲜明尊法治、强合规，以落实《中央企业合规管理办法》为主线，在深化提升、发挥作用上下真功、求实效。以首席合规官制度为核心，加强对重大经营事项的审核把关，对违规行为"一票否决"；以完善运行机制为关键，不断健全合规风险识别清单、岗位合规职责清单、业务流程管控清单，推动合规管理与经营管理深度融合；以抓好重点领域为切入点，及时将合规要求内化为规章制度，点面结合切实防范合规风险；以强化案件管理为抓手，妥善处理重大纠纷案件，推进以案促管；以信息化建设为支撑，将合规要求嵌入重要流程和关键环节，有效提升工作效能。

二、总结"合规管理强化年"工作成绩

"合规管理强化年"确定的 44 项重点任务，近九成完成率达到 70% 以上，28 项超过 90%。中央企业党委（党组）理论学习中心组开展合规专题学习 198 次，董事会审议合规议题 457 个，99 家企业集团和 2300 多家重要子企业设置了合规委员会。中央企业印发重点领域合规指南 868 件，制订岗位合规职责清单 5000 多项，将 1 万多项合规要求植入管理流程。中央企业合规风险与违规问题排查总体整改率达到 92.5%，95 家企业搭建了合规举报咨询平台。68 家中央企业集团和 631 家重要子企业设置了首席合规官，全系统合规管理人员超过 2.8 万人。68 家探索建立了合规管理信息系统。

三、加快推动中央企业合规管理工作走深走实

（一）以首席合规官制度为核心，保障有效履职

建立首席合规官制度，是中央企业合规管理工作的一大亮点，也是合规管理体系有效运转的关键。加快完善工作机制，保障首席合规官全面参与重大经营管理活动，刚性落实重大决策事项合规审查意见签字制度，对违规行为"一票否决"。设立独立法治工作机构，以首席合规官为核心打造高素质专业化合规管理队伍。

（二）完善运行机制，推动落地见效

以合规风险识别清单、岗位合规职责清单、业务流程管控清单为基础，对合规风险全面梳理、系统分类，细化实化职责清单，将重点岗位合规责任纳入岗位手册，将合规要求和管控措施嵌入关键节点，严把合规审查关口。

（三）抓好重点领域，加大管理力度

针对安全环保、招标采购、工程建设等重点领域，研究制定合规管理专项指引。通过设立合规管理员、加强合规审查等方式，压紧压实重点领域管理部门"第一道防线"主体责任，把问题解决在最前端。

（四）强化案件管理，实现以案促管

持续开展"压存控增"工作，通过诉讼、仲裁、调解等多元化纠纷解决机制妥善处理案件。加强对重大案件的复盘分析，深挖案件背后反映的管理问题，通过法律意见书、管理建议函等督促有关单位及时完善制度、健全机制。

（五）以信息化建设提升管理效能

逐步实现与投资、合同、财务等系统的互联互通，力争实现线上审查、过程留痕、提前预警、即时截停，进一步强化合规管理的刚性约束。

第八节　不同角色工作职责对比

一、企业总法律顾问

企业总法律顾问的职责第一次出现在《国有企业法律顾问管理办法》（国务院国有资产监督管理委员会令第6号）中。具体条款如下：

第21条规定，企业总法律顾问履行下列职责：（一）全面负责企业法律事务工作，统一协调处理企业决策、经营和管理中的法律事务；（二）参与企业重大经营决策，保证决策的合法性，并对相关法律风险提出防范意见；（三）参与企业重要规章制度的制定和实施，建立健全企业法律事务机构；（四）负责企业的法制宣传教育和培训工作，组织建立企业法律顾问业务培训制度；（五）对企业及下属单位违反法律、法规的行为提出纠正意见，监督或者协助有关部门予以整改；（六）指导下属单位法律事务工作，对下属单位法律事务负责人的任免提出建议；（七）其他应当由企业总法律顾问履行的职责。

二、中央企业主要负责人作为推进法治建设第一责任人

中央企业主要负责人的职责在《中央企业合规管理办法》（国务院国有资产监督管理委员会令第42号）中的规定。具体条款如下：

第10条规定，中央企业主要负责人作为推进法治建设第一责任人，应当切实履行依法合规经营管理重要组织者、推动者和实践者的职责，积极推进合规管理各项工作。

三、首席合规官

首席合规官的职责第一次出现在《中央企业合规管理办法》（国务院国有资产监督管理委员会令第42号）中。具体条款如下：

第12条规定，中央企业应当结合实际设立首席合规官，不新增领导岗位和职数，由总法律顾问兼任，对企业主要负责人负责，领导合规管理部门组织开展相关工作，指导所属单位加强合规管理。

第九节　地方国资委开展合规管理示例

一、《上海市国资委监管企业合规管理指引（试行）》

（一）概述

2018年12月28日，上海市国资委发布关于印发《上海市国资委监管企业合规管理指引（试行）》（沪国资委法规〔2018〕464号）的通知。共6章35条。

（二）工作原则

1. 全面覆盖。合规要求应当覆盖各业务领域、各部门、各级子企业和分支机构、全体员工，贯穿决策、执行、监督全流程。

2. 强化责任。把加强合规管理作为企业主要负责人履行推进法治建设第一责任人职责的重要内容。建立全员合规责任制，明确管理人员和各岗位员工的合规责任并督促有效落实。

3. 协同联动。推动合规管理与法律风险防范、监察、审计、内控、风险管理等工作相统筹、相衔接，确保合规管理体系有效运行。

4. 客观独立。严格依照法律法规等规定对企业和员工进行客观评价和处理。合规管理牵头部门独立履行职责，不受其他部门和人员的干涉。

（三）合规管理重点

1. 企业应当根据外部环境变化，在全面推进合规管理的基础上，结合自身实际，明确应当特别关注的重点领域、重点环节和重点人员，切实防范合规风险。

2. 加强对以下重点领域的合规管理：

（1）市场交易。完善交易管理制度，严格履行决策批准程序，建立健全自律诚信体系，突出反商业贿赂、反垄断、反不正当竞争，规范资产交易、招投标等活动。

（2）安全环保。严格执行国家安全生产、环境保护法律法规，完善企业生产规范和安全环保制度，加强监督检查，及时发现并整改违规问题。

（3）产品质量。完善质量体系，加强过程控制，严把各环节质量关，提供优质产品和服务。

（4）劳动用工。严格遵守劳动法律法规，健全完善劳动合同管理制度，规范劳动合同签订、履行、变更和解除，切实维护劳动者合法权益。

（5）财务税收。健全完善财务内部控制体系，严格执行财务事项操作和审批流程，严守财经纪律，强化依法纳税意识，严格遵守税收法律政策。

（6）知识产权。及时申请注册知识产权成果，规范实施许可和转让，加强对商业秘密和商标的保护，依法规范使用他人知识产权，防止侵犯他人权益。

（7）商业伙伴。对重要商业伙伴开展合规调查，通过签订合规协议、要求作出合规承诺等方式促进商业伙伴行为合规。

（8）其他需要重点关注的领域。

3. 加强以下重点环节的合规管理：

（1）制度制定环节。强化对规章制度、改革方案等重要文件的合规审查，确保符合法律法规、监管规定等要求。

（2）经营决策环节。严格落实"三重一大"决策制度，细化各层级决策事项和权限，加强对决策事项合规论证把关机制，保障决策依法合规。

（3）运营管理环节。严格执行合规制度，加强对重点流程的监督检查，确保经营过程中照章办事、按章操作。

（4）其他需要重点关注的环节。

4. 加强对以下重点人员的合规管理：

（1）管理人员。促进管理人员切实提高合规意识，带头依法依规开展经营管理活动，认真履行承担的合规管理职责，强化考核与监督问责。

（2）重要风险岗位人员。聚焦重点领域和关键环节，明确界定高风险岗位，有针对性加大培训力度、强化上级监督管理责任、细化违规处罚等，使高风险岗位员工掌握业务涉及的法规制度规定和违规责任，并严格遵守。

（3）海外人员。将合规培训作为海外人员任职、上岗的必备条件，确保遵守我国和所在国法律法规等相关规定。

（4）其他需要重点关注的人员。

5. 加强对海外投资经营行为的合规管理：

（1）加强对企业对外贸易、境外投资、海外运营以及海外工程建设等行为的合规管理，深入研究并严格遵守所在国法律法规、缔结或者加入的有关国际条约及相关国际规则、全面掌握禁止性规定，明确海外投资经营行为的红线、底线。

（2）健全海外合规经营的制度、体系、流程，重视开展项目的合规论证和尽职调查，依法加强对境外机构的管控，规范经营管理行为。

（3）定期排查梳理海外投资经营业务的风险状况，重点关注投资保护、市场准入、外汇与贸易管制、环境保护、税收劳工等高风险领域以及重大决策、重大合同、大额资金管控和境外子企业公司治理等方面存在的合规风险，认真制定防控措施，妥善处理、及时报告，防止扩大蔓延。

（四）合规管理运行

1. 建立健全合规管理制度，制定全员普遍遵守的合规行为规范，针对重点领域合规风险制定专项合规管理制度。根据法律法规变化和监管动态，及时将外部有关合规要求转化为内部规章制度。

2. 建立合规风险识别预警机制，全面系统梳理经营管理活动中存在的合规风险，对风险发生的可能性、影响程度、潜在后果等进行系统分析，对于典型性、普遍性和可能产生较严重后果的风险及时发布预警。

3. 加强合规风险应对，针对发现的风险制定预案，采取有效措施，及时应对处置。对于重大合规风险事件，合规委员会统筹领导，合规管理负责人牵头，相关部门协同配合，最大限度化解风险、降低损失。

4. 建立健全合规审查机制，将合规审查作为规章制度制定、重大事项决策、重要合同签订、重大项目运营等经营管理行为的必经程序，及时对不合规的内容提出修改建议，未经合规审查不得实施。

5. 建立举报机制，畅通举报渠道，保障企业员工有权利和途径举报违法违规行为。

6. 建立容错免责制度，把是否依法合规作为免责认定的重要依据。

7. 开展合规管理评估，定期对合规管理体系的有效性进行分析，对重大或反复出现的合规风险和问题，深入查找根源，完善相关制度，堵塞管理漏洞，强化过程管控，持续改进提升。

（五）除外规定

上海市国资委监管企业合规管理适用本指引。金融企业另有规定的，从其规定。

二、上海市国资委开展《上海市国资委监管企业合规管理指引（试行）》后评估工作

（一）开展《上海市国资委监管企业合规管理指引（试行）》后评估工作

2021年上海市国资委委托上海市律师协会对《上海市国资委监管企业合规管理指引（试行）》进行后评估，形成了《〈上海市国资委监管企业合规管理指引（试行）〉后评估报告》，这是上海市国资委首次开展对监管文件实施的后评估工作，既有力推动了企业相关工作，同时也是对监管文件落实程度的一次检验。上海市律师协会指派下属法律合规业务研究委员会自3月1日至9月30日，通过采取问卷调查、现场调研、座谈交流、专题研讨等方式，对36家监管企业按照《上海市国资委监管企业合规管理指引（试行）》建立合规体系情况、制定合规制度情况、组建合规管理队伍情况、开展合规培训、识别并开展重点领域合规风险情况以及加强子公司合规管理等情况开展了后评估，并起草了《〈上海市国资委监管企业合规管理指引（试行）〉后评估报告》。

（二）《〈上海市国资委监管企业合规管理指引（试行）〉后评估报告》内容

《〈上海市国资委监管企业合规管理指引（试行）〉后评估报告》共分为五部分，一是后评估工作概况，包括工作开展的节点和内容；二是后评估基础，包括依据、范围、目的、方法、权重指标等；三是企业后评估分类，对企业按照合规管理评估结果水平分为四类；四是分领域后评估情况，从体系建设、制度健全、合规队伍、合规培训等方面分析现状及存在的不足；五是问题和建议，针对《上海市国资委监管企业合规管理指引（试行）》后评估情况，以及企业反映的问题，有针对性地提出了对《上海市国资委监管企业合规管理指引（试行）》的修改建议。《〈上海市国资委监管企业合规管理指引（试行）〉后评估报告》还收录了典型案例和汇总表。

（三）后续工作开展

上海市国资委将以《〈上海市国资委监管企业合规管理指引（试行）〉后评估报告》为基础，对《上海市国资委监管企业合规管理指引（试行）》作进一步修改完善，根据《〈上海市国资委监管企业合规管理指引（试行）〉后评估报告》中指出的重点领域和薄弱环节，积极推进企业合规管理工作向纵深开展，为实现企业高质量发展提供法治保障。同时，也将有序开展对其他国资监管文件的第三方后评估工作。

三、《上海市国资委监管企业合规管理办法》

（一）概述

2022年12月16日，上海市国资委发布《上海市国资委监管企业合规管理办法》（沪国资委规〔2022〕2号）。

（二）工作原则

1. 坚持党的领导。充分发挥企业党委领导作用，落实全面依法治国战略部署有关要求，把党的领导贯穿合规管理全过程。

2. 坚持全面覆盖。将合规要求嵌入经营管理各领域各环节，贯穿决策、执行、监督全过程，落实到各部门、各分支机构、子企业和全体员工，实现多方联动、上下贯通。

3. 坚持权责清晰。按照"管业务必须管合规"要求，明确业务及职能部门、合规管理部门和监督部门职责，严格落实员工合规责任，对违规行为严肃问责。

4. 坚持务实高效。建立健全符合企业实际的合规管理体系，突出对重点领域、重点环节和重点人员的管理，充分利用大数据等信息化手段，切实提高管理效能。

（三）设立合规管理部门

企业应当设立合规管理部门或明确牵头负责本企业合规管理工作的部门；其他部门承担合规管理职责的，其职能与合规管理职能不得冲突。合规管理部门主要履行以下职责：

1. 组织起草合规管理基本制度、具体制度、年度计划和工作报告等。

2. 负责规章制度、经济合同、重大决策、重大项目等的合规审查。

3. 组织开展合规风险识别、预警和应对处置，根据董事会授权开展合规管理体系有效性评价。

4. 指导、监督、检查业务及职能部门、各分支机构、所属企业合规管理工作，并组织实施考核评价。

5. 受理职责范围内的违规举报，提出分类处置意见，组织或者参与对违规行为的调查。

6. 组织或者协助业务及职能部门开展合规培训，受理合规咨询，推进合规管理信息化建设。

7. 公司章程等规定的其他合规管理职责。企业应当配备与经营规模、业务范围、风险水平相适应的专职合规管理人员，加强业务培训，提升专业化水平。境外经营重要地区、重点项目应当明确合规管理机构或配备专职人员，切实防范合规风险。

（四）工作协同

企业纪检监察机构和审计、巡视巡察、监督追责等部门依据有关规定，在职权范围内对合规要求落实情况进行监督，对违规行为进行调查，按照规定开展责任追究。

企业应当积极引导、支持公司律师充分参与企业合规管理工作，强化法律服务保障职能，推动完善企业合规管理体系，防范化解企业合规经营风险。

（五）运行机制

1. 企业应当推动风险防范关口前移，建立合规风险识别评估预警机制，全面梳理经营管理活动中的合规风险，建立并定期更新合规风险数据库，对风险发生的可能性、影响程度、潜在后果等进行分析，对典型性、普遍性或者可能产生严重后果的风险及时预警。

2. 企业应当将合规审查作为必经程序嵌入经营管理流程，重大决策事项的合规审查意见应当由首席合规官（或合规总监）签字，对决策事项的合规性提出明确意见。业务及职能部门、合规管理部门依据职责权限完善审查标准、流程、重点等，定期对审查情况开展后评估。合规管理部门可以主动跨前服务，及时提供合规建议。

3. 企业应当结合实际，明确合规管理重点领域、重点环节和重点人员，切实防范各类合规风险。

4. 企业应当强化合规检查，并将合规检查常态化、制度化。开展合规检查，应客观公正并保留相应的证据，企业主要负责人应给予支持，业务及职能部门应予以配合。

5. 企业发生合规风险，相关业务及职能部门应当及时采取应对措施并按要求报告。企业因违规行为引发重大法律纠纷案件、重大行政处罚、刑事案件，或者被国际组织制裁等重大合规风险事件，造成或者可能造成企业重大资产损失或者严重不良影响的，应当由首席合规官（或合规总监）牵头，合规管理部门统筹协调，相关部门协同配合，制定风险应对预案，及时采取措施妥善处置。

6. 企业应当建立违规问题整改机制，及时制定和实施合规整改计划，通过健全规章制度、优化业务流程等，堵塞管理漏洞，提升依法合规经营管理水平。

7. 企业应当建立合规报告机制。年度合规管理工作情况应纳入经理层年度经营报告，提交董事会审议后向市国资委报告。企业发生合规风险事件，应当按照相关规定向合规管理部门、首席合规官（或合规总监）、合规委员会报告。发生重大合规风险事件，应当在收到诉讼材料、监管材料等15日内向市国资委和有关部门报告。

8. 企业应当设立违规举报平台，公布举报电话、邮箱或者信箱，相关部门按照职责权限受理违规举报，并就举报问题进行调查和处理，对造成资产损失或者严重不良后果的，移交责任追究部门；对涉嫌违纪违法的，按照规定移交纪检监察等相关部门或者机构。企业应当对举报人的身份和举报事项严格保密，对举报属实的举报人可以给予适当奖励。任何单位和个人不得以任何形式对举报人进行打击报复。

9. 企业应当完善违规经营责任追究机制，明确责任追究情形和范围，细化问责标准，针对问题和线索及时开展核查，按照有关规定严肃追究违规人员责任。企业应当建立所属单位经营管理和员工履职违规行为记录制度，将违规行为性质、发生次数、危害程度等作为考核评价、职级评定等工作的重要依据。

10. 企业应当建立合规容错免责制度，制定尽职合规免责事项清单，把依法合规作为免责认定的重要依据。

11. 企业应当建立专业化、高素质的合规管理队伍，根据业务规模、合规风险水平等因素加强专职、兼职合规管理员配备，通过持续加强业务培训，提升队伍能力水平。

12. 企业应当结合实际建立健全合规管理与法务管理、内部控制、风险管理等协同运作机制，加强统筹协调，避免交叉重复，提高管理效能。企业合规管理应当加强与审计监督、财会监督、司法监督等机制的协调联动，形成合力。

13. 企业应当定期开展合规管理体系有效性评价，针对重点业务合规管理情况适时开展专项评价，强化评价结果运用。企业可以委托外部专业机构参与评价。支持、鼓励企业按照国家标准，通过合规管理体系贯标认证。

14. 企业应当将合规管理作为法治建设重要内容，细化评价指标，纳入对业务和职能部门、分支机构、所属企业负责人的年度考核评价。对员工和所属企业合规职责履行情况进行评价，评价结果作为员工考核、干部任用、评优评先等工作的重要依据。

15. 企业应当引导、鼓励员工提出合规管理改进建议，宣扬守法诚信、合规经营典范，对在合规管理领域有突出贡献的员工给予激励奖励。

（六）除外规定

金融监管机构对金融企业合规管理另有规定的，从其规定。

【合规实务建议】

1. 客观认识企业合规工作发展会经历不同阶段，不同阶段工作特点不同。了解中央企业合规管理的发展历程，厘清不同阶段的工作要求与可实现的工作成果，选择有参考价值的部分，结合企业实际运用到合规管理实践中。

2. 理解《中央企业合规管理指引（试行）》（国资发法规〔2018〕106号）的通知，其中关于重点领域、重点环节和重点人员的要求，可以作为企业开展合规重点工作的参考。

3. 理解《中央企业合规管理办法》（国务院国有资产监督管理委员会令第 42 号），这是当前阶段央企开展合规管理工作的指导性文件。

【本章涉及法规文件】

1. 2014 年 12 月，国务院国资委下发《国资委关于推动落实中央企业法制工作新五年规划有关事项的通知》（国资发法规〔2014〕193 号）。

2. 2015 年 12 月，国务院国资委下发《关于全面推进法治央企建设的意见》（国资发法规〔2015〕166 号）。

3. 2016 年 4 月，国务院国资委印发《关于在部分中央企业开展合规管理体系建设试点工作的通知》。

4. 2018 年 7 月，国务院国资委发布《中央企业违规经营投资责任追究实施办法（试行)》（国务院国有资产监督管理委员会令第 37 号）。

5. 2018 年 11 月，国务院国资委印发关于《中央企业合规管理指引（试行)》（国资发法规〔2018〕106 号）的通知。

6. 2018 年 12 月，发改委等七部委联合发布施行《企业境外经营合规管理指引》（发改外资〔2018〕1916 号）。

7. 2022 年 8 月，国务院国资委印发《中央企业合规管理办法》（国务院国有资产监督管理委员会令第 42 号）。

8. 2018 年 12 月，上海市国资委关于印发《上海市国资委监管企业合规管理指引（试行)》（沪国资委法规〔2018〕464 号）的通知。

9. 2022 年 12 月，上海市国资委《上海市国资委监管企业合规管理办法》（沪国资委规〔2022〕2 号）。

第八章　中央企业内部控制与风险管理发展历程

🎯 **本章内容导读**

本章全面追溯了中央企业内控、风险管理工作发展历程，重点关注三个具有里程碑意义的文件。

第一，关于印发《中央企业全面风险管理指引》（国资发改革〔2006〕108号）的通知，是后续开展全面风险、内控、合规工作的基础性文件，是对全面风险管理阐述最全面的文件，从方法论到具体工作举措，都对后续合规风险防控工作有很高的借鉴意义。

第二，《企业内部控制基本规范》（财会〔2008〕7号）及配套指引，共同构建了中国企业内部控制规范体系，奠定了内控工作的基石，至今仍是开展内控工作的参照系。

第三，《关于加强中央企业内部控制体系建设与监督工作的实施意见》（国资发监督规〔2019〕101号），这份文件的下发，标志着国务院国资委开创一个新的工作阶段。如果说前一个阶段工作是风险引领内控为主导，这个阶段就是内控引领风险为主导。

内部控制与风险管理的发展，经历过管理重点及管理要求调整，涉及的国家部委较多。既要了解内部控制与风险管理体系演进发展，也要了解最新的管理动态及年度工作要求，有助于更好地理解内部控制与风险管理的工作思路与底层逻辑，做好内部控制、风险管理、合规管理的一体推进，形成工作合力。

第一节　风险管理规范性文件及要求

一、《中央企业全面风险管理指引》

（一）概述

2006年6月6日，国务院国资委印发《中央企业全面风险管理指引》（国资发改革〔2006〕108号）的通知。企业全面风险管理是一项十分重要的工作，关系到国有资产保值增值和企业健康稳定发展。目的是指导企业开展全面风险管理工作，进一步提高企业管理水平，增强企业竞争力，促进企业稳步发展。

（二）对企业风险、全面风险管理、内部控制系统分别进行定义

具体条款如下：

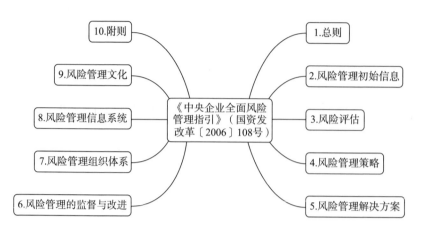

第3条规定，本指引所称企业风险，指未来的不确定性对企业实现其经营目标的影响。企业风险一般可分为战略风险、财务风险、市场风险、运营风险、法律风险等；也可以能否为企业带来盈利等机会为标志，将风险分为纯粹风险（只有带来损失一种可能性）和机会风险（带来损失和盈利的可能性并存）。

第4条规定，本指引所称全面风险管理，指企业围绕总体经营目标，通过在企业管理的各个环节和经营过程中执行风险管理的基本流程，培育良好的风险管理文化，建立健全全面风险管理体系，包括风险管理策略、风险理财措施、风险管理的组织职能体系、风险管理信息系统和内部控制系统，从而为实现风险管理的总体目标提供合理保证的过程和方法。

第6条规定，本指引所称内部控制系统，指围绕风险管理策略目标，针对企业战略、规划、产品研发、投融资、市场运营、财务、内部审计、法律事务、人力资源、采购、加工制造、销售、物流、质量、安全生产、环境保护等各项业务管理及其重要业务流程，通过执行风险管理基本流程，制定并执行的规章制度、程序和措施。

（三）把机会风险视为企业的特殊资源

在企业风险的定义中，明确提到了机会风险，要求把机会风险视为企业的特殊资源，着眼于让机会风险为企业创造价值。具体条款如下：

第8条规定，企业开展全面风险管理工作，应注重防范和控制风险可能给企业造成损失和危害，也应把机会风险视为企业的特殊资源，通过对其管理，为企业创造价值，促进经营目标的实现。

（四）设定风险管理总体目标

具体条款如下：

第7条规定，企业开展全面风险管理要努力实现以下风险管理总体目标：（一）确保将风险控制在与总体目标相适应并可承受的范围内；（二）确保内外部，尤其是企业与股东之间实现真实、可靠的信息沟通，包括编制和提供真实、可靠的财务报告；（三）确保遵守有关法律法规；（四）确保企业有关规章制度和为实现经营目标而采取重大措施的贯彻执行，保障经营管理的有效性，提高经营活动的效率和效果，降低实现经营目标的不确定性；（五）确保企业建立针对各项重大风险发生后的危机处理计划，保护企业不因灾害性风险或人为失误而遭受重大损失。

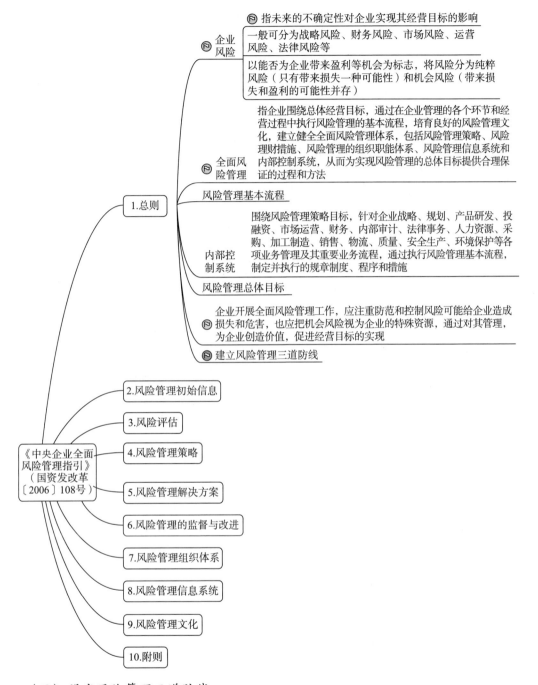

（五）设定风险管理三道防线

具体条款如下：

第 10 条规定，企业开展全面风险管理工作应与其他管理工作紧密结合，把风险管理的各项要求融入企业管理和业务流程中。具备条件的企业可建立风险管理三道防线，即各有关职能部门和业务单位为第一道防线；风险管理职能部门和董事会下设的风险管理委员会为第二道防线；内部审计部门和董事会下设的审计委员会为第三道防线。

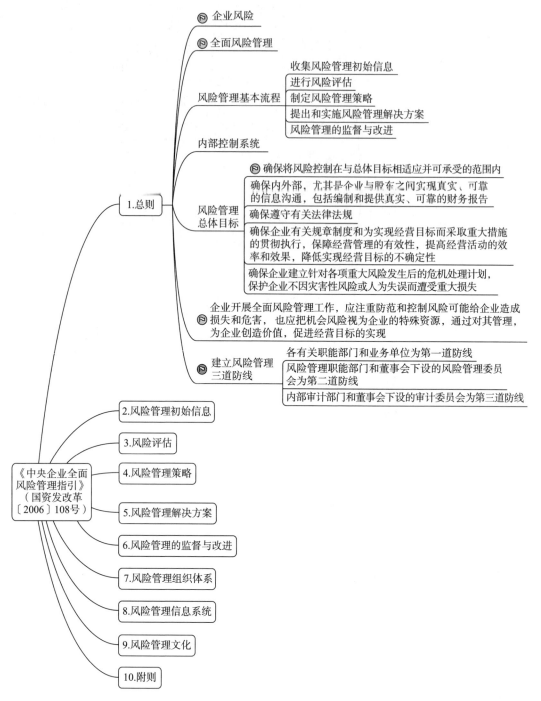

（六）对企业不同种类的风险管理提出不同要求

具体条款如下：

第3条规定，本指引所称企业风险，指未来的不确定性对企业实现其经营目标的影响。企业风险一般可分为战略风险、财务风险、市场风险、运营风险、法律风险等；也可以能否为企业带来盈利等机会为标志，将风险分为纯粹风险（只有带来损失一种可能性）和机会风险

（带来损失和盈利的可能性并存）。

第12条规定，在战略风险方面，企业应广泛收集国内外企业战略风险失控导致企业蒙受损失的案例，并至少收集与本企业相关的以下重要信息：（一）国内外宏观经济政策以及经济运行情况、本行业状况、国家产业政策；（二）科技进步、技术创新的有关内容；（三）市场对本企业产品或服务的需求；（四）与企业战略合作伙伴的关系，未来寻求战略合作伙伴的可能性；（五）本企业主要客户、供应商及竞争对手的有关情况；（六）与主要竞争对手相比，本企业实力与差距；（七）本企业发展战略和规划、投融资计划、年度经营目标、经营战略，以及编制这些战略、规划、计划、目标的有关依据；（八）本企业对外投融资流程中曾发生或易发生错误的业务流程或环节。

第13条规定，在财务风险方面，企业应广泛收集国内外企业财务风险失控导致危机的案例，并至少收集本企业的以下重要信息（其中有行业平均指标或先进指标的，也应尽可能收集）：（一）负债、或有负债、负债率、偿债能力；（二）现金流、应收账款及其占销售收入的比重、资金周转率；（三）产品存货及其占销售成本的比重、应付账款及其占购货额的比重；（四）制造成本和管理费用、财务费用、营业费用；（五）盈利能力；（六）成本核算、资金结算和现金管理业务中曾发生或易发生错误的业务流程或环节；（七）与本企业相关的行业会计政策、会计估算、与国际会计制度的差异与调节（如退休金、递延税项等）等信息。

第14条规定，在市场风险方面，企业应广泛收集国内外企业忽视市场风险、缺乏应对措施导致企业蒙受损失的案例，并至少收集与本企业相关的以下重要信息：（一）产品或服务的价格及供需变化；（二）能源、原材料、配件等物资供应的充足性、稳定性和价格变化；（三）主要客户、主要供应商的信用情况；（四）税收政策和利率、汇率、股票价格指数的变化；（五）潜在竞争者、竞争者及其主要产品、替代品情况。

第15条规定，在运营风险方面，企业应至少收集与本企业、本行业相关的以下信息：（一）产品结构、新产品研发；（二）新市场开发，市场营销策略，包括产品或服务定价与销售渠道，市场营销环境状况等；（三）企业组织效能、管理现状、企业文化，高、中层管理人员和重要业务流程中专业人员的知识结构、专业经验；（四）期货等衍生产品业务中曾发生或易发生失误的流程和环节；（五）质量、安全、环保、信息安全等管理中曾发生或易发生失误的业务流程或环节；（六）因企业内、外部人员的道德风险致使企业遭受损失或业务控制系统失灵；（七）给企业造成损失的自然灾害以及除上述有关情形之外的其他纯粹风险；（八）对现有业务流程和信息系统操作运行情况的监管、运行评价及持续改进能力；（九）企业风险管理的现状和能力。

第16条规定，在法律风险方面，企业应广泛收集国内外企业忽视法律法规风险、缺乏应对措施导致企业蒙受损失的案例，并至少收集与本企业相关的以下信息：（一）国内外与本企业相关的政治、法律环境；（二）影响企业的新法律法规和政策；（三）员工道德操守的遵从性；（四）本企业签订的重大协议和有关贸易合同；（五）本企业发生重大法律纠纷案件的情况；（六）企业和竞争对手的知识产权情况。

（七）对风险评估做了明确规定

具体条款如下：

第18条规定，企业应对收集的风险管理初始信息和企业各项业务管理及其重要业务流程进行风险评估。风险评估包括风险辨识、风险分析、风险评价三个步骤。

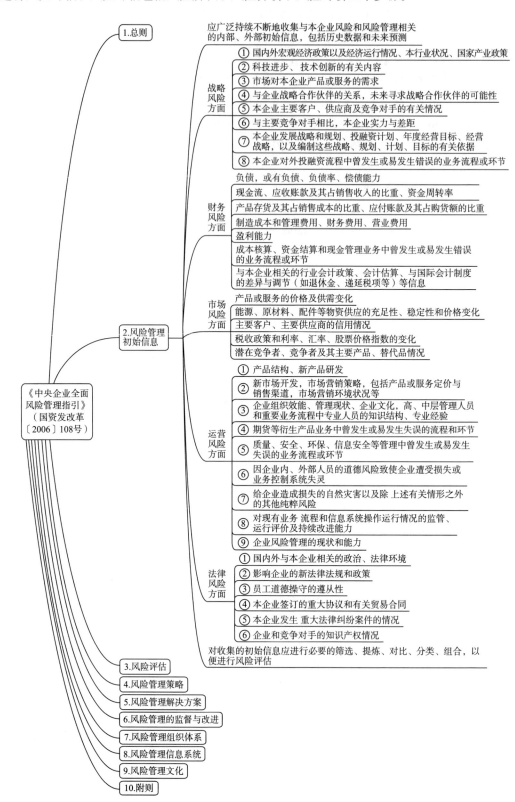

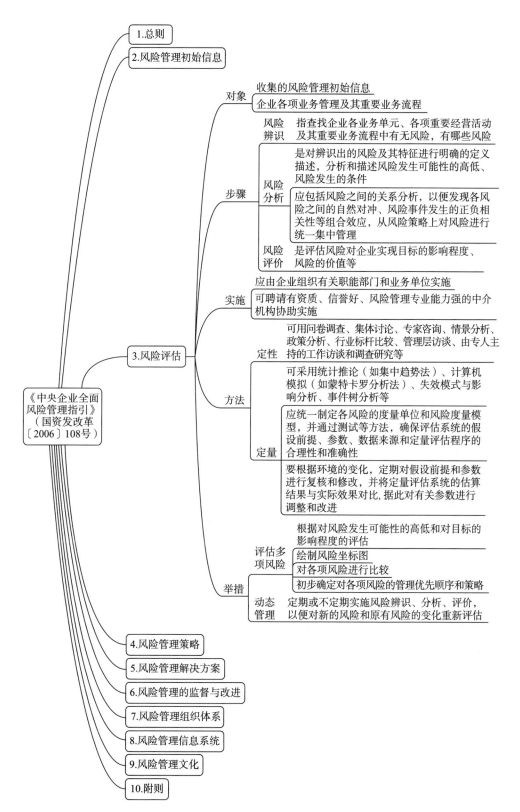

第19条规定，风险评估应由企业组织有关职能部门和业务单位实施，也可聘请有资质、

信誉好、风险管理专业能力强的中介机构协助实施。

第20条规定，风险辨识是指查找企业各业务单元、各项重要经营活动及其重要业务流程中有无风险，有哪些风险。风险分析是对辨识出的风险及其特征进行明确的定义描述，分析和描述风险发生可能性的高低、风险发生的条件。风险评价是评估风险对企业实现目标的影响程度、风险的价值等。

第21条规定，进行风险辨识、分析、评价，应将定性与定量方法相结合。定性方法可采用问卷调查、集体讨论、专家咨询、情景分析、政策分析、行业标杆比较、管理层访谈、由专人主持的工作访谈和调查研究等。定量方法可采用统计推论（如集中趋势法）、计算机模拟（如蒙特卡罗分析法）、失效模式与影响分析、事件树分析等。

第22条规定，进行风险定量评估时，应统一制定各风险的度量单位和风险度量模型，并通过测试等方法，确保评估系统的假设前提、参数、数据来源和定量评估程序的合理性和准确性。要根据环境的变化，定期对假设前提和参数进行复核和修改，并将定量评估系统的估算结果与实际效果对比，据此对有关参数进行调整和改进。

第23条规定，风险分析应包括风险之间的关系分析，以便发现各风险之间的自然对冲、风险事件发生的正负相关性等组合效应，从风险策略上对风险进行统一集中管理。

第24条规定，企业在评估多项风险时，应根据对风险发生可能性的高低和对目标的影响程度的评估，绘制风险坐标图，对各项风险进行比较，初步确定对各项风险的管理优先顺序和策略。

第25条规定，企业应对风险管理信息实行动态管理，定期或不定期实施风险辨识、分析、评价，以便对新的风险和原有风险的变化重新评估。

（八）对风险管理策略做了明确规定

具体条款如下：

第26条规定，本指引所称风险管理策略，指企业根据自身条件和外部环境，围绕企业发展战略，确定风险偏好、风险承受度、风险管理有效性标准，选择风险承担、风险规避、风险转移、风险转换、风险对冲、风险补偿、风险控制等适合的风险管理工具的总体策略，并确定风险管理所需人力和财力资源的配置原则。

第27条规定，一般情况下，对战略、财务、运营和法律风险，可采取风险承担、风险规避、风险转换、风险控制等方法。对能够通过保险、期货、对冲等金融手段进行理财的风险，可以采用风险转移、风险对冲、风险补偿等方法。

第28条规定，企业应根据不同业务特点统一确定风险偏好和风险承受度，即企业愿意承担哪些风险，明确风险的最低限度和不能超过的最高限度，并据此确定风险的预警线及相应采取的对策。确定风险偏好和风险承受度，要正确认识和把握风险与收益的平衡，防止和纠正忽视风险、片面追求收益而不讲条件、范围，认为风险越大、收益越高的观念和做法；同时，也要防止单纯为规避风险而放弃发展机遇。

第29条规定，企业应根据风险与收益相平衡的原则以及各风险在风险坐标图上的位置，进一步确定风险管理的优选顺序，明确风险管理成本的资金预算和控制风险的组织体系、人力资源、应对措施等总体安排。

第30条规定，企业应定期总结和分析已制定的风险管理策略的有效性和合理性，结合实际不断修订和完善。其中，应重点检查依据风险偏好、风险承受度和风险控制预警线实施的结果是否有效，并提出定性或定量的有效性标准。

（九）对风险管理解决方案做了明确规定

具体条款如下：

第31条规定，企业应根据风险管理策略，针对各类风险或每一项重大风险制定风险管理解决方案。方案一般应包括风险解决的具体目标，所需的组织领导，所涉及的管理及业务流程，所需的条件、手段等资源，风险事件发生前、中、后所采取的具体应对措施以及风险管理工具（如：关键风险指标管理、损失事件管理等）。

第32条规定，企业制定风险管理解决的外包方案，应注重成本与收益的平衡、外包工作的质量、自身商业秘密的保护以及防止自身对风险解决外包产生依赖性风险等，并制定相应的预防和控制措施。

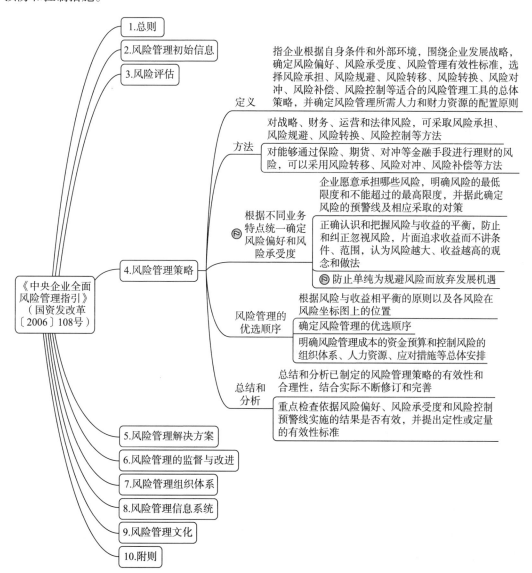

第33条规定，企业制定风险解决的内控方案，应满足合规的要求，坚持经营战略与风险

策略一致、风险控制与运营效率及效果相平衡的原则，针对重大风险所涉及的各管理及业务流程，制定涵盖各个环节的全流程控制措施；对其他风险所涉及的业务流程，要把关键环节作为控制点，采取相应的控制措施。

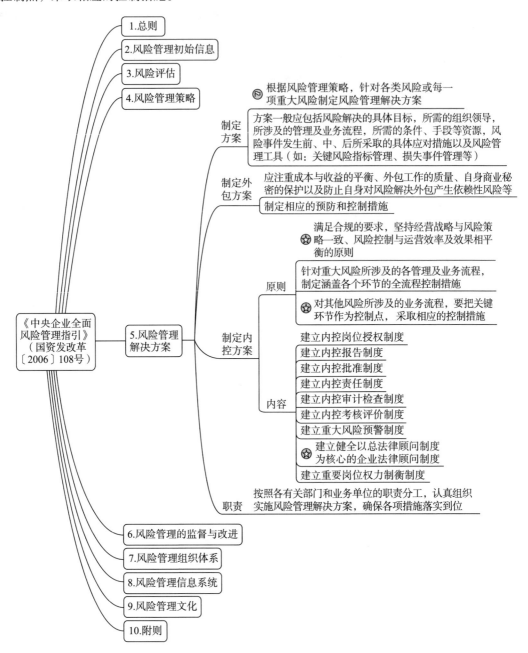

第34条规定，企业制定内控措施，一般至少包括以下内容：（一）建立内控岗位授权制度。对内控所涉及的各岗位明确规定授权的对象、条件、范围和额度等，任何组织和个人不得超越授权做出风险性决定；（二）建立内控报告制度。明确规定报告人与接受报告人，报告的时间、内容、频率、传递路线、负责处理报告的部门和人员等；（三）建立内控批准制度。对内控所涉及的重要事项，明确规定批准的程序、条件、范围和额度、必备文件以及有权批准的部门和人员及其相应责任；（四）建立内控责任制度。按照权利、义务和责任相统一的原则，明确规定各有关部门和业务单位、岗位、人员应负的责任和奖惩制度；（五）建立内控审计检查制度。结合内控的有关要求、方法、标准与流程，明确规定审计检查的对象、内容、方式和负责审计检查的部门等；（六）建立内控考核评价制度。具备条件的企业应把各业务单位风险管理执行情况与绩效薪酬挂钩；（七）建立重大风险预警制度。对重大风险进行持续不断的监测，及时发布预警信息，制定应急预案，并根据情况变化调整控制措施；（八）建立健全以总法律顾问制度为核心的企业法律顾问制度。大力加强企业法律风险防范机制建设，形成由企业决策层主导、企业总法律顾问牵头、企业法律顾问提供业务保障、全体员工共同参与的法律风险责任体系。完善企业重大法律纠纷案件的备案管理制度；（九）建立重要岗位权力制衡制度，明确规定不相容职责的分离。主要包括：授权批准、业务经办、会计记录、财产保管和稽核检查等职责。对内控所涉及的重要岗位可设置一岗双人、双职、双责，相互制约；明确该岗位的上级部门或人员对其应采取的监督措施和应负的监督责任；将该岗位作为内部审计的重点等。

第 35 条规定，企业应当按照各有关部门和业务单位的职责分工，认真组织实施风险管理解决方案，确保各项措施落实到位。

（十）对风险管理监督与改进做了明确规定

具体条款如下：

第 36 条规定，企业应以重大风险、重大事件和重大决策、重要管理及业务流程为重点，对风险管理初始信息、风险评估、风险管理策略、关键控制活动及风险管理解决方案的实施情况进行监督，采用压力测试、返回测试、穿行测试以及风险控制自我评估等方法对风险管理的有效性进行检验，根据变化情况和存在的缺陷及时加以改进。

第 37 条规定，企业应建立贯穿于整个风险管理基本流程，连接各上下级、各部门和业务单位的风险管理信息沟通渠道，确保信息沟通的及时、准确、完整，为风险管理监督与改进奠定基础。

第 38 条规定，企业各有关部门和业务单位应定期对风险管理工作进行自查和检验，及时发现缺陷并改进，其检查、检验报告应及时报送企业风险管理职能部门。

第 39 条规定，企业风险管理职能部门应定期对各部门和业务单位风险管理工作实施情况和有效性进行检查和检验，要根据本指引第三十条要求对风险管理策略进行评估，对跨部门和业务单位的风险管理解决方案进行评价，提出调整或改进建议，出具评价和建议报告，及时报送企业总经理或其委托分管风险管理工作的高级管理人员。

第 40 条规定，企业内部审计部门应至少每年一次对包括风险管理职能部门在内的各有关部门和业务单位能否按照有关规定开展风险管理工作及其工作效果进行监督评价，监督评价报告应直接报送董事会或董事会下设的风险管理委员会和审计委员会。此项工作也可结合年度审计、任期审计或专项审计工作一并开展。

第 41 条规定，企业可聘请有资质、信誉好、风险管理专业能力强的中介机构对企业全面风险管理工作进行评价，出具风险管理评估和建议专项报告。报告一般应包括以下几方面的实施情况、存在缺陷和改进建议：（一）风险管理基本流程与风险管理策略；（二）企业重大风险、重大事件和重要管理及业务流程的风险管理及内部控制系统的建设；（三）风险管理组织体系与信息系统；（四）全面风险管理总体目标。

（十一）对风险管理信息系统做了明确规定

具体条款如下：

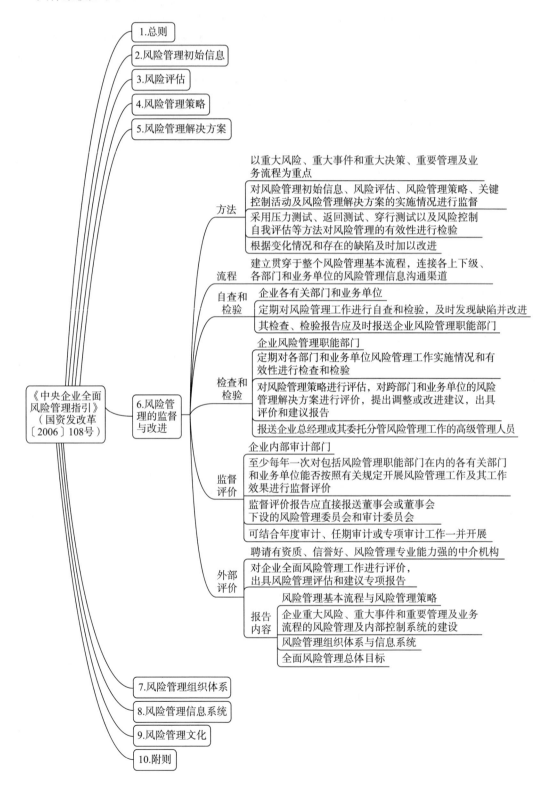

第 53 条规定，企业应将信息技术应用于风险管理的各项工作，建立涵盖风险管理基本流程和内部控制系统各环节的风险管理信息系统，包括信息的采集、存储、加工、分析、测试、传递、报告、披露等。

第 54 条规定，企业应采取措施确保向风险管理信息系统输入的业务数据和风险量化值的一致性、准确性、及时性、可用性和完整性。对输入信息系统的数据，未经批准，不得更改。

第 55 条规定，风险管理信息系统应能够进行对各种风险的计量和定量分析、定量测试；能够实时反映风险矩阵和排序频谱、重大风险和重要业务流程的监控状态；能够对超过风险预警上限的重大风险实施信息报警；能够满足风险管理内部信息报告制度和企业对外信息披露管理制度的要求。

第 56 条规定，风险管理信息系统应实现信息在各职能部门、业务单位之间的集成与共享，既能满足单项业务风险管理的要求，也能满足企业整体和跨职能部门、业务单位的风险管理综合要求。

第 57 条规定，企业应确保风险管理信息系统的稳定运行和安全，并根据实际需要不断进行改进、完善或更新。

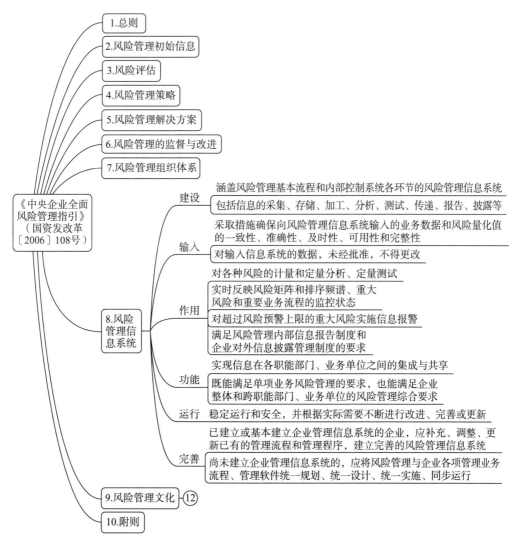

第58条规定，已建立或基本建立企业管理信息系统的企业，应补充、调整、更新已有的管理流程和管理程序，建立完善的风险管理信息系统；尚未建立企业管理信息系统的，应将风险管理与企业各项管理业务流程、管理软件统一规划、统一设计、统一实施、同步运行。

（十二）风险管理组织体系

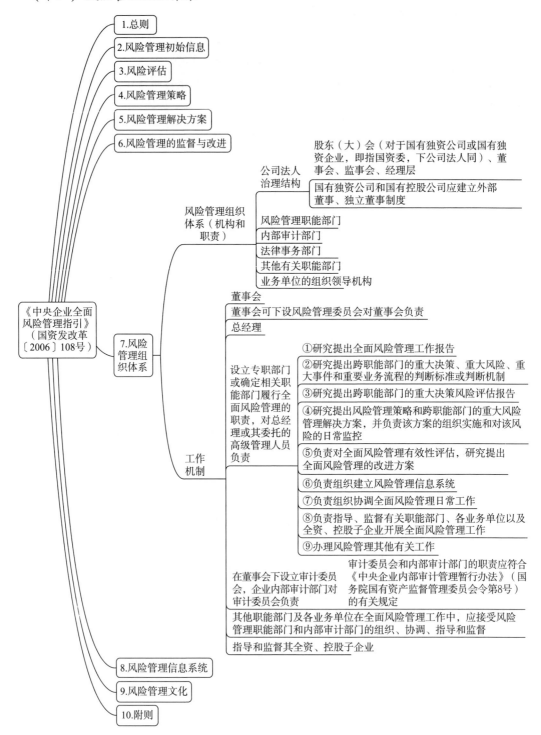

（十三）风险管理文化

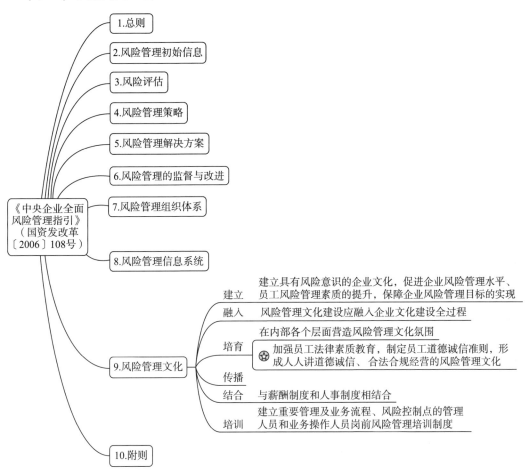

二、《中央企业做强做优、培育具有国际竞争力的世界一流企业要素指引》

（一）概述

2013 年 1 月 31 日，国务院国资委关于印发《中央企业做强做优、培育具有国际竞争力的世界一流企业要素指引》（国资发改革〔2013〕17 号）的通知。这份文件在第四章第二节进行过介绍。第四章侧重于文件的整体内容进行介绍，突出对标世界一流。本章聚焦文件的风险管理部分进行介绍。

（二）对风险管理提出要求

1. 目标。风险管理要成为覆盖从战略决策到岗位操作的全过程、全方位、全员的管理，防范损失、创造价值，为企业可持续发展提供保障。

2. 指导原则。遵循国务院国资委和相关部委、监管机构发布的风险管理规则要求，并根据企业发展战略和管理需要，借鉴国内外最佳实践，将风险管理融入制度建设、流程优化和生产经营全过程，持续提升风险管控能力。

3. 体系建设。公司治理、集团管控和组织设计能满足风险管理要求，内部控制覆盖全面、合规有效，风险管理策略清晰并具有量化的风险承受度，以信息化手段确保风险管理体系的规范高效运行。

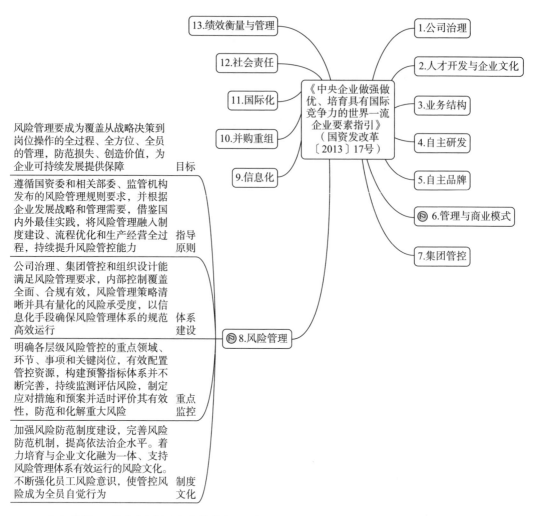

4. 重点监控。明确各层级风险管控的重点领域、环节、事项和关键岗位，有效配置管控资源，构建预警指标体系并不断完善，持续监测评估风险，制定应对措施和预案并适时评价其有效性，防范和化解重大风险。

5. 制度文化。加强风险防范制度建设，完善风险防范机制，提高依法治企水平。着力培育与企业文化融为一体、支持风险管理体系有效运行的风险文化。不断强化员工风险意识，使管控风险成为全员自觉行为。

表 8.1 风险管理要素逻辑框架表

目标	管理目标	成为覆盖从战略决策到岗位操作的全过程、全方位、全员的管理。
	绩效目标	防范损失、创造价值。
	战略目标	为企业可持续发展提供保障。
指导原则	规范合规	遵循国资委和相关部委、监管机构发布的风险管理规则要求。
	契合战略管理需要	适合企业特点，契合发展战略和管理需要，同时借鉴最佳实践。

续表

指导原则	融入制度流程和管理	将风险管理融入制度建设、流程优化和生产经营全过程。
关键举措	体系建设	①体系镶嵌：嵌入公司治理和集团管控、组织设计等管理体系。 ②内部控制：做到覆盖全面、合规有效。 ③风险策略：风险管理策略清晰并具有量化的风险承受度。 ④信息化：以信息化手段确保风险管理体系的规范高效运行。
	重点监控	①关键控制：明确各层级风险管控的重点领域、环节、事项和关键岗位并有效配置管控资源。 ②持续监测：构建预警指标体系并不断完善，持续监测评估风险。 ③预防重大风险：制定应对措施和预案并适时评价其有效性，防范和化解重大风险。
	制度文化	①加强风险防范制度建设，完善风险防范机制，提高依法治企水平。 ②培育与企业文化融合、支持风险管理体系有效运行的风险文化。 ③不断强化员工风险意识，使管控风险成为全员自觉行为。
要素关联度		☆☆☆：公司治理、管理与商业模式、集团管控、信息化、并购重组、国际化、绩效衡量与管理。 ☆☆：人才开发与企业文化、业务结构、自主研发。 ☆：其他2个要素。

三、《关于做好2019年中央企业全面风险管理工作有关事项的通知》

（一）概述

2018年9月10日，国务院国资委下发《关于做好2019年中央企业全面风险管理工作有关事项的通知》（国资厅发改革〔2018〕35号）要求抓好重点领域风险防控，加强中央企业风险管理体系能力建设，筑牢不发生重大风险的底线，实现国有资产保值增值。

（二）工作要求

1. 注重顶层设计，加强组织领导。坚持问题导向、强化底线思维，充分发挥风险管理对实现战略目标和创造企业价值的支撑作用。强化董事会对全面风险管理工作的领导，明确把防范风险作为董事会的重要职责。采取有效措施，多渠道汇集、鉴别风险信息，深入分析国内外形势的变化，提高风险预判能力。准确把握风险管理与企业战略、公司治理、业务模式、绩效评价等关系，合理确定企业的风险承受度，提出企业风险管理总体要求和任务目标，及时对上一年的风险管理工作开展情况进行评价，抓好整改落实督导工作，确保风险"看得清，管得住"。

2. 夯实基础管理，推进体系建设。

（1）集团层面要统一风险管理职能，落实主体责任，明确主营领导和牵头责任部门，建立风险防控的专职机构，独立发挥作用。

（2）加强风险、内控、合规等职能的统筹，将风险管理嵌入企业经营管理流程，探索形成风险识别、评估、控制、实时监督和化解处置等有效机制。

（3）完善各部门、各层级风险信息报送机制，严禁瞒报、漏报、谎报或迟报重大风险或风险损失事件，及时掌握各类风险信息。

（4）强化风险管理考核及问责机制，将风险管理纳入企业业绩考核体系。

（5）加强风险管理人才队伍建设，完善人才培养和引进机制，持续组织开展专业培训、岗位学习、研讨交流，提高风险管理人员专业能力水平。

3. 抓好统筹管理，强化重点防控。对已发生的风险事件，要及时全面总结，深入剖析原因，控制波及范围，严格落实整改，用好"反面教材"，避免再次发生。对可能发生的风险，要摸清风险底数，充分考虑各种因素叠加共振产生不利影响，做好"沙盘推演"和"压力测试"。尤其对债务风险、金融风险、国际化经营风险、法律风险以及安全环保风险等重大风险，要加强统筹管理，定期向董事会汇报管控情况。

4. 加快信息化建设，提升能力水平。

（1）加快建立完善企业风险管理信息系统，将信息化建设作为提升风险管理本质能力的重要途径。

（2）制定重要业务领域风险关键指标（KRI），逐步建立风险监控预警体系，探索对重点指标进行"实时在线"监控，推进指标监控实时化、风险预警自动化、指标体系可视化。

（3）构建上下联动、整合资源、打通壁垒的信息共享系统，通过及时有效地管理运用风险信息，更好地支持监督管理和科学决策。

（三）《2019 年度中央企业全面风险管理报告（报送国资委模板)》

1. 2018 年度企业全面风险管理工作回顾。

（1）总体情况。简要介绍本企业 2018 年度全面风险管理工作情况及董事会对此项工作的总体评价情况。

（2）工作亮点。选择 1~2 个角度，介绍风险管理的做法、经验和成效。包括：决策层对风险管理的顶层设计、战略引领；风险管理融入企业经营管理；重大风险的识别、分析、评价和应对；风险管理思路和方法创新；风险管理的体制机制建设、组织保障、信息化建设；风险管理的队伍和文化建设等。或介绍 1~2 个防范应对重大风险的典型案例，反映风险管理工作对企业经营发展的积极作用（如应急管理、风险转移、风险分担、减少损失、拓展机会、促成合作等)。

（3）风险事件。按照重大风险事件等级标准，按附表 2 格式填报本年度内企业发生的重大风险事件，并说明相应的产生原因、造成影响、控制措施、事件进展等情况。

2. 2019 年企业重大风险研判。结合企业实际、行业特点和国内外形势，评估本企业 2019 年面临的 2~3 个重大风险，请在附表 3 中填报，类别请严格按照附表 4 填写。

3. 2019 年度企业全面风险管理工作安排。

4. 当前的工作难点、存在问题及意见建议。

（四）附表目录

1. 企业集团层面风险管理工作开展情况统计表。

2. 2018 年重大风险事件情况表。

3. 2019 年企业重大风险评估表。

4. 风险分类表。

5. 2018 年企业专项风险检查情况统计表。

6. 中央企业风险管理工作组织情况统计表。

（五）附表 4：风险分类表

表 8.2　风险分类表

1	宏观经济风险	21	金融业务风险
2	政策风险	22	现金流风险
3	国际化经营风险	23	财务管理风险
4	战略管理风险	24	担保风险
5	业务结构和转型风险	25	关联交易风险
6	投资风险	26	合同管理风险
7	公司治理风险	27	法律纠纷风险
8	集团管控风险	28	知识产权风险
9	竞争风险	29	土地、矿权、房屋等权属风险
10	采购风险	30	人力资源风险
11	生产管理风险	31	廉洁风险
12	仓储物流风险	32	保密风险
13	工程项目管理风险	33	敏感信息风险
14	质量风险	34	信息系统风险
15	健康安全环保风险	35	内部整合和协同风险
16	研发风险	36	企业文化风险
17	信用风险	37	品牌与声誉风险
18	价格风险	38	社会责任风险
19	汇利率风险	39	公共关系风险
20	衍生品交易风险	40	舆情风险

第二节　内部控制规范性文件及要求

一、《企业内部控制基本规范》

（一）概述

2008 年 5 月 22 日，财政部会同证监会、审计署、银监会、保监会联合印发《企业内部控制基本规范》（财会〔2008〕7 号），自 2009 年 7 月 1 日起在上市公司范围内施行，鼓励非上市的大中型企业执行。共 7 章 50 条，包括总则、内部环境、风险评估、控制活动、信息与沟通、内部监督和附则。文件坚持立足我国国情、借鉴国际惯例，提出了企业建立与实施有效内部控制的要素，即构建以内部环境为重要基础、以风险评估为重要环节、以控制活动为重要手段、以信息与沟通为重要条件、以内部监督为重要保证，相互联系、相互促进的五要素内部控制框架。

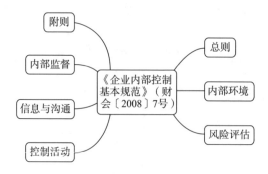

（二）明确了内部控制的概念、目标、构成要素

具体条款如下：

第3条规定，本规范所称内部控制，是由企业董事会、监事会、经理层和全体员工实施的、旨在实现控制目标的过程。内部控制的目标是合理保证企业经营管理合法合规、资产安全、财务报告及相关信息真实完整，提高经营效率和效果，促进企业实现发展战略。

第5条规定，企业建立与实施有效的内部控制，应当包括下列要素：（一）内部环境。内部环境是企业实施内部控制的基础，一般包括治理结构、机构设置及权责分配、内部审计、人力资源政策、企业文化等。（二）风险评估。风险评估是企业及时识别、系统分析经营活动中与实现内部控制目标相关的风险，合理确定风险应对策略。（三）控制活动。控制活动是企业根据风险评估结果，采用相应的控制措施，将风险控制在可承受度之内。（四）信息与沟通。信息与沟通是企业及时、准确地收集、传递与内部控制相关的信息，确保信息在企业内部、企业与外部之间进行有效沟通。（五）内部监督。内部监督是企业对内部控制建立与实施情况进行监督检查，评价内部控制的有效性，发现内部控制缺陷，应当及时加以改进。

（三）工作机制

强调内部控制是由企业董事会、监事会、经理层和全体员工实施的、旨在实现控制目标的过程，有利于树立全面、全员、全过程控制的理念

（四）风险评估

对内外部风险的识别、风险评估、风险分析、风险控制手段、风险应对做出详细规定。

具体条款如下：

第20条规定，企业应当根据设定的控制目标，全面系统持续地收集相关信息，结合实际情况，及时进行风险评估。

第21条规定，企业开展风险评估，应当准确识别与实现控制目标相关的内部风险和外部风险，确定相应的风险承受度。风险承受度是企业能够承担的风险限度，包括整体风险承受能力和业务层面的可接受风险水平。

第22条规定，企业识别内部风险，应当关注下列因素：（一）董事、监事、经理及其他高级管理人员的职业操守、员工专业胜任能力等人力资源因素。（二）组织机构、经营方式、资产管理、业务流程等管理因素。（三）研究开发、技术投入、信息技术运用等自主创新因素。（四）财务状况、经营成果、现金流量等财务因素。（五）营运安全、员工健康、环境保护等

《企业内部控制基本规范》（财会〔2008〕7号）
├─ 总则
│　├─ 适用
│　│　├─ 中华人民共和国境内设立的大中型企业
│　│　├─ 小企业和其他单位可以参照本规范建立与实施内部控制
│　│　└─ 大中型企业和小企业的划分标准根据国家有关规定执行
│　├─ 内部控制　由企业董事会、监事会、经理层和全体员工实施的、旨在实现控制目标的过程
│　├─ 内部控制的目标　合理保证企业经营管理合法合规、资产安全、财务报告及相关信息真实完整，提高经营效率和效果，促进企业实现发展战略
│　├─ 原则
│　│　├─ 全面性　应当贯穿决策、执行和监督全过程，覆盖企业及其所属单位的各种业务和事项
│　│　├─ 重要性　应当在全面控制的基础上，关注重要业务事项和高风险领域
│　│　├─ 制衡性　应当在治理结构、机构设置及权责分配、业务流程等方面形成相互制约、相互监督，同时兼顾运营效率
│　│　├─ 适应性　应当与企业经营规模、业务范围、竞争状况和风险水平等相适应，并随着情况的变化及时加以调整
│　│　└─ 成本效益　应当权衡实施成本与预期效益，以适当的成本实现有效控制
│　├─ 构成要素
│　│　├─ 内部环境　是企业实施内部控制的基础，一般包括治理结构、机构设置及权责分配、内部审计、人力资源政策、企业文化等
│　│　├─ 风险评估　是企业及时识别、系统分析经营活动中与实现内部控制目标相关的风险，合理确定风险应对策略
│　│　├─ 控制活动　是企业根据风险评估结果，采用相应的控制措施，将风险控制在可承受度之内
│　│　├─ 信息与沟通　是企业及时、准确地收集、传递与内部控制相关的信息，确保信息在企业内部、企业与外部之间进行有效沟通
│　│　└─ 内部监督　是企业对内部控制建立与实施情况进行监督检查，评价内部控制的有效性，发现内部控制缺陷，应当及时加以改进
│　├─ 信息技术应用　企业应当运用信息技术加强内部控制，建立与经营管理相适应的信息系统，促进内部控制流程与信息系统的有机结合，实现对业务和事项的自动控制，减少或消除人为操纵因素
│　├─ 激励约束机制　企业应当建立内部控制实施的激励约束机制，将各责任单位和全体员工实施内部控制的情况纳入绩效考评体系，促进内部控制的有效实施
│　├─ 监督检查　国务院有关部门可以根据法律法规、本规范及其配套办法，明确贯彻实施本规范的具体要求，对企业建立与实施内部控制的情况进行监督检查
│　└─ 委托
│　　　├─ 接受企业委托从事内部控制审计的会计师事务所，应当根据本规范及其配套办法和相关执业准则，对企业内部控制的有效性进行审计，出具审计报告
│　　　├─ 会计师事务所及其签字的从业人员应当对发表的内部控制审计意见负责
│　　　└─ 为企业内部控制提供咨询的会计师事务所，不得同时为同一企业提供内部控制审计服务
├─ 内部环境
├─ 风险评估
├─ 控制活动
├─ 信息与沟通
├─ 内部监督
└─ 附则

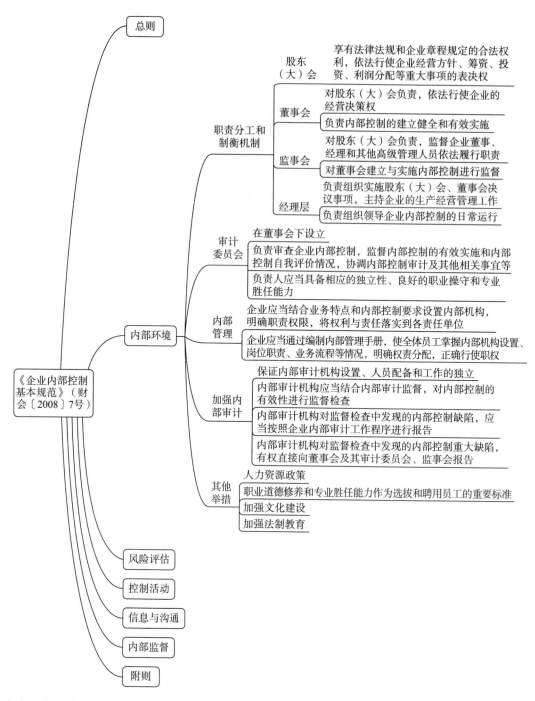

安全环保因素。（六）其他有关内部风险因素。

第23条规定，企业识别外部风险，应当关注下列因素：（一）经济形势、产业政策、融资环境、市场竞争、资源供给等经济因素。（二）法律法规、监管要求等法律因素。（三）安全稳定、文化传统、社会信用、教育水平、消费者行为等社会因素。（四）技术进步、工艺改进等科学技术因素。（五）自然灾害、环境状况等自然环境因素。（六）其他有关外部风险因素。

第 24 条规定，企业应当采用定性与定量相结合的方法，按照风险发生的可能性及其影响程度等，对识别的风险进行分析和排序，确定关注重点和优先控制的风险。企业进行风险分析，应当充分吸收专业人员，组成风险分析团队，按照严格规范的程序开展工作，确保风险分析结果的准确性。

第 25 条规定，企业应当根据风险分析的结果，结合风险承受度，权衡风险与收益，确定风险应对策略。企业应当合理分析、准确掌握董事、经理及其他高级管理人员、关键岗位员工的风险偏好，采取适当的控制措施，避免因个人风险偏好给企业经营带来重大损失。

第 26 条规定，企业应当综合运用风险规避、风险降低、风险分担和风险承受等风险应对策略，实现对风险的有效控制。风险规避是企业对超出风险承受度的风险，通过放弃或者停止与该风险相关的业务活动以避免和减轻损失的策略。风险降低是企业在权衡成本效益之后，准备采取适当的控制措施降低风险或者减轻损失，将风险控制在风险承受度之内的策略。风险分担是企业准备借助他人力量，采取业务分包、购买保险等方式和适当的控制措施，将风险控制在风险承受度之内的策略。风险承受是企业对风险承受度之内的风险，在权衡成本效益之后，不准备采取控制措施降低风险或者减轻损失的策略。

第 27 条规定，企业应当结合不同发展阶段和业务拓展情况，持续收集与风险变化相关的信息，进行风险识别和风险分析，及时调整风险应对策略。

（五）实施机制

开创性地建立了以企业为主体、以政府监管为促进、以中介机构审计为重要组成部分的内部控制实施机制。具体条款如下：

第 28 条规定，企业应当结合风险评估结果，通过手工控制与自动控制、预防性控制与发现性控制相结合的方法，运用相应的控制措施，将风险控制在可承受度之内。控制措施一般包括：不相容职务分离控制、授权审批控制、会计系统控制、财产保护控制、预算控制、运营分析控制和绩效考评控制等。

第 29 条规定，不相容职务分离控制要求企业全面系统地分析、梳理业务流程中所涉及的不相容职务，实施相应的分离措施，形成各司其职、各负其责、相互制约的工作机制。

（六）建立信息与沟通机制、反舞弊机制、举报投诉制度和举报人保护制度

具体条款如下：

第 38 条规定，企业应当建立信息与沟通制度，明确内部控制相关信息的收集、处理和传递程序，确保信息及时沟通，促进内部控制有效运行。

第 42 条规定，企业应当建立反舞弊机制，坚持惩防并举、重在预防的原则，明确反舞弊工作的重点领域、关键环节和有关机构在反舞弊工作中的职责权限，规范舞弊案件的举报、调查、处理、报告和补救程序。企业至少应当将下列情形作为反舞弊工作的重点：（一）未经授权或者采取其他不法方式侵占、挪用企业资产，牟取不当利益。（二）在财务会计报告和信息披露等方面存在的虚假记载、误导性陈述或者重大遗漏等。（三）董事、监事、经理及其他高级管理人员滥用职权。（四）相关机构或人员串通舞弊。

第 43 条规定，企业应当建立举报投诉制度和举报人保护制度，设置举报专线，明确举报投诉处理程序、办理时限和办结要求，确保举报、投诉成为企业有效掌握信息的重要途径。举

报投诉制度和举报人保护制度应当及时传达至全体员工。

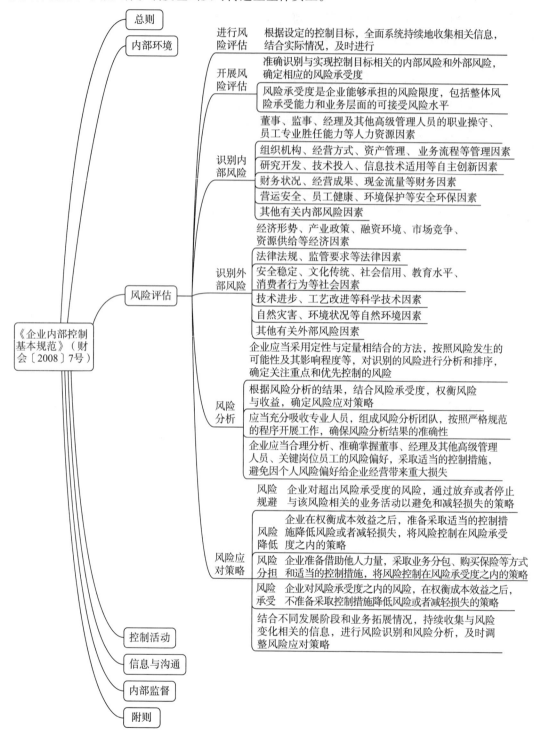

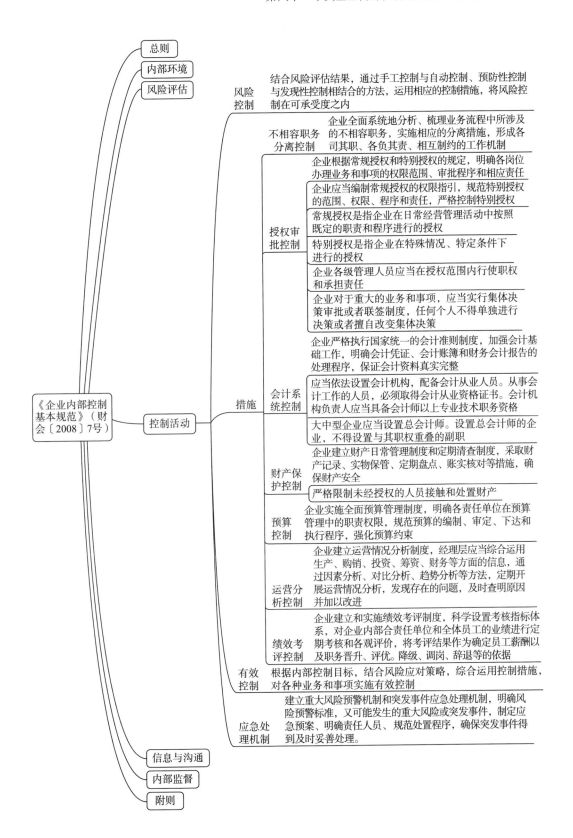

（七）制定内部控制监督制度、进行自我评价

具体条款如下：

第44条规定，企业应当根据本规范及其配套办法，制定内部控制监督制度，明确内部审计机构（或经授权的其他监督机构）和其他内部机构在内部监督中的职责权限，规范内部监督的程序、方法和要求。内部监督分为日常监督和专项监督。日常监督是指企业对建立与实施内部控制的情况进行常规、持续的监督检查；专项监督是指在企业发展战略、组织结构、经营活动、业务流程、关键岗位员工等发生较大调整或变化的情况下，对内部控制的某一或者某些方面进行有针对性的监督检查。专项监督的范围和频率应当根据风险评估结果以及日常监督的有效性等予以确定。

第46条规定，企业应当结合内部监督情况，定期对内部控制的有效性进行自我评价，出具内部控制自我评价报告。内部控制自我评价的方式、范围、程序和频率，由企业根据经营业务调整、经营环境变化、业务发展状况、实际风险水平等自行确定。国家有关法律法规另有规定的，从其规定。

二、《企业内部控制配套指引》

（一）概述

2010年4月15日，财政部、证监会、审计署、银监会、保监会五部委联合并发布了《企业内部控制配套指引》。自2011年1月1日起首先在境内外同时上市的公司施行，自2012年1月1日起扩大到在上海证券交易所、深圳证券交易所主板上市的公司施行；在此基础上，择机在中小板和创业板上市公司施行。该配套指引连同《企业内部控制基本规范》，共同构建了中国企业内部控制规范体系。

（二）配套指引组成

配套指引由21项应用指引（首次发布18项，涉及银行、证券和保险等业务的3项指引暂未发布）、《企业内部控制评价指引》和《企业内部控制审计指引》组成。其中，应用指引是对企业按照内控原则和内控"五要素"建立健全本企业内部控制所提供的指引，在配套指引乃至整个内部控制规范体系中占据主体地位；《企业内部控制评价指引》是为企业管理层对本企业内部控制有效性进行自我评价提供的指引；《企业内部控制审计指引》是为注册会计师和会计师事务所执行内部控制审计业务的执业准则。三者之间既相互独立，又相互联系，形成一个有机整体。

应用指引可以划分为三类，即内部环境类指引、控制活动类指引、控制手段类指引，基本涵盖了企业资金流、实物流、人力流和信息流等各项业务和事项。一是内部环境类指引。内部环境是企业实施内部控制的基础，支配着企业全体员工的内控意识，影响着全体员工实施控制活动和履行控制责任的态度、认识和行为。内部环境类指引有5项，包括组织架构、发展战略、人力资源、企业文化和社会责任指引。二是控制活动类指引。企业在改进和完善内部环境控制的同时，还应对各项具体业务活动实施相应的控制。为此，我们制定了控制活动类应用指引，包括资金活动、采购业务、资产管理、销售业务、研究与开发、工程项目、担保业务、业务外包、财务报告9个指引。三是控制手段类指引。控制手段类指引偏重于"工具"性质，往往涉及企业整体业务或管理。此类指引有4项，包括全面预算、合同管理、内部信息传递和信息系统指引。

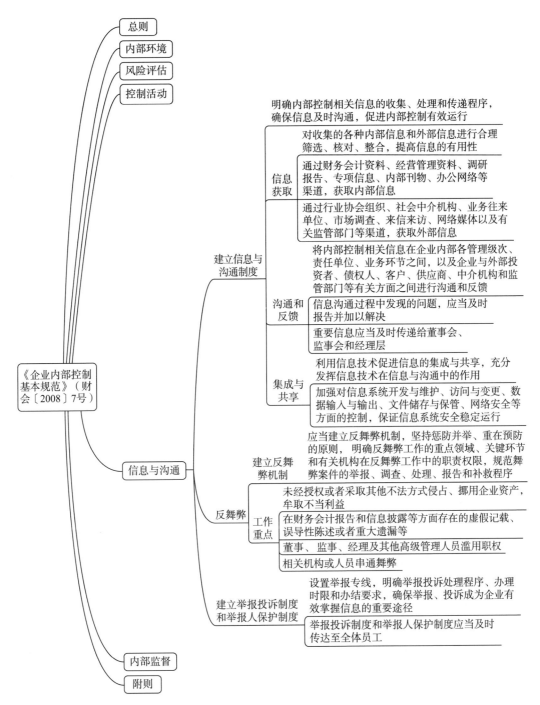

（三）合同管理是控制手段类指引中的重要工具

1. 合同是企业与自然人、法人及其他组织等平等主体之间设立、变更、终止民事权利义务关系的协议。合同包括书面合同和口头合同。在市场经济环境下，合同已成为企业最常见的契约形式，甚至可以说，市场经济就是合同经济。然而，合同管理往往又是企业内部控制中最为疏忽和薄弱的环节之一。如果企业未订立合同、未经授权对外订立合同、合同对方主体资格未达要求、合同内容存在重大疏漏和欺诈，会导致企业合法权益受到侵害；如果合同未全面履行或监控不当，又可能导致企业诉讼失败，经济利益受损；如果合同纠纷处理不当，则会损害企业利益、信誉和形象。

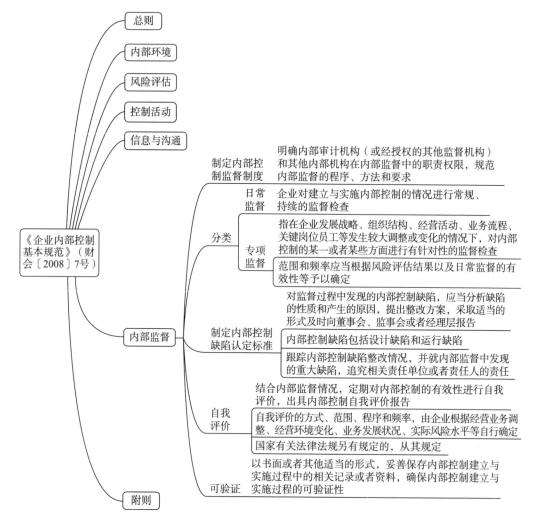

2. 合同管理应用指引要求。

（1）企业对外发生经济行为，除及时结清方式外，应当订立书面合同。对于影响重大、涉及较高专业技术或法律关系复杂的合同，应当组织法律、技术、财会等专业人员参与谈判，必要时可聘请外部专业人员参与相关工作；谈判过程中的重要事项和参与谈判人员的主要意见，应当予以纪录并妥善保存。

（2）企业应当根据协商、谈判结果，拟定合同文本，明确双方的权利义务和违约责任，并严格进行审核。合同文本须报经国家有关主管部门审查或备案的，应当履行相应程序。

（3）企业应当按照规定的权限和程序与对方当事人签署合同。正式对外订立的合同，应当由企业法定代表人或其授权代理人签名或加盖有关印章。属于上级管理权限的合同，下级单位不得签署。

（4）企业应当加强合同信息安全保密工作，未经批准，不得以任何形式泄漏合同订立与履行过程中涉及的商业机密或国家机密。

（5）企业应当遵循诚实信用原则严格履行合同，对合同履行实施有效监控，发现有显失公平、条款有误或对方有欺诈行为等情形，或因政策调整、市场变化等客观因素，已经或可能导致企业利益受损，应当按照规定程序及时报告，并经双方协商一致，按照规定权限和程序办理合同变更或解除事宜；存在合同纠正情形的，应依据国家相关法律法规，在规定时效内与对方当事人协商并按照规定权限和程序及时报告，协商无法解决的，根据合同约定选择仲裁或诉讼方式解决。

（6）企业应当建立合同履行情况评估制度，至少于每年年末对合同履行的总体情况和重大合同履行的具体情况进行分析评估，对分析评估中发现的不足或问题应及时加以改进。

三、《小企业内部控制规范（试行）》

2017年6月29日，财政部印发《小企业内部控制规范（试行）》（财会〔2017〕21号）的通知。自2018年1月1日起施行。共4章40条。旨在引导和推动小企业加强内部控制建设，提升经营管理水平和风险防范能力，促进小企业健康可持续发展。详细阐述了小企业内部控制的建立标准与实施规范，规定小企业需要建立内部控制的监督机制，并列举了内部控制的日常监督重点。适用于在中华人民共和国境内依法设立的、尚不具备执行《企业内部控制基本规范》及其配套指引条件的小企业。

四、2019年内部控制工作进入一个新阶段

（一）内部控制与风险管理工作开启新局面

2019年，国务院国资委成立综合监督局。对中央企业内控体系建设与监督、全面风险管理工作的指导职责由综合监督局承担。因此，国务院国资委对内控与风险工作的整体思路做了重新调整。整体工作调整为以内控为主导工作线条，将全面风险管理放在内控工作项下开展。具体工作要求以印发纲领性文件与年度工作指导性文件相结合的方式开展。

目前已印发的文件如下：

2019年10月，《关于加强中央企业内部控制体系建设与监督工作的实施意见》（国资发监督规〔2019〕101号）（以下简称"101号文"）。

2019年，《关于做好2020年中央企业内部控制体系建设与监督工作有关事项的通知》（国资厅发监督〔2019〕44号）（以下简称"44号文"）。

2020年10月，《关于做好2021年中央企业内部控制体系建设与监督工作有关事项的通知》（国资厅监督〔2020〕307号）（以下简称"307号文"）。

2022年1月，《关于做好2022年中央企业内部控制体系建设与监督工作有关事项的通知》（国资厅监督〔2021〕299号）（以下简称"299号文"）。

2023年，《关于做好2023年中央企业内部控制体系建设与监督工作有关事项的通知》（国资厅监督〔2023〕8号）（以下简称"8号文"）。

（二）印发纲领性文件为后续工作定下基调

1. 2019年10月，国务院国资委关于印发《关于加强中央企业内部控制体系建设与监督工作的实施意见》（国资发监督规〔2019〕101号）的通知。

这是继2006年国务院国资委发布《中央企业全面风险管理指引》、2008年和2010年财政部等五部委相继发布《企业内部控制基本规范》及配套指引，以及2018年国资委和发改委分

别发布《中央企业合规管理指引（试行）》《企业境外经营合规管理指引》之后，围绕中央企业内部控制体系建设再度发布的重磅政策，为中央企业开展内部控制、风险管理、合规管理提供了政策指引。

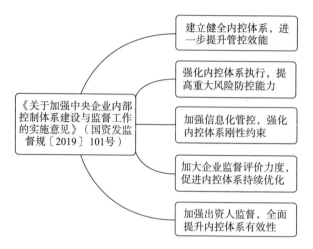

《关于加强中央企业内部控制体系建设与监督工作的实施意见》（国资发监督规〔2019〕101号）

- 建立健全内控体系，进一步提升管控效能
- 强化内控体系执行，提高重大风险防控能力
- 加强信息化管控，强化内控体系刚性约束
- 加大企业监督评价力度，促进内控体系持续优化
- 加强出资人监督，全面提升内控体系有效性

2.2019年作为启动中央企业加强内部控制体系建设与监督工作的第一年，对后续工作开展做出整体工作方向指导要求。

（1）明确管控职责。企业应明确专门职能部门或机构统筹内控体系工作职责；落实各业务部门内控体系有效运行责任；企业审计部门要加强内控体系监督检查工作，准确揭示风险隐患和内控缺陷。

（2）完善管理制度。梳理及完善内控、风险和合规管理相关制度，并在具体的业务制度中嵌入内控体系管理要求。

（3）加强在重点领域的日常管控。聚焦关键业务、改革重点领域、国有资本运营重要环节以及境外国有资产监管。

（4）明确提出加强重要岗位授权管理及权力制衡。按照不相容职务分离控制、授权审批控制等内控体系管控要求，严格规范重要岗位和关键人员在授权、审批、执行、报告等方面的权责，实现可行性研究与决策审批、决策审批与执行、执行与监督检查等岗位职责的分离。强化采购、销售、投资管理、资金管理和工程项目、产权（资产）交易流转等业务领域各岗位的职责权限和审批程序，形成相互衔接、相互制衡、相互监督的内控体系工作机制。

（5）突出对重大风险的防控。加强经济运行动态、大宗商品价格以及资本市场指标变化监测，提高对经营环境变化、发展趋势的预判能力，同时结合内控体系监督评价工作中发现的经营管理缺陷和问题，综合评估企业内外部风险水平，有针对性地制定风险应对方案。

（6）提升内控体系信息化水平。内控体系建设部门要与业务部门、审计部门、信息化建设部门协同配合，推动企业"三重一大"、投资和项目管理、财务和资产、物资采购、全面风险管理、人力资源等集团管控信息系统的集成应用，逐步实现内控体系与业务信息系统互联互通、有机融合，并关注权限设置在信息系统的有效嵌入。

（7）全面实施企业内控监督评价，确保每3年覆盖全部子企业，将海外资产纳入监督评价范围，重点对海外项目的重大决策、重大项目安排、大额资金运作以及境外子企业公司治理等进行监督评价，强化外部审计监督，并充分运用监督评价结果。加强出资人监督。建立出资人监督检查工作机制，并充分发挥企业内部监督力量，强化整改落实工作，加大责任追究力度。

（三）后续连续下发年度工作通知

1.2019 年，国务院国资委下发《关于做好 2020 年中央企业内部控制体系建设与监督工作有关事项的通知》（国资厅发监督〔2019〕44 号）。明确提出风险、内控、合规管理体系的整合要求：各中央企业要以"强内控、防风险、促合规"为目标，进一步整合优化内控、风险和合规管理相关制度，完善内控缺陷认定标准、风险评估标准和合规评价标准，构建相互融合、协同高效的内控监管制度体系。

2.2020 年 10 月，国务院国资委下发《关于做好 2021 年中央企业内部控制体系建设与监督工作有关事项的通知》（国资厅监督〔2020〕307 号）。明确推进中央企业管理体系和管理能力现代化，完善中央企业内部控制体系，增强中央企业抗风险能力。深化制度整合优化，针对内控、风险管理、合规管理监督制度各行其是、各说各话、不能有效发挥统一管控作用等问题，以"强内控、防风险、促合规"为目标，建立以内控体系建设与监督制度为统领，各项具体操作规范为支撑的"1 + N"内控制度体系

3.2022 年 1 月，国务院国资委下发《关于做好 2022 年中央企业内部控制体系建设与监督工作有关事项的通知》（国资厅监督〔2021〕299 号）。为贯彻党中央、国务院关于稳定宏观经济、防范化解重大风险决策部署，落实国企改革三年行动要求和中央企业负责人会议明确的2022 年度国资监管重点任务，充分发挥部控制体系对中央企业强基固本作用，促进提升中央企业依法合规经营和抗风险能力，实现高质量发展。

4.2023 年，国务院国资委下发《关于做好 2023 年中央企业内部控制体系建设与监督工作有关事项的通知》（国资厅监督〔2023〕8 号），贯彻党的二十大精神和中央经济工作会议部署，落实中央企业负责人会议要求，结合新一轮国企改革深化提升行动，推动中央企业持续健全内部控制体系，全面提高风险应对能力，切实提升核心竞争力和治理能力现代化水平。

五、印发《关于加强中央企业内部控制体系建设与监督工作的实施意见》的通知

（一）概述

关于印发《关于加强中央企业内部控制体系建设与监督工作的实施意见》（国资发监督规〔2019〕101 号）的通知，包括 5 大意见共计 16 项细则，对中央企业内控体系建设与监督工作提出规范性要求，实现"强内控、防风险、促合规"的管控目标。

（二）要求建立健全内控体系，提升管控效能

1. 优化内控体系。建立健全以风险管理为导向、合规管理监督为重点，严格、规范、全面、有效的内控体系。进一步树立和强化管理制度化、制度流程化、流程信息化的内控理念，通过"强监管、严问责"和加强信息化管理，严格落实各项规章制度，将风险管理和合规管理要求嵌入业务流程，促使企业依法合规开展各项经营活动，实现"强内控、防风险、促合规"的管控目标，形成全面、全员、全过程、全体系的风险防控机制，切实全面提升内控体系有效性，加快实现高质量发展。

2. 强化集团管控。进一步完善企业内部管控体制机制，中央企业主要领导人员是内控体系监管工作第一责任人，负责组织领导建立健全覆盖各业务领域、部门、岗位，涵盖各级子企业全面有效的内控体系。中央企业应明确专门职能部门或机构统筹内控体系工作职责；落实各

业务部门内控体系有效运行责任；企业审计部门要加强内控体系监督检查工作，准确揭示风险隐患和内控缺陷，进一步发挥查错纠弊作用，促进企业不断优化内控体系。

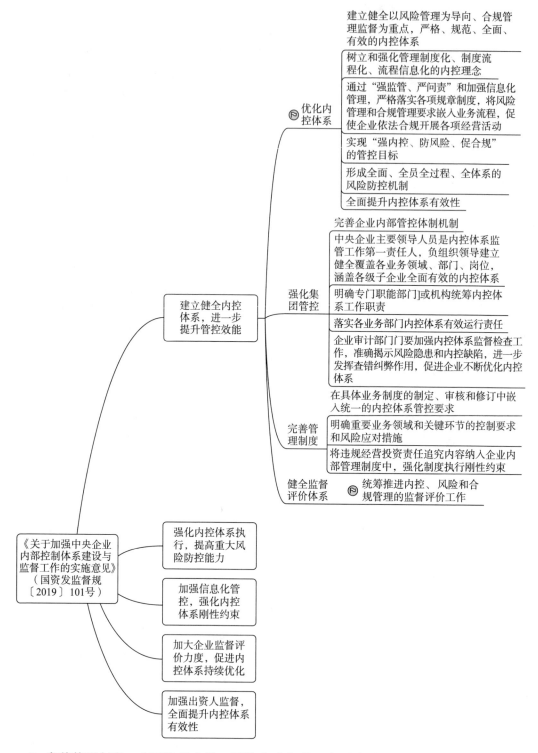

3. 完善管理制度。全面梳理内控、风险和合规管理相关制度，及时将法律法规等外部

监管要求转化为企业内部规章制度，持续完善企业内部管理制度体系。在具体业务制度的制定、审核和修订中嵌入统一的内控体系管控要求，明确重要业务领域和关键环节的控制要求和风险应对措施。将违规经营投资责任追究内容纳入企业内部管理制度中，强化制度执行刚性约束。

4. 健全监督评价体系。统筹推进内控、风险和合规管理的监督评价工作，将风险、合规管理制度建设及实施情况纳入内控体系监督评价范畴，制定定性与定量相结合的内控缺陷认定标准、风险评估标准和合规评价标准，不断规范监督评价工作程序、标准和方式方法。

（三）在健全重大风险防控机制方面发力

要积极采取措施强化企业防范化解重大风险全过程管控，加强经济运行动态、大宗商品价格以及资本市场指标变化监测，提高对经营环境变化、发展趋势的预判能力，同时结合内控体系监督评价工作中发现的经营管理缺陷和问题，综合评估企业内外部风险水平，有针对性地制定风险应对方案，并根据原有风险的变化情况及应对方案的执行效果，有效做好企业间风险隔离，防止风险由"点"扩"面"，避免发生系统性、颠覆性重大经营风险。

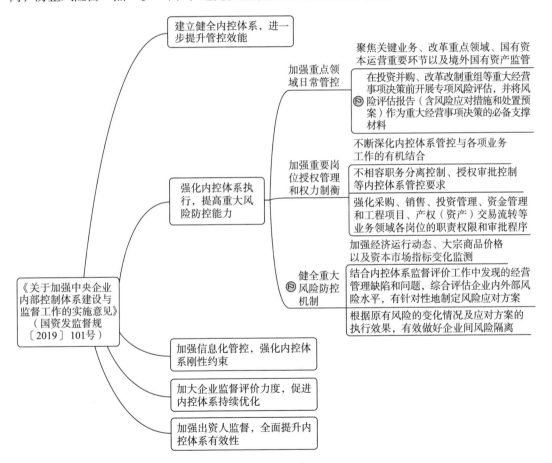

（四）加强信息化管控，强化内控体系刚性约束

提升内控体系信息化水平。各中央企业要结合国资监管信息化建设要求，加强内控信息化建设力度，进一步提升集团管控能力。内控体系建设部门要与业务部门、审计部门、信息化建设部门协同配合，推动企业"三重一大"、投资和项目管理、财务和资产、物资采购、全面风险管理、

人力资源等集团管控信息系统的集成应用，逐步实现内控体系与业务信息系统互联互通、有机融合。要进一步梳理和规范业务系统的审批流程及各层级管理人员权限设置，将内控体系管控措施嵌入各类业务信息系统，确保自动识别并终止超越权限、逾越程序和审核材料不健全等行为，促使各项经营管理决策和执行活动可控制、可追溯、可检查，有效减少人为违规操纵因素。集团管控能力和信息化基础较好的企业要逐步探索利用大数据、云计算、人工智能等技术，实现内控体系实时监测、自动预警、监督评价等在线监管功能，进一步提升信息化和智能化水平。

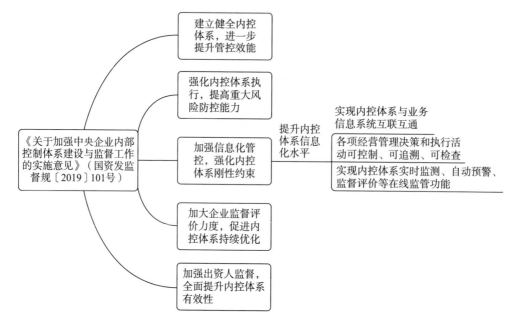

（五）要求加大企业监督评价力度，促进内控体系持续优化

1. 全面实施企业自评。督促所属企业每年以规范流程、消除盲区、有效运行为重点，对内控体系的有效性进行全面自评，客观、真实、准确揭示经营管理中存在的内控缺陷、风险和合规问题，形成自评报告，并经董事会或类似决策机构批准后按规定报送上级单位。

2. 加强集团监督评价。要在子企业全面自评的基础上，制定年度监督评价方案，围绕重点业务、关键环节和重要岗位，组织对所属企业内控体系有效性进行监督评价，确保每3年覆盖全部子企业。要将海外资产纳入监督评价范围，重点对海外项目的重大决策、重大项目安排、大额资金运作以及境外子企业公司治理等进行监督评价。

3. 强化外部审计监督。要根据监督评价工作结果，结合自身实际情况，充分发挥外部审计的专业性和独立性，委托外部审计机构对部分子企业内控体系有效性开展专项审计，并出具内控体系审计报告。内控体系监管不到位、风险事件和合规问题频发的中央企业，必须聘请具有相应资质的社会中介机构进行审计评价，切实提升内控体系管控水平。

4. 充分运用监督评价结果。要加大督促整改工作力度，指导所属企业明确整改责任部门、责任人和完成时限，对整改效果进行检查评价，按照内控体系一体化工作要求编制内控体系年度工作报告并及时报国资委，同时抄送企业纪委（纪检监察组）、组织人事部门等。指导所属企业建立健全与内控体系监督评价结果挂钩的考核机制，对内控制度不健全、内控体系执行不力、瞒报漏报谎报自评结果、整改落实不到位的单位或个人，应给予考核扣分、薪酬扣减或岗位调整等处理。

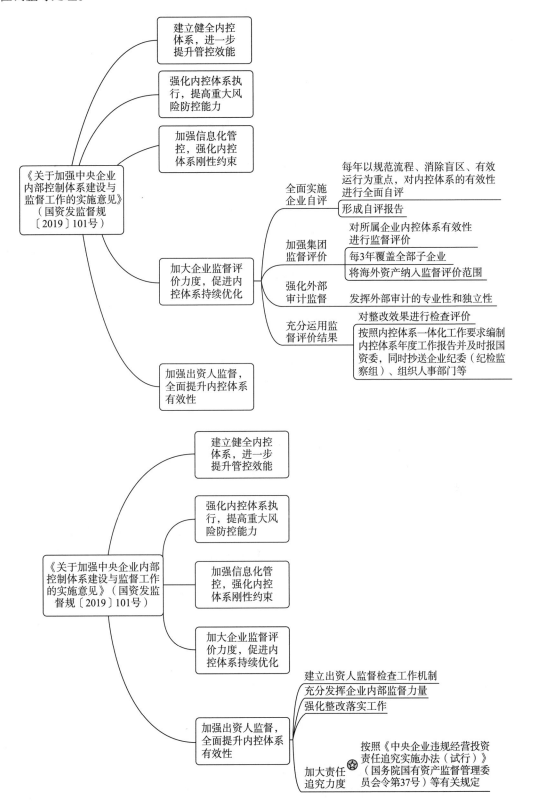

（六）强调加大责任追究力度

严格按照 2018 年发布的《中央企业违规经营投资责任追究实施办法（试行）》（国务院国有资产监督管理委员会令第 37 号）等有关规定，及时发现并移交违规违纪违法经营投资问题线索，强化监督警示震慑作用。对中央企业存在重大风险隐患、内控缺陷和合规管理等问题失察，或虽发现但没有及时报告、处理，造成重大资产损失或其他严重不良后果的，要严肃追究企业集团的管控责任；对各级子企业未按规定履行内控体系建设职责、未执行或执行不力，以及瞒报、漏报、谎报或迟报重大风险及内控缺陷事件的，坚决追责问责，层层落实内控体系监督责任，有效防止国有资产流失。

六、《关于做好 2023 年中央企业内部控制体系建设与监督工作有关事项的通知》

（一）概述

2023 年，国务院国资委印发《关于做好 2023 年中央企业内部控制体系建设与监督工作有关事项的通知》（国资厅监督〔2023〕8 号）。结合中共中央办公厅及国资委的当前规定要求，结合新一轮国企改革深化提升行动，并基于对过去三年国家审计、国资监管及企业内部监督等工作发现的总结，明确了新一轮行动对各中央企业的最新要求，关于内控体系建设与监督工作覆盖宽度与以往基本保持一致，而在工作要求深度上进一步细化完善和与时俱进，要求企业提升核心竞争力和治理能力现代化水平。布置了 2023 年中央企业内控体系建设与监督方面工作要求。

2023 年，国务院国资委持续推进护航创建世界一流企业和新一轮国企改革深化提升行动，8 号文顺应最新部署，要求中央企业进一步完善党的领导融入公司治理的运行机制，压实各层级责任并强化监督问责；结合所处行业特点和企业经营实际，加强季度重大风险监测预警工作。8 号文中多处出现"典型案件""举一反三""复盘分析"，体现出问题分析、根因深究的重要性，以便更彻底地解决系统性缺陷。同时，在 2022 年度内控体系工作报告报送要求中强调"做法和经验要突出创新性、有效性，坚持用事实、数据和案例说话"，正向引导中央企业求真务实，复制优秀管理实践。

（二）强调加强组织领导，着力健全内控管理体制机制

各中央企业要切实发挥内控体系在依法依规治企、严肃财经纪律、防范化解风险等方面的重要作用，按照中共中央办公厅关于中央企业在完善公司治理中加强党的领导的有关意见及国资委《关于加强中央企业内部控制体系建设与监督工作的实施意见》《中央企业董事会工作规则（试行）》等规定要求，加强企业党组织对内控管理工作的领导，着力解决领导责任不清晰、履职方式不明确、责任落实不到位等问题，建立健全领导有力、权责清晰、运转有效的内控管理体制机制，加快构建与世界一流企业相适应的中央企业内控体系。

具体工作有三项。

1. 进一步完善党的领导融入公司治理的运行机制，加强党委（党组）对内控管理工作的全面领导，对企业内控与风险管理工作，以及存在的重大内控缺陷和风险隐患等情况，要定期向党委（党组）报告并抄送企业纪检监察机构。

2. 落实董事会对内控体系的监管责任，明确审计与风险管理等专门委员会推进内控体系建设与监督工作的职责，董事会要定期听取和审议内控职能部门工作情况报告。

3. 充分发挥内控职能部门统筹推动、组织协调、监督落实的作用，有效开展完善制度、

强化执行、监督评价、整改落实等内控管理工作，切实提升内控体系规范化、法治化、专业化水平。

（三）强调加强风险防控，促进提升重大风险防控能力

当前世界经济、政治、社会等领域矛盾相互叠加，国内需求收缩、供给冲击、预期转弱三重压力仍然较大，各中央企业要强化底线思维、关联思维，扎实做好重大风险评估监测预警工作，牢牢守住不发生系统性风险的底线。

具体工作有三项。

1. 认真做好年度重大风险评估工作。结合所处行业特点和企业经营实际，深入分析2023年可能面临宏观政策、市场环境及大宗商品价格等风险形势变化，加强对稳产保供、提质增效、疫情防控及国际化经营等风险研判，建立重大风险防控责任台账，明确责任单位、防控目标及应对措施，编制形成年度重大风险评估报告，并报经董事会或类似决策机构审议通过，于2023年3月20日前报送国资委（综合监督局）。

2. 加强季度重大风险监测预警工作。总结近三年本企业探索开展季度风险监测工作的经验，参照中央企业风险分类监测指标体系，在复盘分析年初评估风险变化趋势和本季度风险特征的基础上，提出相应防控措施预案，按照统一要求规范编制季度重大风险监测报告，报告既要有形势分析，也要有数据和事实支撑，在报经企业主要负责人审定后于每季度结束后15日内报送国资委（综合监督局）。

3. 加强重大经营风险事件报告及处置工作。严格执行《中央企业重大经营风险事件报告工作规则》，按照规定时限和应报送情形，落实落细集团和各层级企业的报告责任，对存在迟报、漏报等报告不及时问题的，要按照有关规定进行督促提示、通报约谈或追责问责。

（四）提升内控监督评价质量

针对当前部分国资央企内控体系监督评价工作中存在的集团监督评价力度不足、子企业内控自评价质量不高，存在"走过场"、敷衍塞责等现象，首次明确提出国资央企要加强质量控制，切实提升内控监督评价质效。一方面，要着力提升子企业年度内控自评价质量，指导督促各级子企业聚焦重要领域、关键环节及重要岗位规范有效开展内控自评价，确保将合并范围子企业全部纳入年度自评价范围，对内控自评价"走过场"的子企业，要综合运用通报、约谈、与企业领导人员业绩考核和薪酬挂钩、严肃问责等多种措施进行惩罚；另一方面，要求规范开展集团监督评价，研究制定新一轮集团监督评价全覆盖工作规划，并特别提出：对新并入企业、新型商业模式、新兴业务领域要每年必评，对每年新发生的大额资金运作、重大投资决策、重大购销业务、重大工程项目承揽、高风险金融业务，以及发生重大经营风险事件的子企业要实现当年集团监督评价全覆盖。国资委将持续组织开展年度内控体系有效性抽查评价工作，对国资央企内控监督评价质效及缺陷整改落实情况进行监督检查。

需要注意的是在2021年~2022年两年间，国务院国资委先后组织开展了三次央企内控体系有效性抽查评价，评价工作的深度、细度不断增强，业务层面及内部控制工作质量越来越被重点关注。目前在国务院国资委发布的内部审计、合规管理、法治建设、对标世界一流管理提升、加快建设世界一流财务管理体系、提高央企控股上市公司质量工作方案等相关监管政策中，也对央企内部控制工作提出了明确要求。因此，对于相关评价工作应统筹兼顾。

七、不同年度工作通知中对具体工作要求的对比解读

（一）工作机制方面

44 号文规定，建立健全内控工作体系。落实企业主要领导人员为第一责任人，明确专门职能部门或机构。建立上下贯通、全面覆盖的内控工作体系，形成领导有力、职责明确、流程清晰、规范有序的工作机制。

307 号文规定，深化内控体系建设与监督工作。加强组织领导，进一步深化内控体系监管工作。落实各业务部门内控体系有效运行责任，强化内控体系监管部门职责，加强内控体系审计监督工作，持续优化企业内控体系。

299 号文规定，进一步深化内控体系建设与监督工作。建立健全党委（党组）顶层谋划、主要领导亲自负责、董事会（类似决策机构）全面领导、内控职能部门主责推动、业务职能部门协同配合的内控建设与监督管理体制。发挥内控职能部门作用，压实内控建设和监督主体责任；进一步充实内控部门人员力量，提供必要的工作组织保障，形成领导有力、职责明确、流程清晰、规范有序的内控工作机制。

8 号文规定，加强统一领导，着力健全内控管理体制机制。进一步完善党的领导融入公司治理的运行机制，加强党委（党组）对内控管理工作的全面领导，对企业内控与风险管理工作，以及存在的重大内控缺陷和风险隐患等情况，要定期向党委（党组）报告并抄送企业纪检监察机构。落实董事会对内控体系的监管责任，明确审计与风险管理等专门委员会推进内控体系建设与监督工作的职责，董事会要定期听取和审议内控职能部门工作情况报告。充分发挥内控职能部门作用，有效开展完善制度、强化执行、监督评价、整改落实等内控管理工作，切实提升内控体系规范化、法治化、专业化水平。

（二）制度建设

44 号文规定，完善制度体系。进一步整合优化内控、风险和合规管理相关制度，完善内控缺陷认定标准、风险评估标准和合规评价标准。全面梳理查找企业管控制度和流程缺陷，于 2020 年底前完成相关制度修订增补工作。

307 号文规定，强化制度体系。建立制度定期更新机制。加大制度执行监督检查力度。深化制度整合优化，以"强内控、防风险、促合规"为目标，建立以内控体系建设与监督制度为统领，各项具体操作规范为支撑的"1 + N"内控制度体系，于 2021 年 8 月底前将修订完善后的内控体系相关制度报送。

299 号文规定，扎实开展内控制度标准化建设。按照主要业务领域、核心业务流程、关键控制环节、合规评价标准等维度类型，分领域、分步骤有序开展内控制度标准化建设工作，构建分层分类的制度体系框架，形成系统完备、层次分明、相互衔接、务实管用的内控制度标准化体系。于 2022 年底前抓紧完成资金、金融、招投标、购销领域等重要业务内控制度标准化工作。建立健全内控制度制定、评估、改进等工作机制，及时修订完善内控制度，不断增强内控制度体系的科学性、系统性和有效性。

8 号文规定，加强制度建设，持续完善内控制度体系。重点解决内控制度规范性问题。聚焦核心业务流程、关键控制环节、监督问责机制等关键要素，持续做好制度"立改废释"工作，有效弥补制度缺陷。及时堵塞重要领域和关键环节制度漏洞。在对外投资、招标采购、购销业务、金融业务、工程项目承揽等重要领域和关键环节，细化梳理业务流程，明确关键环节内控要求和风险应对措施，完善责任追究规定。加快填补新领域新业态内控制度空白。加强新并入企业、新型商业模式、新兴业务领域的制度建设，及时准确将国家现行法律法规、行业监管及国资监管政策规定转化为企业内部规章制度。

（三）风险管理

44 号文规定，加强风险管控。结合外部形势变化，科学准确识别、评估、预判企业面临的重大风险。建立健全重大风险季度监测和报告工作机制。重大风险事件应当在 5 个工作日内报告国资委，按季度汇总分析各类重大风险应对措施和重大风险事件监测处理情况。

307 号文规定，加强风险防控。深入研判国内外形势变化及新冠肺炎疫情对企业的影响程度，积极探索建立风险量化监测指标体系。加强年度重大风险评估工作，深化季度重大风险监测工作，探索研究以"数字化"研判风险变化趋势。探索增加风险监测量化指标，强化重大风险监测成果运用，加快形成向企业经营决策机构报告重大风险预测和防控情况的工作机制。

299 号文规定，坚决防控重大风险。严格执行《中央企业重大经营风险事件报告工作规则》，对重大经营风险事件快速反应、及时报告、精准管控、稳妥处置。不断加强重大经营风险季度监测工作，着力将风险监测对象由事后向事前延伸、由表内向表外延伸、由集团向基层延伸，按季度形成季度风险监测报告并报送。做好年度重大经营风险预评估工作，科学识别重大风险类型，客观反映风险特征，有针对性地提出风险应对措施。

8 号文规定，加强风险防控，促进提升重大风险防控能力认真做好年度重大风险评估工作。结合所处行业特点和企业经营实际，深入分析 2023 年风险形势变化，加强风险研判，建立重大风险防控责任台账，明确责任单位、防控目标及应对措施。加强季度重大风险监测预警工作。在复盘分析年初评估风险变化趋势和本季度风险特征的基础上，规范编制季度重大风险监测报告，报告既要有形势分析，也要有数据和事实支撑。加强重大经营风险事件报告及处置工作。落实落细集团和各层级企业的报告责任，对存在迟报、漏报等报告不及时问题的，进行督促提示、通报约谈或追责问责。

（四）信息化管控

44 号文件规定，加强内控体系信息化管控工作。将内控体系信息化管控纳入集团信息化建设总体规划，提高重要领域和关键环节的信息化覆盖率，增强内控体系刚性约束。全面梳理企业各类各项业务流程，对信息系统中审批流程、权限设置等存在缺陷以及未纳入信息系统的关键控制点，及时研究制定改进措施。加强企业信息系统集成优化，借助信息化手段实现实时监测、自动预警等功能，进一步提高内控体系有效性。

307 号文件规定，持续提升信息化管控水平。加强信息化顶层设计和统一规划部署，加快信息化建设进程。加大对专项排查工作中发现的信息化管控缺陷整改落实力度，对资金管控系统及银（财）企直连系统覆盖面低、资金管控系统存在断点、部分重要信息系统缺失等需长期整改事项，要明确整改时间、措施和责任主体。国资委组织开发的中央企业内控体系工作系统在前期单机版试运行基础上，即将部署在线运行，积极做好信息系统对接工作。

299 号文件规定，促进提高"技防技控"能力。加快推动内控手段和内控方式变革，加强内控体系信息化顶层谋划，通过完善内控信息系统权责设置、提高重要领域和关键环节的信息化覆盖率、动态分析异常业务信息等措施和方式，建立健全内控体系全流程信息化管理功能，将控制节点和控制要求固化嵌入信息系统，确保业务线上流转、工作全程留痕、控制实时跟进，实现内控体系由"人防人控"向"技防技控"转型升级。加强企业信息化系统集成优化，定期摸排重要领域和关键环节的信息化管控现状及时研究制定改进措施；借助信息化手段实现实时监测、自动预警等功能。

8 号文件规定，加强内控信息化管控。以司库体系建设为契机，加大内控信息化建设力度，及时将内控要求嵌入各类业务信息系统，提高系统自动识别并终止超越权限、逾越程序等违规行为的能力。积极探索利用人工智能、大数据等信息技术手段，实现经营管理决策和执行全程控制、自动预警、跟踪评价等在线监管功能，推动内控体系由"人防人控"向"技防技控"转变。

（五）加强质量控制提升内控监督评价质效

44 号文件规定，强化监督检查。制定 2020～2022 年度内控体系监督评价工作规划，确保各级企业自评当年全覆盖、集团监督评价 3 年全覆盖。明确 2020 年集团监督评价和外部审计工作重点，加大评价结果在薪酬考核和干部管理等工作中的运用力度。

307 号文件规定，加大监督评价力度。研究制定定性与定量相结合的内控缺陷认定标准、风险评估标准和合规评价标准。突出重点强化集团监督评价工作。对被检查企业近三年发生的风险事件和内控缺陷整改情况进行复核，抽查复核比例一般不低于问题总数的 30%。统筹开展各类内控缺陷和风险问题整改工作，针对重大问题，举一反三开展专项排查工作。

299 号文件规定，深入开展内控执行专项整治。新兴业务、高风险业务以及风险事件频发的领域每半年至少要自评价一次。2022 年底前完成第一轮集团监督评价"三年全覆盖"。集团监督评价"零缺陷"的企业将纳入国资委内控体系有效性抽查评价重点抽查范围。强化内控发现问题整改，针对内控缺陷和问题，形成工作台账，逐项落实整改。加大评价结果在薪酬考核和干部管理等工作中的运用力度；充分利用纪检监察监督、巡视监督、审计监督等监督成果，形成内控监督合力；加大责任追究力度，强化警示震慑作用。深入开展内控执行专项整治，着力加强投资、资金、招投标、购销业务、金融业务等薄弱环节的内部控制，完善内控执行监督问责和考核评估机制；国资委将从 2022 年开始，集中组织开展内控执行专项整治工作，全面排查整治企业在守法经营、合法获利、依法缴税等方面存在的突出问题和短板弱项。

8 号文件规定，加强质量控制，切实提升内控监督评价质效。着力提升子企业年度内控自评价质量，确保将合并范围子企业全部纳入年度自评价范围，对内控自评价"走过场"的子企业，除在集团范围内严肃通报和约谈企业主要负责人外，要与企业领导人员业绩考核和薪酬挂钩，并按照规定对相关责任人进行严肃问责。规范开展集团监督评价，认真研究制定 2023～2025 年集团监督评价全覆盖工作规划。对新并入企业、新型商业模式、新兴业务领域要每年必评，对每年新发生的大额资金运作、重大投资决策、重大购销业务、重大工程项目承揽、高风险金融业务，以及发生重大经营风险事件的子企业要实现当年集团监督评价全覆盖。

八、8 号文与 299 号文对比涉及调整的工作

（一）内控建设"领导部门"发生改变

299 号文规定，内控建设由党委（党组）顶层谋划、主要领导亲自负责、董事会（或类似决策机构）全面领导、内控职能部门主责推动、业务职能部门协同配合的内控建设与监督管理机制。

8 号文规定，加强党委（党组）对内控管理工作的全面领导，落实董事会对内控体系的监管责任。

新增重大内控缺陷及风险隐患需定期向党委（党组）汇报并抄送纪检监察机构。

（二）对内控制度体系的完善提出新的要求

299 号文规定，2022 年制度建设的重要领域和关键环节包括资金、金融、招投标、购销等

8 号文规定，2023 年制度建设的重要领域和关键环节包括对外投资、招标采购、购销业务、金融业务、工程项目承揽等。

2023 年制度建设除了新制度补充之外，还强调对已有制度的梳理，做好制度"立改废释"工作，重点解决制度前后不衔接、上下不配套、标准不明确、覆盖不全面、责任不清晰等缺陷。新增加强新并入企业、新型商业模式、新兴业务领域的制度建设。

（三）专项整治工作落实的手段增强

299 号文规定，国资委将从 2022 年开始，集中组织开展内控执行专项整治工作……不断强化内控刚性约束。

8 号文规定，对比 2022 年专项整治工作落实的手段增强，主要体现在以下方面：一是要求组织开展党建、选人用人、投资管理、违规经营投资责任追究、"四风"问题、招投标管理以及境外资产管理 7 个方面的专项整治活动。二是深入开展内控缺陷整改落实。三是进一步明确内控信息化的方向。除加强内控信息化建设力度外，探索利用人工智能、大数据等信息技术手段实现在线监管功能。四是严肃开展追责问责。

（四）重大风险防控的工作要求更加具体

299 号文规定，按季度汇总分析本企业重大经营风险状况，形成季度风险检测报告。

8 号文规定，加强了对季度重大风险检测的管理。要求报告既要有形势分析，也要有数据和事实支撑。

（五）对境外单位的内控体系建设提出了新的要求

299 号文规定，深化境外项目佣金监管，落实境外大额资金审核支付、财务主管人员委派、同一境外单位任职时限、关键岗位设置轮岗等内控要求。

8 号文新增了"主要负责人提级管理和任职备案""境外工程项目承揽""境外国有产权管理"等境外内控体系建设重要领域、关键环节。重点指出对境外单位大额资金、重大投资及工程项目承揽等重要业务全流程合规性的关注。

（六）规划好未来三年内控监督评价规划

299 号文规定，对"零缺陷"的企业，国资委将纳入内控体系有效性评价重点抽查范围。对新兴业务、高风险业务以及风险事件频发的领域每半年至少自评价一次。

8 号文规定，对不重视自评的子企业可通过通报、约谈和绩效等手段对相关责任人问责。一是对新并入企业、新型商业模式、新兴业务领域要每年必评，对每年新发生的大额资金运作、重大投资决策重大购销业务、重大工程项目承揽、高风险金融业务，以及发生重大经营风险事件的子企业要实现当年集团监督评价全覆盖。二是新增 2023～2025 年集团监督评价全覆盖工作规划。

第三节 《中央企业重大经营风险事件报告工作规则》

一、概述

2021年，国务院国资委关于印发《中央企业重大经营风险事件报告工作规则》（国资发监督规〔2021〕103号）的通知，《中央企业重大经营风险事件报告工作规则》共18条，主要对重大经营风险事件报告的工作职责、报告范围、报送流程、成果运用、纪律要求方面作出明确规定。

二、主要内容

1. 明确工作职责。企业是重大经营风险事件报告工作责任主体，企业主要负责人对重大经营风险事件报告的真实性、及时性负责。

2. 明晰报告范围。从影响企业主要经济指标情况、预计损失金额以及内外部环境发生特别重大变化、严重违法违规等六种情形明确应报送的范围。

3. 规范报送流程。分为首报、续报和终报三种形式，对报告时限和报告内容予以规范。

4. 强化成果运用。从企业和委内两个层面，对报告及处置的结果运用提出要求。

5. 严肃工作纪律。明确对严重迟报、漏报、瞒报和谎报，敷衍应付，以及应对处置不力等四种情形的处置形式，进一步严肃重大经营风险事件报告工作纪律。具体条款如下：

第3条规定，本规则所称重大经营风险事件，是指企业在生产经营管理活动中发生的，已造成或可能造成重大资产损失或严重不良影响的各类生产经营管理风险事件。

第4条规定，企业是重大经营风险事件报告工作的责任主体，负责建立重大经营风险事件报告工作制度和运行机制，明确责任分工、畅通报告渠道。企业主要负责人应当对重大经营风险事件报告的真实性、及时性负责。

国务院国资委推动内控与风险管理（风险）

国务院国资委关于印发《中央企业重大经营风险事件报告工作规则》（国资发监督规〔2021〕103号）的通知

《中央企业重大经营风险事件报告工作规则》18条，主要对重大经营风险事件报告的工作职责、报告范围、报送流程、成果运用、纪律要求方面作出明确规定

五大方面

明确工作职责	◆ 企业是重大经营风险事件报告工作责任主体，企业主要负责人对重大经营风险事件报告的真实性、及时性负责
明晰报告范围	◆ 从影响企业主要经济指标情况、预计损失金额以及内外部环境发生特别重大变化、严重违法违规等六种情形明确应报送的范围
规范报送流程	◆ 分为首报、续报和终报三种形式，对报告时限和报告内容予以规范
强化成果运用	◆ 从企业和委内两个层面，对报告及处置的结果运用提出要求
严肃工作纪律	◆ 明确对严重迟报、漏报、瞒报和谎报，敷衍应付，以及应对处置不力等四种情形的处置形式，进一步严肃重大经营风险事件报告工作纪律

64

第7条规定，企业生产经营管理过程中，有下列风险情形之一的，应当确定为重大经营风

险事件并及时报告：（一）可能对企业资产、负债、权益和经营成果产生重大影响，影响金额占企业总资产或者净资产或者净利润 10% 以上，或者预计损失金额超过 5000 万元。（二）可能导致企业生产经营条件和市场环境发生特别重大变化，影响企业可持续发展。（三）因涉嫌严重违法违规被司法机关或者省级以上监管机构立案调查，或者受到重大刑事处罚、行政处罚。（四）受到其他国家、地区或者国际组织机构管制、制裁等，对企业或者国家形象产生重大负面影响。（五）受到国内外媒体报道，造成重大负面舆情影响。（六）其他情形。

第 12 条规定，国资委根据重大经营风险事件报告质量评估情况，及时提出处理意见并反馈企业。对于重大经营风险事件报告存在质量问题的，要求企业及时进行修改或重新编制报送。

第四节　内部控制、风险管理与合规管理协作

一、内部控制与合规工作的异同

（一）相同点

1. 目标一致，都是有目的的管控活动。COSO 发布的《内部控制——整合框架（2013）》指出，内部控制的目标在于实现营运控制、报告控制以及合规性控制。遵循适用的法律法规，是内部控制三大目标之一，也是合规管理必须遵循的。

2. 在企业反舞弊等一些工作领域有重合。内部控制一开始是基于财务舞弊的出现，在企业内形成的一种监督制衡机制，逐渐发展成对企业内业务、职能及管理层进行风险控制。合规管理也涵盖对企业内舞弊、腐败、贿赂等行为进行控制，以及对劳工、环保、数据、竞争等进行规制。

3. 都是风险管理方式。内部控制是为防止出现人为的或认知缺失而产生的舞弊、失控等风险。建立内控体系，是建立内部风险预防与风险应对体系。合规管理同样是出现了与法律法规、规章制度、监管要求不相符的风险，而必须建立制度和流程，以杜绝或降低该风险。

（二）不同点

1. 涵盖的范围不一样。内部控制包括对企业的整体层面、分支机构层面、业务活动层面进行全面控制，为企业的运营、财务与非财务报告以及合规目标提供合理保证，是为了保护企业而设计的。合规管理主要是针对外部法律法规的执行、企业规章制度以及和遵循状况进行监督和评价，对违规行为进行审查，对合规风险进行有效预防。因此，内部控制涵盖的范围，要比合规管理更广。

2. 管控手段不一样。内部控制五要素是控制环境、风险评估、控制活动、信息与沟通、监控活动。合规管理则是通过合规政策制定、合规组织架构搭建，合规管理制度建设，合规风险的识别与评估、合规举报与调查、合规审查、合规处理、合规考核与培训等行为来实现合规风险的管控。两者的管控手段不大一样。

3. 价值观不一样。内部控制对企业全体员工，包括高层，是相互约束的，其价值观体现为一种"制衡监督"的理念。合规管理是企业高管和员工主动推动并遵照执行的自我约束，其价值观体现为一种"主动遵守"的理念。

二、以内控与风险工作为导向的整合倾向

《关于加强中央企业内部控制体系建设与监督工作的实施意见》（国资发监督规〔2019〕101号）提出，要建立健全以风险管理为导向、合规管理监督为重点的内控体系，且要将风险管理和合规管理要求嵌入业务流程，实现"强内控、防风险、促合规"的管控目标。

（一）从内部控制要素角度

内部控制五要素的顶层是"控制环境"，它是企业实施有效内部控制的基础。控制环境始于董事会和高管层，为企业确定"最高层基调"。企业高管发布的内部控制声明也是企业合规文化得组成部分。

（二）从风险评估角度

风险评估都是管理各种风险的决策基础。不管是合规风险，还是其他的战略风险、营运风险、财务风险、信息风险，内控的风险识别与分析的范围，包括企业整体业务层面的风险，也包括单个业务或项目层面的风险，比合规的风险识别与分析要广。但是，在风险评估中，管理层所用的评估方法是可以通用的。每个业务领域的潜在风险，以及风险发生的时间和概率及其影响范围是一致的。故内控与合规在整合过程中，可以用同样的评估方法，及共用一套风险事件库、风险评估清单。

（三）从控制活动角度

控制活动是内部控制最核心的要素，贯穿于整个企业，遍及各个层级、业务单元和流程以及技术环境。控制活动可分为预防性措施和检查性措施，包括一系列手工控制和自动化控制，如授权、审批、验证、调节、业绩评价等。职责分离是最基本的控制措施，如可行性研究与决策审批、决策审批与执行、执行与监督检查等岗位职责的分离。采购、销售、投资管理、资金管理、工程项目，产权交易等业务领域的岗位职责权限要相互衔接、相互制衡、相互监督。在合规管理的管控措施中，基本上可以用到前述风险控制活动的技巧。

（四）从信息管理角度

对于内部控制和合规管理而言，信息都是不可或缺的元素。信息应当可靠、准确。出于成本和效率考虑，内控、风险与合规管理，应当拥有一体化的信息（系统）。内控、风险与合规管理系统保持数据流通共享。如果企业已经进行数字化转型，可以纳入中台统一规划，调用管理中台能力，在数据中台进行数据稽核与调用，实现内控、风险、合规体系与业务信息系统互联互通、有机融合。同时可探索利用大数据、云计算、人工智能等技术，实现内控与合规体系实时监测、自动预警、监督评价等在线监管功能。

三、内部控制、风险管理与合规管理形成合力

内部控制、风险管理与合规管理在企业整体管理中属于后台保障工作。内部控制从企业及时识别、系统分析经营活动与实现内部控制目标相关性方面认知风险，强调对企业行为，包括企业管理各层级、业务流程各环节的限制。风险管理对风险的认知秉承中性的态度，强调不确定性带来风险，以及对风险科学评判及规避，包括对风险类型的辨识及不同的应对选择、商业利益平衡的统筹考量。合规管理强调对规则，即外部法律法规、内部规章制度以及商业伦理的遵守，强调合规风险是带来负面影响的可能性。内部控制、风险管理与合规管理认知角度和使用工具各不相同，可以结合企业的实际选择不同工作的侧重点，形成一体化的工作体系，共同为企业长期发展保驾护航。

第五节 国务院国资委官方解读风险防控工作

一、国务院国资委主任张玉卓发表署名文章

2023 年 2 月 17 日，《学习时报》刊发国务院国资委主任张玉卓署名文章《为全面建设社会主义现代化国家开好局起好步作出国资央企更大贡献》，文章提到"突出守牢底线，有效防范化解重大风险"。

二、解读风险防控工作

坚持统筹发展和安全，强化底线思维、关联思维，坚持标本兼治、远近结合，着力防范化解各类风险，坚决守住不发生系统性风险底线，以高水平安全保障企业高质量发展。

（一）抓好重点领域风险防范化解

压实各级企业主体责任，增强风险处置的精准性、有效性，稳妥做好重点领域、重点企业风险处置，强化资产负债率刚性约束，抓好房地产、金融等领域风险防范应对。

（二）健全风险监测防控机制

动态调整重点管控企业名单，强化业务规范、考核约束、违规追责等联动管控，完善合规管理体系，设立首席合规官，加快打造法治央企。

（三）提升企业安全生产水平

坚持从零开始、向零奋斗，深入开展中央企业安全管理强化年行动，健全企业安全生产组织机构，推进安全生产管理从事后处置向事前预防转变，加大安全技术研发投入，推进高风险老旧设施升级改造，在安全隐患高发领域大力推进"机械化换人、自动化减人"，全面提升本质安全水平，筑牢安全生产底线。

【合规实务建议】

1. 客观认知"风险"。《中央企业合规管理办法》里的提到的合规风险是全面风险管理中的一种，合规风险与全面风险是局部与整体的关系。合规风险管理重点在于防控，可以参考并复用全面风险管理的方法论及工作举措。

2. 合理看待"机会风险"。避免将机会风险纳入合规风险一揽子纳入防控范畴，让企业损失商业机会。

3. 内部控制规范对大企业和小企业提出不同要求，这一点值得合规管理借鉴。

4. 内部控制配套指引中"合同管理是控制手段类指引中的重要工具"要求同样适用于合同的合规管理。

5. 内部控制与风险管理系统建设的成熟度大幅领先于合规管理系统建设。44 号、307 号、299 号、8 号文件中都提及一些先进的技术管控手段，合规管理可以借鉴使用或是直接复用。合规管理中可以考虑使用同样的作业工具，避免多头重复建设，这样有利于企业共享工作成果，推进开展法务、合规、内控、风险协同工作。

【本章涉及法规文件】

1. 2006 年 6 月，国务院国资委印发《中央企业全面风险管理指引》（国资发改革〔2006〕

108 号）的通知。

2. 2013 年 1 月，国务院国资委印发《中央企业做强做优、培育具有国际竞争力的世界一流企业要素指引》（国资发改革〔2013〕17 号）的通知。

3. 2018 年 9 月，国务院国资委下发《关于做好 2019 年中央企业全面风险管理工作有关事项的通知》（国资厅发改革〔2018〕35 号）。

4. 2008 年 5 月，财政部会同证监会、审计署、银监会、保监会五部门联合印发《企业内部控制基本规范》（财会〔2008〕7 号）。

5. 2010 年 4 月，财政部、证监会、审计署、银监会、保监会五部门联合发布了《企业内部控制配套指引》。

6. 2017 年 6 月，财政部印发《小企业内部控制规范（试行）》（财会〔2017〕21 号）的通知。

7. 2019 年 10 月，国务院国资委印发《关于加强中央企业内部控制体系建设与监督工作的实施意见》（国资发监督规〔2019〕101 号）的通知。

8. 2019 年，国务院国资委《关于做好 2020 年中央企业内部控制体系建设与监督工作有关事项的通知》（国资厅发监督〔2019〕44 号）。

9. 2020 年 10 月，国务院国资委《关于做好 2021 年中央企业内部控制体系建设与监督工作有关事项的通知》（国资厅监督〔2020〕307 号）。

10. 2022 年 1 月，国务院国资委《关于做好 2022 年中央企业内部控制体系建设与监督工作有关事项的通知》（国资厅监督〔2021〕299 号）。

11. 2023 年，国务院国资委《关于做好 2023 年中央企业内部控制体系建设与监督工作有关事项的通知》（国资厅监督〔2023〕8 号）。

12. 2021 年，国务院国资委印发《中央企业重大经营风险事件报告工作规则》（国资发监督规〔2021〕103 号）的通知。

第九章　中央企业违规经营投资责任追究

本章内容导读

本章全面追溯了企业违规经营投资责任追究的发展历程。

1. 聚焦违规经营投资责任追究，从国务院办公厅到国务院国资委，管理思路一脉相承。2016 年发布《国务院办公厅关于建立国有企业违规经营投资责任追究制度的意见》（国办发〔2016〕63 号），到 2018 年《中央企业违规经营投资责任追究实施办法（试行）》（国务院国有资产监督管理委员会令第 37 号），再到 2023 年关于印发《中央企业财务决算审核发现问题整改和责任追究工作规定》（国资发监责规〔2023〕25 号）的通知，不同文件从不同的层级、不同角度对企业违规经营投资责任追究提出不同要求。其中，《中央企业违规经营投资责任追究实施办法（试行）》（国务院国有资产监督管理委员会令第 37 号）作为国务院国资委规章，自发布以来一直是央企处理违规经营投资责任追究的标尺。

2. 国务院国资委监督追责局负责所监管企业违规经营投资责任追究工作，违规经营投资责任追究是国务院国资委的一项监管工作。

3. 违规经营投资责任追究同时涉及多条专业线工作，不同文件、规章会从专业管理的角度提出工作要求。对企业违规经营投资责任追究，管理要求落实要从纵向推进逐级贯彻执行、具体工作实践要从横方向联合不同部门不同工作角度形成合力。具体到年度工作开展，可以参考国务院国资委印发的年度工作要求通知，其中很重要的一份文件是《国务院国有资产监督管理委员会办公厅关于做好 2023 年中央企业违规经营投资责任追究工作的通知》（国资厅发监责〔2023〕10 号）。

第一节　《国务院办公厅关于建立国有企业违规经营投资责任追究制度的意见》

一、概述

2016 年，国务院办公厅正式印发《国务院办公厅关于建立国有企业违规经营投资责任追究制度的意见》（国办发〔2016〕63 号）。文件根据《中共中央、国务院关于深化国有企业改革的指导意见》《国务院办公厅关于加强和改进企业国有资产监督防止国有资产流失的意见》（国办发〔2015〕79号）等要求，为落实国有资本保值增值责任，完善国有资产监管，防止国有资产流失。文件要求各级履行出资人职责的机构和国有企业要建立健全违规经营投资责任追究制度，细化违规经营投资责任追究的原则、范围、依据、启动机制、程序、方式、标准和职责，保障违规经营投资责任追究工作有章可循、规范有序。责任追究工作要加强与党建、审计、纪检监察、干部管理等部门的协同，形成监管合力，提高工作效率，增强工作效果。探索向社会公开责任调查处理情况，接受社会监督，充分发挥警示教育作用。

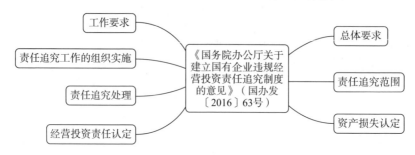

二、总体要求

（一）指导思想

全面贯彻党的十八大和十八届三中、四中、五中全会精神，按照"五位一体"总体布局和"四个全面"战略布局，牢固树立和贯彻落实创新、协调、绿色、开放、共享的发展理念，深入贯彻习近平总书记系列重要讲话精神，认真落实党中央、国务院决策部署，坚持社会主义市场经济改革方向，按照完善现代企业制度的要求，以提高国有企业运行质量和经济效益为目标，以强化对权力集中、资金密集、资源富集、资产聚集部门和岗位的监督为重点，严格问责、完善机制，构建权责清晰、约束有效的经营投资责任体系，全面推进依法治企，健全协调运转、有效制衡的法人治理结构，提高国有资本效率、增强国有企业活力、防止国有资产流失，实现国有资本保值增值。

（二）基本原则

1. 依法合规、违规必究。以国家法律法规为准绳，严格执行企业内部管理规定，对违反规定、未履行或未正确履行职责造成国有资产损失以及其他严重不良后果的国有企业经营管理有关人员，严格界定违规经营投资责任，严肃追究问责，实行重大决策终身责任追究制度。

2. 分级组织、分类处理。履行出资人职责的机构和国有企业按照国有资产分级管理要求和干部管理权限，分别组织开展责任追究工作。对违纪违法行为，严格依纪依法处理。

3. 客观公正、责罚适当。在充分调查核实和责任认定的基础上，既考虑量的标准也考虑质的不同，实事求是地确定资产损失程度和责任追究范围，恰当公正地处理相关责任人。

4. 惩教结合、纠建并举。在严肃追究违规经营投资责任的同时，加强案例总结和警示教育，不断完善规章制度，及时堵塞经营管理漏洞，建立问责长效机制，提高国有企业经营管理水平。

（三）主要目标

在2017年年底前，国有企业违规经营投资责任追究制度和责任倒查机制基本形成，责任追究的范围、标准、程序和方式清晰规范，责任追究工作实现有章可循。在2020年年底前，全面建立覆盖各级履行出资人职责的机构及国有企业的责任追究工作体系，形成职责明确、流程清晰、规范有序的责任追究工作机制，对相关责任人及时追究问责，国有企业经营投资责任意识和责任约束显著增强。

三、责任追究范围

国有企业经营管理有关人员违反国家法律法规和企业内部管理规定，未履行或未正确履行职责致使发生下列情形造成国有资产损失以及其他严重不良后果的，应当追究责任：

（一）集团管控方面

所属子企业发生重大违纪违法问题，造成重大资产损失，影响其持续经营能力或造成严重不良后果；未履行或未正确履行职责致使集团发生较大资产损失，对生产经营、财务状况产生重大影响；对集团重大风险隐患、内控缺陷等问题失察，或虽发现但没有及时报告、处理，造成重大风险等。

（二）购销管理方面

未按照规定订立、履行合同，未履行或未正确履行职责致使合同标的价格明显不公允；交易行为虚假或违规开展"空转"贸易；利用关联交易输送利益；未按照规定进行招标或未执行招标结果；违反规定提供赊销信用、资质、担保（含抵押、质押等）或预付款项，利用业务预付或物资交易等方式变相融资或投资；违规开展商品期货、期权等衍生业务；未按规定对应收款项及时追索或采取有效保全措施等。

（三）工程承包建设方面

未按规定对合同标的进行调查论证，未经授权或超越授权投标，中标价格严重低于成本，造成企业资产损失；违反规定擅自签订或变更合同，合同约定未经严格审查，存在重大疏漏；工程物资未按规定招标；违反规定转包、分包；工程组织管理混乱，致使工程质量不达标，工程成本严重超支；违反合同约定超计价、超进度付款等。

（四）转让产权、上市公司股权和资产方面

未按规定履行决策和审批程序或超越授权范围转让；财务审计和资产评估违反相关规定；组织提供和披露虚假信息，操纵中介机构出具虚假财务审计、资产评估鉴证结果；未按相关规定执行回避制度，造成资产损失；违反相关规定和公开公平交易原则，低价转让企业产权、上市公司股权和资产等。

（五）固定资产投资方面

未按规定进行可行性研究或风险分析；项目概算未经严格审查，严重偏离实际；未按规定履行决策和审批程序擅自投资，造成资产损失；购建项目未按规定招标，干预或操纵招标；外部环境发生重大变化，未按规定及时调整投资方案并采取止损措施；擅自变更工程设计、建设内容；项目管理混乱，致使建设严重拖期、成本明显高于同类项目等。

（六）投资并购方面

投资并购未按规定开展尽职调查，或尽职调查未进行风险分析等，存在重大疏漏；财务审计、资产评估或估值违反相关规定，或投资并购过程中授意、指使中介机构或有关单位出具虚假报告；未按规定履行决策和审批程序，决策未充分考虑重大风险因素，未制定风险防范预案；违规以各种形式为其他合资合作方提供垫资，或通过高溢价并购等手段向关联方输送利益；投资合同、协议及标的企业公司章程中国有权益保护条款缺失，对标的企业管理失控；投资参股后未行使股东权利，发生重大变化未及时采取止损措施；违反合同约定提前支付并购价款等。

（七）改组改制方面

未按规定履行决策和审批程序；未按规定组织开展清产核资、财务审计和资产评估；故意转移、隐匿国有资产或向中介机构提供虚假信息，操纵中介机构出具虚假清产核资、财务审计与资产评估鉴证结果；将国有资产以明显不公允低价折股、出售或无偿分给其他单位或个人；在发展混合所有制经济、实施员工持股计划等改组改制过程中变相套取、私分国有股权；未按规定收取国有资产转让价款；改制后的公司章程中国有权益保护条款缺失等。

（八）资金管理方面

违反决策和审批程序或超越权限批准资金支出；设立"小金库"；违规集资、发行股票（债券）、捐赠、担保、委托理财、拆借资金或开立信用证、办理银行票据；虚列支出套取资金；违规以个人名义留存资金、收支结算、开立银行账户；违规超发、滥发职工薪酬福利；因财务内控缺失，发生侵占、盗取、欺诈等。

（九）风险管理方面

内控及风险管理制度缺失，内控流程存在重大缺陷或内部控制执行不力；对经营投资重大风险未能及时分析、识别、评估、预警和应对；对企业规章制度、经济合同和重要决策的法律审核不到位；过度负债危及企业持续经营，恶意逃废金融债务；瞒报、漏报重大风险及风险损失事件，指使编制虚假财务报告，企业账实严重不符等。

（十）其他违反规定，应当追究责任的情形

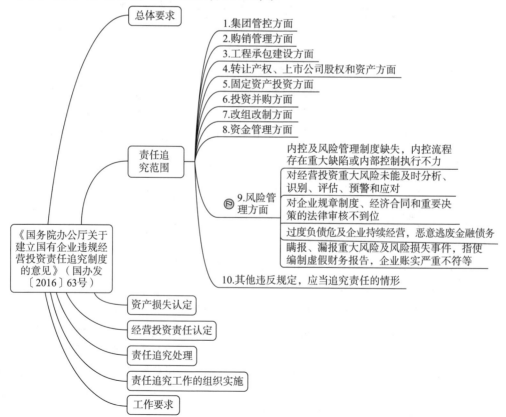

四、资产损失认定

对国有企业经营投资发生的资产损失，应当在调查核实的基础上，依据有关规定认定损失金额及影响。

1. 资产损失包括直接损失和间接损失。直接损失是与相关人员行为有直接因果关系的损失金额及影响。间接损失是由相关人员行为引发或导致的，除直接损失外、能够确认计量的其他损失金额及影响。

2. 资产损失分为一般资产损失、较大资产损失和重大资产损失。涉及违纪违法和犯罪行为查处的损失标准，遵照相关党内法规和国家法律法规的规定执行；涉及其他责任追究处理的，由履行出资人职责的机构和国有企业根据实际情况制定资产损失程度划分标准。

3. 资产损失的金额及影响，可根据司法、行政机关出具的书面文件，具有相应资质的会计师事务所、资产评估机构、律师事务所等中介机构出具的专项审计、评估或鉴证报告，以及企业内部证明材料等进行综合研判认定。相关经营投资虽尚未形成事实损失，经中介机构评估在可预见未来将发生的损失，可以认定为或有资产损失。

五、经营投资责任认定

国有企业经营管理有关人员任职期间违反规定，未履行或未正确履行职责造成国有资产损失以及其他严重不良后果的，应当追究其相应责任；已调任其他岗位或退休的，应当纳入责任追究范围，实行重大决策终身责任追究制度。经营投资责任根据工作职责划分为直接责任、主管责任和领导责任。

1. 直接责任是指相关人员在其工作职责范围内，违反规定，未履行或未正确履行职责，对造成的资产损失或其他不良后果起决定性直接作用时应当承担的责任。企业负责人存在以下情形的，应当承担直接责任：本人或与他人共同违反国家法律法规和企业内部管理规定；授意、指使、强令、纵容、包庇下属人员违反国家法律法规和企业内部管理规定；未经民主决策、相关会议讨论或文件传签、报审等规定程序，直接决定、批准、组织实施重大经济事项，并造成重大资产损失或其他严重不良后果；主持相关会议讨论或以文件传签等其他方式研究时，在多数人不同意的情况下，直接决定、批准、组织实施重大经济事项，造成重大资产损失或其他严重不良后果；将按有关法律法规制度应作为第一责任人（总负责）的事项、签订的有关目标责任事项或应当履行的其他重要职责，授权（委托）其他领导干部决策且决策不当或决策失误造成重大资产损失或其他严重不良后果；其他失职、渎职和应当承担直接责任的行为。

2. 主管责任是指相关人员在其直接主管（分管）工作职责范围内，违反规定，未履行或未正确履行职责，对造成的资产损失或不良后果应当承担的责任。

3. 领导责任是指主要负责人在其工作职责范围内，违反规定，未履行或未正确履行职责，对造成的资产损失或不良后果应当承担的责任。

六、责任追究处理

1. 根据资产损失程度、问题性质等，对相关责任人采取组织处理、扣减薪酬、禁入限制、纪律处分、移送司法机关等方式处理。

（1）组织处理。包括批评教育、责令书面检查、通报批评、诫勉、停职、调离工作岗位、降职、改任非领导职务、责令辞职、免职等。

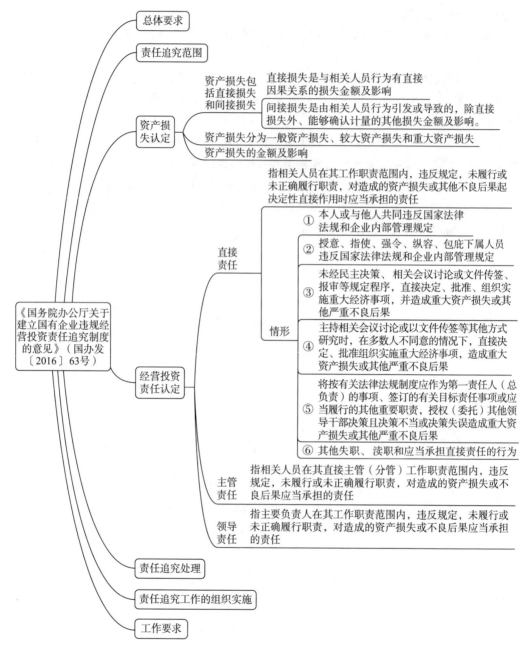

（2）扣减薪酬。扣减和追索绩效年薪或任期激励收入，终止或收回中长期激励收益，取消参加中长期激励资格等。

（3）禁入限制。五年内直至终身不得担任国有企业董事、监事、高级管理人员。

（4）纪律处分。由相应的纪检监察机关依法依规查处。

（5）移送司法机关处理。依据国家有关法律规定，移送司法机关依法查处。以上处理方式可以单独使用，也可以合并使用。

2. 国有企业发生资产损失，经过查证核实和责任认定后，除依据有关规定移送司法机关处理外，应当按以下方式处理：

（1）发生较大资产损失的，对直接责任人和主管责任人给予通报批评、诫勉、停职、调离工作岗位、降职等处理，同时按照以下标准扣减薪酬：扣减和追索责任认定年度50% ~ 100%的绩效年薪、扣减和追索责任认定年度（含）前三年50% ~ 100%的任期激励收入并延期支付绩效年薪、终止尚未行使的中长期激励权益、上缴责任认定年度及前一年度的全部中长期激励收益、五年内不得参加企业新的中长期激励。对领导责任人给予通报批评、诫勉、停职、调离工作岗位等处理，同时按照以下标准扣减薪酬：扣减和追索责任认定年度30% ~ 70%的绩效年薪、扣减和追索责任认定年度（含）前三年30% ~ 70%的任期激励收入并延期支付绩效年薪、终止尚未行使的中长期激励权益、三年内不得参加企业新的中长期激励。

（2）发生重大资产损失的，对直接责任人和主管责任人给予降职、改任非领导职务、责令辞职、免职和禁入限制等处理，同时按照以下标准扣减薪酬：扣减和追索责任认定年度100%的绩效年薪、扣减和追索责任认定年度（含）前三年100%的任期激励收入并延期支付绩效年薪、终止尚未行使的中长期激励权益、上缴责任认定年度（含）前三年的全部中长期激励收益、不得参加企业新的中长期激励。对领导责任人给予调离工作岗位、降职、改任非领导职务、责令辞职、免职和禁入限制等处理，同时按照以下标准扣减薪酬：扣减和追索责任认定年度70% ~ 100%的绩效年薪、扣减和追索责任认定年度（含）前三年70% ~ 100%的任期激励收入并延期支付绩效年薪、终止尚未行使的中长期激励权益、上缴责任认定年度（含）前三年的全部中长期激励收益、五年内不得参加企业新的中长期激励。

（3）责任人在责任认定年度已不在本企业领取绩效年薪的，按离职前一年度全部绩效年薪及前三年任期激励收入总和计算，参照上述标准追索扣回其薪酬。

（4）对同一事件、同一责任人的薪酬扣减和追索，按照党纪政纪处分、责任追究等扣减薪酬处理的最高标准执行，但不合并使用。

3. 对资产损失频繁发生、金额巨大、后果严重、影响恶劣的，未及时采取措施或措施不力导致资产损失扩大的，以及瞒报、谎报资产损失的，应当从重处理。对及时采取措施减少、挽回损失并消除不良影响的，可以适当从轻处理。

4. 国有企业违规经营投资责任追究处理的具体标准，由各级履行出资人职责的机构根据资产损失程度、应当承担责任等情况，依照本意见制定。

七、责任追究工作的组织实施

1. 开展国有企业违规经营投资责任追究工作，应当遵循以下程序：

（1）受理。资产损失一经发现，应当立即按管辖规定及相关程序报告。受理部门应当对掌握的资产损失线索进行初步核实，属于责任追究范围的，应当及时启动责任追究工作。

（2）调查。受理部门应当按照职责权限及时组织开展调查，核查资产损失及相关业务情况、核实损失金额和损失情形、查清损失原因、认定相应责任、提出整改措施等，必要时可经批准组成联合调查组进行核查，并出具资产损失情况调查报告。

（3）处理。根据调查事实，依照管辖规定移送有关部门，按照管理权限和相关程序对相关责任人追究责任。相关责任人对处理决定有异议的，有权提出申诉，但申诉期间不停止原处理决定的执行。责任追究调查情况及处理结果在一定范围内公开。

（4）整改。发生资产损失的国有企业应当认真总结吸取教训，落实整改措施，堵塞管理漏洞，建立健全防范损失的长效机制。

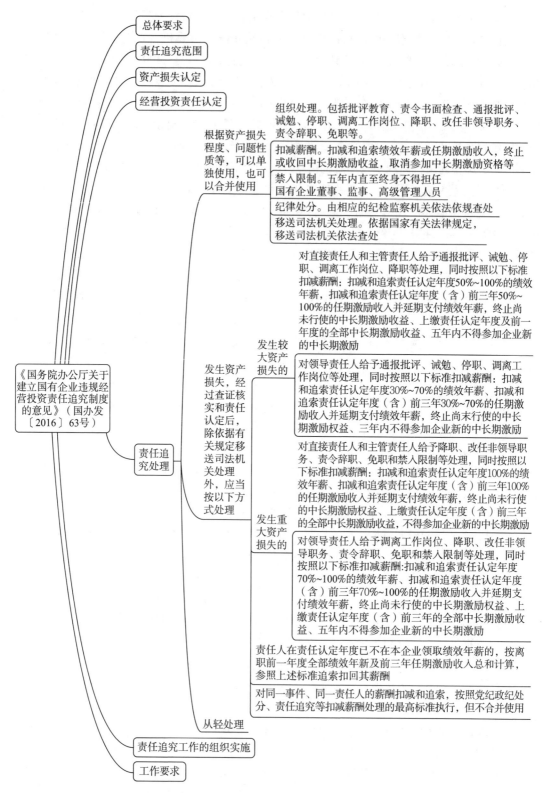

2. 责任追究工作原则上按照干部管理权限组织开展，一般资产损失由本企业依据相关规

定自行开展责任追究工作,上级企业或履行出资人职责的机构认为有必要的,可直接组织开展;达到较大或重大资产损失标准的,应当由上级企业或履行出资人职责的机构开展责任追究工作;多次发生重大资产损失或造成其他严重不良影响、资产损失金额特别巨大且危及企业生存发展的,应当由履行出资人职责的机构开展责任追究工作。

3. 对违反规定,未履行或未正确履行职责造成国有资产损失的董事,除依法承担赔偿责任外,应当依照公司法、公司章程及本意见规定对其进行处理。对重大资产损失负有直接责任的董事,应及时调整或解聘。

4. 经营投资责任调查期间,对相关责任人未支付或兑现的绩效年薪、任期激励收入、中长期激励收益等均应暂停支付或兑现;对有可能影响调查工作顺利开展的相关责任人,可视情采取停职、调离工作岗位、免职等措施。

5. 对发生安全生产、环境污染责任事故和重大不稳定事件的,按照国家有关规定另行处理。

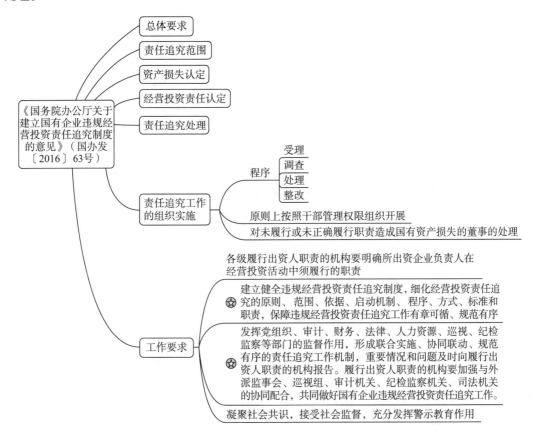

第二节 《中央企业违规经营投资责任追究实施办法(试行)》

一、概述

2018 年 7 月 13 日,国务院国资委发布《中央企业违规经营投资责任追究实施办法(试行)》(国务院国有资产监督管理委员会令第 37 号)。在《国务院办公厅关于建立国有企业违规经营投资责任追究制度的意见》（国办发〔2016〕63号）的基础上，进一步明确了中央企业违规经营投资责任追究的范围、标准、责任认定、追究处理、职责和工作程序等。共8章82条。

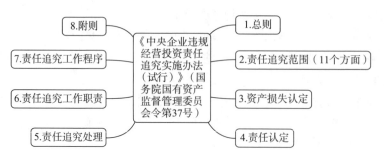

二、作用

贯彻落实习近平新时代中国特色社会主义思想和党的十九大精神，加强和改进国有资产监督工作、有效防止国有资产流失的重要举措，对于加强和规范中央企业责任追究工作，落实国有资产保值增值责任，进一步完善国有资产监督管理制度等具有重要作用。

1. 加强和规范中央企业责任追究工作。党的十八大以来，国务院国资委和中央企业积极采取有效措施，防止国有资产流失，国有资产监督工作取得了积极成效，但一些企业仍存在着违规经营投资问题，其中一些问题造成了较大损失和严重不良影响，个别问题还没有及时进行追究处理。同时，央企普遍反映违规经营投资责任追究工作涉及面广、政策性强、追责难度大，在相关制度建设和实际工作中面临很多问题，亟须国务院国资委制定统一的责任追究制度，规范有关标准、程序和方式等。针对上述问题，《中央企业违规经营投资责任追究实施办法（试行）》详细规定了中央企业违规经营投资责任追究的有关范围、标准、处理方式、职责和程序等，为有效开展责任追究工作提供了基本遵循，有利于进一步加强和规范中央企业责任追究工作。

2. 有效防止国有资产流失。主要体现在"治标"和"治本"两个方面。一方面，动员千遍不如问责一次，严肃查处中央企业违规经营投资案件，充分发挥责任追究的警示和震慑作用；另一方面，通过严肃问责，推动企业建立健全权责清晰、约束有效的经营投资责任体系，倒逼经营管理人员正确履行职责、层层落实保值增值责任，从而从根本上防止国有资产流失。

3. 加强和改进央企国有资产监督工作。违规经营投资责任追究工作处于监督工作后端，有关监督部门或机构发现的违规经营投资问题，相关责任人是否依法依规得到追究处理，关系整个监督工作的实际成效。《中央企业违规经营投资责任追究实施办法（试行）》从操作层面细化这项工作的相关内容，有利于强化与其他监督力量的协同，形成有效的监督工作闭环，打通监督链条上成果运用环节"最后一公里"，进一步加强和改进中央企业国有资产监督工作。具体条款如下：

第2条规定，本办法所称中央企业是指国务院国有资产监督管理委员会（以下简称国资委）代表国务院履行出资人职责的国家出资企业。

第3条规定，本办法所称违规经营投资责任追究（以下简称责任追究）是指中央企业经营管理有关人员违反规定，未履行或未正确履行职责，在经营投资中造成国有资产损失或其他严重不良后果，经调查核实和责任认定，对相关责任人进行处理的工作。前款所称规定，包括国家法律法规、国有资产监管规章制度和企业内部管理规定等。前款所称未履行职责，是指未在规定期限内或正当合理期限内行使职权、承担责任，一般包括不作为、拒绝履行职责、拖延履行职责等；未正确履行职责，是指未按规定以及岗位职责要求，不适当或不完全行使职权、承担责任，一般包括未按程序行使职权、超越职权、滥用职权等。

三、工作原则

第4条规定，责任追究工作应当遵循以下原则：（一）坚持依法依规问责。以国家法律法规为准绳，按照国有资产监管规章制度和企业内部管理规定等，对违反规定、未履行或未正确履行职责造成国有资产损失或其他严重不良后果的企业经营管理有关人员，严肃追究责任，实行重大决策终身问责。（二）坚持客观公正定责。贯彻落实"三个区分开来"重要要求，结合企业实际情况，调查核实违规行为的事实、性质及其造成的损失和影响，既考虑量的标准也考虑质的不同，认定相关人员责任，保护企业经营管理有关人员干事创业的积极性，恰当公正地处理相关责任人。（三）坚持分级分层追责。国资委和中央企业原则上按照国有资本出资关系和干部管理权限，界定责任追究工作职责，分级组织开展责任追究工作，分别对企业不同层级经营管理人员进行追究处理，形成分级分层、有效衔接、上下贯通的责任追究工作体系。（四）坚持惩治教育和制度建设相结合。在对违规经营投资相关责任人严肃问责的同时，加大典型案例总结和通报力度，加强警示教育，发挥震慑作用，推动中央企业不断完善规章制度，堵塞经营管理漏洞，提高经营管理水平，实现国有资产保值增值。

四、责任追究范围和情形

中央企业经营管理有关人员违反国家法律法规、国有资产监管规章制度和企业内部管理规定等，未履行或未正确履行职责，造成国有资产损失或其他严重不良后果的，应当纳入违规经营投资责任追究的范围，追究相应责任。明确了集团管控、风险管理、购销管理、工程承包建设、资金管理、固定资产投资、投资并购、改组改制、境外经营投资和转让产权、上市公司股权、资产以及其他责任追究情形11个方面72种责任追究情形。具体条款如下：

第6条规定，中央企业经营管理有关人员违反规定，未履行或未正确履行职责致使发生本办法第7条至第17条所列情形，造成国有资产损失或其他严重不良后果的，应当追究相应责任。

第7条规定，集团管控方面的责任追究情形：（一）违反规定程序或超越权限决定、批准和组织实施重大经营投资事项，或决定、批准和组织实施的重大经营投资事项违反党和国家方针政策、决策部署以及国家有关规定。（二）对国家有关集团管控的规定未执行或执行不力，致使发生重大资产损失对生产经营、财务状况产生重大影响。（三）对集团重大风险隐患、内控缺陷等问题失察，或虽发现但没有及时报告、处理，造成重大资产损失或其他严重不良后果。（四）所属子企业发生重大违规违纪违法问题，造成重大资产损失且对集团生产经营、财务状况产生重大影响，或造成其他严重不良后果。（五）对国家有关监管机构就经营投资有关重大问题提出的整改工作要求，拒绝整改、拖延整改等。

第8条规定，风险管理方面的责任追究情形：（一）未按规定履行内控及风险管理制度建设职责，导致内控及风险管理制度缺失，内控流程存在重大缺陷。（二）内控及风险管理制度未执行或执行不力，对经营投资重大风险未能及时分析、识别、评估、预警、应对和报告。（三）未按规定对企业规章制度、经济合同和重要决策等进行法律审核。（四）未执行国有资

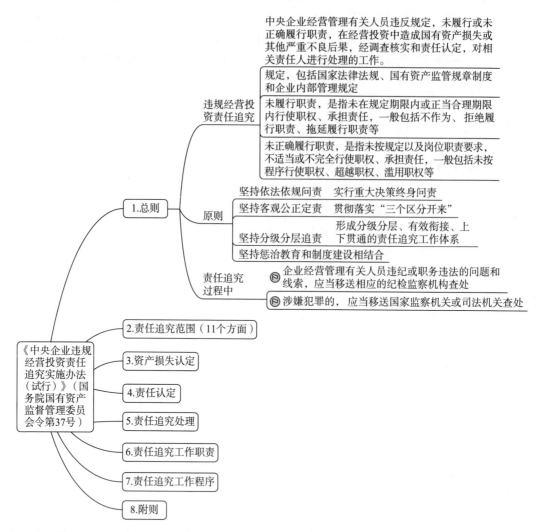

中央企业经营管理有关人员违反规定，未履行或未正确履行职责，在经营投资中造成国有资产损失或其他严重不良后果，经调查核实和责任认定，对相关责任人进行处理的工作。

规定，包括国家法律法规、国有资产监管规章制度和企业内部管理规定

未履行职责，是指未在规定期限内或正当合理期限内行使职权、承担责任，一般包括不作为、拒绝履行职责、拖延履行职责等

未正确履行职责，是指未按规定以及岗位职责要求，不适当或不完全行使职权、承担责任，一般包括未按程序行使职权、超越职权、滥用职权等

违规经营投资责任追究

坚持依法依规问责　实行重大决策终身问责

坚持客观公正定责　贯彻落实"三个区分开来"

坚持分级分层追责　形成分级分层、有效衔接、上下贯通的责任追究工作体系

坚持惩治教育和制度建设相结合

原则

责任追究过程中

企业经营管理有关人员违纪或职务违法的问题和线索，应当移送相应的纪检监察机构查处

涉嫌犯罪的，应当移送国家监察机关或司法机关查处

1.总则

《中央企业违规经营投资责任追究实施办法（试行）》（国务院国有资产监督管理委员会令第37号）

2.责任追究范围（11个方面）

3.资产损失认定

4.责任认定

5.责任追究处理

6.责任追究工作职责

7.责任追究工作程序

8.附则

产监管有关规定，过度负债导致债务危机，危及企业持续经营。（五）恶意逃废金融债务。（六）瞒报、漏报、谎报或迟报重大风险及风险损失事件，指使编制虚假财务报告，企业账实严重不符。

第9条规定，购销管理方面的责任追究情形：（一）未按规定订立、履行合同，未履行或未正确履行职责致使合同标的价格明显不公允。（二）未正确履行合同，或无正当理由放弃应得合同权益。（三）违反规定开展融资性贸易业务或"空转""走单"等虚假贸易业务。（四）违反规定利用关联交易输送利益。（五）未按规定进行招标或未执行招标结果。（六）违反规定提供赊销信用、资质、担保或预付款项，利用业务预付或物资交易等方式变相融资或投资。（七）违反规定开展商品期货、期权等衍生业务。（八）未按规定对应收款项及时追索或采取有效保全措施。

第10条规定，工程承包建设方面的责任追究情形：（一）未按规定对合同标的进行调查论证或风险分析。（二）未按规定履行决策和审批程序，或未经授权和超越授权投标。（三）违反规定，无合理商业理由以低于成本的报价中标。（四）未按规定履行决策和审批程序，擅自

签订或变更合同。（五）未按规定程序对合同约定进行严格审查，存在重大疏漏。（六）工程以及与工程建设有关的货物、服务未按规定招标或规避招标。（七）违反规定分包等。（八）违反合同约定超计价、超进度付款。

第 11 条规定，资金管理方面的责任追究情形：（一）违反决策和审批程序或超越权限筹集和使用资金。（二）违反规定以个人名义留存资金、收支结算、开立银行账户等。（三）设立"小金库"。（四）违反规定集资、发行股票或债券、捐赠、担保、委托理财、拆借资金或开立信用证、办理银行票据等。（五）虚列支出套取资金。（六）违反规定超发、滥发职工薪酬福利。（七）因财务内控缺失或未按照财务内控制度执行，发生资金挪用、侵占、盗取、欺诈等。

第 12 条规定，转让产权、上市公司股权、资产等方面的责任追究情形：（一）未按规定履行决策和审批程序或超越授权范围转让。（二）财务审计和资产评估违反相关规定。（三）隐匿应当纳入审计、评估范围的资产，组织提供和披露虚假信息，授意、指使中介机构出具虚假财务审计、资产评估鉴证结果及法律意见书等。（四）未按相关规定执行回避制度。（五）违反相关规定和公开公平交易原则，低价转让企业产权、上市公司股权和资产等。（六）未按规定进场交易。

第 13 条规定，固定资产投资方面的责任追究情形：（一）未按规定进行可行性研究或风险分析。（二）项目概算未按规定进行审查，严重偏离实际。（三）未按规定履行决策和审批程序擅自投资。（四）购建项目未按规定招标，干预、规避或操纵招标。（五）外部环境和项目本身情况发生重大变化，未按规定及时调整投资方案并采取止损措施。（六）擅自变更工程设计、建设内容和追加投资等。（七）项目管理混乱，致使建设严重拖期、成本明显高于同类项目。（八）违反规定开展列入负面清单的投资项目。

第 14 条规定，投资并购方面的责任追究情形：（一）未按规定开展尽职调查，或尽职调查未进行风险分析等，存在重大疏漏。（二）财务审计、资产评估或估值违反相关规定。（三）投资并购过程中授意、指使中介机构或有关单位出具虚假报告。（四）未按规定履行决策和审批程序，决策未充分考虑重大风险因素，未制定风险防范预案。（五）违反规定以各种形式为其他合资合作方提供垫资，或通过高溢价并购等手段向关联方输送利益。（六）投资合同、协议及标的企业公司章程等法律文件中存在有损国有权益的条款，致使对标的企业管理失控。（七）违反合同约定提前支付并购价款。（八）投资并购后未按有关工作方案开展整合，致使对标的企业管理失控。（九）投资参股后未行使相应股东权利，发生重大变化未及时采取止损措施。（十）违反规定开展列入负面清单的投资项目。

第 15 条规定，改组改制方面的责任追究情形：（一）未按规定履行决策和审批程序。（二）未按规定组织开展清产核资、财务审计和资产评估。（三）故意转移、隐匿国有资产或向中介机构提供虚假信息，授意、指使中介机构出具虚假清产核资、财务审计与资产评估等鉴证结果。（四）将国有资产以明显不公允低价折股、出售或无偿分给其他单位或个人。（五）在发展混合所有制经济、实施员工持股计划、破产重整或清算等改组改制过程中，违反规定，导致发生变相套取、私分国有资产。（六）未按规定收取国有资产转让价款。（七）改制后的公司章程等法律文件中存在有损国有权益的条款。

第 16 条规定，境外经营投资方面的责任追究情形：（一）未按规定建立企业境外投资管理相关制度，导致境外投资管控缺失。（二）开展列入负面清单禁止类的境外投资项目。（三）违反规定从事非主业投资或开展列入负面清单特别监管类的境外投资项目。（四）未按规定进行风险评估并采取有效风险防控措施对外投资或承揽境外项目。（五）违反规定采取不当经营行为，以及不顾成本和代价进行恶性竞争。（六）违反本章其他有关规定或存在国家明令禁止的其他境外经营投资行为的。

第17条规定，其他违反规定，未履行或未正确履行职责造成国有资产损失或其他严重不良后果的责任追究情形。

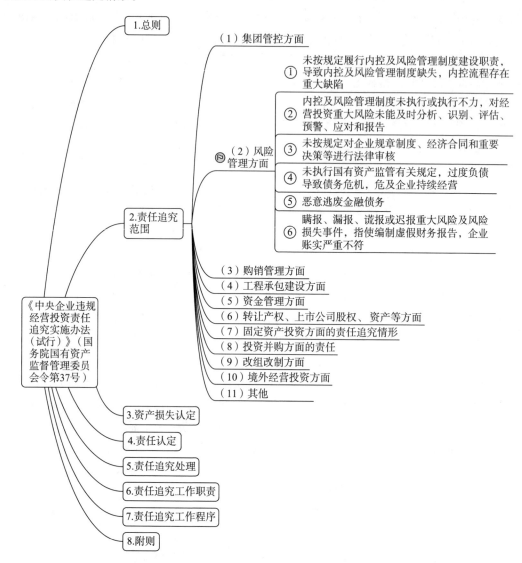

五、违规经营投资资产损失认定以及损失标准

（一）资产损失是"违规经营投资"造成的资产损失，"违规"是责任追究的前提

在此基础上，对违规经营投资造成的资产损失，经调查核实，根据司法、行政机关等依法出具的书面文件，具有相应资质的会计师事务所、资产评估机构、律师事务所、专业技术鉴定机构等专业机构出具的专项审计、评估或鉴证报告，以及企业内部证明材料等，综合研判认定资产损失金额，以及对企业、国家和社会等造成的影响。资产损失包括直接损失和间接损失。

直接损失是与相关人员行为有直接因果关系的损失金额及影响；间接损失是由相关人员行为引发或导致的，除直接损失外、能够确认计量的其他损失金额及影响。资产损失标准是有效开展责任追究工作的重要基础。

（二）考虑中央企业规模、效益等实际情况

为贯彻落实"违规必究、从严追责"的精神，借鉴部分地方国资委、中央企业已出台的相关制度和实际做法，按照"制度面前一律平等，一把尺子量到底"的工作思路，在充分分析论证的基础上，将中央企业资产损失程度划分为：500万元以下为一般资产损失，500万元以上（含500万元）5000万元以下为较大资产损失，5000万元以上（含5000万元）为重大资产损失。

（三）违规经营投资责任追究属于出资人责任追究

这是出资人加强国有资产监督的重要举措，是对企业经营投资领域违规行为的责任追究，与纪律处分、刑事处罚的性质、适用范围不同，对因果关系和有关证据的要求不同，相关处理标准也不同。因此，文件明确规定，涉及违纪违法和犯罪行为查处的损失标准，遵照相关党内法规和国家法律法规执行。具体条款如下：

第18条规定，对中央企业违规经营投资造成的资产损失，在调查核实的基础上，依据有关规定认定资产损失金额，以及对企业、国家和社会等造成的影响。

第19条规定，资产损失包括直接损失和间接损失。直接损失是与相关人员行为有直接因果关系的损失金额及影响；间接损失是由相关人员行为引发或导致的，除直接损失外、能够确认计量的其他损失金额及影响。

第20条规定，中央企业违规经营投资资产损失500万元以下为一般资产损失，500万元以上5000万元以下为较大资产损失，5000万元以上为重大资产损失。涉及违纪违法和犯罪行为查处的损失标准，遵照相关党内法规和国家法律法规的规定执行。前款所称的"以上"包括本数，所称的"以下"不包括本数。

第21条规定，资产损失金额及影响，可根据司法、行政机关等依法出具的书面文件，具有相应资质的会计师事务所、资产评估机构、律师事务所、专业技术鉴定机构等专业机构出具的专项审计、评估或鉴证报告，以及企业内部证明材料等，进行综合研判认定。

第22条规定，相关违规经营投资虽尚未形成事实资产损失，但确有证据证明资产损失在可预见未来将发生，且能可靠计量资产损失金额的，经中介机构评估可以认定为或有损失，计入资产损失。

六、违规经营投资责任划分

文件依据《国务院办公厅关于建立国有企业违规经营投资责任追究制度的意见》有关规定，根据工作职责将违规经营投资责任划分为直接责任、主管责任和领导责任。同时，根据中央企业经营管理人员履职的实际情况，为严格界定责任，明确规定了"企业负责人承担直接责任""追究上级企业经营管理有关人员的责任""瞒报、漏报或谎报重大资产损失""未按规定和有关工作职责要求组织开展责任追究工作"和"以集体决策形式作出违规经营投资的决策或实施其他违规经营投资的行为"5类责任认定情形。具体条款如下：

第23条规定，中央企业经营管理有关人员任职期间违反规定，未履行或未正确履行职责造成国有资产损失或其他严重不良后果的，应当追究其相应责任。违规经营投资责任根据工作职责划分为直接责任、主管责任和领导责任。

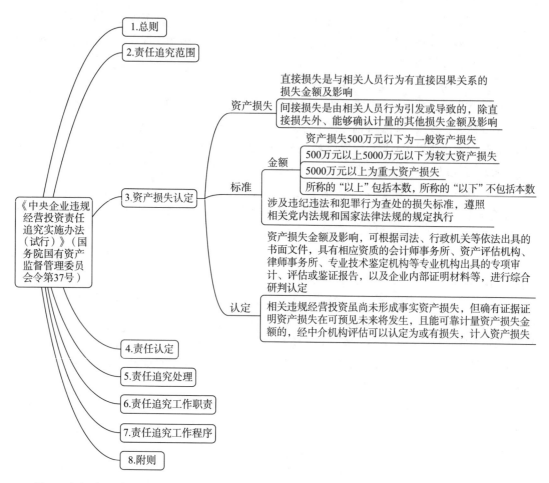

第 24 条规定，直接责任是指相关人员在其工作职责范围内，违反规定，未履行或未正确履行职责，对造成的资产损失或其他严重不良后果起决定性直接作用时应当承担的责任。

企业负责人存在以下情形的，应当承担直接责任：（一）本人或与他人共同违反国家法律法规、国有资产监管规章制度和企业内部管理规定。（二）授意、指使、强令、纵容、包庇下属人员违反国家法律法规、国有资产监管规章制度和企业内部管理规定。（三）未经规定程序或超越权限，直接决定、批准、组织实施重大经济事项。（四）主持相关会议讨论或以其他方式研究时，在多数人不同意的情况下，直接决定、批准、组织实施重大经济事项。（五）将按有关法律法规制度应作为第一责任人（总负责）的事项、签订的有关目标责任事项或应当履行的其他重要职责，授权（委托）其他领导人员决策且决策不当或决策失误等。（六）其他应当承担直接责任的行为。

第 25 条规定，主管责任是指相关人员在其直接主管（分管）工作职责范围内，违反规定，未履行或未正确履行职责，对造成的资产损失或其他严重不良后果应当承担的责任。

第 26 条规定，领导责任是指企业主要负责人在其工作职责范围内，违反规定，未履行或未正确履行职责，对造成的资产损失或其他严重不良后果应当承担的责任。

第 27 条规定，中央企业所属子企业违规经营投资致使发生本条第二款、第三款所列情形的，上级企业经营管理有关人员应当承担相应的责任。

上一级企业有关人员应当承担相应责任的情形包括：（一）发生重大资产损失且对企业生产经营、财务状况产生重大影响的。（二）多次发生较大、重大资产损失，或造成其他严重不良后果的。

除上一级企业有关人员外，更高层级企业有关人员也应当承担相应责任的情形包括：（一）发生违规违纪违法问题，造成资产损失金额巨大且危及企业生存发展的。（二）在一定时期内多家所属子企业连续集中发生重大资产损失，或造成其他严重不良后果的。

第28条规定，中央企业违反规定瞒报、漏报或谎报重大资产损失的，对企业主要负责人和分管负责人比照领导责任和主管责任进行责任认定。

第29条规定，中央企业未按规定和有关工作职责要求组织开展责任追究工作的，对企业负责人及有关人员比照领导责任、主管责任和直接责任进行责任认定。

第30条规定，中央企业有关经营决策机构以集体决策形式作出违规经营投资的决策或实施其他违规经营投资的行为，造成资产损失或其他严重不良后果的，应当承担集体责任，有关成员也应当承担相应责任。

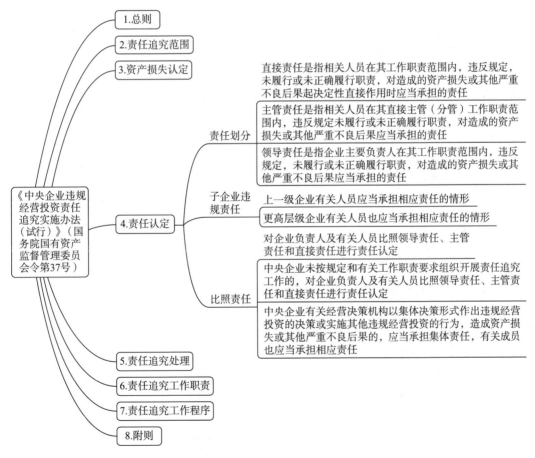

七、对相关责任人进行追究处理

文件规定在调查核实和责任认定的基础上，根据资产损失程度、问题性质等，对相关责任人进行追究处理。处理方式包括组织处理、扣减薪酬、禁入限制、纪律处分、移送国家监察机关或司法机关等。组织处理是指批评教育、责令书面检查、通报批评、诫勉、停职、调离工作岗位、降职、改任非领导职务、责令辞职、免职等。扣减薪酬是指扣减和追索绩效年薪或任期激励收入，终止或收回其他中长期激励收益，取消参加中长期激励资格等。禁入限制是指五年直至终身不得担任国有企业董事、监事、高级管理人员。纪律处分是指由相应的纪检监察机构查处。移送国家监察机关或司法机关处理是指依据国家有关法律规定，移送国家监察机关或司法机关查处。五种处理方式可以单独使用，也可以合并使用。具体条款如下：

第31条规定，对相关责任人的处理方式包括组织处理、扣减薪酬、禁入限制、纪律处分、移送国家监察机关或司法机关等，可以单独使用，也可以合并使用。（一）组织处理。包括批评教育、责令书面检查、通报批评、诚勉、停职、调离工作岗位、降职、改任非领导职务、责令辞职、免职等。（二）扣减薪酬。扣减和追索绩效年薪或任期激励收入，终止或收回其他中长期激励收益，取消参加中长期激励资格等。（三）禁入限制。五年直至终身不得担任国有企业董事、监事、高级管理人员。（四）纪律处分。由相应的纪检监察机构查处。（五）移送国家监察机关或司法机关处理。依据国家有关法律规定，移送国家监察机关或司法机关查处。

第32条规定，中央企业发生资产损失，经过查证核实和责任认定后，除依据有关规定移送纪检监察机构或司法机关处理外，应当按以下方式处理：（一）发生一般资产损失的，对直接责任人和主管责任人给予批评教育、责令书面检查、通报批评、诚勉等处理，可以扣减和追索责任认定年度50%以下的绩效年薪。（二）发生较大资产损失的，对直接责任人和主管责任人给予通报批评、诚勉、停职、调离工作岗位、降职等处理，同时按照以下标准扣减薪酬：扣减和追索责任认定年度50%－100%的绩效年薪、扣减和追索责任认定年度（含）前三年50%－100%的任期激励收入并延期支付绩效年薪，终止尚未行使的其他中长期激励权益、上缴责任认定年度及前一年度的全部中长期激励收益、五年内不得参加企业新的中长期激励。对领导责任人给予通报批评、诚勉、停职、调离工作岗位等处理，同时按照以下标准扣减薪酬：扣减和追索责任认定年度30%－70%的绩效年薪、扣减和追索责任认定年度（含）前三年30%－70%的任期激励收入并延期支付绩效年薪，终止尚未行使的其他中长期激励权益、三年内不得参加企业新的中长期激励。（三）发生重大资产损失的，对直接责任人和主管责任人给予降职、改任非领导职务、责令辞职、免职和禁入限制等处理，同时按照以下标准扣减薪酬：扣减和追索责任认定年度100%的绩效年薪、扣减和追索责任认定年度（含）前三年100%的任期激励收入并延期支付绩效年薪，终止尚未行使的其他中长期激励权益、上缴责任认定年度（含）前三年的全部中长期激励收益、不得参加企业新的中长期激励。

对领导责任人给予调离工作岗位、降职、改任非领导职务、责令辞职、免职和禁入限制等处理，同时按照以下标准扣减薪酬：扣减和追索责任认定年度70%－100%的绩效年薪、扣减和追索责任认定年度（含）前三年70%－100%的任期激励收入并延期支付绩效年薪，终止尚未行使的其他中长期激励权益、上缴责任认定年度（含）前三年的全部中长期激励收益、五年内不得参加企业新的中长期激励。

第33条规定，中央企业所属子企业发生资产损失，按照本办法应当追究中央企业有关人员责任时，对相关责任人给予通报批评、诚勉、停职、调离工作岗位、降职、改任非领导职务、责令辞职、免职和禁入限制等处理，同时按照以下标准扣减薪酬：扣减和追索责任认定年度30%－100%的绩效年薪、扣减和追索责任认定年度（含）前三年30%－100%的任期激励收入并延期支付绩效年薪，终止尚未行使的其他中长期激励权益、上缴责任认定年度（含）前三年的全部中长期激励收益、三至五年内不得参加企业新的中长期激励。

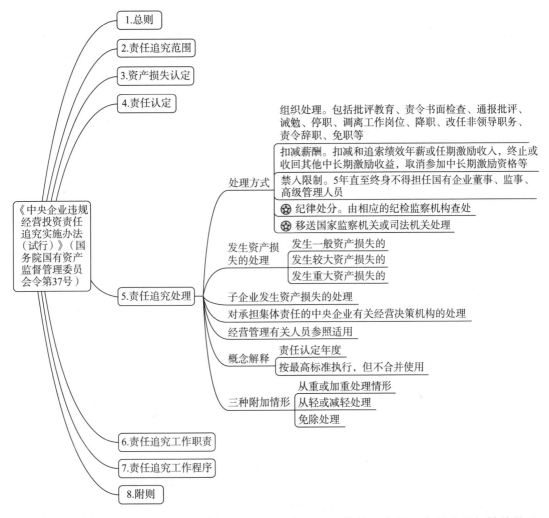

八、处理好违规经营投资责任追究与保护中央企业经营管理人员干事创业积极性的关系

文件既强调严肃追究违规经营投资责任，又注重保护中央企业广大经营管理人员开展正常生产经营活动的积极性。认真贯彻落实"三个区分开来"重要要求、党的十九大关于建立容错纠错机制的要求和《中共中央、国务院关于营造企业家健康成长环境弘扬优秀企业家精神更好发挥企业家作用的意见》精神，把违规经营投资和正常生产经营区分开来，明确建立有关容错机制，主要体现在：一是明确了贯彻落实"三个区分开来"重要要求，保护企业经营管理有关人员干事创业积极性的有关原则；二是借鉴纪律处分、刑事处罚等关于从轻、减轻或免除处理的有关规定，进一步明确了"从轻或减轻处理"的7种情形和"免除处理"的有关内容。具体条款如下：

第40条规定，对中央企业经营管理有关人员在企业改革发展中所出现的失误，不属于有令不行、有禁不止、不当谋利、主观故意、独断专行等的，根据有关规定和程序予以容错。有下列情形之一的，可以对违规经营投资相关责任人从轻或减轻处理：（一）情节轻微的。（二）以促进企业改革发展稳定或履行企业经济责任、政治责任、社会责任为目标，且个人没有谋取私利的。（三）党和国家方针政策、党章党规党纪、国家法律法规、地方性法规和规章等没有明确限制或禁止的。（四）处置突发事件或紧急情况下，个人或少数人决策，事后及时履行报告程序并得到追认，且不存在故意或重大过失的。（五）及时采取有效措施减少、挽回资产损失并消除不良影响的。（六）主动反映资产损失情况，积极配合责任追究工作的，或主动检举其他造成资产损失相关人员，查证属实的。（七）其他可以从轻或减轻处理的。

第41条规定，对于违规经营投资有关责任人应当给予批评教育、责令书面检查、通报批评或诫勉处理，但是具有本办法第四十条规定的情形之一的，可以免除处理。

九、组织开展中央企业违规经营投资责任追究工作

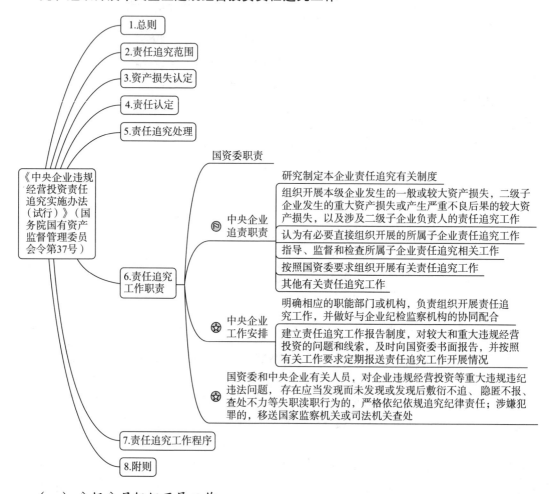

（一）分级分层组织开展工作

明确国务院国资委和中央企业原则上按照国有资本出资关系和干部管理权限，分级分层组织开展违规经营投资责任追究工作。国务院国资委原则上负责中央企业集团层面的责任追究工作；中央企业所属子企业层面的责任追究工作，原则上由中央企业及其所属子企业按照国有资本出资关系和干部管理权限组织开展。在认为有必要的情况下，国务院国资委直接组织开展中央企业所属子企业的责任追究工作。为使分级分层追责的要求真正落到实处，明确规定，对于中央企业未按规定和工作职责对所属子企业组织开展责任追究工作的，由国务院国资委追究相关中央企业负责人责任。具体条款如下：

第 46 条规定，国资委和中央企业原则上按照国有资本出资关系和干部管理权限，组织开展责任追究工作。

第 50 条规定，中央企业应当明确相应的职能部门或机构，负责组织开展责任追究工作，并做好与企业纪检监察机构的协同配合。

第 51 条规定，中央企业应当建立责任追究工作报告制度，对较大和重大违规经营投资的问题和线索，及时向国资委书面报告，并按照有关工作要求定期报送责任追究工作开展情况。

（二）工作程序

规定开展责任追究工作应当遵循的工作程序，主要包括受理有关方面移交的违规经营投资问题和线索，对受理的问题和线索进行初步核实，按照规定的职责权限和程序进行分类处置，组织开展核查，按照干部管理权限和相关程序对相关责任人追究处理，对提出申诉的进行复核，相关企业按照有关规定要求进行整改等。具体条款如下：

第 54 条规定，开展中央企业责任追究工作一般应当遵循受理、初步核实、分类处置、核查、处理和整改等程序。

第 55 条规定，受理有关方面按规定程序移交的违规经营投资问题和线索，并进行有关证据、材料的收集、整理和分析工作。

第 56 条规定，国资委专门责任追究机构受理下列企业违规经营投资的问题和线索：（一）国有资产监督管理工作中发现的。（二）审计、巡视、纪检监察以及其他有关部门移交的。（三）中央企业报告的。（四）其他有关违规经营投资的问题和线索。

第 57 条规定，对受理的违规经营投资问题和线索，及相关证据、材料进行必要的初步核实工作。

第 58 条规定，初步核实的主要工作内容包括：（一）资产损失及其他严重不良后果的情况。（二）违规违纪违法的情况。（三）是否属于责任追究范围。（四）有关方面的处理建议和要求等。

第 59 条规定，初步核实的工作一般应于 30 个工作日内完成，根据工作需要可以适当延长。

第 60 条规定，根据初步核实情况，对确有违规违纪违法事实的，按照规定的职责权限和程序进行分类处置。

第 61 条规定，分类处置的主要工作内容包括：（一）属于国资委责任追究职责范围的，由国资委专门责任追究机构组织实施核查工作。（二）属于中央企业责任追究职责范围的，移交和督促相关中央企业进行责任追究。（三）涉及中管干部的违规经营投资问题线索，报经中央纪委国家监委同意后，按要求开展有关核查工作。（四）属于其他有关部门责任追究职责范围的，移送有关部门。（五）涉嫌违纪或职务违法的问题和线索，移送纪检监察机构。（六）涉嫌犯罪的问题和线索，移送国家监察机关或司法机关。

第62条规定，国资委对违规经营投资事项及时组织开展核查工作，核实责任追究情形，确定资产损失程度，查清资产损失原因，认定相关人员责任等。

第63条规定，结合中央企业减少或挽回资产损失工作进展情况，可以适时启动责任追究工作。

第64条规定，核查工作可以采取以下工作措施核查取证：（一）与被核查事项有关的人员谈话，形成核查谈话记录，并要求有关人员作出书面说明。（二）查阅、复制被核查企业的有关文件、会议纪要（记录）、资料和账簿、原始凭证等相关材料。（三）实地核查企业实物资产等。（四）委托具有相应资质的专业机构对有关问题进行审计、评估或鉴证等。（五）其他必要的工作措施。

第65条规定，在核查期间，对相关责任人未支付或兑现的绩效年薪、任期激励收入、中长期激励收益等均应暂停支付或兑现；对有可能影响核查工作顺利开展的相关责任人，可视情况采取停职、调离工作岗位、免职等措施。

第66条规定，在重大违规经营投资事项核查工作中，对确有工作需要的，负责核查的部门可请纪检监察机构提供必要支持。

第67条规定，核查工作一般应于6个月内完成，根据工作需要可以适当延长。

第68条规定，核查工作结束后，一般应当听取企业和相关责任人关于核查工作结果的意见，形成资产损失情况核查报告和责任认定报告。

第69条规定，国资委根据核查工作结果，按照干部管理权限和相关程序对相关责任人追究处理，形成处理决定，送达有关企业及被处理人，并对有关企业提出整改要求。

第70条规定，被处理人对处理决定有异议的，可以在处理决定送达之日起15个工作日内，提出书面申诉，并提供相关证明材料。申诉期间不停止原处理决定的执行。

第71条规定，国资委或中央企业作出处理决定的，被处理人向作出该处理决定的单位申诉；中央企业所属子企业作出处理决定的，向上一级企业申诉。

第72条规定，国资委和企业应当自受理申诉之日起30个工作日内复核，作出维持、撤销或变更原处理决定的复核决定，并以适当形式告知申诉人及其所在企业。

第73条规定，中央企业应当按照整改要求，认真总结吸取教训，制定和落实整改措施，优化业务流程，完善内控体系，堵塞经营管理漏洞，建立健全防范经营投资风险的长效机制。

第74条规定，中央企业应在收到处理决定之日起60个工作日内，向国资委报送整改报告及相关材料。

第75条规定，国资委和中央企业应当按照国家有关信息公开规定，逐步向社会公开违规经营投资核查处理情况和有关整改情况等，接受社会监督。

第76条规定，积极运用信息化手段开展责任追究工作，推进相关数据信息的报送、归集、共享和综合利用，逐步建立违规经营投资损失和责任追究工作信息报送系统、中央企业禁入限制人员信息查询系统等，加大信息化手段在发现问题线索、专项核查、责任追究等方面的运用力度。

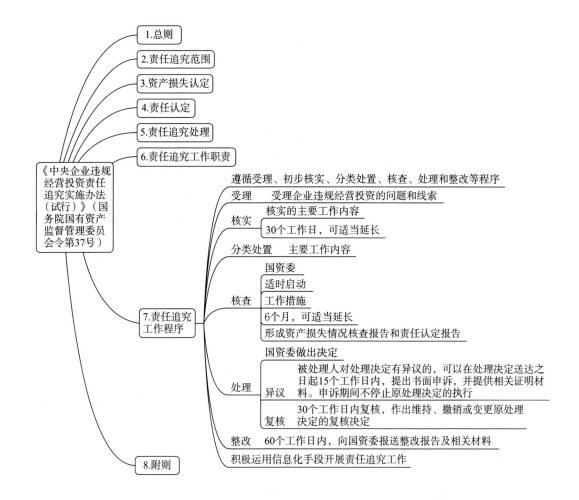

第三节　《国务院国有资产监督管理委员会办公厅关于做好2023年中央企业违规经营投资责任追究工作的通知》

一、概述

2023年4月，国务院国资委发布《国务院国有资产监督管理委员会办公厅关于做好2023年中央企业违规经营投资责任追究工作的通知》（国资厅发监责〔2023〕10号）。2022年各中央企业深入贯彻党中央、国务院关于加强国有企业违规经营投资责任追究的决策部署，持续推动违规经营投资责任追究工作走深走实，国企改革三年行动任务顺利完成，责任追究工作体系不断健全，追责力度精度持续提升，企业合规经营理念有效强化，为促进中央企业高质量发展提供有力保障。但中央企业责任追究工作总体上开展还不平衡，部分企业存在不愿追责、不敢追责、不会追责的"三不"问题，有的企业监督协同贯通不够、追责成果运用有待加强、监督追责权威性需要进一步提升。为深入贯彻党的二十大精神，落实中央经济工作会议部署，要做好2023年中央企业违规经营投资责任追究工作的有关事项。

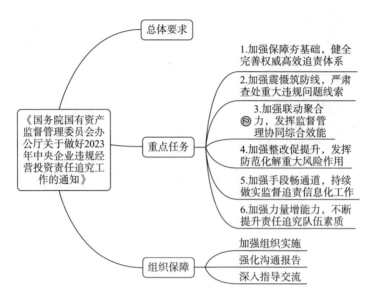

二、总体要求

以习近平新时代中国特色社会主义思想为指导，全面学习、全面把握、全面落实党的二十大精神，贯彻中央经济工作会议部署，按照中央企业负责人会议有关工作安排，持续深化中央企业违规经营投资责任追究工作，突出提升责任追究震慑性、监督协同系统性、制度机制完备性、工作手段有效性。进一步健全违规经营投资责任追究工作体系和工作机制，强化责任追究"反向查、正向建"作用，切实维护国有资产安全，有效防范化解重大风险，为做强做优做大国有资本和国有企业，加快建设世界一流企业提供坚强保障。

三、重点任务

（一）加强保障夯基础，健全完善权威高效追责体系

各中央企业要坚持"两个一以贯之"，与国企改革政策文件再对标对表，持续构建权责清晰、约束有效的经营投资责任体系，健全用好责任追究工作机制。

1. 强化责任追究工作领导机制。始终将党的领导贯穿于责任追究工作全过程、各方面，推动责任追究工作在强化公司治理中发挥更大作用。加强党委（党组）对责任追究工作的统筹协调和督促落实，董事会及其相关专门委员会要研究部署和指导推动责任追究重点工作，经理层要依法行使经营管理权并配合支持责任追究工作，推动各治理主体一体落实监督追责职责。

2. 健全责任追究工作体系。对照国企改革三年行动有关责任追究工作的任务目标和考核要求，结合国企改革深化提升行动，从组织体系、制度体系和工作机制等方面进行全面自查，补齐短板、强化弱项，持续夯实工作体系建设成果。对新设立的中央企业或新投资并购的子企业，要同步明确责任追究职责主体，建立工作制度机制，确保工作体系有效覆盖。

3. 加强责任追究工作机制运行。集团公司要发挥主动追责、敢于追责、善于追责的引领带动作用，通过联合核查、挂牌督办、提级办理等方式加大子企业工作指导力度，把贯通追责优势转化为加强集团管控的实际效能。对违规"零报告"、追责"零查处"的子企业，要倒查工作机制设计和落实执行，针对性加以指导和解决，不断深化追责工作。

（二）加强震慑筑防线，严肃查处重大违规问题线索

各中央企业要把"查大案、盯高发、治顽疾"作为做好责任追究工作的主攻方向，抓牢抓实违规问题线索查处工作，坚决防止"破窗效应"，切实筑牢维护国有资产安全防线。

1. 紧盯重大违规问题。对党中央、国务院关注，国资委交办的重大违规问题线索予以重点查办，着力查处触碰国家法律"红线"的严重违规问题，历经多届企业领导班子或多位负责人的"惯性"违规问题，以及涉及上市公司、社会关注度高的问题等。

2. 紧盯违规问题高发领域。强化对企业权力集中、资金密集、资源富集、资产聚集部门和岗位的监督，严查股权投资、工程建设、资金管理、对外担保、金融业务等领域违规问题线索，依法依规追究有关人员责任。

3. 紧盯屡禁不止"牛皮癣"问题。对国资委三令五申严禁的融资性贸易、"空转""走单"虚假业务问题"零容忍"，一经发现即由集团公司或上级企业提级查办，涉及二级子企业或年内全集团累计发现3件上述同类问题的，应当报告国资委，由国资委提级查办。

（三）加强联动聚合力，发挥监督管理协同综合效能

各中央企业要加强责任追究与业务管理、内部审计、专项治理等工作的协同贯通，充分发挥责任追究震慑遏制作用，坚决防止问题"空转"和屡查屡犯，提升联防联治效果。

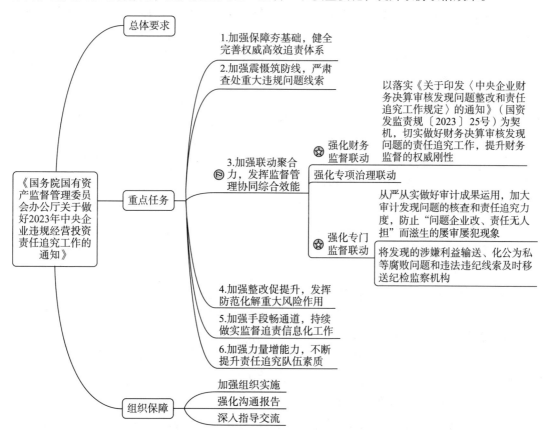

1. 强化财务监督联动。以落实《中央企业财务决算审核发现问题整改和责任追究工作规定》（国资发监规〔2023〕25号）为契机，切实做好财务决算审核发现问题的责任追究工作，提升财务监督的权威刚性。同时结合企业实际，研究制定相关制度规定，细化财务决算审核发现问题的整改和责任追究工作程序。

2. 强化专项治理联动。在国资委组织开展的虚假贸易业务、粮食购销、工程项目等领域的专项治理工作中，要将企业违规责任追究部门纳入专项治理工作机制，对排查发现的问题线索，要开展初步核实并按专项分别建立违规问题台账，对造成资产损失或其他严重不良后果的，及时组织核查和责任追究。集团公司要重点关注专项治理工作中违规问题线索"零报告、零移交、零追责"的子企业，针对性开展督导检查，严肃追究漏报、瞒报或隐匿不查等责任。

3. 强化专门监督联动。从严从实做好审计成果运用，加大审计发现问题的核查和责任追究力度，防止"问题企业改、责任无人担"而滋生的屡审屡犯现象。要增强责任追究工作穿透力，重点关注违规问题背后的利益动因，将发现的涉嫌利益输送、化公为私等腐败问题和违法违纪线索及时移送纪检监察机构，强化责任追究震慑力。

（四）加强整改促提升，发挥防范化解重大风险作用

各中央企业要注重发挥责任追究促整改、促提升正向作用，把查办违规问题、完善内部控制制度、规范提升管理贯通起来，从制度机制上提升防范化解重大风险能力。

1. 深度推广管理提升建议书。重点反映企业存在的突出违规问题，深入挖掘违规问题背后的制度缺失和管理漏洞，针对性提出强化管理和制度建设的意见建议。2023年，各中央企业要将当年办结的一半以上核查项目形成管理提升建议书，同时高度关注房地产信托、政府和社会资本合作（PPP）项目、非主业投资等存在风险，针对性提出管理提升建议，更好发挥责任追究工作"防未病"作用。

2. 加大督促整改工作力度。要把整改到位作为违规问题对账销号的重要条件，从纠正违规行为、完善制度机制、开展责任追究、挽回资产损失和消除不良影响等方面评估整改质量。对未完成整改的问题，应当持续跟踪督促，确保整改工作落实到位。

3. 强化典型案例警示效果。加强典型违规经营投资责任追究案例通报力度，切实发挥"查办一案、警示一片"作用。对国资监管通报反映的典型、共性违规问题，要举一反三加大问题自查力度，抓紧完善相关内控制度，堵塞管理漏洞。将提升企业重大投资决策水平作为案例警示的重要发力点，强化与董事会成员，特别是外部董事的信息共享，采取会议集中通报、个别座谈交流、印送摘编报告等形式，及时知会典型违规案例，从源头上推动合规决策、科学决策。

（五）加强手段畅通道，持续做实监督追责信息化工作

各中央企业要注重发挥信息化对责任追究工作的支撑作用，建好用好监督追责信息系统，并以信息系统为依托贯通报告渠道。

1. 实现系统对接。持续推动监督追责信息系统迭代升级，按照国资监管数字化、网络化、智能化的目标要求，2023年6月底前全面完成系统对接，强化数据标准化、动态化管理，进一步提升监管实时性、精准性和有效性。

2. 加强数据应用。深入推进监督追责业务与信息化的深度融合，加强数据横向采集和纵向贯通，实现动态汇总分析和数据穿透可视，加快提升监督追责智能化水平。

3. 做好季度报告。依托中央企业违规经营投资责任追究工作在线填报系统，落实好责任追究季度报告机制，及时收集、汇总并填报违规问题线索受理、立项、核查等动态进展，按要

求向国资委报告责任追究工作情况。

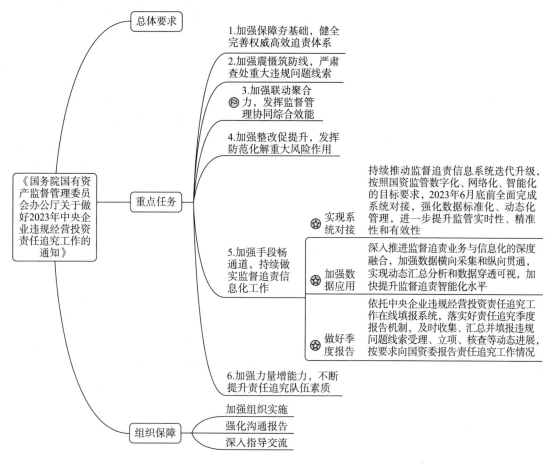

（六）加强力量增能力，不断提升责任追究队伍素质

各中央企业要高度重视责任追究队伍建设，切实采取有力措施，打造一支政治强、业务精、作风优、纪律严的监督队伍。

1. 建强专职队伍。要强化责任追究工作力量配备，探索依托审计中心或采取类似模式，建设与企业规模体量、所处行业特点、监督管理需求等相适应的责任追究专职队伍，把政治素质和业务能力"双过硬"的干部放在责任追究岗位上，进一步夯实追责工作组织基础。

2. 用好人才库。要建设一支可由集团公司统一调配的企业责任追究工作专业人才库，及时补充财务、投资、金融、内控、法律等专业人员入库并参与违规问题核查，为责任追究工作提供有效支撑。同时，向国资委推荐优秀专业人才，加入中央企业监督追责专业人才队伍。

3. 做实教育培训。要加大培训力度，结合实际组织系统内违规责任追究队伍专门培训，积极派员参加审计、内控、财务、投资等专业培训，提高精准监督能力。加强责任追究队伍监督约束，树立法治思维，完善约束机制，强化提醒提示，使铁的纪律和实的作风成为责任追究干部的日常习惯和自觉遵循。

第四节 《中央企业财务决算审核发现问题整改和责任追究工作规定》

一、概述

2023 年 3 月 17 日，国务院国资委发布了《中央企业财务决算审核发现问题整改和责任追究工作规定》（国资发监责规〔2023〕25 号）。明确了对在中央企业年度财务决算报告审核过程中发现的经营管理问题，以及违反规定造成国有资产损失或其他严重不良后果的问题的整改和责任追究工作要求。共 5 章 26 条，包括总则、问题整改、责任追究、结果运用、附则五部分。

二、文件背景

国务院国资委深入贯彻党中央、国务院以管资本为主加强国有资产监管的决策部署，坚决扛起出资人监管主体责任，持续健全完善国资监管体制，构建了业务监督、综合监督、责任追究"三位一体"的国有资产出资人监督链条，打造了事前制度规范、事中跟踪监控、事后监督问责的监管闭环，切实增强中央企业合规经营责任约束，持续筑牢国有资产安全防线，有效保障国有资本和国有企业做强做优做大。党的二十大指出，高质量发展是全面建设社会主义现代化国家的首要任务。对强化国有资产监管，推动中央企业高质量发展提出新的更高要求。当前，中央企业高质量发展的主要矛盾、矛盾的主要方面都在于质。财务监督是国务院国资委一项重要法定职责，财务决算审核是强化财务监督的一个重要工作抓手。财务决算审核发现的中央企业经营管理问题风险和违规经营投资问题线索，通过督促整改、开展责任追究等，有效治理了虚报收入、虚增利润等"虚胖"问题和投资、金融、债务等领域违规问题，切实增强了中央企业发展的质量。但用更高标准来审视，财务决算审核发现问题整改落实和责任追究工作仍有短板，企业整改不力、追责不到位等问题依然存在。

三、工作要求

（一）坚持分级分层，压实三方责任

按照国有资本出资关系和干部管理权限，明确国务院国资委财务监管部门、违规责任追究部门以及中央企业三方面在财务决算审核发现问题整改和责任追究工作中的职责分工，从移送国务院国资委违规责任追究部门整改追责、企业自身整改追责两个层面进行规范，要求中央企业建立企业主要负责人牵头和财务、审计、责任追究、法律合规及其他相关职能部门参与的整改工作机制，进一步压实各方责任。

（二）坚持系统思维，规范三项工作

规范整改工作程序，细化整改方案、整改报告等相关工作要求，建立整改台账工作机制，规范跟踪督促、整改质量评估、办结销号等环节。规范追责工作要求，明确国务院国资委直接核查、提级查办、挂牌督办等责任追究方式，细化企业提交责任追究工作安排和报告追责工作情况等动作，强化对企业责任追究工作指导。规范结果运用方式，要求企业将典型问题纳入内部监督工作重点予以关注，举一反三完善制度规定，国务院国资委也将加大督导检查，提升监管效能。

（三）坚持问题导向，细化三类情形

针对追责不聚焦问题，细化了移送违规责任追究部门开展责任追究的 10 类违规问题线索，加大移送追责力度。针对与违纪问责贯通不够问题，明确发现有涉嫌违纪或职务违法的问题线索移送纪检监察机构。针对落实不到位问题，规定对企业整改不力、追责不到位、屡禁不止等 4 种问题进一步开展责任追究，压实企业整改追责工作责任。

四、责任追究的反向查、正向建作用

（一）划出红线促落实

规定了整改工作程序、追责工作要求、结果运用方式，提出了时限要求、工作标准，明确对企业整改不力、追责不到位、屡禁不止等问题开展责任追究。把违规情形写出来、追责要求亮出来、红线底线划出来，全面压实整改追责工作责任。

（二）紧盯顽疾促整改

明确了移送违规责任追究部门开展责任追究的 10 类重点违规问题线索。这些多数是屡查屡犯的"牛皮癣"问题，必须"下猛药治沉疴"，通过责任追究促进违规问题整改到位、监管规定执行到位，不断增强中央企业各级经营管理人员合规履职和责任意识。

（三）用好结果促提升

专门设立"结果运用"一章，规范结果运用方式，要求企业将典型问题纳入内部监督工作重点予以关注，举一反三健全制度，国务院国资委对普遍共性问题有针对性地完善国资监管政策制度。这是做深结果运用"后半篇文章"，强化以查促建的正向作用。具体条款如下：

第 6 条规定，国资委财务监管部门对财务决算审核发现问题，应当按照相关工作程序，纳入中央企业年度财务决算批复，并提出整改意见。

第 7 条规定，中央企业收到年度财务决算批复后，应当认真组织财务决算审核发现问题整改落实，由企业主要负责人牵头，建立财务、审计、责任追究、法律合规及其他相关职能部门参与的整改工作机制，对照财务决算审核发现问题及整改意见，制定整改工作方案。

第 8 条规定，中央企业应当全面梳理财务决算审核发现问题，形成问题整改台账，以清单形式逐项列明整改事项、问题描述、整改措施、责任单位及人员、整改期限等。

第 10 条规定，中央企业应当按照整改工作方案，对照问题整改台账，做好整改工作组织实施，从纠正违规行为、完善制度机制、开展责任追究、挽回资产损失或消除不良影响等方面评估整改质量。已完成整改问题应当从问题整改台账中销号，尚未完成整改问题，应当持续跟踪督促，确保整改工作落实到位。

第 11 条规定，中央企业应当在收到年度财务决算批复当年 12 月 31 日前完成整改，并将整改工作报告报送国资委。

第 13 条规定，国资委和中央企业按照违规经营投资问题线索移送办理有关规定，分级分层做好财务决算审核发现问题的移送、初步核实、分类处置及查核等工作。

第 15 条规定，国资委违规责任追究部门受理移送违规经营投资问题线索后，经初步核实，采取核查、督办等方式开展责任追究工作，提级查办屡查屡犯和重大违规经营投资问题线索，依法依规对责任人作出处理。（一）对涉及中央企业集团层面，或涉及所属子企业且情节严重、造成重大资产损失或其他严重不良后果的，由国资委直接核查。（二）对涉及中央企业所属二级及以下子企业，且情节较重、资产损失较大，由国资委与中央企业组成核查组，开展联合核查。（三）对移送的其他财务决算审核发现问题线索，由中央企业组织核查，国资委采取挂牌督办、指导督办等方式进行指导、监督和检查。

第16条规定，中央企业应当逐条分析财务决算审核发现问题整改台账，依据本规定第十四条移送情形的规定，对其中造成资产损失或其他严重不良后果的违规经营投资问题线索，按照规定开展移送、初步核实并提出分类处置意见，制定责任追究工作安排，组织开展核查等工作。

第五节　全面落实"违规"事项的监管规定

一、《中央企业违规经营投资责任追究实施办法（试行）》

2018年7月，国务院国资委发布《中央企业违规经营投资责任追究实施办法（试行）》（国务院国有资产监督管理委员会令第37号）。具体条款如下：

第31条规定，对相关责任人的处理方式包括组织处理、扣减薪酬、禁入限制、纪律处分、移送国家监察机关或司法机关等，可以单独使用，也可以合并使用。（一）组织处理。包括批评教育、责令书面检查、通报批评、诫勉、停职、调离工作岗位、降职、改任非领导职务、责令辞职、免职等。（二）扣减薪酬。扣减和追索绩效年薪或任期激励收入，终止或收回其他中长期激励收益，取消参加中长期激励资格等。（三）禁入限制。五年直至终身不得担任国有企业董事、监事、高级管理人员。（四）纪律处分。由相应的纪检监察机构查处。（五）移送国家监察机关或司法机关处理。依据国家有关法律规定，移送国家监察机关或司法机关查处。

二、《中央企业合规管理办法》

2022年8月，国务院国资委印发《中央企业合规管理办法》（国务院国有资产监督管理委员会令第42号）。具体条款如下：

第24条规定，中央企业应当设立违规举报平台，公布举报电话、邮箱或者信箱，相关部门按照职责权限受理违规举报，并就举报问题进行调查和处理，对造成资产损失或者严重不良后果的，移交责任追究部门；对涉嫌违纪违法的，按照规定移交纪检监察等相关部门或者机构。中央企业应当对举报人的身份和举报事项严格保密，对举报属实的举报人可以给予适当奖励。任何单位和个人不得以任何形式对举报人进行打击报复。

第25条规定，中央企业应当完善违规行为追责问责机制，明确责任范围，细化问责标准，针对问题和线索及时开展调查，按照有关规定严肃追究违规人员责任。中央企业应当建立所属单位经营管理和员工履职违规行为记录制度，将违规行为性质、发生次数、危害程度等作为考核评价、职级评定等工作的重要依据。

三、《企业境外经营合规管理指引》

2018年12月，国家发展和改革委员会、外交部、商务部、人民银行、国资委、外汇局、全国工商联七部委联合发布实施《企业境外经营合规管理指引》。具体条款如下：

第20条规定，合规信息举报与调查。企业应根据自身特点和实际情况建立和完善合规信息举报体系。员工、客户和第三方均有权进行举报和投诉，企业应充分保护举报人。合规管理部门或其他受理举报的监督部门应针对举报信息制定调查方案并开展调查。形成调查结论以后，企业应按照相关管理制度对违规行为进行处理。

四、《关于加强中央企业内部控制体系建设与监督工作的实施意见》

2019 年 10 月，国务院国资委关于印发《关于加强中央企业内部控制体系建设与监督工作的实施意见》（国资发监督规〔2019〕101 号）的通知。具体条款如下：

第 14 条规定，充分发挥企业内部监督力量。通过完善公司治理，健全相关制度，整合企业内部监督力量，发挥企业董事会或委派董事决策、审核和监督职责，有效利用企业监事会、内部审计、企业内部巡视巡察等监督检查工作成果，以及出资人监管和外部审计、纪检监察、巡视反馈问题情况，不断完善企业内控体系建设。

第 16 条规定，加大责任追究力度。严格按照《中央企业违规经营投资责任追究实施办法（试行）》（国务院国有资产监督管理委员会令第 37 号）等有关规定，及时发现并移交违规违纪违法经营投资问题线索，强化监督警示震慑作用。对中央企业存在重大风险隐患、内控缺陷和合规管理等问题失察，或虽发现但没有及时报告、处理，造成重大资产损失或其他严重不良后果的，要严肃追究企业集团的管控责任；对各级子企业未按规定履行内控体系建设职责、未执行或执行不力，以及瞒报、漏报、谎报或迟报重大风险及内控缺陷事件的，坚决追责问责，层层落实内控体系监督责任，有效防止国有资产流失。

五、《国务院国有资产监督管理委员会办公厅关于做好 2023 年中央企业违规经营投资责任追究工作的通知》

2023 年 4 月，国务院国资委发布《国务院国有资产监督管理委员会办公厅关于做好 2023 年中央企业违规经营投资责任追究工作的通知》（国资厅发监责〔2023〕10 号）。具体条款如下：

（三）加强联动聚合力，发挥监督管理协同综合效能

各中央企业要加强责任追究与业务管理、内部审计、专项治理等工作的协同贯通，充分发挥责任追究震慑遏制作用，坚决防止问题"空转"和屡查屡犯，提升联防联治效果。

1. 强化财务监督联动。以落实《中央企业财务决算审核发现问题整改和责任追究工作规定》（国资发监责规〔2023〕25 号）为契机，切实做好财务决算审核发现问题的责任追究工作，提升财务监督的权威刚性。同时结合企业实际，研究制定相关制度规定，细化财务决算审核发现问题的整改和责任追究工作程序。

2. 强化专项治理联动。在国资委组织开展的虚假贸易业务、粮食购销、工程项目等领域的专项治理工作中，要将企业违规责任追究部门纳入专项治理工作机制，对排查发现的问题线索，要开展初步核实并按专项分别建立违规问题台账，对造成资产损失或其他严重不良后果的，及时组织核查和责任追究。集团公司要重点关注专项治理工作中违规问题线索"零报告、零移交、零追责"的子企业，针对性开展督导检查，严肃追究漏报、瞒报或隐匿不查等责任。

3. 强化专门监督联动。从严从实做好审计成果运用，加大审计发现问题的核查和责任追究力度，防止"问题企业改、责任无人担"而滋生的屡审屡犯现象。要增强责任追究工作穿透力，重点关注违规问题背后的利益动因，将发现的涉嫌利益输送、化公为私等腐败问题和违法违纪线索及时移送纪检监察机构，强化责任追究震慑力。

六、《中央企业财务决算审核发现问题整改和责任追究工作规定》

2023 年，国务院国资委发布《中央企业财务决算审核发现问题整改和责任追究工作规定》（国资发监责规〔2023〕25 号）。具体条款如下：

第 4 条规定，国资委财务监管部门负责中央企业财务决算报告审核，移送财务决算审核发

现违规经营投资问题线索，审核把关整改质量。国资委违规责任追究部门负责财务决算审核发现违规经营投资问题线索办理工作的统筹协调，开展重大违规经营投资问题线索核查，督办指导中央企业责任追究工作。中央企业负责本企业财务决算审核发现问题整改和责任追究工作的组织实施，健全制度机制，细化工作流程，明确职责分工，强化督促协调，确保整改和责任追究工作落实到位。

第 5 条规定，中央企业财务决算审核发现问题整改和责任追究工作，应当坚持问题导向，突出标本兼治；坚持分级分层，压实主体责任；坚持依法合规，严格规范有序；坚持系统思维，加强协同联动。

第 14 条规定，国资委财务监管部门移送国资委违规责任追究部门的违规经营投资问题线索主要包括：（一）涉嫌进行虚假会计核算，编制虚假财务报告，操纵会计信息，调节财务指标和监管指标，造成会计信息严重失真，账实严重不符。（二）涉嫌违反规定开展投资并购，投资项目亏损引发债务危机，危及企业持续经营。（三）涉嫌违反规定筹集、使用、拆借资金，发生资金挪用、侵占、盗取、欺诈。（四）涉嫌瞒报、漏报、谎报或迟报企业重大风险及风险事件，情形严重。（五）涉嫌开展融资性贸易或"空转""走单"等虚假业务。（六）涉嫌违反规定对外提供巨额赊销信用、担保或预付款项，以及利用业务预付等方式变相融资。（七）涉嫌违反规定开展货币类及商品类衍生业务。（八）涉嫌违反规定更换年度财务决算审计会计师事务所，或授意、指使其出具虚假年度财务决算审计报告。（九）涉嫌违反规定进行国有资产交易流转。（十）其他造成国有资产损失或严重不良后果的违规经营投资问题线索。

第 15 条规定，国资委违规责任追究部门受理移送违规经营投资问题线索后，经初步核实，采取核查、督办等方式开展责任追究工作，提级查办屡查屡犯和重大违规经营投资问题线索，依法依规对责任人作出处理。（一）对涉及中央企业集团层面，或涉及所属子企业且情节严重、造成重大资产损失或其他严重不良后果的，由国资委直接核查。（二）对涉及中央企业所属二级及以下子企业，且情节较重、资产损失较大，由国资委与中央企业组成核查组，开展联合核查。（三）对移送的其他财务决算审核发现问题线索，由中央企业组织核查，国资委采取挂牌督办、指导督办等方式进行指导、监督和检查。

【合规实务建议】

1. 企业违规经营投资责任追究是企业非常重要的一项工作，工作原则秉承《国务院办公厅关于建立国有企业违规经营投资责任追究制度的意见》（国办发〔2016〕63 号）要求，责任追究工作要加强与党建、审计、纪检监察、干部管理等部门的协同，形成监管合力。合同综合管理部门履行工作职责受理职责范围内的违规举报，提出分类处置意见，组织或者参与对违规行为的调查。

2. 有多份文件、规章以列举式归纳了企业不合规的行为、不同情形的调查方式及对应的惩戒措施。这是都是合规管理工作同样需要遵守的监管要求。《中央企业违规经营投资责任追究实施办法（试行）》（国务院国有资产监督管理委员会令第 37 号）作为目前中央企业违规经营投资行为的主要追究责任规范，发挥着中央企业合规经营管理的负面清单的作用。

3. 要注意厘清职责边界，尊重企业现有的责任追究工作格局，主动理解不同专业线条对责任追究工作的要求，充分利用现有的工作条件，与其他部门达成合作。合规工作聚焦操作空间较大的工作领域，重点开展对违规行为的甄别梳理，提出合规整改建议，做好合规工作评价，违规处罚的工作可以交给纪检监察等部门。

【本章涉及规范性文件】

1. 2016 年，国务院办公厅正式印发《国务院办公厅关于建立国有企业违规经营投资责任追究制度的意见》（国办发〔2016〕63 号）。

2. 2018 年，国务院国资委发布《中央企业违规经营投资责任追究实施办法（试行)》（国务院国有资产监督管理委员会令第 37 号）。

3. 2023 年，国务院国资委发布《国务院国有资产监督管理委员会办公厅关于做好 2023 年中央企业违规经营投资责任追究工作的通知》（国资厅发监责〔2023〕10 号）。

4. 2023 年，国务院国资委发布关于印发《中央企业财务决算审核发现问题整改和责任追究工作规定》（国资发监责规〔2023〕25 号）的通知。

5. 2022 年，国务院国资委印发《中央企业合规管理办法》（国务院国有资产监督管理委员会令第 42 号）。

6. 2018 年，国家发展和改革委员会、外交部、商务部、人民银行、国资委、外汇局、全国工商联七部委联合发布施行《企业境外经营合规管理指引》（发改外资〔2018〕1916 号）。

7. 2019 年，国务院国资委关于印发《关于加强中央企业内部控制体系建设与监督工作的实施意见》（国资发监督规〔2019〕101 号）的通知。

第三部分

合规管理工作机制

第十章　合规管理根植于企业管理

本章内容导读

本章内容介绍两个合规管理观点，提供两个合规工作路径。同时简要介绍中小微企业的合规管理情形。

两个合规管理观点：

第一，合规管理是企业内部工作，立足企业视角开展工作并为企业服务；

第二，合规管理要在企业法治建设中找准生态位，与企业的法治建设工作一体推进。

两个合规工作路径：

第一，抓住合规文化培育，与企业文化建设相伴成长；

第二，抓住合规审核这个传统工作方式体现合规工作价值。

第一节　合规管理是企业内部工作

一、合规是企业管理工作的组成部分

（一）企业管理具有通识性

管理是一种有意识有目的的活动，它服务并服从于组织目标。管理是一个连续进行、实现组织目标的过程，是管理部门执行计划、组织、领导、控制等职能的过程。管理是一门学科，有理论、有章法、有举措，有着统一的底层逻辑。合规部门和企业其他内设部门在工作属性方面是一致的，需要具备管理知识，运用管理工具，掌握管理方法，明确管理思路，搭建管理框架。明确管理思路与搭建管理框架，是开展工作的重中之重。合规工作可以全面吸收企业成熟的管理成果，以及其他专业线的工作经验，并复用到本专业线的管理中，直接将合规工作的管理水平拉升到企业的基本水平。同时，结合行业特征、企业性质和规模、商事交易特点等因素，塑造本企业合规管理工作的特色。

（二）合规管理具有通用范式

《中央企业合规管理办法》（国务院国有资产监督管理委员会令第 42 号）全面规定央企合规管理工作路线图与全景图，在组织、制度、运行、监督问责几个方面进行合规工作的架构布局，从文化培育与信息化建设两个方面提高合规管理的厚度。必要的组织机构设立与各司其职是工作

开展的前提条件，制度建设与执行是工作开展的规则，运行是工作开展的常态，监督问责是对工作开展的结果认定。整体工作的开展需要人财物的支撑，也需要工作流程、内容、手段等多方面的融会贯通，并形成工作闭环。以文化植入理念优化思维方式，以信息化作业工具提高工作效能，人与机器的互动协同保障工作科学性和先进性，这是一个企业做好合规管理工作的整体设计。具体工作实践中，会使用风险防控、合规审核、合规培训等诸多手段提高合规管理的质量。关于《中央企业合规管理指引（试行）》（国资发法规〔2018〕106 号）的通知，聚焦重点领域、重点环节、重点人员，灵活运用预警机制、审查机制、处罚机制等手段，保障合规管理运行落实。

（三）合规管理源于企业的自律精神

合规管理是企业价值观的体现，强调遵守"外法内规"、遵守商业规则和道德伦理。"外法"包含但不限于国际、国内的法律、法规，行政条例，行业规范、商业规则等；"内规"是涉及公司内部章程、规章制度、自愿性承诺、员工道德规范、员工行为准则等。合规管理的本质是企业对自身行为的管理，尤其是企业本身的对外承诺，比如诚实信用、社会责任等。通常情况下，合规管理体系涉及组织、运行、保障等多个环节，企业的价值观及其指导下形成的商业伦理和企业文化应该成为整个体系的统领，为合规管理注入灵魂，成为合规管理体系的思想内核。合规管理的发展过程是从非正式、被动反应式向正式、积极踊跃式演化，从问题导向型向规范建设型发展。合规管理可有效提升企业治理的适应力、掌控力、驾驭力，以"智治"促"善治"，助力企业进入稳中求进、进中向好的良好态势。

（四）大型企业分形特征衍生合规同质化管理

分形就是一个图形细分后，每一个部分都是整体缩小后的形状。大型企业的组织架构具有分形的特征。下一层级分支机构几乎复制了上一级分支机构的机构设置，管理要求及手段基本相同，主营业务几乎一致，甚至商业模式、业务种类、产品品类都具有高度同质化特征。因此集团总部统一的管理要求需要下级单位贯彻执行，管理手段直接传递到分支机构，业务模式全面复刻，标准化产品大规模覆盖。同时，合规管理在不同层级的分支机构之间，也存在着同质化、标准化的工作形态，可以采取标准化工作范式，共享工作成果，从而提高企业合规工作整体水平。

二、找准定位做企业内部人

（一）企业合规部门工作机制归一

从外部视角看，合规管理是法治央企建设工作机制的组成部分，落实国务院国资委的工作要求；从内部视角看，合规管理是企业内部管理的一个组成部分，人是企业的人，事是企业的事。企业合规工作对企业具有极强的依赖性和融合性，从来都不能独立、孤立的开展。企业合规部门必须将两套机制的管理要求合二为一，一方面，落实国务院国资委的合规监管要求，另一方面，落实企业的管理诉求，打造具有企业特色的合规管理工作机制。

（二）企业合规工作人员工作目标归一

企业中法务角色转型的合规工作人员习惯于紧盯着法律风险、合规风险；而公司领导和业务部门着眼于业务怎么发展、达到什么业绩指标。可以说两者的关心重点完全不同。有时候法务与合规人员如同盲人摸象故事中的盲人，摸到大象的一个部位便开始坚持自己的看法，忽视了将大象作为一个整体去观察，或是说缺乏站高一步的大局观，容易得出基于部分正确但是基于全局不妥的结论，甚至是合成谬误的制造者。防控风险的同时也堵死了业务开展空间。企业要生存要发展，法务与合规人员要以护航公司发展为目标，与业务部门目标一致，才能形成合力。

三、做好供应链链长，带动上下游企业合规

2022 年中央经济工作会议要求"要着力畅通国民经济循环"，国资央企将通过深化重要资源领域专业化整合、打造现代产业链"链长"等手段，助力打通生产、分配、流通、消费各环节，增强产业链供应链韧性和竞争力，有效发挥国有经济在优化结构、畅通循环、稳定增长中的作用。提升产业链、供应链韧性，保障产业链、供应链稳定是畅通国民经济循环的重要举措，要求中央企业在通过重组整合等手段提升竞争力的同时，更要发挥投资规模大、辐射范围广、带动能力强的龙头牵引作用，坚决当好现代产业链的链长。央企在做好自身合规管理工作时，要着眼向外输出合规能力，做好合规运营的产业链的链长。央企正在探索将合规管理延伸到客户、供应商、承包商、销售商和中介服务机构等商业伙伴，共建诚信合规商业环境。一些客户本身有违规历史，企业发展客户时一定要对其进行尽职调查，重点加强合规管理。

第二节　合规管理是法治央企建设的组成部分

一、合规管理是法治央企建设的重要组成部分

2015 年 12 月，国务院国资委下发《关于全面推进法治央企建设的意见》（国资发法规〔2015〕166 号），这份文件在本书第六章第二节做过详细介绍。文件要求加快提升合规管理能力，建立由总法律顾问领导，法律事务机构作为牵头部门，相关部门共同参与、齐抓共管的合规管理工作体系，研究制定统一有效、全面覆盖、内容明确的合规制度准则，加强合规教育培训，努力形成全员合规的良性机制。探索建立法律、合规、风险、内控一体化管理平台。

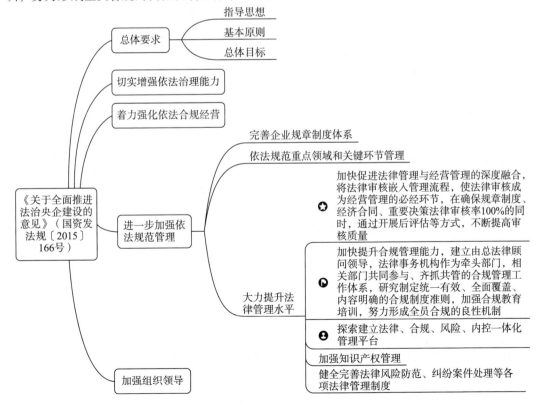

二、合规管理体系是法治工作体系之一

2021 年 10 月，国务院国资委关于印发《关于进一步深化法治央企建设的意见》（国资发法规规〔2021〕80 号）的通知，这份文件在本书第六章第四节做过详细介绍。文件中指明合规管理体系是"着力健全法治工作体系"五个方面之一。

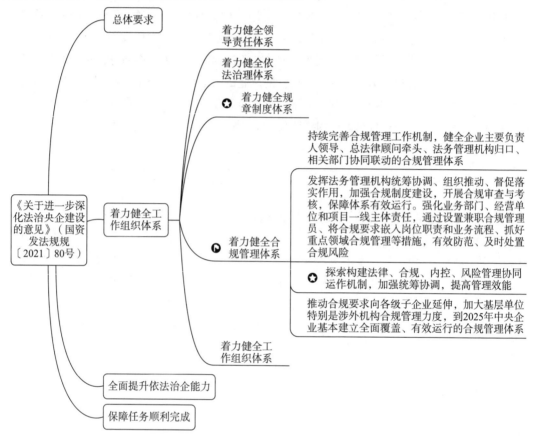

三、法律部门是法治央企建设工作机制的组成部分

2015 年 12 月 8 日，国务院国资委印发《关于全面推进法治央企建设的意见》（国资发法规〔2015〕166 号）。提出全面推进法治央企建设，搭建法律管理工作机制。法律工作责任主体是企业主要负责人、总法律顾问、法律事务机构和其他部门。基本原则中明确规定，坚持权责明确，强化协同配合。切实加强对法治央企建设的组织领导，明确企业主要负责人、总法律顾问、法律事务机构、其他部门在推进法治建设中的责任，有效整合资源，增强工作合力，形成上下联动、部门协同的法治建设大格局。第 12 条强调，明确法治建设领导机构，加快形成企业主要负责人负总责、总法律顾问牵头推进、法律事务机构具体实施、各部门共同参与的工作机制。根据《中央企业合规管理办法》（国务院国有资产监督管理委员会令第 42 号）的规定，中央企业主要负责人作为推进法治建设第一责任人，应当切实履行依法合规经营管理重要组织者、推动者和实践者的职责，积极推进合规管理各项工作。中央企业应当结合实际设立首席合规官，不新增领导岗位和职数，由总法律顾问兼任，对企业主要负责人负责，领导合规管理部门组织开展相关工作，指导所属单位加强合规管理。这个工作机制一直沿用至今。另外，

目前大部分央企的合规管理工作是由法律部门承担的，因此合规管理自然成为法治建设的组成部分。

四、合规是管理不是治理

法治央企建设中，法治是治理层级的概念，需要通过法务管理和合规管理双轮驱动，一体推进。管理的标的是法律实务和合规实务。管理是统筹实务工作开展的风向标和规则，规范约束实务工作的开展，致力于提高实务工作的质量和效率。关于合规管理的定义，在各部委出台的文件中都有所表述，其中《中央企业合规管理办法》（国务院国有资产监督管理委员会令第42号）中的表述具有典型性，"本办法所称合规管理，是指企业以有效防控合规风险为目的，以提升依法合规经营管理水平为导向，以企业经营管理行为和员工履职行为为对象，开展的包括建立合规制度、完善运行机制、培育合规文化、强化监督问责等有组织、有计划的管理活动。"毋庸置疑，合规管理就是一种管理活动。开展合规管理的工作中，离不开合规专业技能的使用，会涉及大量的合规实务工作。

第三节 合规文化是企业文化建设的组成部分

一、企业文化是企业的软实力

（一）文化是一个国家一个民族的灵魂

文化自信是更基础、更广泛、更深厚的自信。文化兴则国运兴，文化强则国运强。十九届五中全会提出了2035年建成文化强国的战略目标。习近平主席在主持中共中央政治局第十二次集体学习时强调，提高国家文化软实力，要努力夯实国家文化软实力的根基。要坚持走中国特色社会主义文化发展道路，深化文化体制改革，深入开展社会主义核心价值体系学习教育，广泛开展理想信念教育，大力弘扬民族精神和时代精神，推动文化事业全面繁荣、文化产业快速发展。习近平主席强调，提高国家文化软实力，要努力传播当代中国价值观念。当代中国价值观念，就是中国特色社会主义价值观念，代表了中国先进文化的前进方向。

（二）企业文化是一个企业的灵魂

文化兴则企业兴，文化强企业强。企业文化可以发挥多方面的作用，包括文化是竞争力；文化可弥补制度管理的不足；用文化形成"无为而治"的局面，大大降低管理成本；用文化强大的引导力，引导员工的行为；让企业优秀传统文化得以传承和发扬；整体文化弱，子文化就会成为主导；文化先行，为战略实施保驾护航；明确的文化有利于针对性的选人和吸引志同道合的人；文化建设促进品牌价值升华。

（三）企业文化建设一体规划

企业的文化建设通常是企业战略的组成部分，会由战略部门、宣传部门或是党群部门牵头开展。企业的文化建设会涉及工作目标、原则、实施计划、职责分工、主题活动等一系列的工作方案和举措。企业的文化的内涵通常也会有规范的语言表述，体现企业自身的价值观、经营思想、管理方式、群体意识、行为规范等。企业文化需要企业的各个部门、全体员工共同遵从。合规文化相对于企业文化是一个局部内容，企业文化领先于合规文化处于第一层级。合规文化要与企业文化的主旋律保持一致，成为企业文化的一个分支，实践工作中最好与企业文化的建设工作一同推进，与企业文化的主管部门形成工作合力，才能更好地取得合规文化建设的实效。

二、《国务院国有资产监督管理委员会关于加强中央企业企业文化建设的指导意见》

（一）概述

2005 年 3 月 16 日，国务院国资委印发《国务院国有资产监督管理委员会关于加强中央企业企业文化建设的指导意见》（国资发宣传〔2005〕62 号）。

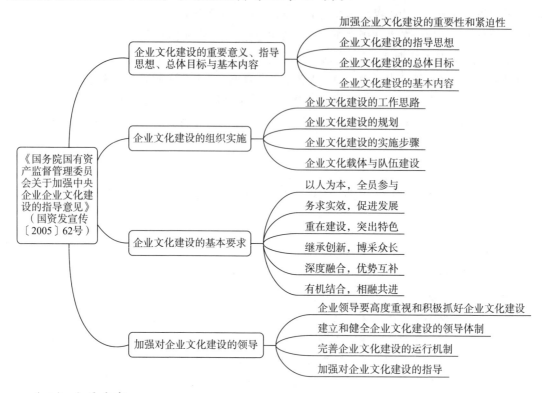

（二）主要内容

1. 文化建设的重要意义。先进的企业文化是企业持续发展的精神支柱和动力源泉，是企业核心竞争力的重要组成部分。建设先进的企业文化，是加强党的执政能力建设，大力发展社会主义先进文化、构建社会主义和谐社会的重要组成部分；是企业深化改革、加快发展、做强做大的迫切需要；是发挥党的政治优势、建设高素质员工队伍、促进人的全面发展的必然选择；是企业提高管理水平、增强凝聚力和打造核心竞争力的战略举措。

2. 企业文化建设的指导思想。以邓小平理论和"三个代表"重要思想为指导，贯彻落实党的路线、方针、政策，牢固树立以人为本，全面、协调、可持续的科学发展观，在弘扬中华民族优秀传统文化和继承中央企业优良传统的基础上，积极吸收借鉴国内外现代管理和企业文化的优秀成果，制度创新与观念更新相结合，以爱国奉献为追求，以促进发展为宗旨，以诚信经营为基石，以人本管理为核心，以学习创新为动力，努力建设符合社会主义先进文化前进方向，具有鲜明时代特征、丰富管理内涵和各具特色的企业文化，促进中央企业的持续快速协调健康发展，为发展壮大国有经济，全面建设小康社会做出新贡献。

3. 企业文化建设的基本内容。企业文化是一个企业在发展过程中形成的以企业精神和经营管理理念为核心，凝聚、激励企业各级经营管理者和员工归属感、积极性、创造性的人本管理理论，是企业的灵魂和精神支柱。企业文化建设主要包括总结、提炼和培育鲜明的企业核心价值观和企业精神，体现爱国主义、集体主义和社会主义市场经济的基本要求，构筑中央企业之魂；结合企业经营发展战略，提炼各具特色、充满生机而又符合企业实际的企业经营管理理念，形成以诚信为核心的企业道德，依法经营，规避风险，推动企业沿着正确的方向不断提高经营水平；进一步完善相关管理制度，寓文化理念于制度之中，规范员工行为，提高管理效能；加强思想道德建设，提高员工综合素质，培育"四有"员工队伍，促进人的全面发展；建立企业标识体系，加强企业文化设施建设，美化工作生活环境，提高产品、服务质量，打造企业品牌，提升企业的知名度、信誉度和美誉度，树立企业良好的公众形象；按照现代企业制度的要求，构建协调有力的领导体制和运行机制，不断提高企业文化建设水平。

4. 重在建设，突出特色。要制定切实可行的企业文化建设方案，借助必要的载体和抓手，系统思考，重点突破，着力抓好企业文化观念、制度和物质三个层面的建设。要把学习、改革、创新作为企业的核心理念，大力营造全员学习、终身学习的浓厚氛围，积极创建学习型企业、学习型团队。围绕企业深化改革的重点和难点，鼓励大胆探索、勇于实践，坚决破除一切妨碍发展的观念和体制机制弊端，增强企业活力，提高基层实力。注重把文化理念融入具体的规章制度中，渗透到相关管理环节，建立科学、规范的内部管理体系。并采取相应的奖惩措施，在激励约束中实现价值导向，引导和规范员工行为。要从企业特定的外部环境和内部条件出发，把共性和个性、一般和个别有机地结合起来，总结出本企业的优良传统和经营风格，在企业精神提炼、理念概括、实践方式上体现出鲜明的特色，形成既具有时代特征又独具魅力的企业文化

三、合规文化建设有章可循

《中央企业合规管理办法》"第五章 合规文化"是专章规定。从四个方面提出具体工作要求。具体条款如下：

第29条规定，中央企业应当将合规管理纳入党委（党组）法治专题学习，推动企业领导人员强化合规意识，带头依法依规开展经营管理活动。

第30条规定，中央企业应当建立常态化合规培训机制，制定年度培训计划，将合规管理作为管理人员、重点岗位人员和新入职人员培训必修内容。

第31条规定，中央企业应当加强合规宣传教育，及时发布合规手册，组织签订合规承诺，强化全员守法诚信、合规经营意识。

第32条规定，中央企业应当引导全体员工自觉践行合规理念，遵守合规要求，接受合规培训，对自身行为合规性负责，培育具有企业特色的合规文化。

四、合规文化建设实践

（一）跟随企业文化的主旋律

当下很多企业的企业文化立足新时代新使命新担当，明确企业的定位、战略、布局、任务，以更高政治站位、更广视野格局、更强使命担当，全面落实企业政治责任、经济责任、社会责任和科技创新责任。企业文化要与新时代的格局视野、目标要求、精神气质保持一致，以文化引领组织变革，护航企业健康成长。尤其是作为中华人民共和国长子的国有企业，要以一往无前的奋斗姿态和永不懈怠的精神状态，以创新发展引领世界一流、以开放合作锻造世界一流、以卓越管理夯实世界一流，加快建设产品卓越、品牌卓著、创新领先、治理现代的世界一

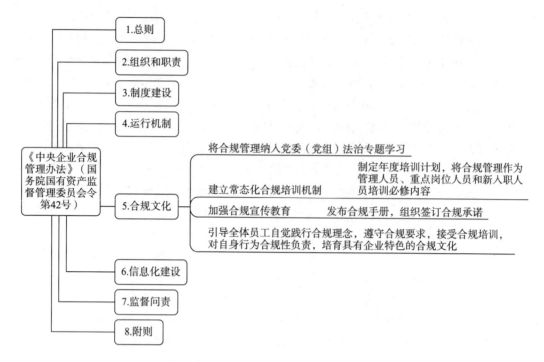

流企业。

（二）形成企业的合规文化主题

每个企业的合规核心理念会有差异，这里列举一些。

1. 诚信是合规的核心，底线是合规的基石。诚信是合规的内核，企业经营要诚实信用，信守承诺，不踩线、不越界，守牢底线。合规应融入企业的管理体系、业务体系，保障改革创新发展。员工在工作中要时刻绷紧"底线思维"这根弦，拥有诚信正直的个人品行以及良好的职业操守和行为规范，勤勉敬业。

2. 强化红色思想引领，提高政治站位。倡导"遵规守纪，担当作为"的合规理念。"遵规守纪"提倡要守纪律讲规矩，常存敬畏之心，按规矩办事，使各项制度真正成为刚性约束。"担当作为"强调要树立以纪律和规矩为前提的责任意识。建立合规管理运营新生态，提升合规文化软实力。

3. 合规创造价值，合规守护价值。合规管理有助于企业形成一整套具有较强执行力、程序化的管控制度和流程，降低企业运营成本；帮助企业化解合规风险，避免因法律制裁或监管处罚带来声誉及财务损失，在服务客户的同时更好地保护企业自身利益。企业的发展战略和生产经营都要依靠合规管理提供稳定、安全、有效的内部生态。

4. 落实全面性原则，做细合规管理。结合企业经营实际全面要求企业和员工行为要遵从相应的外部的法律法规和商业惯例、内部的规章制度和内心的道德规范；全面贯彻要求合规贯穿企业决策、运营、监督等生产经营管理的各个环节；全面覆盖要求合规覆盖各业务领域、各部门、各级分支机构、各级子企业和全体员工。在推进合规管理工作与企业经营管理工作紧密融合过程中，发挥合规管理拥有主动权优势服务大局。

5. 合规护运营，共融促发展。合规运营倡导在符合法律法规、监管规定、行业准则和企业章程、规章制度以及国际条约、规则等要求下开展公司经营管理工作，提升客户感知，提高运营效率；共融促发展将合规与经营一体化，贯穿于企业经营管理全过程，覆盖各业务领域。

第四节 审查是法治央企建设的传统工作方式

一、建立审核制度与 100％审核率是硬指标

2021 年 10 月 17 日，国务院国资委印发《关于进一步深化法治央企建设的意见》（国资发法规规〔2021〕80 号）的通知。其中着力提升风险管控能力部分要求"持续巩固规章制度、经济合同、重要决策法律审核制度，在确保 100％审核率的同时，通过跟进采纳情况、完善后评估机制，反向查找工作不足，持续提升审核质量。"可以说，法律审核一直以来都是企业法律部门的传统业务，一方面，通过提供合同的法律审核规范企业商事交易行为，另一方面，以提供法律意见的形式对企业的经营管理活动进行法律审核。随着企业管理的精细化程度不断提升，将规章制度、重要决策事项也纳入法律审核的范畴。鉴于目前国企的合规工作大部分放在法务部门，法律审核与合规审核往往一起进行。只是将法律审核扩大到合规审核，工作的外延扩大了。

二、合规审查是合规管理的重要工作方式

1. 合规审查是业务开展的必要环节。《中央企业合规管理办法》（国务院国有资产监督管理委员会令第 42 号）第 21 条规定，中央企业应当将合规审查作为必经程序嵌入经营管理流程，重大决策事项的合规审查意见应当由首席合规官签字，对决策事项的合规性提出明确意见。业务及职能部门、合规管理部门依据职责权限完善审查标准、流程、重点等，定期对审查情况开展后评估。按照这个规定，合规审核应该是流程中的一个必要环节，在这个环节中要进行合规审核的动作。重大决策事项的合规审查意见应当由首席合规官签字，对决策事项的合规性提出明确意见，进一步突出合规审查的刚性约束，确保"应审必审"。承担合规审核动作的角色，包括业务及职能部门、合规管理部门，并不是只有合规部门进行的审核才是合规审核，业务及职能部门的合规审核同样是程序中一个环节。实践中对合规审核工作的执行情形是多种多样的。

2. 合规审查是防范违规风险的第一道关口。加强合规审查是规范经营行为、防范违规风险的第一道关口，合规审查做到位就能从源头上防住大部分合规风险。按照"管业务必须管合规"要求，业务及职能部门承担合规管理主体责任，负责本部门经营管理行为的合规审查。合规管理部门负责规章制度、经济合同、重大决策等重要事项的合规审查。权责清晰，分工明确。

三、制定合规审核的标准

（一）合规范畴不同导致合规审核依据不同

合规要求企业遵守法规、遵守规制。广义上"合规"要求企业应当遵守各种法律和监管规定，包括关于社会、环境、反腐败、反垄断、反欺诈等各个方面，合规审核侧重以国际条约、规则、经营活动涉及国、总部所在国的法律法规、监管规定、行业准则等为依据。狭义上"合规"要求企业遵从本国政府监管合规经营、反对商业贿赂，公司章程、公司规章制度合规

审核侧重以总部所在国的法律法规、监管规定、行业准则，公司章程、公司规章制度、员工职业操守等为依据。

（二）合规审核标准的制定原则

大企业组织架构层级多、区域广。要结合企业的经营活动情况，采取分区域分层级的区隔安排，设定不同的审核依据。跨国项目和国际业务拓展，注重广义上"合规"情形下的审核依据。国内的经营活动注重狭义上"合规"情形下的审核依据。需要注意的是，合规审核应与合法性审核有所区别。合规性审核依据是国家政策、监管要求、行业规定和准则、公司章程、公司规章制度、公司的专业管理规定、员工职业操守；合法性审核依据宪法法律、行政法规、部门规章等。

（三）场景不同可选择合规审核标准或是审核原则

1. 提供统一的合规审核标准。合规审核标的包括规章制度、经济合同、重要决策。标的明确清晰，可提供统一的合规审核标准，具体包括：

（1）国际条约、国际商业规则。

（2）国家政治政策、监管政策和规定。

（3）国际行业准则、国家行业要求。

（4）公司章程。

（5）公司各项规章制度的规定和限制。

（6）合规重点领域的要求，如反垄断、反商业贿赂、维护用户信息安全、保障员工权益。

2. 提供统一的合规审核原则。企业组织架构中设立的平行职能部门工作定位不同、工作性质不同、工作内容差异较大，可提供统一的合规审核原则，通过原则统领、映射具体审核依据。审核原则如下：

（1）符合外部政策、法律法规、监管政策的要求，无行政处罚风险；符合公司内部管理要求，包括公司章程、规章制度等要求。

（2）工作开展应属于本部门职能和职责，不能越权。

（3）跨部门的工作应按照部门职责进行拆解，整体工作中的局部工作应由对应的职能部门提供意见；整体工作应统一各部门意见，不能存在部门意见相冲突的情形。

（4）符合本企业"权力清单"（如有）和"三重一大"（如有）的专项管理规定。

（5）符合各项规章制度的要求，遵从规范的工作流程。

（四）规章制度合规审核可叠加使用特殊审核标准

1. 规章制度与合同、重大事项的合规审核不同点。

（1）合规审核涉及的三项重要工作中，经济合同、重要决策涉及公司商业行为，侧重于合法性保障，规章制度是公司的内部文件，落实公司内部管理要求、规范公司内部管理流程，涉及外部交易的属性相对较少，侧重于合规性保障。

（2）当前合规审核工作以规章制度的合规性审核为重点，按照合规审核标准提出审核意见，保障合规意见提出内容的规范性。既要保障单项规章制度的合法合规，又要保障企业内部不同规章制度之间的统一协同。因此，合规审核是规章制度体系化管理的一个必要手段，是保障一个企业规章制度全面合规的重要举措。

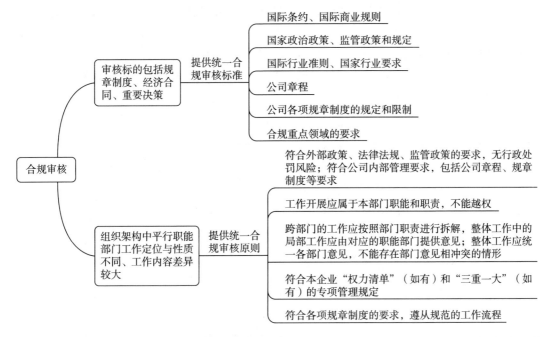

2. 开展规章制度合规性审核工作，处理好企业内部单部门制定和多部门共同制定的对接关系。

（1）单部门制度合规要求。依据部门职能和职责制定规章制度；首先要遵守"三重一大"的专项管理规定；同一个专项制度在总部、省份、地市应保持一致性；同一专业制度在总部、子公司保持一致性；在本部门职责范围内的各层级管理规章制度之间保持顺承关系，保障下位层级规章制度符合上位层级规章制度的要求。

（2）多部门之间制度对接合规要求。重点是保障各部门之间的规章制度形成一致性，无冲突性规定，便于后续执行过程中顺畅落实。具体做法可考虑在牵头部门统筹的过程中，涉及职能部门职责部分的专业内容由对口部门负责审核。

3. 在规章制度中增加合规内容。

（1）将合规规定列为必备条款。应将合规管理列为规章制度的必备内容，有明确条款；在规章制度中涉及流程的工作要求中，必须加入合规审核流程，明确合规审核关键节点。

（2）将合规风险内容列为保底条款。将合规风险作为合规审核的一项选择性内容；合规风险揭示、预判、评估等工作可以选择性纳入合规风险条款。

4. 保持对规章制度的动态管理。

（1）规章制度需要跟随经营实际迭代更新，迭代更新应保持明确、规范的工作周期。

（2）在规章制度迭代更新的同时，遵从规范的流程对旧制度予以废止。

四、合规审查嵌入合同审核流程

（一）嵌入合同审核流程，保障合同文本合法合规

合同管理系统通常是企业第一批信息化建设的重点工程，首先要实现的建设目标是合同审核的在线化、流程化，关键节点重点控制，审核意见在线展示、留痕、反馈，定稿合同不可篡改等。依托于合同系统的建设，合同标准文本的管理有了物理基础，合同标准文本得以建立、为合同标准文本专门设置的流程得以配置，合同管理的标准化程度大大提升。在这样的工作环境里，合同的合规审核分两个层面开展。第一个层面是合同标准文本的审核，第二个层面是合同文本的审核。在这两种文本的审核流程中，起草、审签的各个环节都可以进行合规审核，在线出具、展示合规审核意见，并将审核意见集中在一个工作界面中，保障合规审核到位，进一步促进合规审核意见落实到位。

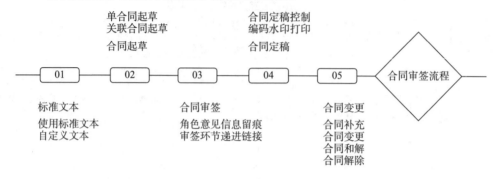

合规审查嵌入合同审核流程（1）

（二）电子合同与纸质合同的合规审核重点与手段不同

1. 管理重点不同。

（1）电子合同侧重于电子合同标准文本审核管理，用标准文本牵引单合同在线签约；纸质合同侧重于单合同全生命周期管理，合同审核与履行管理并重。

（2）电子合同侧重于标准文本的多方式制订，电子合同标准文本全部结构化；纸质合同侧重采用结构化和非结构化两种方式创建电子合同标准文本。

（3）电子合同侧重单合同签约无审核，签约即生效；纸质合同侧重合同签约多层审核，需打印盖章。

（4）电子合同面向互联网电子商务平台经营活动与业务场景紧密绑定；纸质合同面向公司常态化日常经营活动。

2. 审核重点不同。电子合同审核聚焦于电子合同标准文本在线审核流程，运用在线化、流程化，关键节点重点控制等方式实现合规审核的目的。通过建立标准文本数据库，给各业务平台提供唯一电子合同标准文本源，做好业务开展前的标准文本应用合规管理；同时使用系统手段将电子合同标准文本推送到业务系统（电子商务平台）；实现电子合同文本的合规提供；在线完成电子合同签订并形成具有法律效力的合同文本，保障电子合同的真实性和严谨性，也是电子合同合规管理的组成部分。

第五节　中小企业合规管理

一、《上海市中小企业合规管理体系创建指引》

（一）概述

2023 年 5 月，上海市工商联和上海市检察院联合印发了《关于 2023 - 2024 年度上海市中

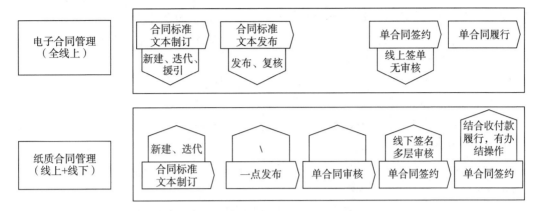

在合同标准文本与单合同签约的审核流程中都有法务部门进行合规性审核
在电子合同标准文本发布流程环节业务部门进行合规性审核

合规审查嵌入合同审核流程（2）

小企业合规管理体系创建活动的工作方案》，进一步引导上海市中小企业加强合规管理，建立健全合规管理体系，依法合规开展生产经营活动，提升风险防控能力。同时制定了《上海市中小企业合规管理体系创建指引》，对创建指标也做出了明确。

（二）企业合规管理体系建设关键方面

1. 合规组织建设。明确了企业的法定代表人或实际控制人是企业合规的第一责任人。法定代表人或实际控制人应当做出合规承诺，设定合规目标，传递合规文化，并为合规管理体系的制度机制提供资源保障。企业合规领导机构存在两种形式，有董事会的企业应当设合规管理委员会，没有董事会的企业应当设合规领导小组；并且企业应当明确合规领导机构的职责。企业应当根据自身规模设置合规管理机构，有条件的企业应当设置合规管理部门，无条件的应至少配备一名合规员，合规员应当由具备合规管理相关专业能力的人员担任。

2. 合规风险识别、评估及应对。

（1）企业应当明确合规义务，并主动对生产经营中的合规风险进行识别。企业应当建立相应机制，明确合规风险评估和分级的实施部门、方法及流程。企业应当对市场交易、安全环保、产品质量、劳动用工、财务税收、知识产权、商业伙伴等重点领域加强监督管理，或者制定专项合规方案。

（2）企业应当加强对重点环节的监督管理，包括但不限于制度制定环节、经营决策环节、生产运营环节等。

（3）企业应当制定风险应对机制，设置合规风险应对负责人、应对措施、应对流程，明确记录与沟通、监督与检查流程。此外，企业应当制定针对突发合规事件的应对预案。

3. 日常监测。

（1）企业合规风险的日常监测应当制定相应制度文件，内容应当包含日常监测的实施主体、方法、措施、频率、信息来源、结果运用和操作流程等。

（2）企业应针对重大交易合同以及新制度和流程、新业务、新产品、新市场启动管理层合规评审。

（3）企业每年度应至少开展一次年度合规工作评估。

4. 报告和持续改进。

（1）企业应当制定建立合规报告机制的文件，明确有关报告人员、报告对象、内容、形式、周期、流程等的制度，并确保合规报告的真实性、客观性和全面性。

（2）企业应制定文件建立员工监督机制；员工可以对违规行为进行举报，企业对举报渠道、处理流程和记录应当作出明确。

（3）企业应开展对合规管理体系各项机制的有效性评审。

5. 合规文化建设。

（1）企业应加强合规培训与沟通；企业应培养员工从行为和习惯上自觉践行、互相传递合规理念，实现全员合规。

（2）企业在招聘新员工、员工晋升时，应将合规文化作为考察因素。合规承诺和要求应当列入企业员工手册，并由全员签署。

二、《中小企业合规管理体系有效性评价》（T/CASMES 19—2022）团体标准

（一）概述

2022 年 5 月 23 日，《中国中小企业协会批准发布〈中小企业合规管理体系有效性评价〉团体标准的公告》（中小企协〔2022〕22 号）。根据《中华人民共和国标准化法》《团体标准管理规定》和《中国中小企业协会团体标准管理办法（试行)》规定，中国中小企业协会已完成《中小企业合规管理体系有效性评价》（T/CASMES 19－2022）团体标准的制定工作，并批准发布，自 2022 年 7 月 1 日起正式实施。《中小企业合规管理体系有效性评价》确立了中小企业合规管理体系有效性评价的总体原则和方法，制定了评价机制和评价指标，明确了合规管理体系有效性评价核心要素，为中小企业的合规管理体系提出了具有针对性的评价标准。此外，《标准》还根据中小微企业在发展过程中的实际情况，分别针对中型企业、小型企业、微型企业的合规管理体系制定了不同的评价标准。

（二）关于评价方法、内容和流程的规定

具体条款如下：

5.1 评价方法

合规管理体系有效性评价可以根据评价内容和指标的具体情况，采用文件审阅、问卷调查、访谈调研、飞行检查、穿行测试、感知测试、模拟运行等评价方法。

5.2 评价内容

合规管理体系有效性评价包括对合规管理机构设置和职责配置（见第 6 章）、合规风险识别（见第 7 章）、合规风险应对和持续改进（见第 8 章）、合规文化建设（见第 9 章）等方面的评价。具体评价指标见附录 A、附录 B 和附录 C。

5.3 评价流程

5.3.1 合规管理体系有效性评价一般包括评价准备、评价实施和评价报告三个阶段。

5.3.2 在评价准备阶段，组建评价小组，制定评价方案，明确评价目的、范围、评价方法、需要收集的信息和数据、分工、进程等要求。评价小组应由具备被评价企业所属行业的专业知识、经验和技能的人员与具备实施评价活动所需要的合规知识、经验和技能的人员组成。评价机构及其评价人员应具有相应资质。

5.3.3 在评价实施阶段，评价小组按照评价机制和评价指标实施评价。对于评价实施过程中发现的重大问题及重要评价结论，评价小组应当与被评价的企业主要负责人进行沟通，就相关问题进行核实。

5.3.4　在评价报告阶段，评价小组根据评价实施情况，撰写评价报告。评价报告至少包括以下内容：

a）评价活动的组织者、评价小组相关信息；

b）被评价企业的基本信息；

c）评价目的、范围和依据；

d）评价的程序和方法；

e）评价所依据的信息及其来源；

f）评价结论；

g）合规管理问题和改进建议。

（三）关于机构设置和职责配置的规定的注意事项

1. 合规管理机构设置和职责配置的有效性评价应当以合规管理机构的适当性、独立性和权威性作为基本标准。

2. 企业应根据业务、规模和行业特点设置适当的合规管理机构。合规领导机构确定企业合规目标，配置合理资源支持合规管理工作，监督和协调合规管理体系运行。

3. 企业各业务部门应设置合规联络员，协助合规管理部门或者合规专员工作。

（四）关于合规风险的规定

具体条款如下：

7　合规风险识别

7.1　合规义务的梳理和辨别是合规风险识别的基础。

7.2　合规义务识别机制，包括能够识别与企业业务活动、产品和服务相关的自愿性义务和强制性义务的机构、方法、制度和流程。

7.3　合规义务识别机制的实施，包括配备人员，规定方法，落实制度，实施流程，形成识别合规义务的文件化信息。

7.4　合规义务识别机制的实施保障，包括领导支持、人力资源、预算、必备物项工具，开展培训与交流等。

7.5　合规义务识别机制的实施效果，包括识别出重要合规义务、合规风险，并将这些合规义务与业务活动、产品和服务相关联，确保识别合规义务的机制与管理措施更新相结合。

7.6　合规风险的评估和分级机制，包括根据风险发生概率和影响程度，对合规风险进行评估和分级的机构、方法、制度和流程。

7.7　合规风险评估和分级机制的实施，包括配备人员，规定方法，落实制度，实施流程，形成合规风险评估、分级的文件化信息。

7.8　合规风险评估和分级机制的实施保障，包括领导支持、人力资源、预算、必备物项工具，开展合规培训与交流，关注并培育合规文化等方面。

7.9　合规风险评估和分级机制的实施效果，包括确定合规风险等级和优先管理顺序，并将这些排序、分级的合规风险与业务活动、产品和服务相关联，确保合规风险评估和分级与管理措施更新相结合。

8 合规风险应对和持续改进

8.1 合规风险应对

8.1.1 合规风险应对机制，包括企业根据合规评估和分级结果，设置合规风险应对责任人、应对措施、应对流程，记录与沟通机制、监督与检查机制，以及针对突发合规事件的应对预案。

8.1.2 企业合规风险应对机制的实施，包括配备人员，落实应对措施，实施应对流程或应对预案，开展第三方、雇员等相关方的合规尽职调查，形成合规风险应对的文件化信息，以及对合规风险应对机制有效性进行定期或不定期评审。

8.1.3 合规风险应对机制的实施保障，包括领导支持、人力资源、预算、必备物项工具，开展合规培训与交流，关注并培育合规文化等方面。

8.1.4 合规风险应对机制的实施效果，包括合规风险应对机制与业务活动、产品和服务结合，嵌入业务流程，并与企业其他机制协同，有效预防或处置了中高等级的合规风险。

8.2 日常监测

8.2.1 合规风险日常监测机制，包括日常监测合规风险的机构、方法、措施、频率、信息来源、结果运用、操作流程等，以及明确监控重点人员、重点岗位及重点环节。

8.2.2 日常监测措施包括监控计划、预警指标、合规审计、管理层合规评审、合规调查等。

8.2.3 合规风险日常监测机制的实施，包括配备人员，针对新制度和流程、新业务、新产品、新市场启动管理层合规评审，实施合规审计，对违规行为启动调查，形成日常监测的文件化信息，以及对日常监测机制的有效性进行定期或不定期评审。

8.2.4 合规风险日常监测机制的实施保障，包括领导支持、人力资源、预算、必备物项工具，开展合规培训与交流，关注并培育合规文化等方面。

8.2.5 合规风险日常监测机制的实施效果，包括日常监测程度与业务活动、产品和服务匹配，监控范围覆盖重点人员、重点岗位和重点环节，监控主体及时发现违规预警信号并启动合规调查，监控结果作为合规管理持续改进的依据。

三、中小企业合规管理浅析

（一）中小企业合规管理现状

我国中小企业现阶段发展方式较为粗放，在利益趋向型经营思维的影响下野蛮生长，懂得如何取利，却不知如何有效规避风险，导致违法现象频发，这在经济全球化的浪潮中显然将处于不利地位，企业合规管理和合规体系的建设将快速成为未来企业管理的关注方向，促进企业竞争能力的提升。许多中小企业在日趋激烈的市场竞争中，经营重心更偏向于市场竞争力、产品需求、商业模式、融资运作等基础生存问题内部管理制度常常只涉及公司日常运营的必备要求和部门员工的基本要求，很难顾及合规方面的问题。中小企业资金短缺是普遍存在的社会现象，在企业日常经营中，初创者迫切地想将资金用在"刀刃上"以获得更高回报收益，很少会将资金投入到难以产生显性盈利的专门合规岗位或者高价聘请外部合规专家上，许多企业几乎没有合规操作和管理的相关规定。

（二）中小企业合规工作发展趋势

1. 构建精短高效的合规组织架构。合规组织管理体系建立工作中的一个重要内容就是搭建科学、完善的合规组织架构，其中包括明确各个部门主体在合规管理上的角色定位和职责，合理分配资源，明确各层级部门的审批、汇报路径、协调各职能部门之间的相互协作，从而使得企业无论在纵向还是在横向上发挥各层级、各职能部门的优势，实现管理合力、将合规管理的各项工作落到实处。

2. 搭建基础合规管理制度体系。根据企业的规模、业务和发展现状，建立和完善合规管理制度，明确企业合规管理标准，建立安全、数据、环保、采购等专项合规制度，及时准确识别和控制重点领域的合规风险，定期在企业内部进行合规培训，逐步建立企业合规文化。

【合规实务建议】

开展合规管理首先要明确工作定位，企业内设机构开展内部工作，与企业同呼吸共命运是合规工作的主旋律。企业的合规工作不能凌驾于企业管理之上，也不能脱离企业自成一派。厘清合规工作定位才能保障合规工作顺利开展。合规文化培育与合规审核是比较容易形成亮点的合规专项工作，本章中提到的活动建议与审核标准制定等具体内容对企业开展合规工作具有很强的参考性。

【本章涉及法规文件】

1. 2015 年 12 月，国务院国资委关于印发《关于全面推进法治央企建设的意见》（国资发法规〔2015〕166 号）的通知。

2. 2021 年 10 月，国务院国资委关于印发《关于进一步深化法治央企建设的意见》（国资发法规规〔2021〕80 号）的通知。

3. 2022 年 8 月，《中央企业合规管理办法》（国务院国有资产监督管理委员会令第 42 号）。

4. 2005 年 3 月，国务院国资委《国务院国有资产监督管理委员会关于加强中央企业企业文化建设的指导意见》（国资发宣传〔2005〕62 号）。

5. 2023 年 5 月，上海市工商联和上海市人民检察院联合印发《关于 2023－2024 年度上海市中小企业合规管理体系创建活动的工作方案》。

6. 2022 年 5 月，《中国中小企业协会关于批准发布〈中小企业合规管理体系有效性评价〉团体标准的公告》（中小企协〔2022〕22 号）。

第十一章　企业合规管理规划与实践

🎯 **本章内容导读**

　　本章内容分三个层次展开介绍，首先了解合规管理要求，其次落实合规管理要求，最后形成具有行业特色的合规管理格局。

　　第一层，介绍企业合规管理体系的普适性要求，这是企业开展合规管理的基本工作遵循；

　　第二层，提供完整的企业合规实践方案，包括顶层设计、专业手段、员工合规、动态优化多个方面，为企业开展合规管理提供参考。

　　第三层，从行业角度提供具体工作范例，介绍通信行业合规管理概况及常规做法。

第一节　企业合规管理基本要求

一、《中央企业合规管理办法》提出明确要求

　　从《中央企业合规管理办法》（国务院国有资产监督管理委员会令第 42 号）章节设置中可以看出，组织、制度、运营、文化、信息化建设、监督问责是企业合规管理的主要构成部分，从不同维度提出合规管理要求，形成完备的合规管理体系。

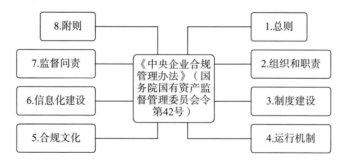

二、组织机构设置与工作职责界面

（一）组织机构设置

《中央企业合规管理办法》（国务院国有资产监督管理委员会令第 42 号）中关于组织机构

包括9个条款，涉及九类角色。其中企业党委（党组）、董事会、经理层、主要负责人、首席合规官，以及合规委员会在合规管理中发挥领导作用；业务部门、合规管理部门、纪检监察机构和审计、巡视巡察、监督追责等部门，共同承担合规管理的不同工作。具体条款如下：

第7条规定，中央企业党委（党组）发挥把方向、管大局、促落实的领导作用，推动合规要求在本企业得到严格遵循和落实，不断提升依法合规经营管理水平。中央企业应当严格遵守党内法规制度，企业党建工作机构在党委（党组）领导下，按照有关规定履行相应职责，推动相关党内法规制度有效贯彻落实。

第8条规定，中央企业董事会发挥定战略、作决策、防风险作用，主要履行以下职责：（一）审议批准合规管理基本制度、体系建设方案和年度报告等。（二）研究决定合规管理重大事项。（三）推动完善合规管理体系并对其有效性进行评价。（四）决定合规管理部门设置及职责。

第9条规定，中央企业经理层发挥谋经营、抓落实、强管理作用，主要履行以下职责：（一）拟订合规管理体系建设方案，经董事会批准后组织实施。（二）拟订合规管理基本制度，批准年度计划等，组织制定合规管理具体制度。（三）组织应对重大合规风险事件。（四）指导监督各部门和所属单位合规管理工作。

第10条规定，中央企业主要负责人作为推进法治建设第一责任人，应当切实履行依法合规经营管理重要组织者、推动者和实践者的职责，积极推进合规管理各项工作。

第11条规定，中央企业设立合规委员会，可以与法治建设领导机构等合署办公，统筹协调合规管理工作，定期召开会议，研究解决重点难点问题。

第12条规定，中央企业应当结合实际设立首席合规官，不新增领导岗位和职数，由总法律顾问兼任，对企业主要负责人负责，领导合规管理部门组织开展相关工作，指导所属单位加强合规管理。

第13条规定，中央企业业务及职能部门承担合规管理主体责任，主要履行以下职责：（一）建立健全本部门业务合规管理制度和流程，开展合规风险识别评估，编制风险清单和应对预案。（二）定期梳理重点岗位合规风险，将合规要求纳入岗位职责。（三）负责本部门经营管理行为的合规审查。（四）及时报告合规风险，组织或者配合开展应对处置。（五）组织或者配合开展违规问题调查和整改。中央企业应当在业务及职能部门设置合规管理员，由业务骨干担任，接受合规管理部门业务指导和培训。

第14条规定，中央企业合规管理部门牵头负责本企业合规管理工作，主要履行以下职责：（一）组织起草合规管理基本制度、具体制度、年度计划和工作报告等。（二）负责规章制度、经济合同、重大决策合规审查。（三）组织开展合规风险识别、预警和应对处置，根据董事会授权开展合规管理体系有效性评价。（四）受理职责范围内的违规举报，提出分类处置意见，组织或者参与对违规行为的调查。（五）组织或者协助业务及职能部门开展合规培训，受理合规咨询，推进合规管理信息化建设。中央企业应当配备与经营规模、业务范围、风险水平相适应的专职合规管理人员，加强业务培训，提升专业化水平。

第15条规定，中央企业纪检监察机构和审计、巡视巡察、监督追责等部门依据有关规定，在职权范围内对合规要求落实情况进行监督，对违规行为进行调查，按照规定开展责任追究。

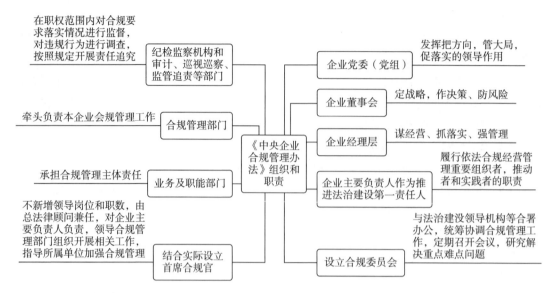

（二）明确重点合规岗位及职责

包括合规管理第一责任人、首席合规官、专职合规管理人员、合规管理员等四种类型的合规岗位，承担不同的合规责任。其中有两个合规岗位第一次出现。一是中央企业应当结合实际设立首席合规官，进一步明确合规管理职责、落实责任，统筹各方力量更好推动工作，展现中央企业对强化合规管理的高度重视和积极态度，对推动各类企业依法合规经营具有重要示范带动作用。二是业务及职能部门设置合规管理员，更好地推动业务部门熟悉并落实合规工作要求。

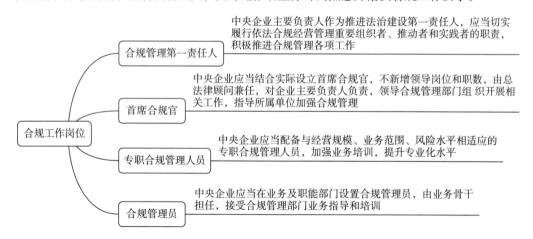

（三）职责分工与责任承担

1. 抓牢责任主体，强调"管业务必须管合规"。这在合规管理工作原则中予以明确并强调，对责任主体的职责进行了具体规定。具体条款如下：

第5条规定，中央企业合规管理工作应当遵循以下原则：（一）坚持党的领导。充分发挥企业党委（党组）领导作用，落实全面依法治国战略部署有关要求，把党的领导贯穿合规管理全过程。（二）坚持全面覆盖。将合规要求嵌入经营管理各领域各环节，贯穿决策、执行、监督全过程，落实到各部门、各单位和全体员工，实现多方联动、上下贯通。（三）坚持权责清晰。按照"管业务必须管合规"要求，明确业务及职能部门、合规管理部门和监督部门职责，严格落实员工合规责任，对违规行为严肃问责。（四）坚持务实高效。建立健全符合企业实际的合规管理体系，突出对重点领域、关键环节和重要人员的管理，充分利用大数据等信息化手段，切实提高管理效能。

第 13 条规定，中央企业业务及职能部门承担合规管理主体责任，主要履行以下职责：（一）建立健全本部门业务合规管理制度和流程，开展合规风险识别评估，编制风险清单和应对预案。（二）定期梳理重点岗位合规风险，将合规要求纳入岗位职责。（三）负责本部门经营管理行为的合规审查。（四）及时报告合规风险，组织或者配合开展应对处置。（五）组织或者配合开展违规问题调查和整改。中央企业应当在业务及职能部门设置合规管理员，由业务骨干担任，接受合规管理部门业务指导和培训。

2. 合规管理部门牵头负责本企业合规管理工作，不是直接责任主体。合规管理部门的职责是牵头负责本企业合规管理工作。具体条款如下：

第 14 条规定，中央企业合规管理部门牵头负责本企业合规管理工作，主要履行以下职责：（一）组织起草合规管理基本制度、具体制度、年度计划和工作报告等。（二）负责规章制度、经济合同、重大决策合规审查。（三）组织开展合规风险识别、预警和应对处置，根据董事会授权开展合规管理体系有效性评价。（四）受理职责范围内的违规举报，提出分类处置意见，组织或者参与对违规行为的调查。（五）组织或者协助业务及职能部门开展合规培训，受理合规咨询，推进合规管理信息化建设。中央企业应当配备与经营规模、业务范围、风险水平相适应的专职合规管理人员，加强业务培训，提升专业化水平。

三、合规运营

《中央企业合规管理办法》（国务院国有资产监督管理委员会令第 42 号）"第 4 章　运行机制"对合规运营做了专章规定。主要工作涉及九个方面。一是全面梳理经营管理活动中的合规风险，建立并定期更新合规风险数据库。二是将合规审查作为必经程序嵌入经营管理流程。三是统筹协调采取措施妥善应对因违规行为引发的重大法律纠纷案件、重大行政处罚、刑事案件，或者被国际组织制裁等重大合规风险事件。四是建立违规问题整改机制。五是设立违规举报平台。六是完善违规行为追责问责机制。七是建立健全合规管理与法务管理、内部控制、风险管理等协同运作机制。八是定期开展合规管理体系有效性评价。九是将合规管理纳入对所属单位的考核评价。具体条款如下：

第 20 条规定，中央企业应当建立合规风险识别评估预警机制，全面梳理经营管理活动中的合规风险，建立并定期更新合规风险数据库，对风险发生的可能性、影响程度、潜在后果等进行分析，对典型性、普遍性或者可能产生严重后果的风险及时预警。

第 21 条规定，中央企业应当将合规审查作为必经程序嵌入经营管理流程，重大决策事项的合规审查意见应当由首席合规官签字，对决策事项的合规性提出明确意见。业务及职能部门、合规管理部门依据职责权限完善审查标准、流程、重点等，定期对审查情况开展后评估。

第 22 条规定，中央企业发生合规风险，相关业务及职能部门应当及时采取应对措施，并按照规定向合规管理部门报告。中央企业因违规行为引发重大法律纠纷案件、重大行政处罚、刑事案件，或者被国际组织制裁等重大合规风险事件，造成或者可能造成企业重大资产损失或者严重不良影响的，应当由首席合规官牵头，合规管理部门统筹协调，相关部门协同配合，及时采取措施妥善应对。中央企业发生重大合规风险事件，应当按照相关规定及时向国资委报告。

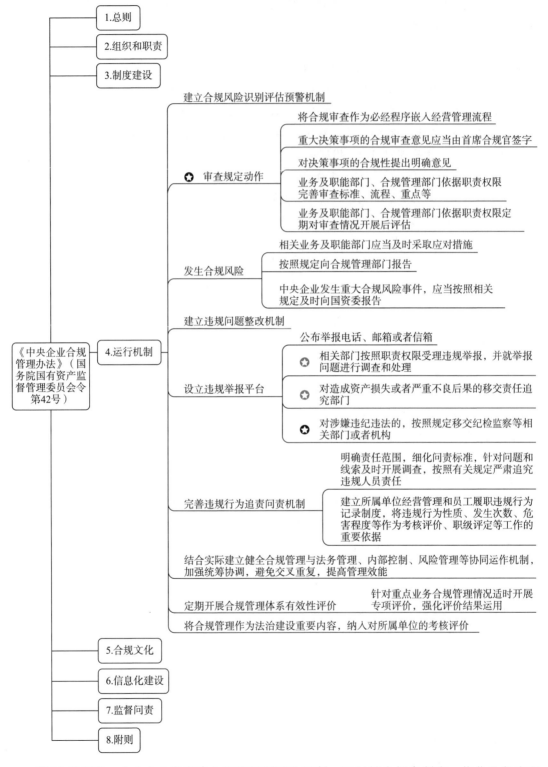

第 23 条规定，中央企业应当建立违规问题整改机制，通过健全规章制度、优化业务流程

等，堵塞管理漏洞，提升依法合规经营管理水平。

第 24 条规定，中央企业应当设立违规举报平台，公布举报电话、邮箱或者信箱，相关部门按照职责权限受理违规举报，并就举报问题进行调查和处理，对造成资产损失或者严重不良后果的，移交责任追究部门；对涉嫌违纪违法的，按照规定移交纪检监察等相关部门或者机构。中央企业应当对举报人的身份和举报事项严格保密，对举报属实的举报人可以给予适当奖励。任何单位和个人不得以任何形式对举报人进行打击报复。

第 25 条规定，中央企业应当完善违规行为追责问责机制，明确责任范围，细化问责标准，针对问题和线索及时开展调查，按照有关规定严肃追究违规人员责任。中央企业应当建立所属单位经营管理和员工履职违规行为记录制度，将违规行为性质、发生次数、危害程度等作为考核评价、职级评定等工作的重要依据。

第 26 条规定，中央企业应当结合实际建立健全合规管理与法务管理、内部控制、风险管理等协同运作机制，加强统筹协调，避免交叉重复，提高管理效能。

第 27 条规定，中央企业应当定期开展合规管理体系有效性评价，针对重点业务合规管理情况适时开展专项评价，强化评价结果运用。

第 28 条规定，中央企业应当将合规管理作为法治建设重要内容，纳入对所属单位的考核评价。

第二节　企业合规管理实践

一、健全机构设置，发挥首席合规官作用

按照《中央企业合规管理办法》（国务院国有资产监督管理委员会令第 42 号）要求，有条件的企业应设立首席合规官，全面负责合规管理工作。将首席合规官作为企业合规管理的核心，牵头企业合规管理体系的顶层设计和机制建设。明确首席合规官的定位、职责、权利，统领合规管理工作的方向，确保合规管理体系与企业战略目标一致，保障合规管理体系的有效运行，发挥首席合规官对合规整体工作的牵引能力。设立合规委员会，合规委员会下设办公室，由机构保障落实首席合规官的工作要求。企业党委（党组）、董事会、经理层、主要负责人、首席合规官，以及合规委员会在合规运营机制中发挥领导作用；业务部门、合规管理部门、纪检监察机构和审计、巡视巡察、监督追责等部门共同参与。不同的角色会以各自的工作方式加入到合规运营机制中。具体到工作岗位，也会涉及合规管理第一责任人、合规管理负责人、合规部门负责人、合规管理人员、业务人员等不同层级岗位人员的合规职责分工与责任承担。

二、一张蓝图做规划，分阶段开展工作

目前国务院国资委对合规工作的要求明确清晰，企业在对标一流改革治理中不断成长，比肩先进企业。当下企业开展合规工作，完全可以结合企业实际，活学活用央企的成熟经验，先做好统筹规划，制定企业合规管理的长期规划，再逐步细化实施，保障一张蓝图干到底。一般情况下，大致可分为三个阶段。

（一）开局阶段

全面启动合规管理体系建设工作，搭建合规管理工作框架，启动合规管理体系顶层设计。推广普及合规知识，树立合规理念，培育合规文化。

（二）全面发展阶段

初步建成完整合规管理体系，合规管理工作实现规范化、标准化、系统化。聚焦重点领域开展合规专项工作，以点带面，推进合规工作的全面铺开。

（三）精细化管理阶段

建立有企业特色的完整的合规管理体系，全面做到业务合规、流程合规、管理合规，实现合规管理与企业经营管理的紧密融合，推进合规体系、合规能力、合规文化一体化建设。

三、夯实管理底座

（一）坚持党建统领

坚持党的领导、加强党建工作是国有企业的光荣传统，是国有企业的"根"和"魂"，是我国国有企业的独特优势。2019 年 12 月 30 日，中共中央发布《中国共产党国有企业基层组织工作条例（试行）》，强调"（一）坚持加强党的领导和完善公司治理相统一，把党的领导融入公司治理各环节；（二）坚持党建工作与生产经营深度融合，以企业改革发展成果检验党组织的工作成效；（三）坚持党管干部、党管人才，培养高素质专业化企业领导人员队伍和人才队伍……"。党员的行为除受国家法律法规、企业规章制度约束外，更重要的是要接受党内法规约束。强化红色思想引领，将合规管理纳入党建工作的整体蓝图规划中，围绕党的中心工作开展合规管理，持续提升合规管理的有效性。

（二）践行企业战略

合规要落实企业战略，紧密围绕企业战略规划建设部署，立足实际、着眼长远，建立符合企业需求、有企业特色的合规管理体系，才能促进企业合规能力的整体提升。合规的年度重点工作必须与企业的年度重点工作匹配，这是合规工作与企业同步发展的基本条件。坚持高质量的发展是企业的首要任务，坚定实施企业战略，提高企业核心竞争力是企业稳健发展的关键。企业要的是"上下一盘棋"的整体效应，加强资源整合、能力贯通的一体化发展。打破部门墙、专业墙，形成"后台服务前台，前台服务客户"的高效运转链条，拥有"胜则举杯相庆、败则拼死相救"的同舟共济理念，立足大局、荣辱与共、同向发力。合规工作源于为企业服务，要与企业发展的主旋律同频共振。围绕中心，服务大局。

四、规范制度体系

（一）科学认知合规管理规章制度

涉及合规管理的规章制度分为两类，一类是合规管理部门牵头制定的，专注于合规的制度类文件，通常在文件标题中体现"合规"字样；另一类是其他部门制定的规章制度，内容涉及合规相关工作的，文件标题中不一定出现"合规"字样。本书前文已经提到合规工作中参与的角色多、环节多、工作内容多、规定动作多……涉及的规章制度必然很多。为了防止不同规章制度之间条款打架，有必要将企业内部涉及合规工作的规章制度做好梳理与盘整，厘清体系绘制图谱，对涉及合规管理的要求进行可视化展示。合规要求看得见才能做得好。要做好全面合规管理，将合规管理覆盖企业各业务领域、各部门、各分公司和全体员工，贯穿公司生产经营的各个环节，必须依托企业各职能线条的共同努力，真正做到合规工作与企业经营的紧密融合。

（二）合规管理部门牵头制定合规类规章制度要自成体系

常规做法是先制定企业《合规管理办法》作为合规管理的基石。然后制定合规管理专业配套制度，例如：合规倡议书、合规诚信手册、合规指南、合规专业管理规范等。可以在规章制度中明确一些合规专业管理手段，例如定期抽查专项活动、合规风险集中筛查活动、合规管理员定期培训等。这些规章制度从性质上分为两种。一种是体现管理牵头作用的，提出管理要求；另一类是体现合规业务保障作用的，明确支撑措施，提供合规作业工具。

（三）其他部门制定涉及合规的规章制度要进行稽核与关联

就是要将不同领域不同内容的合规类规章制度进行全面稽核。具体开展方式多样，根据企业的信息化水平选择。通常会采取标签工作法，这是一种信息化部门常用的工作方法。第一步以规章制度文件为标的，以文件名称和发布部门为标签，进行制度种类层面的稽核，展示涉及合规的规章制度的全貌；第二步以规章制度的具体内容为标的，以关键词为标签，进行规章制度内容层面的稽核，展示同一类工作不同部门提出的合规性要求有哪些。这样可以全面呈现企业立体交互式的合规制度体系。技术上可以采取知识图谱的方式，映射合规制度体系布局，突显不同规章制度之间的关联性。

五、培育合规文化

合规文化以倡导合规经营价值观为导向，体现法治精神和诚信理念。要将合规文化培育作为公司内生需求融入企业文化大生态，合规文化不是口号而是全体员工的信条和行为准则，"内化于心，外化于行"，凭借文化自觉可以解决许多制度和管理覆盖不到的问题，最终转化为推动企业生产经营的强劲驱动力。合规文化的落地生根主要在人，依赖于全体干部员工的一言一行。只有干部员工将企业合规理念作为自身行事的价值观，在职业行为中自觉遵循内心的诚信和道德，才能保障企业合规的实现。通过不断强化教育，在企业内部营造"人人合规"的良好氛围，使全体干部员工成为合规管理的忠实崇尚者、自觉践行者、坚定捍卫者。让合规成为企业重要的文化元素，变为企业优良基因，成为全体员工的自觉行为和核心竞争力，实现从"要我合规"到"我要合规""我能合规""共同合规"的不断进取。更详细的介绍参见本书第十章第三节。

六、建设信息化平台

系统承载是合规管理高质量的保障。建立合规管理平台，合规工作在线作业、数据沉淀、节点控制、风险预警……新技术完全颠覆了传统的合规工作方式，这是一个宏大的工程，依托企业的信息化实力。这里不展开介绍，核心点是尽量调用企业的现有资源和可共享的能力，实现不同业务领域、不同部门、不同生产经营环节的数据共享，工作联动。运用大数据和算法模型等工具，对企业经营管理行为进行在线监控与合规分析、风险预警及防控。

七、使用专业手段

（一）使用清单管理法

本书第七章第七节具体介绍了国务院国资委要求使用的三张清单，包括风险识别清单、岗位合规职责清单、流程管控清单。实践中还可以使用其他清单，例如合规审查清单，将分散于不同层级的法律、行政法规，监管规定、行业准则、内部规章制度及国际条约、国际惯例中对同一事项的规定集中编撰为一张清单；合规行为规范清单，将公司涉及企业合规、员工合规方面的规章制度和行为规范集中编撰为一张清单……清单以简单直观的方式传达合规要求。

（二）设立行政处罚风险数据库

结合行政处罚历史情况，归纳出行政处罚风险点，建立企业内部行政处罚风险数据库。数据库在企业内部开放，不设权利围栏，为不同分支机构的合规工作人员提供参考。进一步梳理后期的整改措施，形成规范化应对举措，一并纳入数据库统一管理，从源头杜绝行政处罚风险。

（三）建立合规监督评价机制

对合规管理工作进行监督评价，是保障合规体系有效运行的重要环节。通常采用常态化监督与专项监督相结合的方式进行。常规工作多采用常态化监督方式，法务、审计和纪检部门发现违规事项都可依据职责进行整改问责，针对重点领域和关键业务环节可以采用专项监督方式开展工作。有些企业会制作合规监督检查清单，做到"监督有方向，检查有反馈"。定期开展合规管理体系运行有效性评估，有助于以评促进，对重大或反复出现的合规风险和违规问题，通过深入查找根源，完善相关制度，堵塞管理漏洞，实现全过程合规管控；定期对现有合规管理制度体系进行审视，查漏补缺，对于制度流程中已有的合规控制点继续保持，缺失的补全，陈旧的优化，压实业务部门的主体责任和合规部门的监督责任。

（四）筑牢合规风险防控三道防线

1. 第一道防线：业务部门（专业部门）。业务部门（专业部门）负责本部门本专业的日常合规管理工作，将合规要求落实到具体业务、关键环节和具体工作岗位。业务部门（专业部门）作为公司业务发起、执行部门，做好业务领域的合规管理工作。按照业务发生实际和合规要求，梳理完善业务流程、及时根据业务实际进行规章制度的立改废，提高合规管理质量，实现合规管理的价值创造。专业部门是合规审核的责任部门，对合规审核负有直接和首要责任，具体负责本部门制定的规章制度的合规论证和审查。担负职责范围内的合规风险识别和应对工作。

2. 第二道防线：合规管理部门。合规管理部门因为不直接参与经营业务，要负责合规管理工作的统筹组织、协调与规划，为专业部门提供合规支持，发挥牵头合规管理作用，做好合规审核工作。

3. 第三道防线：合规管理监督部门。合规管理监督部门（审计部门、纪检监察部门）应发挥审计、纪检部门工作优势，进行独立审计，做好违规监督、惩戒和处罚工作。

第三节　员工合规管理实践

一、员工合规，结合行为做合规

员工遵守规范，体现在用行动践行合规。员工是企业规章制度的执行者，以自身的合规履职行为压实企业全面合规的基本面。企业要尽量为员工正向行为画像，提供员工具体行为标准，方便员工身体力行。倡导员工认真执行公司的各项规章制度和生产经营工作要求，将合规工作落实到岗位职责和具体行动中，提升员工个人合规能力，做到"凡是有交代，件件有着落，事事有回音"。

二、领导带头，发挥关键少数作用

合规管理必须抓住领导干部这个"关键少数"。领导干部要强化责任意识和担当精神，"决策先问法、违规不决策"，牢固树立合规意识，坚持以身作则、以上率下，真正成为合规的引领者和示范者，带动全体员工依法合规履职，保障企业合规工作的稳步推进和长期运行。

三、员工认同，强化职业精神

员工是合规实践中最重要、最广泛的能动性因素。员工要树立起依规做事的观念，"心存合规，守土有责"。将企业的合规要求与自身的职业道德和行为操守合为一体，依赖内心的职业精神、诚信正直的个人品质和敏锐的风险意识，养成合规行为习惯，在没有规章制度约束的情况下也能自觉做出合规判断和合规行为，凭借良好的职业操守和道德规范做出正确选择，让合规成为本能。

四、人人合规，助力企业行稳致远

（一）遵规守矩

员工应当全面遵守国家的法律法规和企业的规章制度。主动学习和遵守所有适用于其岗位或与经办业务相关的法律法规、监管政策，严格依法办事；严格按照企业的操作流程和操作规范行动，合规履职，恪守劳动纪律和职业道德。

（二）忠诚义务

员工应当树立对企业忠诚奉献的理念，担当实干，履行对公司忠实勤勉的义务，维护公司的良好声誉，不做损害公司利益和声誉的事。

（三）保守商业秘密

员工应严格遵守国家保密法律法规及公司的保密制度，谨慎处理工作中知晓、掌握、处理的国家秘密、商业秘密及敏感信息，遵守公司保密制度，妥善保管和使用与工作有关的资料和信息。严防发生失泄密、内部信息泄露等违规风险。

（四）避免利益冲突

员工不得利用职权为自己或他人谋取不正当利益，不能为了任何直接或间接的个人目的而滥用职权。员工不得利用职务上的便利，自营、合营或者为他人经营与公司同类的业务。员工退休或离职后，仍需按照法律规定或劳动合同约定，接受竞业限制，不得利用在公司期间掌握的信息、资源，与公司开展同业竞争。

第四节　企业合规实践持续优化

一、合规工作动态变化，保持鲜活度

（一）合规管理空间在发展中扩大

数字经济进一步推进企业数字化转型，云计算、大数据、人工智能、物联网、区块链、移动互联网等信息通信技术纷纷进入企业运营业态，商业模式在创新，工作机制在迭代，利用 IT 系统实现作业流程化、自动化和智能化流转，数据驱动发展企业业务数据化，全面构建以客户为中心的互联网化运营体系。企业合规工作必须跟上企业发展的节奏，丰富工作内容，优化作业工具，才能保障合规管理质量。同时，企业竞争压力变大，特别是开展国际化经营的大企业面临的市场竞争较以往变得更为复杂多变。企业面临的合规风险日益严峻，合规管理的领域不断拓展，从最初开展的反商业腐败、反垄断、反不当竞争向知识产权、安全环保、数据保护、信息安全等诸多领域扩展，规则越来越多，要求越来越严，政府监管对企业的合规管理提出一系列新要求。

（二）合规管理践行全面性原则

1. 全面性原则体现在管理要求的全面延展，管理环节的全面贯彻，管理范围的全面覆盖，以及管理模式的全面创新。全面延展要求企业和员工行为要遵从外部的法律法规和商业惯例、内部的规章制度和内心的道德规范；全面贯彻要求合规贯穿企业决策、运营、监督等生产经营管理的各个环节；全面覆盖要求合规覆盖各业务领域、各部门、各级分支机构、各级子企业和全体员工。在推进合规管理工作与企业经营管理工作紧密融合过程中，发挥合规管理的主动权优势服务大局，牵头业务、管理、监督多维度开展工作。通过变革提升企业治理体系和治理能力，争当行业变革的参与者、推动者、实践者和主导者。

2. 合规管理全面覆盖具有几个关键点。

（1）在合规管理意识上，实现从法务人员重视合规向全员重视合规的转变。合规管理体系建设是一项系统工程，需要整合多方面资源，需要多方面支持，是一项全员的工程，同时也是一把手工程。需要持续增强包括企业高层管理人员在内的全员合规管理意识，培养合规自觉，才能真正地使合规入脑入心，使合规管理落地落实。

（2）在合规管理的领域上，从突出境外合规向覆盖境内外全域合规转变。在开展国际化经营的同时要通过自身的合规避免受人以柄。随着国内外法治环境的变化和国际环境的优化，法治国家、法治政府、法治社会一体推进，要求企业在加强涉外合规管理的同时，更加注重国内经营行为的合规。政府对违纪违规经营行为容忍度越来越低，要求越来越高，执法的力度越来越严。

（3）在合规内容上，从重点领域合规向全领域合规转变。企业开展合规管理工作初始阶段，起步重在"小合规"。主要从本企业、本行业领域出发，对于风险比较突出的一些领域开展合规工作，防范重点合规风险，这是很自然的。随着合规管理深入推进，经过一段时间的探索和经验积累以后，要逐步向"大合规"升级，要将合规的要求融入企业经营的各个领域、各个环节，嵌入企业的各个流程和岗位，确保各类行为、各项业务以及全员的管理活动都要合规。

（三）合规管理需要科学规范

1. 从聚类管理角度，合规工作可做模块化组合。将合规工作涉及内容进行模块化整理与聚合，采取模块组合方式开展合规工作。尽量打破原有以学科为主导的工作及岗位设置，事实上，法学学科内部领域的划分本身主要是满足一种工具性和认识论需求，这种工具性和认识论知识要服务于企业经营管理。如果仅仅从合规管理一个方面去认识，那么，该合规管理知识本身的局限性将导致认识结论的片面性。要着眼于企业发展的不同方向不同要求，尽可能地把握企业经营实际的更多视角，合规管理的认识才能准确客观。数字时代业务融合专业融合知识融合的大趋势下，重新审视合规工作的关注点，聚焦企业经营实际诉求设计合规工作模块，有助于合规管理的标准化数字化智能化转型。

2. 从业务细分角度，合规管理内容必须具象化。在企业合规工作体系初步完备、工作机制初步建立的背景下，企业合规工作提高精细化程度，就需要结合企业实际，结合业务开展对合规工作进行领域细分，结合重点领域重点环节做出具体的合规指引，丰富企业合规工作的切入点和覆盖面。避免合规管理成为形象工程。将合规工作做实做细，规定动作有过程有结果，才能在合规风险来临时做好合规救济工作。

3. 从员工角度，为合规工作不同参与角色提供差异化合规知识补给。将涉及人的合规工作要求从企业合规管理要求中分离出来。对合规专业工作人员需要掌握的合规工作技能与普通员工需要具备的合规知识要求进行区隔处理，提供不同的合规知识和合规工作规范。

4. 从行业角度，结合行业特点设定合规工作重点。不同企业由于所处行业不同，垂直领域发展必然带有行业特色；企业战略与文化底色不同，在细分领域的发展必须符合企业特色。泛在化与通识性的工作范式是底色，符合企业自身特点的管理机制是精髓。就像公司发展要遵守《中华人民共和国公司法》，遵守《中华人民共和国公司法》却不能保证公司能良好发展不破产。实践中，不同行业的企业经营业态不同，合规工作的重点不同，需要结合实际，形成与企业相匹配的合规工作体系，控制合规成本，满足企业需要。

二、合规管理注入先进性

1. 合规管理的本质是创造价值。合规管理不能仅仅停留在合规风险防控的层面，控制风险并不能创造价值。合规管理要定位于创造价值，包括管理价值、经济价值和社会价值。通过外法内规化，制定企业自身的规章制度，明确职能部门管理边界、促进协调配合，形成管理合力，提升管理效能；通过优化简化流程，提升运转效率，提高服务应答速度，合规创造经济价值；通过树立诚信合规形象，增加客户对公司认知度和认同感，承担央企的社会责任，合规创造社会价值。高质量的合规管理帮助企业化解合规风险，避免因法律制裁或监管处罚所带来声誉及财务损失，在服务客户的同时更好地保护企业自身利益。企业的发展战略和生产经营都要依靠合规管理提供稳定、安全、有效的内部生态。

2. 合规成为企业的内驱动力。政府监管日趋严格，给企业强化合规管理带来压力也带来动力。企业一旦重大违规遭受到严厉处罚，甚至承担刑事责任，给企业造成经济损失和声誉的损失是十分严重的。企业加强合规管理已经不只是满足于符合外部的监管，越来越成为企业自身去适应复杂多变的外部环境，建立竞争优势，实现长期发展的一个内在必然要求。加强合规管理成为企业自觉行为。

3. 企业要锻造合规软实力。合规管理是企业在复杂的竞争环境中，有效防范风险、实现组织安全运行、进行可持续发展的一项重要管理活动。合规工作的质量，直接影响到企业的声誉。合规已经成为大企业竞争软实力的重要组成部分。

三、合规管理在风险规避与业务发展的平衡中做出选择

合规管理部门作为公司的内设机构，应结合公司实际，建立具有企业特色的合规运营机制，区别于政府机构、外部律师事务所。作为企业的内部人，着重办公司内部事。守住法律红线、厘清业务底线；做好风险甄别、提出风险规避建议；结合业务提供合理的解决方案。尤其是在创新业务开展过程中，更要灵活应对业务处于灰色地带时发展与风险的关系，准确判断灰色地带的安全区，既促进业务顺利开展，又有效防控风险，保障企业在风险最小化和利益最大化的区间内合规运营。在聚焦合规风险防控的工作中，认识到机会风险的存在价值，避免因噎废食陷入合成谬误。

第五节　通信行业合规管理示例

一、厘清合规重点领域

（一）反垄断

根据《中华人民共和国反垄断法》的规定，禁止各种阻碍贸易或限制自由、公平竞争的行为。不滥用市场支配地位，不与竞争对手或其他经营者签订限制竞争协议，避免垄断行为。妥善处理与其他竞争者之间的商业合作关系，避免垄断违规风险。

（二）反商业贿赂

商业贿赂是严重破坏市场经济秩序和公平竞争交易秩序的行为，是典型的不正当竞争行为。坚决杜绝各类形式的商业贿赂行为，严禁接受供应商、代理商以任何名义和方式的馈赠。在通信业务营销中，不违规、不超标请客送礼，不以任何形式支付或收取回扣、佣金等。

（三）维护用户信息安全

贯彻落实《中华人民共和国网络安全法》《电信和互联网用户个人信息保护规定》等关于网络信息安全的法律法规，合法收集和使用必要的用户个人信息，加强用户信息保密管理，防止用户个人信息泄露、毁损、篡改或者丢失，履行运营商对用户信息安全的维护义务。

（四）加强数据安全管理

按照相关法律法规要求，完善公司数据安全管理体系，健全企业内部数据分类分级保护、数据全生命周期安全管理等制度。深化数据安全全流程管理，建立体系化、常态化数据安全风险评估机制，切实防范数据安全隐患，加强数据安全技术手段建设，提升数据安全保护能力。开展合作方数据安全保障能力动态评估，依托合同约束、信用管理等手段强化合作方管理，提升数据共享安全管理水平。

二、市场监管政策方面合规要求

（一）国家电信行业政策监管形势分析

1. 电信行业监管格局。监管部门多年来持续推动中国电信行业监管环境建设，出台配套的监管政策及措施，已经形成了具有中国特色的政府监管体制。

2. 电信行业监管目的。促进良性竞争和完善外部监督机制，完善法制环境，构建高效政府监管体系，发挥监督机制作用。逐步开放电信市场，构建有效竞争的结构。

3. 电信行业监管体制特点。渐进市场开放、维护良性竞争、鼓励行业创新、关注民生及网络信息安全。

4. 电信行业监管体制关注点。集中在市场竞争、码号、业务许可三个方面。

（二）企业遵循行业政策监管要求的着力点

及时跟进监管政策的更新动向，第一时间知晓监管内容并落实监管要求，保障合规高质高效。同时要用好用活监管政策中对企业扶持与优惠的部分，发挥政策红利给企业的赋能价值。

（三）重点合规举措

1. 加强码号合规使用和接入。近年来码号监管面临的新要求，集中在号码合规接入、合规使用、码号开通信息报送和安全问题方面。

2. 发挥业务许可作用。业务许可是政府颁发给企业准许其从事特定业务的法律文件，俗称"牌照"。证明企业有权开展某项业务，证明竞争者无权开展某项业务。例如基础电信业务经营许可证、增值电信业务经营许可证、信息网络传播视听节目许可证、广播电视节目制作经营许可证、网络文化经营许可证。"牌照"可以授权。

（四）及时梳理相关法规及政策清单（动态迭代中）

1. 行政法规。《中华人民共和国电信条例》。

2. 部门规章。例如，《关于加强依法治理电信市场的若干规定》《互联网视听节目服务管理规定》《广播电视节目制作经营管理规定》《互联网文化管理暂行规定》《网络出版服务管理规定》《互联网新闻信息服务管理规定》《电信网码号资源管理办法》《电信网码号资源占用费征收管理暂行办法》《电信业务经营许可管理办法》《互联网信息服务管理办法》《携号转网服务管理规定》……

3. 政策性规定。《电信网码号资源占用费标准》《国家发展改革委、财政部关于降低电信网码号资源占用费等部分行政事业性收费标准的通知》《电信网编号计划（2017 年版）》《关于规范电信网码号资源使用行为的通知》《网间号码携带业务用户交互界面及程序要求》《关于进一步加强电信市场监管工作的意见》《关于加强依法治理电信市场的若干规定》……

三、重点业务——物联网业务合规管理重点

（一）厘清物联网业务的商业模式

物联网业务指各种嵌入通信能力的智能物体间的网络互联，以提供人与物、物与物的通信为主的业务。在"大物移云"的互联网架构里，承担无线数据传输的功能。

（二）物联网业务入网规范环节合规管理重点

1. 工业网关、视频公安监控、农业、环保巡检、电力巡检等特殊行业，满足关闭语音、短信功能且设置最小必要数据流量限额或者设置定向访问限制的物联网卡，按 2B 要求完成实名登记；余下场景均需 B2B2C 实名。

2. 分场景明确物联网行业卡"功能最小化"原则，做好语音和短信功能最小化落地，语音、短信不多开。

3. 严守竞合资费底线，实际销售价格不得低于售价基线。

4. 必须使用专用合同标准文本，必要合同条款包括：物联网卡的功能限制、发卡数量、业务场景、使用范围。必须包含的内容：明确不得二次转售、不得改变使用用途，约定违约处置措施；包含必要附件，行业用户签订的实名制责任承诺书、敏感地区管控承诺函。

5. 某些销售模式在敏感地区不得开展。

（三）物联网卡使用合规工作要求

1. 物联网行业客户办理入网申请时按要求进行企业实名登记。

2. 原则上不开通语音功能，确需开通语音的客户，必须开通定向语音，限制物联网卡仅能与特定号码拨打、接听电话。原则上，语音主被叫白名单号码数量不超过 5 个。

3. 原则上不开通短信功能，仅能与短信管理平台的号码进行收发短信。确需开通短信的客户，必须开通定向短信，限制物联网卡仅能与特定短信平台接入号发送、接收短信。

4. 对物联网卡进行 IP 访问控制，监控月流量超过 100M 的用户。使用定向 APN，设置省内漫游限制。

5. 所有物联网卡都需要进行机卡绑定。

（四）物联网业务客户运营合规工作要求

1. 严格按照客户商机审核过程中获取的客户信息与性质进行客户初始风险等级评定，

2. 密切关注存量客户运营风险，监控客户运营中是否存在使用异常行为、违规行为或严重违规行为，及时变更客户初始风险等级。

3. 对于不同风险等级的客户，采取不同的业务管控策略。

（五）相关法规及政策清单

2019 年 5 月工信部《关于进一步做好 2019 年防范治理电信网络诈骗重点工作的通知》；2019 年 11 月工信部信管局《关于规范物联网业务专用号段码号资源使用的通知》……

第六节　企业合规实践多措并举

一、合规管理多渠道开拓

（一）多平台聚力形成宣传矩阵

采用多种方式倡导合规理念，打造合规知识产品，培育合规文化氛围。

1. 纳入企业党建宣传工作，让红色基因引领合规理念。以党建引领合规管理的工作模式，紧跟党建工作、提升合规工作的政治高度。

2. 纳入企业文化建设，在企业文化中加入合规元素，在企业文化宣传中同步进行合规文化的宣传，提升合规文化的辨识度。

3. 丰富文化宣传手段，创建微信公众号，以公众号为文化传播阵地，采用员工喜欢的新媒体方式，扩大合规文化受众面，方便员工利用碎片化时间学习合规知识；利用企业 OA 办公系统，开设合规文化专栏，提升员工对合规价值的认知，方便员工结合具体工作随时学习合规知识。

（二）举办合规系列主题活动

大企业可以发挥集中优势，从上至下进行合规理念的全覆盖式宣贯；基层小微组织，可以结合阶段性工作重点，制定员工合规行动规范，为正向行为画像，方便员工身体力行。将不同的合规重点融入不同的主题活动中。

1. 举办合规行动倡议书大赛，要求企业不同部门及各级分支机构制定具有本地特点的合规行动规范，将合规工作深入基层，做实做细。

2. 开展签订合规承诺书活动，领导带头、员工跟随，全员签署规承诺书，表达对企业的忠诚与合规的承诺。

3. 举办合规微视频大赛活动，征集微视频作品，用身边人的故事启发教育员工，用生动的故事宣传合规理念，使合规成为全体员工的内心遵循和行为指引。

4. 举办合规主题知识竞赛。结合行业特点和企业年度重点工作，通过问卷回答的方式普及合规知识。

5. 编发《合规文化手册》。将合规倡议书、合规专项活动、短视频大赛优秀案例等内容汇编成宣传册，作为企业合规文化的形象展示，塑造企业合规担当的社会形象。

（三）打造形式丰富的培训交流平台

既要建立常态化培训机制行稳致远，又要打造精品办出精彩。开展合规专业知识培训，是一个不断反复、驰而不息的过程，扩大知识面，积累知识量，有知识才能拥有合规管理技能；开展合规管理素质提升的再教育，介绍合规管理经验，分享工作成果，增强团队共享能力。

1. 在党委（党组）法治专题学习中加入合规管理内容，发挥头雁作用，让合规学习从领导开始。

2. 举办"合规大讲堂"，建立常规培训机制。可邀请专家学者传递最新的理论资讯，提高合规专业人员的理论素养；可邀请基层单位的先进人员介绍合规管理先进经验，将合规管理与日常工作结合。有理论有实践有做法，促进合规工作科学、有序开展。

3. 开展合规专题培训，发挥企业培训资源统一管理优势，将培训覆盖到各级分支机构，减轻基层培训压力。结合企业的业务讲合规，提高合规工作的实用性。

4. 增加对新员工的合规培训，在入职培训时及时讲授企业的合规理念及合规管理规定、普及合规知识。引导新员工把"遵规守纪、担当作为"的合规文化理念深植于心。

（四）发挥新媒体优势注重"微合规"

顺应数字时代服务智能化的大趋势，发挥手机应用便捷性的优势，使用以手机为载体的各种互联网化的工作方式，定制 App、创建微信公众号、在办公网开辟新栏目，结合手机小屏幕小视野的特点，探索指尖上的"微"合规工作新模式，不断开发合规新阵地，让合规工作"活"起来、"新"起来，促进合规工作的微型化，做好合规微服务。开展"微合规"实践，折叠空间跨越时间，有效提高合规文化培育的传播力、引导力、影响力、公信力。

1. 开办微学堂，普及合规知识。通过微学堂实现合规教育全面覆盖。定期推送合规小知识，方便员工利用碎片化时间学习，有效丰富了员工集中培训、网络教学之外的教育形式。

2. 轮播微视频，传播合规理念。借助微视频、短视频广泛传播的时尚风潮，鼓励员工拍摄微视频，将合规文化培育作为公司内生需求融入企业文化大生态。员工自导自演自拍微视频，挖掘出一批发生在员工身边的合规故事，捕捉到合规管理的微小细节，塑造出合规管理的典型场景，诠释员工结合自身岗位对合规理念理解的思想火花。这种鲜活的文化作品，可以用最快的速度和最便捷的方式传播到员工末梢，入脑又入心。

3. 开启微广播，传递合规资讯。第一时间采集、刊登企业各类合规资讯，反映基层单位合规活动的最新动态，员工合规工作的最新做法，打通基层单位之间的"地域隔阂"，实现合规成果互动"零时差"、成功经验共享"零距离"。弘扬基层单位的首创精神和管理智慧，发挥群众力量，为合规管理注入动力和活力。

4. 浏览微信息，彰显合规价值。紧跟时代步伐，结合国务院国资委的工作精神和公司战略部署，及时宣贯最新政策和管理要求。合规管理要与时俱进，力求做到最新、最优、最广，点击小屏幕、看到大视野。介绍国际国内先进单位的合规经验，展现多元合规价值，满足员工多维度需求，彰显合规创造价值、守护价值的独特作用。

5. 推出微培训，随时随地边学边测。加大现有培训资源的复用性，提升培训的灵活性和实效性。化整为零，将培训内容进行碎片化拆解，采用视频、音频、文字等多种形式推送培训内容。根据不同合规内容配置不同答题形式，答对通关答错降级，自己测试核对答案，合规培训常态化、趣味化、便利化。

二、企业实践示例

（一）某企业举办合规微视频大赛

1. 合规部门与党群、工会等多个部门合作举办大赛，多种渠道推动合规工作掀起小高潮。各分支机构借助总部组织活动的影响力，发动各专业条线、各基层单位组织员工一起学习合规知识、畅谈对合规的理解认识、表达践行合规的决心，掀起一阵学合规、想合规、做合规的合规宣传活动高潮。在微视频制作过程中，合规团队发挥统筹协调的作用，帮助专业条线挖掘市场、客服、财务、综合等多维度的合规要求及合规行为规范，形成合规文化产品，为企业文化增添新的华彩。

2. 微视频的内容全部来源于基层单位实际工作场景，员工自导自演，寓教于乐。员工开动脑筋，结合自身工作场景阐述对合规的理解，表达对合规的看法，做出自己的合规承诺。许多微视频作品内容丰富、感情充沛、视角独特、艺术感染力很强。一些作品将合规与企业生存的根本"品质"提到同一高度，员工阐述了对"企业发展守初心、员工干的有信心，用户用的更放心的"经营理念的理解，主动从营业规范、服务承诺等企业经营的不同方面践行经营理念，落实到具体的合规行为中。一些作品结合某一些具体工作，比如财务工作角度提出合规要求，从差旅费、业务招待费、划小和"小金库"等几个常见问题切入，聚焦财务日常工作的典型场景，生动演绎出财务工作如何做到合规要求。财务人员看了熟悉财务工作技能，普通员工看了增长财务合规知识，寓教于乐，加强合规部门与财务部门的工作互动。有的作品以一线投诉处理员为主角，以日常投诉处理工作做主线，从遵守公司考勤着装等行政制度、学法知法懂法用法提供服务、执行行业服务标准、践行企业服务承诺等几个角度，全方位展示投诉处理工作的合规要求，合规落实到每一个工作细节中，对如何将合规工作可视化进行生动展示。

3. 通过拍摄微视频作品，挖掘出一批发生在员工身边的合规故事，展现基层员工践行合规理念的新风貌。发挥微视频传播优势，在公司电梯间、电视上循环播放大家拍摄的微视频作品，同步在各个领导群、员工群、工作群中发送，滚动宣传，营造浓厚的宣传氛围。干部员工开始关注合规，从内心接受"合规创造价值""合规就是竞争力"的新理念，培养"合规从我做起、合规人人有责"的意识。身边人、身边事，亲切自然，合规文化的营造在润物细无声的境界中入脑入心。

（二）小微组织铸造合规管理微生态

基层单位如何克服困难，合规管理从零做起，一步跨越到规范运行。

1. 组织保障到位奠定合规管理基石。

（1）人员到位，组建专业团队做合规。人是第一生产力，企业成立合规管理工作项目组，面向全体员工招募队员，着手构建企业的合规管理体系。

（2）目标导向，设立工作组专项攻关。合规管理工作组成立后，企业向项目组下达了"合规管理课题"任务清单，提出了具体工作目标和完成时限，为合规工作指明方向。

（3）先学理论再干工作，起步规范。企业为管理层和项目成员配发书籍，系统学习合规专业知识，用理论指导实践，注重合规管理工作的科学性。通过主动学习合规理论知识，先做好本单位合规管理顶层规划，再安排具体落地举措，直接对标一流的合规管理要求，高起点核定合规工作质量标准。将最新的理论知识与本地日常经营和生产实际相结合、与员工的工作和生活相结合，主动探索，创造出自成一体、特点鲜明的合规工作体系。

2. 以员工守规范为切入点，结合员工行为做合规。

（1）发布《员工行为倡议书》。为员工正向行为画像，方便员工身体力行，指导员工如何做到行为合规。单位负责人主动发挥关键少数作用，亲自解读宣讲《员工行为倡议书》，真正做到合规管理的引领者和示范者，以上率下，带动全体员工合规履职。

（2）发起宣传攻势。企业各专业部门、各分支机构层层宣贯，通过专题会议、每周例会、每日晨会等形式，开展了多轮集中学习、交流学习体会，通过在人员密集场所摆放宣传板进行造势。

（3）开展专项检查。开展"组织力、执行力"专项检查工作，深入基层单位了解《员工行为倡议书》传达情况，确保《员工行为倡议书》宣贯工作传递到一线。

（4）开展《员工行为倡议书》大讨论主题活动。全体员工结合自身工作查摆问题、提出改进举措，激发了员工参与合规工作的积极性，广大员工关注合规、参与合规、主动合规，传播正能量，营造出浓郁的合规氛围。

（5）固化创新成果。将《员工行为倡议书》升级为《员工行为指引》正式发布。及时将前期工作中汲取的员工合规管理智慧提炼升华，形成公司管理制度。让合规真正成为员工行为指南的文化内核，提高合规制度的先进性。

（6）开展"我为自己代言"主题活动。多部门联动，让合规管理与党建工作同频共振，发挥红色引擎能动性，通过树立先进典型，号召全体员工结合自身工作，对照《员工行为指引》为自己画像。促使合规理念真正在员工层面入脑入心，合规文化彰显生机活力。

3. 采取多种合规举措，搭建合规微生态。

（1）举办合规讲堂。邀请内、外部专业人士讲解专业性知识，讲座内容覆盖公司生产经营、行政管理、法律法规等，将合规知识扩展到企业生产经营各个方面工作。

（2）定期发布合规方面的典型案例和指导意见，正反双向做合规。大力宣传遵纪守法、恪尽职守、勤政廉政的先进典型，弘扬正气；剖析典型案例、公开处理典型案件和违规违纪责任人，用身边人身边事，对员工进行警示教育。

（3）让合规管理与党风廉政建设工作交互联动。将"遵规守纪、担当作为"的合规要求，作为公司领导班子对分管领域干部党风廉政建设约谈的必谈内容，抓住"关键少数"，要求公司管理人员必须树立法治观念、合规观念，强调守法合规是公司经营活动的底线和红线。

（4）利用系统做合规，促进合规标准化。企业启用智慧管理系统做管理，这个工作平台具有公告、考勤、审批、直播、钉盘、DING 消息、日志、万能工资条、精细化管理、资产管理、企业看板等丰富的功能模块，实现了办公系统建设的破、改、立，推行全线上工作方式，扩大了工作透明度，提高了工作效率，做到信息共享、管理流程合规。

（5）将合规评价监督作为企业常态化管理手段。形成《组织力和执行力评价监督工作方案》，通过问题追根溯源，从根源处彻底解决问题，抓短板、守规范、促发展。

三、聚焦具体业务进行全维度合规风险梳理

（一）经营活动具体业务开展涉及大量合规事项

企业在经营活动中，包含大量的商业模式构建、商事活动开展等具体事项，在一系列的操作中涉及大量的合规实务问题。例如是否拥有牌照资质，涉及准入合规；是否涉及反垄断反商业贿赂，涉及交易合规；是否遵守行业监管政策，涉及行业合规；是否建立知识产权合规保护工作机制，涉及知识产权合规；是否对商业伙伴及产品质量进行必要管控，涉及供应链合规；是否遵守推广宣传的专项管理规定，涉及广告合规；是否对业务产品进行合规性审查，涉及业务合规；是否对数据安全和隐私保护提供必要措施，涉及数据合规……合规管理工作中会有大量的合规实务工作需要结合具体场景进行。而且每个企业的合规工作重点不同，规定动作与自选动作不同，因此需要结合实际梳理出企业自身的合规工作规则，同步沉淀企业合规知识。

（二）具体业务风险防控可多点切入

以手机租赁业务为例，商业行为的不同侧面隐含不同风险点。简单来看，就涉及 N 多种风险。例如业务模式风险，部分商家进行"假借手机租赁、实为现金借贷"业务，通过发空包或者让第三方向用户折价回收手机的方式进行变相的现金放贷；信用数据风险，信用租赁业务风控依赖于数据模型算法与多元数据源，在用户个人信息强力保护背景下，获取合规数据源存在风险，数据模型成熟度存在风险；业务准入资质风险，部分商家开展信用租赁业务以"融资租赁"类金融机构作为业务主体，但以小额电商类为主营的租赁业务，不符合融资租赁监管要求，存在利用监管盲区风险；租后催收风险，电话催收或委外催收，极容易触碰"软暴力"以及侵犯公民个人信息等法律底线；投诉舆情风险，手机租赁行业的相关用户存在大批职业投诉人，业务本身特性也容易遭受用户投诉，存在投诉与舆情风险；税务风险，商家以不开发票为由要求手机销售商返点或降低售价，向用户出租手机不会就相关租金所得向其开具发票，存在税务风险。

【合规实务建议】

企业合规实践具有很强的实操性，复用先进经验是一条便捷发展的路径。本章内容从合规管理体系搭建到具体工作分阶段开展，从夯实管理底座到规范制度体系，从培育合规文化到建设信息化平台，基本覆盖了企业合规实践中涉及的专业手段。对大多数企业的合规工作开展具有参考价值。企业合规实践示例中提到的一些常规做法，是实际工作中的经验萃取，可以选择性使用。

未来行业合规管理将成为合规管理的一个发展趋势。本章介绍通信行业的合规做法，是作为行业合规管理的一个例子，具体内容并未覆盖全面工作，且处于动态调整中，不建议作为实际工作标准。

【本章涉及法规文件】

1. 2022 年 8 月，《中央企业合规管理办法》（国务院国有资产监督管理委员会令第 42 号）。

第十二章　企业风险管理与合规风险防控

本章内容导读

　　合规风险防控一直是企业合规管理的一个重点。本章内容介绍了风险的基础知识，涉及风险管理的多个国家标准及多个政府文件规定，尽可能全面展示风险与风险管理的理论及实践。要以促进企业发展为根本，科学认知风险，科学对待风险防控。具体介绍了企业如何建立合规风险防控的工作机制。

第一节　科学认知风险

一、什么是风险

（一）信息论关于风险的定义

　　信息论的创始人香农说：信息是用来消除不确定性的，信息的度量就是对不确定性的降低程度。按照香农的说法，有信息，就表明有某种不确定性存在。风险本身就是一种不确定性，那么没有了不确定性，就没有了风险。这样就将风险和信息进行了关联，可以看出信息对风险产生的影响。从这个角度讲，风险来自我们和未来信息的不对称性！在经典的风险管理和内部控制理论框架中，包括 COSO 和 ISO 的理论中，都有一个必不可少的要素，就是信息与沟通。通常把含有一定发生概率会对我们产生不利影响的事件信息称为风险信息，这类风险信息应该被组织的相关机构或职能部门及时接收并做恰当处理，这是对企业管理风险的基本要求或称组织保障。

（二）百度词条解释

　　1. 风险，汉语词汇。是生产目的与劳动成果之间的不确定性，大致有两层含义：一种定义强调了风险表现为收益不确定性；而另一种定义则强调风险表现为成本或代价的不确定性，若风险表现为收益或者代价的不确定性，说明风险产生的结果可能带来损失、获利或是无损失也无获利，属于广义风险，所有人行使所有权的活动，应被视为管理风险，金融风险属于此类。而风险表现为损失的不确定性，说明风险只能表现出损失，没有从风险中获利的可能性，属于狭义风险。风险和收益成正比，所以一般积极进取的投资者偏向于高风险是为了获得更高的利润，而稳健型的投资者则着重于安全性的考虑。

2. 风险的基本解释。风险就是发生不幸事件的概率，是指一个事件产生我们所不希望的后果的可能性。某一特定危险情况发生的可能性和后果的组合。从广义上讲，只要某一事件的发生存在着两种或两种以上的可能性，那么就认为该事件存在着风险。而在保险理论与实务中，风险仅指损失的不确定性。这种不确定性包括发生与否的不确定、发生时间的不确定和导致结果的不确定。

3. 风险的基本含义。企业在实现其目标的经营活动中，会遇到各种不确定性事件，这些事件发生的概率及其影响程度是无法事先预知的，这些事件将对经营活动产生影响，从而影响企业目标实现的程度。这种在一定环境下和一定限期内客观存在的、影响企业目标实现的各种不确定性事件就是风险。简单来说，所谓风险就是指在一个特定的时间内和一定的环境条件下，人们所期望的目标与实际结果之间的差异程度。

4. 风险性质。风险具有客观性、普遍性、必然性、可识别性、可控性、损失性、不确定性和社会性。

5. 风险成本。由于风险的存在和风险事故发生后人们所必须支出费用的增加和预期经济利益的减少，又称风险的代价。包括风险损失的实际成本，风险损失的无形成本和预防和控制风险损失的成本。

二、相关概念

1. 风险因素：是指能产生或增加损失概率和损失程度的条件或因素。是风险发生的潜在原因，是造成损失的内在或间接原因。

2. 风险事件：是指造成损失的偶发事件。是造成损失的外在原因或直接原因。如失火、雷电、地震等事件。这里要注意把风险事件与风险因素区别开来。例如，因汽车刹车失灵，导致车祸中人员伤亡，这里刹车失灵是风险因素而车祸是风险事件。

3. 损失：是指非故意的，非计划的和非预期的经济价值的减少，通常以货币单位来衡量。

4. 风险管理：风险管理就是一个识别、确定和度量风险，并制定、选择和实施风险处理方案的过程。

5. 风险管理过程：包括风险识别、风险评价、风险对策、决策、实施决策、检查五方面的内容。

6. 风险管理的目标：在风险事件发生前，其首要目标是使潜在损失最小，其次是减少忧虑及相应忧虑的价值，在风险事件发生后其首要目标是使实际损失减少到最低程度。

三、风险分类

（一）按照性质分类

1. 纯粹风险：纯粹风险是指只有损失机会而无获利可能的风险。比如房屋所有者面临的火灾风险、汽车主人面临的碰撞风险等，当火灾碰撞事故发生时，他们便会遭受经济利益上的损失。

2. 投机风险：投机风险是相对于纯粹风险而言的，是指既有损失机会又有获利可能的风险。投机风险的后果一般有三种：一是没有损失；二是有损失；三是盈利。比如在股票市场上买卖股票，就存在赚钱、赔钱、不赔不赚三种后果，因而属于投机风险。

（二）按照标的分类

1. 财产风险：财产风险是指导致一切有形财产的损毁、灭失或贬值的风险以及经济或金钱上的损失的风险。如厂房、机器设备、成品、家具等会遭受火灾、地震、爆炸等风险；船舶在航行中，可能会遭受沉没、碰撞、搁浅等风险。财产损失通常包括财产的直接损失和间接损失两方面。

2. 人身风险：人身风险是指导致人的伤残、死亡、丧失劳动能力以及增加医疗费用支出的风险。如人会因生、老、病、死等生理规律和自然、政治、军事等原因而早逝、伤残、工作能力丧失或年老无依靠等。人身风险所致的损失一般有两种：一种是收入能力损失；一种是额外费用损失。

3. 责任风险：责任风险是指由于个人或团体的疏忽或过失行为，造成他人财产损失或人身伤亡，依照法律、契约或道义应承担的民事法律责任的风险。

4. 信用风险：信用风险是指在经济交往中，权利人与义务人之间，由于一方违约或违法致使对方遭受经济损失的风险。如进出口贸易中，出口方（或进口方）会因进口方（或出口方）不履约而遭受经济损失。

（三）按照行为分类

1. 特定风险：与特定的人有因果关系的风险，即由特定的人所引起的，而且损失仅涉及特定个人的风险。如火灾、爆炸、盗窃以及对他人财产损失或人身伤害所负的法律责任均属此类。

2. 基本风险：其损害波及社会的风险。基本风险的起因及影响都不与特定的人有关，至少是个人所不能阻止的风险。与社会或政治有关的风险，与自然灾害有关的风险都属于基本风险。如地震、洪水、海啸、经济衰退等均属此类。

（四）按照产生环境分类

1. 静态风险：静态风险是指在社会经济正常情况下，由自然力的不规则变化或人们的过失行为所致损失或损害的风险。如雷电、地震、霜害、暴风雨等自然原因所致的损失或损害；火灾、爆炸、意外伤害事故所致的损失或损害等。

2. 动态风险：动态风险是指由于社会经济、政治、技术以及组织等方面发生变动所致损失或损害的风险。如人口增长、资本增加、生产技术改进、消费者爱好的变化等。

（五）按照产生原因分类

1. 自然风险：自然风险是指因自然力的不规则变化使社会生产和社会生活等遭受威胁的风险。如地震、风灾、火灾以及各种瘟疫等自然现象是经常的、大量发生的。在各类风险中，自然风险是保险人承保最多的风险。自然风险的特征有：自然风险形成的不可控性；自然风险形成的周期性；自然风险事故引起后果的共沾性，即自然风险事故一旦发生，其涉及的对象往往很广。

2. 社会风险：社会风险是指由于个人或团体的行为（包括过失行为、不当行为以及故意行为）或不行为使社会生产以及人们生活遭受损失的风险。如盗窃、抢劫、玩忽职守及故意破坏等行为将可能对他人财产造成损失或人身造成伤害。

3. 政治风险（国家风险）：政治风险是指在对外投资和贸易过程中，因政治原因或订立双方所不能控制的原因；使债权人可能遭受损失的风险。如因进口国发生战争、内乱而中止货物进口；因进口国实施进口或外汇管制等等。

4. 经济风险：经济风险是指在生产和销售等经营活动中由于受各种市场供求关系、经济贸易条件等因素变化的影响或经营者决策失误，对前景预期出现偏差等导致经营失败的风险。比如企业生产规模的增减、价格的涨落和经营的盈亏等。

5. 技术风险：技术风险是指伴随着科学技术的发展、生产方式的改变而产生的威胁人们生产与生活的风险。如核辐射、空气污染和噪音等。

第二节　多种国家标准涉及风险管理

一、《风险管理指南》ISO 31000：2018

国际标准化组织（ISO）于 2005 年成立了由各个国家专家代表组成的专门研究风险管理标准的工作组（ISO/TC 262），开始着手于制定一个国际通行的风险管理标准，在制定过程中参考澳大利亚、新西兰风险管理标准（AS/NZS 4360：2004）的经验，经过四年的研究和反复讨论，最终在 2009 年发布了 ISO 31000：2009《风险管理——原则和指南》，即 ISO 第一版风险管理标准。同年国际标准化组织（ISO）还发布了其他两项风险管理相关的标准：ISO Guide 73：2009《风险管理——术语》、IEC 31010：2009《风险管理——风险评估技术》。

随着社会经济发展及标准应用需求变化，国际标准化组织陆续对风险管理相关标准进行了修订更新，2018 年更新发布了 ISO 31000：2018《风险管理指南》，2019 年更新发布了 IEC 31010：2019《风险管理——风险评估技术》，2022 年发布了 ISO 31073：2022《风险管理——术语》。

二、《风险管理 指南》GB/T 24353 – 2022

（一）概述

国家标准 GB/T 24353 – 2022《风险管理 指南》于 2022 年 10 月 12 日起实施。由全国风险管理标准化技术委员会归口管理，主管部门为国家标准化管理委员会。该标准等同采用 ISO 国际标准：ISO 31000：2018。

（二）文件结构

包括：前言，引言，范围，规范性引用文件，术语和定义，原则，框架（概述、领导作用和承诺、整合、设计、实施、评价、改进），过程（概述、沟通和咨询、范围、环境、准则、风险评估、风险应对、监督和检查、记录和报告），参考文献。

（三）文件中术语和定义

考虑到不同条款直接有顺承性内容表述，下面文字标题采用原文格式。

3.1　风险，不确定性对目标的影响。

3.2　风险管理，指导和控制组织与风险（3.1）相关的协调活动。

3.3　利益相关者，以影响、被影响或自认为会被某一决策或活动影响的个人或组织。

3.4　风险源，可能单独或是共同引发风险（3.1）的要素。

3.5　事件，某些特定情形的产生或变化。

3.6　后果，某事件（3.5）对目标影响的结果。

3.7　可能性，某件事发生的概率。

3.8　控制，保持和（或）改变风险（3.1）的措施。

（四）原则

风险管理的目的是创造和保护价值。风险管理能够改善绩效、鼓励创新、支持组织目标的实现。

1. 整合。风险管理是组织所有活动的有机组成部分。

2. 结构化和全面性。采用结构化和全面性的方法开展风险管理，有助于获得一致的和可比较的结果。

3. 定制化。组织根据自身目标所对应的内外部环境，定制设计风险管理框架和过程。

4. 包容性。利益相关者适当、及时的参与，可以使他们的知识、观点和认知得到充分考虑。这样有助于提高组织的风险意识，并促进风险管理信息的充分沟通。

5. 动态性。随着组织内外部环境的变化，组织面临的风险可能会出现、变化或消失。风险管理以适当、及时的方式预测、发现、确认和应对这些变化和事件。

6. 最佳可用信息。风险管理的信息输入是基于历史信息、当前信息和未来预期的。在风险管理过程中宜明确考虑与这些信息和预期相关的限制条件和不确定性。信息宜及时、清晰，并且是有关的利益相关者可获得的。

7. 人和文化因素。人的行为和文化在各个层级和阶段显著影响着风险管理的各个方面。

8. 持续改进。通过不断学习和实践，持续改进风险管理。

（五）框架

1. 概述。风险管理框架的目的是协助组织将风险管理纳入重要的活动和职能中。风险管理的有效性取决于其与组织治理及决策制定的整合情况。这需要利益相关者尤其是最高管理层的支持。框架制定包含在整个组织中整合、设计、实施、评价和改进风险管理。组织宜对其现有的风险管理实践及过程进行评价，并在上述框架内对评价出的差距进行改进优化。框架内各要素及其协同运作的方式宜结合组织需求进行针对性地设计。

2. 领导作用和承诺。最高管理层和监督机构需确保将风险管理融入所有组织活动中，通过以下活动展现领导作用和承诺：①针对性地设计和实施框架的所有要素；②发布风险管理声明或方针，内容包括制定风险管理方法、计划或行动方案；③确保为管理风险配置必要的资源；④在组织内的相应层级分配权限、职责和责任。这样做有助于组织：①使风险管理与自身目标、战略和文化相协同；②识别并履行组织的所有义务及自愿承诺；③确定可承担或不可承担的风险数量和类型，以指导风险准则的制定，确保与组织及利益相关者沟通；④与组织及利益相关者沟通风险管理的价值；⑤促进对风险的系统性监测；⑥确保风险管理框架适应组织环境。最高管理层负责管理风险，监督机构负责监督风险管理。通常对监督机构的要求或预期是：①确保组织在设定目标时，充分考虑相关风险；②了解组织在实现组织目标的过程中所面临的风险；③确保风险管理体系能够高效实施和运作；④确保这些风险相对于组织目标而言是适当的；⑤确保这些风险及其管理的信息得到适当沟通。

3. 整合。风险管理的整合有赖于对组织结构及内外部环境的理解。组织结构因组织目的、目标和复杂程度而异；在组织结构的每一部分都需要进行风险管理。组织内部的所有人都有管理风险的责任。组织的治理结构决定组织的运营过程、内外部关系以及实现目标所需的规章制度、程序和实务。组织的管理架构将治理要求转化为战略和相应的目标，以达到可持续发展所需的绩效水平。确定组织内部的风险管理职责和监督角色是组织治理不可或缺的内容。风险管理与组织的整合是一个动态、循环提升的过程，宜结合组织需求和文化量身定制。风险管理不是孤立的，而是组织目的、治理、领导作用和承诺、战略、目标和运营的一部分。

4. 设计。

（1）关于明确表达风险管理承诺。最高管理层和监督机构可通过政策、声明或其他形式，表达并展现自身对风险管理的持续承诺，以明确传达组织有关风险管理的目标和承诺。风险管理承诺包括但不限于：①组织的风险管理目的及其与组织目标和其他方针的联系；②强化将风险管理融入组织整体文化的要求；③引导将风险管理融入组织核心业务活动和决策制定过程中；④明确权限、责任和职责；⑤配置必要的资源；⑥理相互冲突目标的方式；⑦组织绩效指标的度量和报告；⑧回顾和改进。组织宜在其内部传达风险管理承诺并适时向利益相关者传达。

（2）关于实施。宜通过以下工作实施风险管理框架：①制定适当的实施计划，包括时间和资源等要素；②识别组织内各类决策制定的人员、时间、位置和方法；③必要时，对当前的决策程序进行调整；④确保组织开展风险管理的工作安排得到清晰的理解和执行。风险管理框架的成功实施，需要利益相关者的参与和重视。这样能够使组织明确地处理决策中的不确定性；同时还能确保组织在面对新的或后续的不确定性时及时做出反应。通过恰当地设计和实施风险管理框架，可以确保将风险管理过程融入组织内部所有活动（包括决策制定）之中，并将充分考虑内外部环境的变化。

（3）关于评价。评价风险管理框架的有效性，组织宜：①根据组织设计和实施风险管理框架的目的、实施计划、绩效指标和预期表现效果，定期分析风险管理框架的实施效果；②确定风险管理框架是否仍适用于支持组织目标的实现。

（4）关于改进。调整，组织宜持续监控和更新风险管理框架，以适应内外部环境的变化，这样有助于提升组织价值。持续改进，组织宜持续改进风险管理框架的适用性、充分性、有效性以及风险管理过程与其他管理活动的整合方式。当识别出相关差距或改进空间后，组织宜制定改进计划和任务，并分配给相关负责人实施。这些改进计划和任务的实施，有助于加强组织的风险管理。

（六）过程

1. 风险管理过程。风险管理过程是将政策、程序和实践系统地应用于沟通和咨询、建立环境、风险评估、风险应对、监督和检查、记录和报告等活动。风险管理过程是组织管理和决策的有机组成部分，需融入组织的架构、运营和流程中。它可以应用在战略、运营、项目群或单个项目层面。风险管理过程在组织中的应用可以是多方面的，可根据组织目标定制，并与其所处的内外部环境相适应。在整个风险管理过程中，需要考虑人的行为因素和文化因素的动态性和多变性。虽然风险管理过程通常表现为按一定的顺序开展，但在实践中是一个循环提升的过程。

2. 界定风险准则。组织宜基于其目标，确定其所能承受的风险数量和类型；组织还需界定评价风险重要性的准则并支持决策过程。风险准则宜与风险管理框架相一致，并根据相关活动的具体目的和范围进行针对性的设计。风险准则宜反映组织的价值观、目标和资源，并与组织的风险管理方针和声明相一致。在界定风险准则时宜考虑组织的义务和利益相关者的意见。虽然风险准则可在风险评估过程之初确定，但它是动态变化的，因此宜持续审视并于必要时进行修改。在设定风险准则时，以下方面宜加以考虑：①可能影响结果和目标的不确定因素的性质和类型（包括有形的和无形的）；②如何界定和度量后果（包括正面的和负面的）和可能性；③时间相关因素；④采用度量标准的一致性；⑤如何确定风险等级；⑥如何考虑多项风险的组合及顺序；⑦组织的风险容量。

3. 风险评估。

（1）关于全面认识风险评估。风险评估是风险识别、风险分析和风险评价的整个过程。风险评估宜系统地、循环地、协作性地开展，并充分考虑利益相关者的观点。风险评估宜使用最佳可用信息，在必要时可通过进一步调查加以补充。

（2）关于风险识别。风险识别的目的是发现、确认和描述可能有助于或妨碍组织实现目标的风险，采用相关、适当、最新的信息对于识别风险非常重要。组织可使用一系列技术来识别可能影响一个或多个目标的不确定性。识别风险宜考虑以下因素及相互之间的关系：①有形和无形的风险源；②原因和事件；③威胁和机遇；④脆弱性和应对能力；⑤内外部环境变化；⑥新兴风险；⑦资产和资源的性质和价值；⑧后果及其对目标的影响；⑨知识的局限性和信息的可靠性；⑩与时间有关的因素；⑪识别风险所涉及人员的偏见、假设和看法。不管风险源是否在组织控制范围内，都宜对风险进行识别。需考虑风险带来的多于一种的结果，这些结果可能导致各种有形或无形的后果。

（3）风险分析。风险分析的目的是了解风险性质及其特征，必要时包括风险等级。风险分析包括对不确定性、风险源、后果、可能性、事件、情境、控制措施及其有效性进行详尽考虑。一个事件可能有多种原因和后果，可能影响多个目标。开展风险分析的细致和复杂程度可有所不同，具体取决于分析目的、信息的可获得性和可靠性以及可用的资源。分析技术可以是定性的、定量的或者定量和定性相结合的，具体视情况和预期用途而定。风险分析可考虑以下因素：①事件的可能性及后果；②后果的性质及影响程度；③复杂性和关联性；④时间相关因素及波动性；⑤现有控制措施的有效性；⑥敏感性和置信水平。风险分析受观点分歧，偏见、风险认知及判断的影响，其他影响包括所使用信息的质量、所做的假设和排除情形、所使用技术的局限性以及开展分析的方式。这些影响均宜考虑、记录，并与决策者沟通。高度不确定的事件可能难以量化。这在分析具有严重影响的事件时可能是一个问题。在此情况下，综合使用多种分析技术通常能提供更合理的观点。风险分析可为风险评价提供信息输入，也可为是否需要和如何应对风险，及采取最适宜的策略和方法提供信息支撑。当面对不同类别和不同等级的风险需要做出择时，风险分析结果可为决策提供深刻见解。

（4）风险评价。风险评价的目的是支持决策。风险评价是将风险分析结果和既定风险准则相比较，以确定是否需要采取进一步行动。风险评价可促成以下决定：①不采取进一步行动；②考虑风险应对方案；③开展进一步分析，以更全面地了解风险；④维持现有的控制措施；⑤重新考虑目标。决策宜考虑到更广泛的环境，以及对内外部利益相关者的实际和预期影响。风险评价的结果宜予以记录、沟通，然后在组织适当层级予以确认。

4. 风险应对。

（1）风险应对的目的和过程。风险应对的目的是选择和实施风险处理方案。风险应对是一个循环提升的过程，包括：①制定和选择风险应对方案；②计划和实施风险应对措施；③评估风险应对措施的成效；④确定剩余风险是否可接受；⑤若不可接受，采取进一步应对措施。

（2）选择风险应对方案。选择最合适的风险应对方案，可在实现目标获得的潜在收益和付出的成本、耗费的精力或由此引发的不利后果之间进行权衡。风险应对方案之间不一定是相互排斥的，也不一定用于所有情形。风险应对方案涉及以下一个或多个方面：①决定不开始或退出会导致风险的活动，来规避风险；②承担或增加风险，以寻求机会；③消除风险源；④改变可能性；⑤改变后果；⑥分担风险（如通过签订合同，购买保险）；⑦慎重考虑后决定保留风险。采取风险应对的理由不仅考虑经济因素，还宜考虑所有的组织义务、自愿性承诺和利益相关者的观点。可依据组织目标、风险准则和可用资源选择风险应对方案。选择风险应对方案时，组织宜考虑利益相关者的价值观、认知和潜在参与程度以及与其沟通和协商的最佳方式。虽然效果相同，但某些风险应对方案相比其他方案更能被某些利益相关者接受。虽然经过谨慎的设计和实施，但风险应对不一定产生预期结果，甚至可能产生意外的后果。监督和检查宜作为风险应对实施的一部分，以确保不同形式的风险应对持续有效。风险应对还可能产生需要加以管理的新风险。如果没有可用的应对方案或者应对方案不足以改变风险，组织可将这些风险记录下来，并持续跟踪。决策者和其他利益相关者宜了解经风险应对后剩余风险的性质和程度。组织可记录剩余风险，对其进行监督和检查，并适时采取进一步应对措施。

（3）编制和实施风险应对计划。风险应对计划的目的是明确如何实施所选定的应对方案，以便相关人员了解应对计划，并监测计划实施进度。应对计划宜明确指明实施风险应对的顺序。应对计划宜纳入管理计划和组织运营过程中，并征询利益相关者意见。应对计划中提供的信息应包括：①择应对方案的理由，包括可获得的预期收益；②批准和实施计划的责任人；③拟采取的措施行动，包括应急预案；④所需要的资源，包括风险准备；⑤绩效考核的标准和方法；⑥限制因素；⑦必要的报告和监测；⑧行动预期开展和完成的时间。

5. 监督和检查。监督和检查的目的是确保和提升风险管理过程设计、实施和结果的质量和成效。宜将对风险管理过程的持续监督和定期检查及其结果作为风险管理过程内计划性工作的组成部分，并明确界定责任。监督和检查宜贯穿于风险管理过程的所有阶段。监督和检查包括计划、收集和分析信息、记录结果和提供反馈。监督和检查的结果宜纳入组织绩效管理、考核和报告活动中。

三、《企业法律风险管理指南》GB/T 27914－2011

（一）概述

国家标准《企业法律风险管理指南》GB/T 27914－2011 于 2012 年 2 月 1 日施行。由全国风险管理标准化技术委员会（SAC/TC 310）提出并归口管理，主管部门为中华人民共和国国家质量监督检验检疫总局、国家标准化管理委员会。

（二）适用范围

本标准提供了企业实施法律风险管理的通用指南。本标准适用于各种类型和规模的企业，为企业在其整个生命周期和所有经营环节中开展法律风险管理活动提供指导。企业以外的其他类似经营性主体开展法律风险管理活动可参照本标准。

（三）企业法律风险定义

基于法律规定或者合同约定，由于企业外部环境及其变化，或者企业及其利益相关者的作为或者不作为导致的不确定性，对企业实现目标的影响。

（四）企业法律风险管理原则

1. 审慎管理。由于法律风险的特殊性，法律风险管理宜坚持审慎管理的原则。要在尊重法律、保持诚信的前提下，开展法律风险管理活动，风险管理的策略和方法不应违反法律的义务性规范和禁止性规范。

2. 以企业战略目标为导向。企业法律风险管理目的在于促进企业战略目标的实现。企业法律风险管理活动要充分考虑法律风险与企业战略目标之间的相互关系等因素。

3. 与企业整体管理水平相适应。企业法律风险管理是企业管理的有机组成部分，和企业战略管理、流程管理、绩效管理、信息管理等密切相关。为保证企业法律风险管理取得良好的效果，法律风险的识别、分析、评价和应对等活动要充分考虑企业当前整体管理水平。

4. 融入企业经营管理全过程。法律风险发生于企业的经营管理活动，其识别、分析、评价和应对都不可能脱离企业经营管理过程，因此企业法律风险管理要融入企业经营管理的全过程，贯穿决策、执行、监督、反馈等各个环节。

5. 纳入决策过程。企业所有决策都要综合考虑风险，以便将风险控制在企业可接受的范围内。法律风险作为企业的重要风险范畴，要纳入企业决策过程，作为企业决策应考虑的重要因素。

6. 纳入企业全面风险管理体系。企业法律风险管理是企业风险管理体系的组成部分，要与其他风险的管理活动整合，以提高风险规避的整体效率和效果。

7. 全员参与。法律风险产生于企业经营管理的各个环节，因此法律风险管理需要企业所有员工的参与并承担相关责任，其中特别包括企业专职的法律管理部门（或人员）。各方人员宜分工负责，以形成法律风险管理的长效机制。

8. 持续改进。企业法律风险管理是适应企业内外部环境变化的动态过程，其各步骤之间形成一个循环往复的闭环。随着内外部环境的变化，企业面临的法律风险也在不断发生变化。企业要持续不断地对各种变化保持敏感并做出恰当反应。

（五）企业法律风险管理过程

1. 法律风险管理是企业全面风险管理的组成部分，贯穿于企业决策和经营管理的各个环节。法律风险管理过程包括明确法律风险环境信息、法律风险评估、法律风险应对、监督和检查。其中，法律风险评估包括法律风险识别、法律风险分析和法律风险评价等三个步骤。

2. 确定企业法律风险准则。企业法律风险准则是衡量法律风险重要程度所依据的标准，要体现企业对法律风险管理的目标、价值观、资源、偏好和承受度。企业法律风险准则宜在法律风险管理工作开始实施前制定，并根据实际情况进行相应调整。确定法律风险准则时要考虑但不限于以下因素：①本企业法律风险管理的范围、对象，以及法律风险的分类；②法律风险发生可能性、影响程度以及法律风险的度量方法；③法律风险等级的划分标准；④利益相关者可接受的法律风险或可容许的法律风险等级；⑤重大法律风险的确定原则。

3. 法律风险评估。

（1）法律风险的识别。第一，查找企业各业务单元、各项重要经营活动、重要业务流程中存在的法律风险，然后对查找出的法律风险进行描述、分类，对其原因、影响范围、潜在的后果等进行分析归纳，最终生成企业的法律风险清单。通过法律风险识别，可全面、系统和准确地描述企业法律风险的状况，为下一步的法律风险分析明确对象和范围。进行法律风险识别时要掌握相关的和最新的信息，必要时，需包括适用的背景信息，特别是法律法规的变化信息。除了识别可能发生的法律风险事件外，还要考虑其可能的原因和可能导致的后果，包括所有重要的原因和后果。不论法律风险事件的风险源是否在企业的控制之下，或其原因是否已知，都要对其进行识别。企业应当选择适合于其目标、能力及其所处环境的法律风险识别工具和技术。第二，构建法律风险识别框架。为保证法律风险识别的全面性、准确性和系统性，企业要构建符合自身经营管理需求的法律风险识别框架，该框架提供若干识别法律风险的角度，包括但不限于以下方面：①根据企业主要的经营管理活动识别，即通过对企业主要的经营管理活动（如生产活动、市场营销、物资采购、对外投资、人力资源管理、财务管理等）的梳理，发现每一项经营管理活动可能存在的法律风险。②根据企业组织机构设置识别，即通过对企业各业务管理职能部门、岗位的业务管理范围和工作职责的梳理，发现各机构内可能存在的法律风险。③根据利益相关者识别，即通过对企业的利益相关者（如股东、董事、监事、高级管理人员、一般员工、顾客、供应商、债权人、社区、政府等）的梳理，发现与每一利益相关者相关的法律风险。④根据引发法律风险的原因识别，即通过对法律环境、违规、违约、侵权、怠于行使权利、行为不当等引发法律风险原因的识别，发现企业存在的法律风险。⑤根据法律风险事件发生后承担的责任梳理，即通过对刑事、行政、民事等法律责任的梳理，发现不同责任下企业存在的法律风险。⑥根据法律领域识别，即通过对不同的法律领域（如合同、知识产权、招投标、劳动用工、税务、诉讼仲裁等）的梳理，发现不同领域内存在的法律风险。⑦根据法律法规识别，即通过对与企业相关的法律法规的梳理，发现不同法律法规中存在的法律风险。⑧根据以往发生的案例识别，即通过对本企业或本行业发生的案例的梳理，发现企业存在的法律风险。企业可以根据自身的不同需要，选择以上不同的角度或不同角度的组合，构建法律风险识别框架。第三，形成法律风险清单。对查找出的法律风险事件进行归类，确定法律风险，并对每个法律风险设置相应的编号和名称。然后，将这些法律风险事件及法律风险统一列表，并列示每一法律风险事件及法律风险适用的法律法规、可能产生的法律后果、相关的案例、法律分析意见及其涉及的业务单元和部门、经营管理流程等信息，形成企业的法律风险清单。

（2）法律风险分析。第一，法律风险分析是指对识别出的法律风险进行定性、定量的分析，为法律风险的评价和应对提供支持。法律风险分析要考虑导致法律风险事件的原因、法律风险事件发生的可能性及其后果、影响后果和可能性的因素等。第二，法律风险可能性分析。对法律风险发生可能性进行分析时，可以考虑但不限于以下因素：①外部监管的完善程度和执行力度，包括相关法律法规的完善程度，以及相关监管部门的执行力度等；②现有法律风险管理体系的完善与执行力度，包括企业内部用以控制相关法律风险的策略、规章、制度的完善程度及执行力度等；③相关人员法律素质，包括企业内部相关人员对相关政策、法律法规、企业规章制度以及法律风险控制技巧的了解、掌握程度等；④利益相关者的综合状况，包括利益相关者的综合资质、履约能力、过往记录、法律风险偏好等；⑤所涉及工作的频次，即与法律风险相关的工作在一定周期内发生的次数。对于不同类型的法律风险来说，影响其发生可能性的因素会有所不同。各种因素对可能性影响程度的权重也是不同的，并且各因素之间的权重比会因法律风险类型的不同而有所差异。第三，法律风险影响程度分析。对法律风险影响程度进行分析时，可以考虑但不限于以下因素：①后果的类型，包括财产类的损失和非财产类的损失等；

②后果的严重程度，包括财产损失金额的大小、非财产损失的影响范围、利益相关者的反应等。

（3）法律风险评价。法律风险评价是指将法律风险分析的结果与企业的法律风险准则相比较，或在各种风险的分析结果之间进行比较，确定法律风险等级，以帮助企业做出法律风险应对的决策。在可能和适当的情况下，可采取以下步骤进行法律风险评价：①在法律风险分析的基础上，对法律风险进行不同维度的排序，包括法律风险事件发生可能性的高低，影响程度的大小以及风险水平的高低，以明确各法律风险对企业的影响程度。②在法律风险水平排序的基础上，对照企业法律风险准则，可以对法律风险进行分级，具体等级划分的层次可以根据企业管理的需要设定。③在法律风险排序和分级的基础上，企业可以根据其管理的需要，进一步确定需要重点关注和优先应对的法律风险。

4. 法律风险应对。

（1）法律风险应对是指企业针对法律风险或法律风险事件采取相应措施，将法律风险控制在企业可承受的范围。法律风险应对包括选择法律风险应对策略、评估法律风险应对现状、制定和实施法律风险应对计划三个环节。

（2）选择法律风险应对策略。法律风险应对策略包括规避风险、降低风险、转移风险、接受风险和其他策略等，可将其单独或组合使用。选择法律风险应对策略至少要考虑以下几方面的因素：①企业的战略目标、核心价值观和社会责任等；②企业对法律风险管理的目标、价值观、资源、偏好和承受度等；③法律风险应对策略的实施成本与预期收益；④利益相关者的诉求和价值观、对法律风险的认知和承受度以及对某些法律风险应对策略的偏好。

（3）评估法律风险应对现状。如果企业对某些法律风险选取了规避、降低或转移等应对策略，则要对这些法律风险的应对现状予以进一步的评估，以了解目前的法律风险应对存在哪些不足和缺陷，为制定法律风险应对计划提供支撑。评估法律风险应对现状至少要考虑以下几方面的因素：①资源配置，即企业内部的相关机构设置、人员、设备和经费配备能否满足法律风险应对需要；②职责权限，即是否明确与风险应对相关的职责和权限；③过程监控，即是否要求对持续性业务管理活动进行定期或不定期的监督和控制、证据资料保留、信息沟通和预警；④奖惩机制，即对企业相关人员在法律风险应对工作中的绩效是否设立了奖惩机制；⑤执行者能力要求，即企业对与法律风险应对相关的内部执行者是否有明确的资质、能力要求；⑥部门内法律审查，即是否要求业务部门内部对一般性的法律问题进行审查；⑦专业法律审查，即是否要求法律部门或专业律师对专业性法律问题进行审查或提供相关法律意见；⑧法律风险意识，即企业相关人员对法律风险的存在、可能造成的后果，以及如何开展风险应对等方面是否有必要的认识和理解。

（4）制定和实施法律风险应对计划。企业法律风险应对措施通常包括以下几种类型：①资源配置类，即设立或调整与法律风险应对相关的机构、人员，补充经费或风险准备金等；②制度、流程类，即制定或完善与法律风险应对相关的制度、流程；③标准、规范类，即针对特定法律风险，编写标准、规范等文件，供相关人员使用；④技术手段类，即利用技术手段规避、降低或转移某些法律风险；⑤信息类，即针对某些法律风险事件发布预警信息；⑥活动类，即开展某些专项活动，规避、降低或转移某些法律风险；⑦培训类，即对某些关键岗位人员进行法律风险培训，提高其法律风险意识和法律风险管理技能。在法律风险应对措施确定之后，需要制定应对措施的实施计划。实施计划中至少包括以下信息：①实施法律风险应对措施的机构、人员安排，明确责任分配和奖惩机制；②应对措施涉及的具体业务及管理活动；③报告和监督、检查的要求；④资源需求和配置方案；⑤实施法律风险应对措施的优先次序和条件；⑥实施时间表。企业在制定法律风险应对措施后应评估其剩余风险是否可以承受。如果不可承受，应调整或制定新的法律风险应对措施，并评估新的措施的效果，直到剩余风险可以承受。执行法律风险应对措施会引起企业风险情况的改变，需要跟踪、监督有关风险应对的效果和企业的环境信息，并对变化的风险进行评估，必要时重新制定法律风险应对措施。法律风险应对是一个递进的动态过程，需要根据内外部法律风险环境变化对制定的措施进行评估调整，以确保措施的有效性。

5. 监督和检查。企业应实时跟踪内外部法律风险环境的变化，及时监督和检查法律风险管理流程的运行状况，以确保法律风险应对计划的有效执行，并根据发现的问题对法律风险管理工作进行持续改进。企业法律风险管理监督和检查的内容包括但不限于以下内容：①内外部法律风险环境的变化，如法律法规、相关政策的出台和变化，司法、执法及社会守法环境的变化，企业自身战略的调整改变等；②监测法律风险事件，分析趋势及其变化并从中吸取教训；③对照法律风险应对计划检查工作进度与计划的偏差，保证风险应对措施的设计和执行有效；④报告关于法律风险变化、风险应对计划的执进度和风险管理方针的遵循情况；⑤实施法律风险管理绩效评估。另外，企业可根据自身的需求和资源状况，选择建立重大法律风险预警制度，即根据对内外部法律风险环境变化的监控结果，及时发布法律风险预警信息，并制定相应的应急预案。应急预案要明确应急处理的相关组织机构、处理流程、沟通机制、应急措施和资源的配置保障，确保企业对突发法律风险事件的及时反应，有效控制突发法律风险事件对企业造成的影响。应定期评审法律风险应对计划和应急预案，确保其持续的适宜性、充分性和有效性。

四、《公司治理风险管理指南》GB/T 26317 - 2010

（一）概述

国家标准《公司治理风险管理指南》GB/T 26317 - 2010 于 2011 年 5 月 1 日实施。由全国风险管理标准化技术委员会归口管理，主管部门为国家标准化管理委员会。

（二）适用范围

本标准给出了公司治理风险管理的通用指南，包括公司治理风险管理的步骤，以及识别、分析、评价和应对公司治理风险的方法和工具。本标准适用于公司治理风险管理，它用于支持公司治理的活动和决策，管理者可以按照本标准审查其现有的公司治理风险管理的实务和过程。本标准适用于依照《中华人民共和国公司法》设立的公司，标准中阐述的理念、原则与方法可以为其他依法设立的企业、协会、社会团体等组织提供参考。

（三）公司治理风险概念

公司治理制度设计不合理或运行机制不健全，以及与公司治理相关的内外部环境的变化对公司治理目标实现产生的影响。

（四）公司治理风险管理原则

有效的公司治理风险管理除了要遵守 GB/T 24353 - 2009 中规定的一般原则外，结合公司治理风险管理的特点，还需遵循下列原则：

1. 确保合规。公司应遵循与公司治理有关的法律法规，防止因违规而可能造成的法律制裁或监管处罚、重大财务损失或声誉损失等。

2. 权力制衡。在公司治理风险管理过程中，应明确董事会、监事会、经理层以及其他利益相关者的责、权、利，明确规定不相容职责的分离，通过有效的权力制衡，防止一部分利益相关者的利益受到非法或不合理侵犯，确保有效实现所有利益相关者的利益均衡。

3. 信息沟通。公司的利益相关者之间应进行持续、双向、充分和及时的沟通，尤其是公司要保证依法、及时、准确地披露公司所有重要事务的信息，包括公司目标、财务状况、重大战略决策、绩效、所有权、关联交易和内部交易等重大风险事件以及公司治理风险管理有效性方面的信息。

4. 持续改进。公司治理风险管理是适应环境变化的动态过程，要持续关注内外部环境变化对公司治理的影响以及公司治理风险管理方案执行情况，通过绩效测量、检查和调整等手段，使公司治理风险管理得到稳定改善。

（五）公司治理风险管理的过程

1. 公司治理风险管理过程。包括：明确公司治理环境信息、风险评估、风险应对以及监督和检查。沟通和记录非常重要，应贯穿于风险管理过程的各项活动中。参见下图。

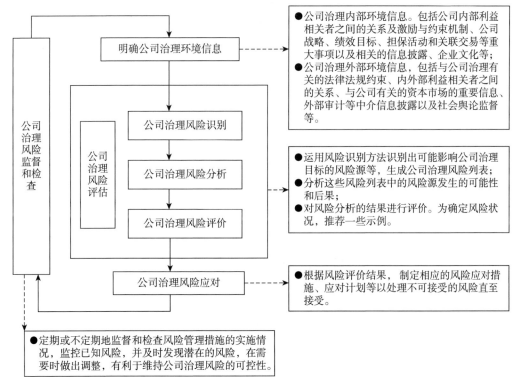

注：实线箭头表示过程，虚线箭头表示解释。

2. 明确公司治理环境信息。公司进行公司治理风险管理时，首先要明确公司治理的内、外部环境信息。

（1）公司治理的内部环境信息可包括但不限于：①股权结构、董事会、监事会和经理层的结构及其议事规则；②股东、董事会、监事会、经理层和员工等内部利益相关者之间的关系；③公司战略、绩效目标；④股权结构变更、董事会和监事会变更、经理层变动、重大交易等重要事项的历史信息；⑤公司各级人员的激励约束机制；⑥关联交易、内部交易以及担保活动等重大活动的披露制度和控制程序；⑦公司财务信息的披露报告；⑧监督检查机制，如监事会以及其他具有监督检查职能的人员或部门的监督检查记录、内部审计、反舞弊机制、投诉和举报人保护制度等；⑨现有的公司治理风险管理政策及方案；⑩内部利益相关者的利益诉求、价值观及风险偏好；⑪企业文化等。

（2）公司治理的外部环境信息可包括但不限于：①与公司治理有关的法律法规约束；②政府及市场监管环境；③公司外部利益相关者的利益诉求、价值观及风险偏好；④内外部利益相关者之间的关系；⑤与本公司有关的控制权市场接管、合并、收购以及重组等信息；⑥外部审计、律师等中介机构的信息披露；⑦社会公众舆论及媒体监督机制；⑧国际的、国内的、地区的和本地的经济、政治、文化等其他相关环境。

3. 公司治理风险评估。公司治理风险的评估包括风险识别、风险分析和风险评价三个步骤。

（1）公司治理风险识别。第一，公司治理风险的识别方法。公司治理风险的识别是指采用适当的风险识别方法和工具，通过识别可能影响公司治理目标的风险源、影响范围、事件及其原因和潜在的后果等，生成公司治理风险列表。公司治理风险识别的方法，可以考虑但不限于：①标杆分析法（benchmarking）：关注并跟踪外部环境，将公司治理的各项活动与具有良好治理绩效的公司或与公司治理相关的法律法规以及监管制度等进行对比、分析，识别出公司治理潜在风险。②问卷调查表：依据公司治理的风险管理目标，确定相应的治理风险因素，按照类别形成表格，以向相关人员发放，获得有关公司治理风险的重要信息。③检查表法：对本公司治理可能面临的许多潜在风险列于一个表上，供风险识别人员进行检查核对，用来判别公司治理是否存在表中所列或类似的风险。④流程图分析法：通过对公司治理相关流程的分析，可以发现和识别公司治理各个环节存在的风险及其起因和影响。⑤组织结构图分析法：通过对与公司治理相关的组织结构图的分析，发现可能产生风险的组织层级，以识别出风险。⑥历史事件分析法：分析曾经发生的对公司治理目标造成一定影响的历史事件，进一步剖析导致事件发生的相关风险。⑦头脑风暴法：以公司治理风险管理的目标为中心，营造一个自由的会议环境，使与会者畅所欲言，充分交流有关公司治理的相关风险的看法，产生出大量公司治理风险管理方面的意见，作为进一步分析的基础。⑧财务报表分析法：通过对公司的资产负债表、损益表、现金流量表、营业报告书等有关资料的分析来识别和发现与公司治理有关的风险。⑨故障树分析法：从要分析的公司治理的特定事件或问题开始层层分析其发生原因，一直分析到不能再分解为止，以获得引起公司治理风险的风险源或事件。⑩情景分析法：通过有关数字、图表、曲线、想象、推测等方法对公司治理环境进行研究，对未来可能出现的多种风险状况进行预测，从而识别出引起公司治理风险的关键因素及其影响程度。在公司治理风险识别中，这些方法一般都不是单独使用，而是几种方法结合起来使用，以便更好地进行风险识别。第二，公司治理风险识别的范围。公司治理风险识别，可以考虑但不限于以下方面：①公司内部利益相关者的利益保障以及监督实施机制。包括股东权益的保障机制；控股股东与其他利益相关者的制衡机制；控股股东的行为约束利益分配监督机制；依法保证所有股东获得平等待遇的监督机制；董事会、监事会、经理层之间的责权利分配监督实施机制和激励约束机制；监事会对公司相关人员和业务的监督职能执行机制；经理层和员工之间的监督管理机制的实施和保证机制；公司企业文化的渗透以及监督机制等。②公司外部利益相关者的利益保证和监督机制。包括上下游产品市场链条的利益制衡监督和协调机制；机构投资者、债权人等资本市场的运作机制和风险监管制度；公司的社会责任承担机制。③信息披露和透明度的执行监督机制。包括公司目标、绩效目标、经理层的薪酬政策、重大关联交易、内部交易、担保活动、交叉持股、并购、合并以及重组等重要信息的披露制度执行保证机制；公司战略实施以及部门职能执行的保障监督制度；准确、及时、公正报告公司财务信息的保障机制；内部审计制度的独立性及有效性保障机制；所有利益相关者的激励约束机制等。④与公司治理相关的法律法规约束执行机制。包括与公司治理内容有关的国际、国内的公司法、证券法、会计法、监管法规，社会舆论监督机制以及确保公司内外部利益协调的其他相关法律法规等。从公司内部利益相关者、公司外部利益相关者、信息披露和透明度以及与公司治理有关的法律法规约束等四个方面，附录 A 给出了公司治理风险识别的示例。

（2）公司治理风险分析。公司治理风险分析是对识别出的公司治理风险，考虑发生风险的原因和风险源、风险事件发生的可能性及风险事件的正面和负面的后果、影响后果和可能性的因素、不同风险及其风险源的相互关系，还要考虑现有的管理措施及其效果和效率，以及公司治理风险的其他特性，并对其进行定性和定量分析，为风险评价和风险应对提供支持。在公司治理风险分析中，应考虑公司的风险承受度及其对前提和假设的敏感性，并适时与公司的决策者以及其他利益相关者有效地沟通。另外，还要考虑可能存在的重要参与人的观点的分歧及数据和模型的局限性。公司治理风险发生的可能性和后果可采用定性、半定量、定量或以上方法的组合的方式，通过专家意见确定，或通过对事件或事件组合的结果建模确定，也可通过对调查分析或实验研究可获得的数据的推导确定。对后果的描述可以表达为有形或无形的影响，如所有股东的基本权利得到有效保障或公司声誉的提升。在某些情况下，可能需要多个指标来确切描述不同时间、地点、类别或情形的后果。公司治理风险事件发生的可能性和后果，可以系统化和结构化地根据专家意见得出；也可以利用相关历史数据来识别那些在过去发生的事件或情况，借此推断出它们在未来发生的可能性；还可以利用故障树和事件树等方法来预测。

表 12.1 给出了公司治理风险事件发生的可能性评价的一种示例。

表 12.1　公司治理风险的可能性评价示例

等级	风险事件发生的可能性	备注
1	很小	风险事件几乎不会发生
2	不太可能	风险事件很少发生
3	可能	风险事件在某些情况下发生
4	很可能	风险事件在较多情况下发生
5	基本确定	风险事件几乎肯定会发生或常常发生

表 12.2 是根据上述方法和角度得出的公司治理风险事件后果的一种示例。

表 12.2 公司治理风险影响或后果示例

后果等级		确定公司治理风险的影响或后果	
		绩效以及利益均衡	备注
1	极低	极小或没有影响，正面绩效很好，利益均衡效果很好	对关键职责、目标和绩效标准以及利益相关者的利益影响极小或没有影响，所以关键职责完成得很好，达成的目标比预期要好，出现了高水平的绩效，利益分配很合理，极少出现利益倾斜
2	低	影响较小，但会降低正面绩效表现，利益均衡能够维持	对关键职责、目标和绩效标准以及利益相关者的利益有较小影响，但是能够较好地完成关键职责，达成目标，实现绩效标准，利益相关者的利益能够达到均衡，只是偶尔会出现利益倾斜
3	中	影响一般，但会大大降低正面绩效表现，从一定程度上，利益均衡有些被破坏	对关键职责、目标和绩效标准以及利益相关者的利益有一定程度的影响。关键职责基本完成，目标基本达成，绩效标准也基本实现，利益均衡有些被破坏，存在利益倾斜问题，但是并不能或偶尔引发利益相关者的冲突
4	高	影响较大，会导致无正面绩效表现，利益均衡破坏较严重	对关键职责、目标和绩效标准以及利益相关者的利益有较大影响。关键职责完成得不太好，有些目标没有达成，有些绩效标准也没有实现，利益均衡受到较严重的破坏，从较大程度上引发利益相关者之间的利益冲突
5	极高	影响很大，绩效很差，利益均衡受到极大破坏	对关键职责、目标和绩效标准以及利益相关者的利益影响重大。关键职责没有完成，目标没有达成，绩效标准也没有实现，利益均衡受到特别大的破坏，引发利益相关者之间的利益冲突很严重

第三节 多个政府文件及部委规章涉及风险管理规定

一、《国务院办公厅关于建立国有企业违规经营投资责任追究制度的意见》

2016 年，国务院办公厅正式印发《国务院办公厅关于建立国有企业违规经营投资责任追究制度的意见》（国办发〔2016〕63 号）。具体条款如下。

第 9 条规定，风险管理方面。内控及风险管理制度缺失，内控流程存在重大缺陷或内部控制执行不力；对经营投资重大风险未能及时分析、识别、评估、预警和应对；对企业规章制度、经济合同和重要决策的法律审核不到位；过度负债危及企业持续经营，恶意逃废金融债务；瞒报、漏报重大风险及风险损失事件，指使编制虚假财务报告，企业账实严重不符等。

二、《中央企业违规经营投资责任追究实施办法（试行）》

2018 年，国务院国资委发布《中央企业违规经营投资责任追究实施办法（试行）》（国务院国有资产监督管理委员会令第 37 号）。具体条款如下。

第 8 条规定，风险管理方面的责任追究情形：（一）未按规定履行内控及风险管理制度建设职责，导致内控及风险管理制度缺失，内控流程存在重大缺陷。（二）内控及风险管理制度未执行或执行不力，对经营投资重大风险未能及时分析、识别、评估、预警、应对和报告。（三）未按规定对企业规章制度、经济合同和重要决策等进行法律审核。（四）未执行国有资产监管有关规定，过度负债导致债务危机，危及企业持续经营。（五）恶意逃废金融债务。

（六）瞒报、漏报、谎报或迟报重大风险及风险损失事件，指使编制虚假财务报告，企业账实严重不符。

三、《中央企业全面风险管理指引》

2006年，国务院国资委印发《中央企业全面风险管理指引》（国资发改革〔2006〕108号）的通知。系统介绍了全面风险管理及中央企业如何开展全面风险管理工作。其中对企业风险和全面风险管理做出明确定义。具体条款如下。

第3条规定，本指引所称企业风险，指未来的不确定性对企业实现其经营目标的影响。企业风险一般可分为战略风险、财务风险、市场风险、运营风险、法律风险等；也可以能否为企业带来盈利等机会为标志，将风险分为纯粹风险（只有带来损失一种可能性）和机会风险（带来损失和盈利的可能性并存）。

第4条规定，本指引所称全面风险管理，指企业围绕总体经营目标，通过在企业管理的各个环节和经营过程中执行风险管理的基本流程，培育良好的风险管理文化，建立健全全面风险管理体系，包括风险管理策略、风险理财措施、风险管理的组织职能体系、风险管理信息系统和内部控制系统，从而为实现风险管理的总体目标提供合理保证的过程和方法。

四、《企业境外经营合规管理指引》

2018年12月，国家发展和改革委员会、外交部、商务部、人民银行、国资委、外汇局、全国工商联七部委联合发布施行《企业境外经营合规管理指引》（发改外资〔2018〕1916号）。其中第6章专门规定了合规风险识别、评估与处置。具体条款如下：

第22条规定，合规风险。合规风险，是指企业或其员工因违规行为遭受法律制裁、监管处罚、重大财产损失或声誉损失以及其他负面影响的可能性。

第23条规定，合规风险识别。企业应当建立必要的制度和流程，识别新的和变更的合规要求。企业可围绕关键岗位或者核心业务流程，通过合规咨询、审核、考核和违规查处等内部途径识别合规风险，也可通过外部法律顾问咨询、持续跟踪监管机构有关信息、参加行业组织研讨等方式获悉外部监管要求的变化，识别合规风险。企业境外分支机构可通过聘请法律顾问、梳理行业合规案例等方式动态了解掌握业务所涉国家（地区）政治经济和法律环境的变化，及时采取应对措施，有效识别各类合规风险。

第24条规定，合规风险评估。企业可通过分析违规或可能造成违规的原因、来源、发生的可能性、后果的严重性等进行合规风险评估。企业可根据企业的规模、目标、市场环境及风险状况确定合规风险评估的标准和合规风险管理的优先级。企业进行合规风险评估后应形成评估报告，供决策层、高级管理层和业务部门等使用。评估报告内容包括风险评估实施概况、合规风险基本评价、原因机制、可能的损失、处置建议、应对措施等。

第25条规定，合规风险处置。企业应建立健全合规风险应对机制，对识别评估的各类合规风险采取恰当的控制和处置措施。发生重大合规风险时，企业合规管理机构和其他相关部门应协同配合，依法及时采取补救措施，最大程度降低损失。必要时，应及时报告有关监管机构。

五、《中央企业合规管理办法》

2022年8月，国务院国资委发布《中央企业合规管理办法》（国务院国有资产监督管理委员会令第42号）。强调企业合规管理要有效防控合规风险，提出合规管理要"以提升依法合规经营管理水平为导向"。具体条款如下。

第 3 条第 2 款规定，本办法所称合规风险，是指企业及其员工在经营管理过程中因违规行为引发法律责任、造成经济或者声誉损失以及其他负面影响的可能性。

第 21 条规定，中央企业应当建立合规风险识别评估预警机制，全面梳理经营管理活动中的合规风险，建立并定期更新合规风险数据库，对风险发生的可能性、影响程度、潜在后果等进行分析，对典型性、普遍性或者可能产生严重后果的风险及时预警。

第 22 条第 1 款规定，中央企业发生合规风险，相关业务及职能部门应当及时采取应对措施，并按照规定向合规管理部门报告。第 22 条第 3 款规定，中央企业发生重大合规风险事件，应当按照相关规定及时向国资委报告。

第四节　做好全面风险管理与合规风险防控

一、科学认识企业全面风险管理范畴

（一）全面理解风险与风险管理

1. 风险与合规风险。《中央企业全面风险管理指引》（国资发改革〔2006〕108 号）对企业风险做了定义，"企业风险，指未来的不确定性对企业实现其经营目标的影响"。这个定义强调了风险是由不确定性导致的。当下的时代被称为乌卡时代，百度词条这样标注，"乌卡时代（VUCA），是 volatile、uncertain、complex、ambiguous 的缩写。四个单词分别是易变不稳定、不确定、复杂和模糊的意思。乌卡时代是一个具有现代概念的词，是指我们正处于一个易变性、不确定性、复杂性、模糊性的世界里。"这个定义体现了时代特征，突出了不确定性。因此，如果世界存在着不确定性，风险的存在也是必然的。不必视风险为虎狼，谈风险则色变，要以正常的心态看待风险。

《中央企业合规管理办法》（国务院国有资产监督管理委员会令第 42 号）对合规风险做了定义，"合规风险，是指企业及其员工在经营管理过程中因违规行为引发法律责任、造成经济或者声誉损失以及其他负面影响的可能性。"在合规风险管理中，更多强调造成负面影响的可能性，对风险容忍性比较差，不太重视风险的诱因是源于不确定性。值得注意的是，合规风险的定义还是落在了"可能性"上。对"可能性"的认知与处理态度，常常成为合规部门与业务部门的分歧点。"负面影响的可能性"落在可能性上，是侧重风险的发生概率描述，这个定义最后测度出的风险应该表现为一个概率。而且风险发生的概率和造成的影响都具有不确定性特征。"可能性"不必然引发确定的后果，也为商业利益与风险控制之间的平衡留下空间。

2. 如何看待"全面"。这里还是引用《中央企业全面风险管理指引》（国资发改革〔2006〕108 号）第 3 条的规定。"本指引所称企业风险，指未来的不确定性对企业实现其经营目标的影响。企业风险一般可分为战略风险、财务风险、市场风险、运营风险、法律风险等；也可以能否为企业带来盈利等机会为标志，将风险分为纯粹风险（只有带来损失一种可能性）和机会风险（带来损失和盈利的可能性并存）。"

（1）这个定义对企业风险的外延进行了列举式解读，企业风险分为战略风险、财务风险、市场风险、运营风险、法律风险等。由于文件在 2006 年印发，未纳入合规管理的要素。结合现在的工作要求，合规风险在范畴上可以认为是大于法律风险，小于全面风险。《中央企业合规管理指引（试行）》（国资发法规〔2018〕106 号）强调对重点领域的合规管理，包括市场交易、安全环保、产品质量、劳动用工、财务税收、知识产权、商业伙伴、其他需要重点关注的领域八个方面。这就涉及合规风险管理的边界问题，涉及实践中合规风险管理与全面风险管理的交叉。对企业而言，不同管理可能落在不同部门的职责上，要利出一孔，从局部服从整体的角度开展工作。通常情况下，在落实全面风险管理的基础上，利用全面风险管理的方法举措，将合规风险管理进一步精细化，有利于合规与法务、内控、风险之间的协同联动。

（2）全面风险管理从能否为企业带来盈利机会角度，将风险性质进行区隔，纯粹风险是只带来损失一种可能性；机会风险带来损失和盈利的可能性并存。这种分类非常重要，对待不同性质风险的工作思路与处理方式是不同的。合规部门在对机会风险的认定方面，需要尊重业务部门的判断。

3. 风险管理和合规管理。《中央企业全面风险管理指引》（国资发改革〔2006〕108 号）对全面风险管理做了定义，"全面风险管理，指企业围绕总体经营目标，通过在企业管理的各个环节和经营过程中执行风险管理的基本流程，培育良好的风险管理文化，建立健全全面风险管理体系，包括风险管理策略、风险理财措施、风险管理的组织职能体系、风险管理信息系统和内部控制系统，从而为实现风险管理的总体目标提供合理保证的过程和方法。"

《中央企业合规管理办法》（国务院国有资产监督管理委员会令第 42 号）对合规管理做了定义，"合规管理，是指企业以有效防控合规风险为目的，以提升依法合规经营管理水平为导向，以企业经营管理行为和员工履职行为为对象，开展的包括建立合规制度、完善运行机制、培育合规文化、强化监督问责等有组织、有计划的管理活动。"

表述不同，但实质都是围绕风险所开展的一系列管理活动，只是侧重点不同。合规管理不能脱离全面风险管理，自立门派单独发展。合规管理部门与风险管理部门都是企业的内设部门，从事的都是企业的内部工作，必须利出一孔形成合力。

（二）合规风险防控三道防线

建立三道防线，一直以来都是合规管理的工作范式。不同部门职责不同，承担不同防线责任。这在《中央企业合规管理办法》（国务院国有资产监督管理委员会令第 42 号）里有明确规定。业务及职能部门承担合规管理主体责任，是第一道防线，负责建立健全本部门业务合规管理制度和流程，开展合规风险识别评估，编制风险清单和应对预案。定期梳理重点岗位合规风险，将合规要求纳入岗位职责。合规管理部门牵头负责本企业合规管理工作，是第二道防线。组织开展合规风险识别、预警和应对处置，根据董事会授权开展合规管理体系有效性评价。纪检监察机构和审计、巡视巡察、监督追责等部门依据有关规定，在职权范围内对合规要求落实情况进行监督，对违规行为进行调查，按照规定开展责任追究。中央企业的组织架构非常完善，巡视、纪检、审计这些机构都是必须设立的独立部门，具有明确的部门职责，能够独立地履行部门职责，做好相应的合规工作。因此，不谈全面风险管理，仅仅聚焦合规风险防控工作，合规部门也要与业务部门、巡视、纪检、审计等部门之间进行协作。

二、正确处理企业发展与风险防控的关系

（一）发展是企业的生命线

就企业而言，企业的本质是发展，发展是硬道理。合规促进管理提升，防控风险不会必然促进发展。通过防控风险挖掘风险管理价值，能更好地打开合规管理价值创造的空间。《中央企业合规管理办法》（国务院国有资产监督管理委员会令第42号）强调企业合规管理要"以提升依法合规经营管理水平为导向"。合规是手段，发展是实质。

（二）机会风险与商机伴生

《中央企业全面风险管理指引》（国资发改革〔2006〕108号）对机会风险管理提出了明确要求"企业开展全面风险管理工作，应注重防范和控制风险可能给企业造成损失和危害，也应把机会风险视为企业的特殊资源，通过对其管理，为企业创造价值，促进经营目标的实现。"。

在充满不确定的时代里，在快鱼吃慢鱼而不是大鱼吃小鱼的发展环境中，企业发展需要全局观。遇到风险要先进行定性，对机会风险要进行评估，对商业利益与风险的平衡关系做出合理考量。然后才是甄别出发生大概率负面影响的合规风险。合规风险防控不能停留在筛查风险提示风险的层面，要提出可行的风险应对方案，提供具体的风险规避举措。这样才能形成合规风险防控闭环。

三、企业合规风险管理范式

（一）处理合规部门与业务部门的关系要把握好度

合规管理部门要主动提供合规咨询，提示合规风险，更要推动业务往前走，争取以合规的方式把业务做成；要牢记是自身职责是管理部门，不是责任主体，不能把自己的角色误认为是裁判。合规管理部门在业务评判存在合规风险时，不能越俎代庖直接说"不能做"。要灵活处理业务处于灰色地带时发展与风险的关系，准确判断灰色地带的安全区，既促进业务顺利开展，又有效防控风险，保障企业在风险最小化和利益最大化的区间内合规运营。不能以提示风险的方式掩盖只求自身免责的真实意图，形成与业务部门的对立关系。业务部门才是合规工作的责任主体，要充分信任业务部门可以做到平衡机会与风险。业务的决定权必须交给业务部门处理。

（二）建立企业合规风险防控的工作机制

1. 合规风险归集、识别与预警。企业应通过完善合规风险信息收集机制，全面系统梳理企业经营活动中可能存在的合规风险，对风险源、风险类别、风险形成因素、可能发生的后果及发生的概率等展开系统分析，建立合规风险数据库，将所有的历史风险点梳理为合规知识产品入库管理，提高合规风险管理的标准化程度，开启合规风险管理的数据化变革之路。建立不同类型的风险模型、并利用企业的自有数据训练模型，再通过数据灌入模型的方式让机器自主识别风险、发布风险预警。

2. 开展风险检查专项工作。由合规管理部门牵头，组织、协调企业各项合规检查工作。可以采取抽调相关部门人员方式共同组成检查组，根据企业业务情况定期开展专项合规风险检查。针对检查发现的合规风险，合规检查组应提出整改建议，各部门提出具体解决方案，解决方案经合规检查组确认后，由合规管理机构督促各部门积极落实整改方案。

3. 风险分级分类，提高风险管理的精细化水平。企业可将合规风险分为不同级别：如重大风险、中等风险、一般风险。也可以参照《中央企业合规管理指引（试行）》（国资发法规〔2018〕106号）里的划分方法，将合规风险从市场交易、安全环保、产品质量、劳动用工、财务税收、知识产权、商业伙伴、其他等方面进行风险分类。

在明确规则的基础上，从三个方面开展风险评估工作。第一，根据企业的规模、目标、市场环境及风险状况确定合规风险评估的标准和合风险管理的优先级；第二，合规风险意识、资源配置、职责权限、过程监控、奖惩机制、执行者能力要求、内部制度审查、第三方专业机构审查结果；第三，违规或可能造成违规的原因、来源、发生的可能性、后果的严重性等。接下来可以进行合规风险评估定级，将合规风险按等级归类管理。

4. 制定风险应对方案。企业应根据不同的合规风险类型制定和选择风险应对方案，应对方案应包括总体方案和专项方案。对重大风险事项，企业合规管理部门和各部门应共同研究出台具体整改方案，明确整改主体、具体责任人、整改时间节点等具体要求，合规管理部门在重要时间节点统计整改完成情况，并及时向企业决策层领导汇报。

5. 建立问责机制。企业根据自身情况制定合规风险问责，对合规绩效目标、绩效奖金和其他激励措施进行定期评审，以验证是否有适当的措施来防止不合规行为；对违反企业合规义务、目标、制度和要求的人员，进行适当的纪律处分，必要时追究相关责任。在这项工作中，要注意纪检监察机构和审计、巡视巡察、监督追责等部门有权对违规行为进行调查，按照规定开展责任追究。合规部门并不具有责任追究职责。

【合规实务建议】

本章内容可以帮助合规工作人员了解风险的基础知识，全维度熟悉风险相关的规定和要求，有助于合规工作人员客观看待"风险"、合规风险防控、合规风险管理及其与全面风险管理的融合协同，避免唯风险论造成一叶障目。合规工作人员可以开阔工作思路，考虑使用现有资料中提供的管理工具，丰富合规管理的手段，建立操作性强、有实际效果的企业合规风险管理工作范式。

【本章涉及法规文件】

1. 2018 年，ISO 31000：2018《风险管理指南》国际标准。

2. 2022 年，GB/T 24353 - 2022《风险管理 指南》国家标准。

3. 2011 年，GB/T 27914 - 2011《企业法律风险管理指南》国家标准。

4. 2011 年，GB/T 26317 - 2010《公司治理风险管理指南》国家标准。

5. 2016 年，《国务院办公厅关于建立国有企业违规经营投资责任追究制度的意见》（国办发〔2016〕63 号）。

6. 2018 年，《中央企业违规经营投资责任追究实施办法（试行）》（国务院国有资产监督管理委员会令第 37 号）。

7. 2006 年，《中央企业全面风险管理指引》（国资发改革〔2006〕108 号）。

8. 2018 年，《企业境外经营合规管理指引》（发改外资〔2018〕1916 号）。

9. 2022 年 8 月，《中央企业合规管理办法》（国务院国有资产监督管理委员会令第 42 号）。

10. 2018 年 11 月，《中央企业合规管理指引（试行）》（国资发法规〔2018〕106 号）。

第四部分

重点领域合规管理场景

第十三章 规章制度合规管理

本章内容导读

本章内容从四个方面介绍如何做好企业的规章制度合规管理。

第一,规章制度管理具有科学性,要服务企业。

第二,规章制度合规管理的核心,已经从单项规章制度的"合规性审核",演进到企业全量规章制度的"体系化建设",可从整体性与关联性两个方面突出"管理"属性。

第三,规章制度合规管理是已经具备数字化作业条件的合规工作之一。规章制度生效前以单项制度的合规性审核为重点,合规审核要关注到企业规章制度之间的关联性;生效后规章制度文本可以全面数据化,并运用数据管理逻辑进行管理,全面应用标签工作法、知识图谱等工具开展工作。

第四,介绍规章制度合规管理平台的建设工作。从平台系统的规划思路、业务实现重点要求、差异化模块功能安排三个方面提出整体建设方案。

第一节 提升规章制度管理的科学性与成熟度

一、规章制度的价值创造

(一)外法内化,保障企业合规运营

2020 年底,中共中央印发了《法治社会建设实施纲要(2020－2025 年)》,提到"推进社会诚信建设。加快推进社会信用体系建设,提高全社会诚信意识和信用水平。完善企业社会责任法律制度,增强企业社会责任意识,促进企业诚实守信、合法经营。"企业诚信经营被提到新高度。在这样的时代背景中,央企要主动接受政府的严格监管,遵守各类监管要求,尽快适应经济新常态。最有力的举措就是将外部法律法规、政策监管要求和商业习惯,在企业内部进行延伸和具体化,内化为企业的内部文件,落实在企业管理中,具有持续性、长期性和普遍约束力,成为企业内部成员共同遵守的刚性规定,促进企业运作有序化、规范化,增强企业核心竞争力和软实力。讲规制、守章法,企业构建自身系统完备、科学规范、运行有效的制度体系,在有规可依的基础上推动依规治企。同时,利用外部政策及时调整内部规章制度,灵活调整内部管理,有利于动态调节业务重心,促进业务发展。

（二）沉淀改革成果，提炼企业智慧

央企工作要遵循国务院国资委要求，通常以完成阶段性重要工作为契机，将某些工作进行重点攻坚克难。目前结合对标世界一流管理活动，一些企业将规章制度管理作为企业法治建设数字化转型的突破口。数字时代，为了更好地应对不确定性，需要辩证看待"没有规矩不成方圆"这一传统观念。规章制度建设的重点从建章立制抓管控，过渡到固化好经验、好做法，巩固深化改革成果。要注重规章制度的科学性，尊重基层单位的改革实践，鼓励改革创新，最大程度激发基层群众蕴藏的改革动力和治理智慧，及时总结、提炼和推广基层单位创造出的行之有效的成功实践，并将成熟的经验和做法推动上升为企业的规章制度，提炼为企业智慧。对于创新型工作，认知并不清晰的情形下，不必一拍脑袋就制定制度，盲目制定的制度未必具有科学性，反而制约了创新的活力。

二、规章制度合规管理要服务企业

（一）形成管理合力

1. 协同管理。

（1）企业的规章制度是公文体系的一个组成部分，规章制度管理首先要服从公文管理的统一要求。企业公文管理具有基础性、全面性、系统性特点，是企业最基础的管理手段之一。规章制度要通过公文发布的形式确认效力，文本管理和审批流程管理需要服从企业公文的统一管理，才能进行后续的差异化管理，这是规章制度管理的前提条件。通常企业会设立公文的归口管理部门，即使没设立法务与合规部门的企业，也会设立行使综合管理职能的部门进行统一的公文管理，大部分企业会出台公文管理办法，对公文的文种、格式、行文规则、发文流程等进行管理。规章制度管理要避免与公文管理要求发生冲突。

（2）规章制度是企业规范性管理文件的一个组成部分，需厘清定位与边界，找到规章制度与其他公文以及企业内部大量的规范性文件的区隔点。规章制度具有持续性、长期性和普遍约束力，可反复适用。企业中大量的管理手册、流程手册、操作手册同样参与到企业的经营管理中，发挥着规范业务与管理的作用，通常会对规章制度的管理要求做进一步的延展，规制内容更加详细具体。这也涉及规章制度的管理定位问题，直接影响到企业规章制度的质量和数量。

2. 流程贯通。

（1）随着数字化转型，很多企业实现了公文在线管理，拥有相对完备的公文管理系统。公文签发审批流程中，设置了多部门会签环节，给相关职能部门出具意见提供了平台。规章制度在企业的信息化整体规划中，是纳入公文管理系统主流程与公文一并管理的。生效后的规章制度进入执行阶段，执行要求也会嵌入各业务系统的功能设计与流程配置中，以系统固化的方式实现规章制度的规范执行。

（2）规章制度用于落实企业内部管理要求、规范企业内部管理流程，涉及外部交易的属性相对较少，具有明显的合规性审核特点。鉴于合规性是一个底线保障，合规部门的审核意见具有前置性，在与其他职能部门一起完成公文会签流程时应排序在前。因此，在公文审批流转过程中，合规审核的会签环节应设置在公文进入会签流程的第一个环节，并且设置为串行流程。许多已完成公文管理系统建设的企业，目前正是这样操作的，即将规章制度合规审核作为一个必要环节（不可跳跃）嵌入公文审批流程中。

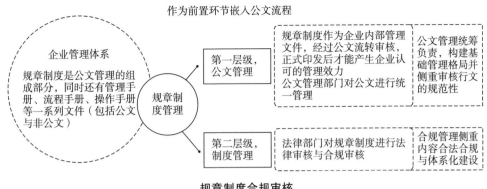

规章制度合规审核

3. 动态更新。企业改革中遇到的问题多维度多层次，对改革的系统性、整体性、协同性要求很高。企业经营充满不确定性，商业模式、管理模型、技术更新、组织结构调整、业务场景更迭……企业在动态变化中成长，随时都会迎接新形势的挑战、遇到新问题的掣肘。"制度建设应该是与时俱进的，而不是因循守旧的；是扎实办事的，而不是徒有其表的；是系统规范的，而不是零散无序的；是简便易行的，而不是烦琐低效的；是开放鲜活的，而不是封闭僵化的。"这段话生动地描绘出规章制度管理的新业态。企业规章制度要主动应对变化，与业务发展保持同步进化，保障规章制度自身的科学性。

（二）注重问题导向

1. 挖掘问题找到痛点。从国务院国资委正式提出开展规章制度合法性审核工作开始，企业对规章制度的管理重心就落在开展单个规章制度合法性审核方面。这种工作方式的特点是碎片化，直接影响是对单项规章制度的过度关注，对全量规章制度的整体性管理缺少。在规章制度整体工作管理目标缺乏清晰认识的情形下，一系列问题出现了，包括使用文种、编码、版本等一系列非必要手段增加管控繁复度，滥设管控闸口导致流程冗余，与公文管理缺乏协同造成数据污染，与手册类文件混杂造成数量暴增，等等。整体管控不到位，还导致规章制度立改废动态调整不够，不同部门主导推出的规章制度之间存在条款"打架"和管理"盲区"。

2. 解决问题根治痛点。从根本上讲，规章制度的合规管理要突破单个规章制度合规性审核的狭隘视角，放眼于规章制度全维度多场景服务、全量数据管理。在规章制度体系化建设的洪流中，零敲碎打的做法早已过时，头痛医头、脚痛医脚的方式亦不合时宜，必须建设一个全面、系统、协调、完善的制度体系，既要做好一体化的管理，也要提供一体化的服务，才能保障规章制度合规管理具备科学性。合规管理部门要树立大局观，使用管理方法，才能实现企业规章制度建设的整体合规。

（三）与业务创新、流程重塑联动

1. 厘清规章制度、业务、流程三者关系。规章制度、业务、流程都会涉及企业的合规管理，目标都是促进和保障业务发展。规章制度是外部监管要求和商业习惯在企业内部的延伸和具体化，保障企业要与客户建立平等、公平的契约关系；业务发展要满足客户需求、提升客户感知；流程要符合业务实际，促进业务发展。厘清业务、流程、规章制度三者关系，是做好这三项工作的前提条件。业务发展要满足客户需求、提升客户感知；流程要符合业务实际，促进业务发展；规章制度应及时跟进业务和流程的更新变化，与流程实际保持一致。

2. 开展规章制度、业务、流程协同管理。规章制度应及时跟进业务和流程的更新变化，与业务和流程保持一致，发挥管理固化的作用，保障业务发展可持续，流程重构合规范。企业实际工作中通常是以提升客户感知倒逼业务流程改革，以业务推进为主线贯通业务流程、清除烦琐环节、疏通流程堵点，提炼出符合业务实际的、能够创造真正客户价值和超越职能界限的、端到端的新业务流程，将业务流程重构作为创新工作方式的工具。配合业务流程重构，应及时进行规章制度的立改废，用规章制度固化新业务流程。保障新流程从业务合规到管理合规。

第二节　规章制度合规管理聚焦"体系化"

一、加强合规管理工作体系的整体规划

（一）规章制度管理要规范

一些企业习惯了依靠建章立制搞管理，企业的职能部门纷纷牵头出台各种规章制度强化部门职责，企业规章制度数量很多。这种情形下，必须建设一个全面、系统、协调、完善的制度体系，才能保障管理一致。企业内部不同的组织机构和管理线条，依据职责在所负责的领域出台制度，这些制度在企业整体的制度体系中处于不同维度、不同层级、不同属性的位置，既各自发挥作用，又相互联系、相互支撑、相互补充。因此，企业规章制度管理不是简单增加数量，而是综合发挥体系化管理的作用，才能形成制度合力。

（二）正确理解体系化

1. 整体性。随着国企改革进入关键期，国有企业的治理体系将以扁平化管理方式和制度管理取代人员管控，规章制度的重要性越发突出。一个企业一体化运营，需要建立一套与之相配的规章制度体系。企业的规章制度管理，要将重点放在全量规章制度上，不能只盯着单个规章制度；要将重点放在管理上，不能只盯着合规审核；要为各职能部门提供基于规章制度的服务，不能定位于内部监管者；要为企业员工提供学习规章制度的平台，不能只盯着用规章制度惩戒员工。

2. 关联性。

（1）不同部门牵头出台的规章制度之间应该具有关联性，底层逻辑保持一致、制度内容互相衔接，可一体执行。企业基层员工常说的一句话是，"上面千条线，下面一根针"。意思是总部部门、上级机构拥有多个职能部门专职搞管理，制造出很多管理想法、下发很多规章制度，基层单位的工作是发展业务完成业绩指标，很辛苦地被管理，甚至没有时间把上级单位下发的全部规章制度学习一遍，但还需要全部执行到位。站在基层单位的视角，所有上级单位下发的规章制度是需要被一体化执行的，其自身应该是一体化的，如果自成体系互不相容，甚至自相矛盾，在执行过程中就会导致基层单位无所适从。

（2）纵向到底，穿透企业组织架构。规章制度体系具有纵向穿透性，可有效保障上下位制度的顺承一致。大型企业组织架构层级具有总部、省份、地市三级组织架构特点，纵向管理线条是从集团总部传递到省份、再传递到地市企业，管理要求需上下贯通，下级单位颁布的规章制度要与上位制度的保持一致。要建立金字塔式的制度体系，层级清晰、管理链条衔接、内容协同规范，才能根治实践中的痛点。

（3）横向关联，穿透企业部门墙。规章制度体系具有横向关联性，要保持同一层级平行

部门出台的规章制度的统一。在企业组织机构的同一层级上，通常会有不同职能部门分别管理不同领域的工作，难免出现管理界面不清晰、交叉管理的情形。企业要做好聚类管理，保障这些规章制度在整体管理框架内可以有机衔接，和谐关联。实践中要以规章制度的合规审核为抓手，重点针对同类制度同质化内容条款进行抓取和对比。尤其是涉及多部门职责、多元化业务的制度，不同部门可以及时调取规章制度数据库的数据，对比分析同一专项工作的管理规定，保障各部门之间的管理要求一致，避免出现冲突性规定。

二、管理覆盖全流程形成闭环

（一）迭代优化，规章制度持续"立改废"

在企业原有的规章制度管理格局中，相对固化的业务加上建章立制守规矩的思维方式，形成规章制度颁布后多年不变的僵化局面，立改废释四个环节相对薄弱。改革纵深推进，新业务的出现，新流程的重塑，都需要规章制度随之更新。企业组织机构的变革、业务数据化的变革、中台建设能力的变革，影响到规章制度立改废释的动态推进。企业任何时候都会面临新问题、新需求，随时超出历史经验范围，触发新的解决问题方式。企业要不断地用新的经验更新规章制度，与时俱进、守正创新。

（二）引入清单工作法，机器自主监督

清单是一种简单、实用、有效的工具，将工作信息以最直接的方式呈现，可结构化呈现规章制度管理的多维结构。两种清单工作法结合使用，保障规章制度体系化建设处于一体联动状态。

1. 采用全量规章制度立改废清单工作法。企业在年初采集各部门年度规章制度立改废信息，编制成年度工作清单；阶段性时间点将工作成果与年度工作清单进行比对，由机器自动稽核信息，做出工作完成情况评价。年末统一归集数据，做出任务完成情况汇总，并自动做可视化展示，很好地完成工作闭环。对于组织架构复杂的大企业，年初总部层面提供的年度规章制度立改废清单，可以为下属分支机构提供工作指导。清单工作法可有效推动上下位制度的内容顺承，保持工作节奏一致。

2. 采用单项规章制度立改废清单工作法。将单项规章制度的立改废信息及时公布，体现规章制度管理的公开透明；上位制度的迭代，自动触发下位制度关联优化，保障规章制度规范性。

（三）发挥评价作用体现规章制度认可度

1. 企业员工的认可度是规章制度立改废的一个参考项。应该鼓励员工参与到企业的规章制度建设中，自主对规章制度进行评价。评价是一种成熟的互联网工作方式，在京东、淘宝等平台上应用广泛，在一些企业内部的电子商城、培训平台上也普遍使用。可直接复用现有的成熟经验，对规章制度做一次性整体评价。定期收集规章制度查阅者、使用者对规章制度的评价反馈结果，将评价信息归集分析，为规章制度质量复核及"立改废"提供数据参考。

2. 参考互联网企业电商平台的评价方式。这里做一个简单的调查。选取样本是淘宝、京东、抖音。评价角色为购买或使用平台内容的普通用户，在购物或接受服务后对所购商品或接受的服务进行评价。评价要素为评价维度及对应分值、用户可否自由表达、可否追评、评价内容是否公开、是否设定用户权限五个方面。

项目	淘宝	京东	抖音
a. 评价维度及对应分值	用户从"描述相符""物流服务""服务态度"三个维度，凭直观感受做出评价	用户评价内容分为两部分，对商品进行1至5星评价内容，对物流服务可从"商品符合度""店家服务态度""快递配送速度""快递员服务""快递包装"等维度做出评价	用户只能从"物流服务""商家服务"两个维度，凭直观感受做评价
b. 用户可否自由表达	可以自由输入文字、图片表达使用感受	可以自由输入文字、图片表达使用感受	不可自由输入文字、图片表达使用感受
c. 可否追评	用户做出评价后，可在后续使用商品的过程中进行追加评价	用户不能追加评价	用户不能追加评价
d. 评价内容是否公开	评价内容向所有平台用户公开	评价内容向所有平台用户公开	评价内容仅限购买者可见
界面展示			

三个平台售后评价的共同特性是：第一，均为售后评价，确认收货后自动跳转且无评价标准提示；第二，用户凭使用感受进行感性评价；第三，评价打分均为1至5星，无对应分值；第四，打分过程没有评价提醒或评价标准说明。

3. 正确认知评价工作。目前各类电子平台为降低用户学习成本，向用户提供了简洁便利的评价手段，只须感性评价，无须提示用户进行烦琐的理性判断，平台大量收集用户的感性认知，而将理性分析的部分交给后台大数据和 AI 算法进行价值判断，进而有针对性地调整平台服务内容，促进平台持续健康发展。这种思路同样适用于规章制度的评价。

4. 制定具有可行性的评价规则。

（1）从科学性和可操作性两个方面为评价维度，以星级评价为主要方式，由查阅者在查阅后对规章制度进行1至5星评价，并自动对应分值。

（2）评价者可自由输入对规章制度的评价内容，方便收集相关规章制度的意见建议。

（3）展现参与评价的用户数量，为规章制度是否得到充分评价提供参考。

（4）用户评价内容设置为全体用户可见，方便员工查阅，并启发员工提出有效意见。

5. 给企业员工提供对规章制度进行评价的渠道。在系统中增加规章制度"评价"功能，将评价规则内嵌在系统中，配置对应的功能与流程。登录触点尽量放在一级平台上，并开放给全体员工，鼓励员工积极参与。

6. 发挥规章制度评价的管理效能。合规管理部门加强与各业务部门（职能部门）的工作联动，定期将评价数据反馈给各业务部门（职能部门），为规章制度的立改废提供数据支持，为推动企业规章制度体系迭代优化提供数据参考。

三、抓执行到位，保持规章制度生命力

（一）规章制度的生命力在于执行

好的制度如果没有执行或执行不到位，就会成为"空中楼阁"，就不能转化为实际的治理效能。制度制定了就要严格执行，不能说在嘴上，挂在墙上，写在纸上，把制度当"稻草人"摆设。坚持制度制定与执行并重，加强监督检查、狠抓制度落实，才能确保改革成果形成长效机制，立得住、落得实、行得远。遵守制度、维护制度、执行制度，是企业规章制度合规管理的重要组成部分。

（二）打破碎片化执行困境

规章制度执行中存在职能部门过度关注部门利益，各自为政，缺乏协同，造成推诿扯皮、变通异化的问题，降低了规章制度的管理效能，导致规章制度执行力不强。同时，企业流程重塑过程中，流程管理打破原有职能导向的固化思维，业务指挥权交给了沿着业务逻辑的流程管理体系，打破了"科层制"管理壁垒，进一步挑战出身于"科层制"的规章制度的管理初衷与执行难度。规章制度建设要加强与以业务为导向的流程管理体系协同，从根本上统一不同部门的管理要求。

第三节　规章制度合规管理数字化转型

一、引入数字管理范式

（一）规章制度管理应用数据管理逻辑

1. 企业开展"业务数据化，数据业务化"的工作中，规章制度合规管理同样被视为一种业务，也需要数据化。这意味着之前的文本管理方式需要调整为数据管理方式，尤其适用于全量生效规章制度的管理。实践中需要将规章制度文本进行数据化处理、结构化解析。

2. 在规章制度起草过程中，利用机器对同类制度或是同质化内容条款进行抓取和对比，提供智能化合规审核服务。参与规章制度起草、审核的不同角色，可随时调取规章制度全量数据、同步共享数据信息，通过智能作业工具提供对比分析，可以大大提高单项规章制度的质量，有效避免不同制度间的冲突性规定。

3. 将生效规章制度文本进行数据化加工后，形成完整且唯一的规章制度数据库。以标签工作法作为管理工具，将规章制度数据全部打标签，根据标签绘制知识图谱，利用图谱追溯单个规章制度的源点，进行不同规章制度的对比分析。同时绘制企业的规章制度数据地图，标注规章制度的整体布局和局部位置。

4. 纳入企业数据湖统一管理。在业务管理上，有些企业会建造数字档案馆，统一档案管理。这种情形下，规章制度就必需纳入企业数字档案馆管理体系，遵守统一规制，有效规避规章制度单独管理的局限性，促进规章制度与企业文件管理的有机衔接。在数据管理上，有些企业会建造企业数据湖，建设数据中台，这种情形下，规章制度数据也必需汇入企业数据湖，在数据中台统一调度，统一适用数据管理规则与工作方式。

5. 数据的透明、开放、共享、注智、赋能，成为企业经营管理新场景。规章制度的数据管理可以复用企业的数据管理经验，共享数据作业工具。

（二）作业方式全部数字化

随着企业数字化转型，基础管理设施向线上迁移，为规章制度合规管理夯实物理基础。利用 IT 系统实现在线工作方式，可支持规章制度的全流程管理、全量数据归集，保障全量规章制度数据体系化的呈现。可统一数据源，避免线下操作造成环节断裂、数据污染。保持数据准确、实时更新，在线生成知识图谱、数据地图，集中展示全量规章制度数据分布、显示不同制度间的关联关系、链接溯源关联制度、推送规章制度的更新状态等。采取开放共享的态度，使用一系列可视化的工作手段，提高数据透明度，不设权限围栏，做到全量数据可展示、可调用、可对比、可推送，合规部门将管理与服务统一起来，方便企业员工先看到制度再执行制度。让规章制度合规管理在公开、透明的场景中健康发展。

（三）共享企业中台能力

1. 服从中台规划建设规章制度智能管理平台。国务院国资委下发《国务院国资委办公厅关于加快推进国有企业数字化转型工作的通知》，明确要求"促进国有企业数字化、网络化、智能化发展"。数字化转型是实现企业高质量发展的保障，中台实现企业级服务能力的共享复用，有效消除业务壁垒，快速灵活支撑前台应用。合规管理是管理中台的一个组成部分，系统建设一定要遵从企业统一规划，利用中台通用能力提高规章制度管理的运转效率，实现规章制度管理的科学化、动态化。

2. 新技术打造新工具。采用新技术，将传统信息转换为可被计算机分析处理的数据。采用自然语言处理技术，机器可自动处理文字性的文本审核工作；采用爬虫技术，做目标字段检索可建立不同规章制度之间关联关系；采用智能检索，可一键溯源找到要查找的规章制度及对应信息；采用智能引擎，为目标人群主动推送适合的规章制度……通过模型自动生成并更新规章制度知识图谱，利用知识图谱体现规章制度的分布状态及层级关系，按照纵向、横向不同维度提供目录清单……机器能处理过去人员无法完成的任务，未来将提供高质量、高效率、多样化、个性化的服务方式，人机互动实现规章制度的智能化管理。

二、价值导向，规章制度管理见成效

（一）强化"三项关联管理"，实现"三个一致性"

抓住"三联"管理，规避规章制度零散无效现象。单个规章制度关联管理，是追踪单个规章制度的全生命周期轨迹，旨在推动规章制度立改废动态迭代；不同部门制定发布的规章制度的关联管理，是打破制度墙、解决规章制度的"打架"和"盲区"问题；不同层级的规章制度的关联管理，是建立上下位规章制度建立顺承关系。实现管理体系"三个一致性"，构建全局性管理大格局。切实做到同一专项制度在总部、省份、地市应保持一致性；同一专项工作在平行组织机构各部门之间的规定保持一致性；同一专业制度在母企业、子企业保持一致性。

（二）逆向追索，压减数量做有精度的管理

国企聚焦企业三年改革工作，大幅削减不必要、不适宜的规章制度，避免过分强调规章制度执行力的单边思维。着眼大局，理清主次，突出重点，层层压减。收缩规章制度覆盖面，提高规章制度质量。

（三）动态演进，保持开放鲜活的业态

规章制度体系化建设是一个动态演进、发展完善的过程，随着时间、环境、条件的变化而做出相应的调整和改进，避免封闭僵化，才能保持开放性、鲜活性。企业经营充满不确定性，处于动态变化过程中。企业在发展中成长，随时都会迎接新形势的挑战、遇到新问题的掣肘。"问渠那得清如许，为有源头活水来"。规章制度建设要设置自我完善机制，主动应对变化，在开放的格局中不断进步，

第四节　规章制度合规管理平台建设

一、平台建设规划思路

（一）顶层设计，统一规划

建设统一的规章制度运营平台，提供规章制度的全流程在线工作，聚合规章制度全量数据库。采用标签工作法，为不同拟定主体发布的不同业务类型的规章制度制作标签，以标签辨识规章制度的类别及关系。采取图谱工作法，生成规章制度目录清单，绘制企业跨层级跨业务的规章制度图谱。

（二）管操分离，科学管控

发挥流程与数据的通用管理效能，操作流程化，管理数据化。涉及规章制度的操作性工作可以全部以流程形式固化在系统中，由流程牵引、系统自动推进到下一步工作环节；管理性工作遵从业务数据化原则，以数据展示管理质量、带动管理优化，通过建模和算法进行数据稽核和演算，提高管理效能。

（三）业务场景化，区隔管理与服务

规章制度合规管理涉及制度生成和应用两大类场景，采用区隔化设计提供管理与服务。制度生成场景以流程推动生成进程，展示审核意见，赋予规章制度企业认可的管理效力，以流程为抓手提供自动化管理与规范化服务。制度应用场景以数据为核心，采集数据贯通数据，以数据提供系统性管理和链接性服务。规章制度合规管理要做到全线上贯通、全流程闭环；工作成果要做到全部数据化、机器可识别。

二、业务实现重点要求

（一）溯源关联，精准提质

建立并展示规章制度之间的连接关系。起草或是核规章制度时，提供一键溯源功能，用户可便捷操作找到目标规章制度，查询关键内容，对比具体条款。同质化内容，在横向关联制度之间内容着重协同，在上下位制度之间内容要保持一致。提高单项规章制度质量的同时，保障各项制度既各自发挥作用，又相互联系、相互支撑、相互补充，形成制度管理合力。

（二）动态迭代，立改废可视化

规章制度作为企业内部的管理文件，具有时效性。在系统内部建立模型，承载清单工作法

（参见上文）的管理需求。根据工作周期树立里程碑节点，由系统自动抓取数据并自动稽核。工作链条做到环节拆分到位、进度可视、数据可归集、指标可考量。

三、差异化模块功能安排

（一）设立制度生成区，聚焦单项管理

1. 以支撑单项规章制度的制定发布为核心。关注重点在于生成高质量的单项规章制度，平台能力聚焦流程建设。将整个生成流程分环节固化在平台中，所有参与角色的审核意见在对应环节中呈现。注意单项规章制度需要区隔新建和迭代两种情形，提供不同入口。迭代情形由系统自动提供历史数据，并与历史数据进行关联处理。

2. 流程驱动，保障规章制度生成程序规范。以流程驱动推进工作进程，将生成的规章制度以企业要求的生效方式发布，并沉淀在平台中形成数字资产。规章制度的审批流程，包括两种。纵向单一专业线条上下级角色的审批，根据每一层级设置为一个环节；横向不同专业线条的审批，每一专业线条设置为一个环节。前者通常为串联设计，后者通常为并联设计。规章制度的生效确认和发布是流程的终点。通常企业会有规范的内部公文运转流程，这种情况下，要将规章制度审批流程纳入公文流程统一管理。可使用标签工作法，在公文系统为规章制度打上标签，便于后期数据加工。审批结束后遵从公文管理要求以公文形式发布。如果单独设计流程，需要设置单独入口，按照企业对于规章制度审核规定，设计平台功能。通常流程会涉及规章制度起草、合规审核、其他部门审核、综合部门核稿几个环节，最终仍需要以公文形式发布。

3. 归档管理，保障规章制度数据清洁。生效后的规章制度，首先按照公文归档管理要求统一归档，贮存方式必须采取数字化方式沉淀在系统中，统一数据源。利用"规章制度"标签，让机器可自主将规章制度从公文中识别出来，形成单独的数据库。

4. 标签管理，是规章制度数据化管理的必要手段。

（1）标签通常以字段的形式出现，每个标签都有对应的内容匹配，稽核标签可生成标准格式的范式管理清单（通常体现为表单）。为规章制度的各种属性添加标识后，制度的数据运营将依托标签开展。只有在标签缺失的情形下，才会考虑使用爬虫技术直接对文本进行检索和数据归集。

（2）标签设置安排在制度生成区的最前端，是流程启动的前提条件。通常规章制度与公文的管理差较大，标签项不同，应注意在公文系统的标签设置中，做延展性补充，补全规章制度管理标签。制度生成区可以利用标签生成对应的数据集成表单。在无公文系统的情况下，可直接在平台上完成相关工作。

（3）将标签分为核心字段和基础字段，适用于不同精度的管理。核心字段通常包括：制度状态，级别，发布部门、文号、文件名、上位制度文号、文件名等。基础字段通常包括：起草信息、生效日期、废止日期、适用范围等。

（二）数据管理区，聚焦知识管理

1. 支持全量规章制度的体系化管理。关注重点在于对全量规章制度进行体系化管理，平台能力聚焦数据管理赋能，发挥数据运营效能。将全量规章制度文本转换生成全量数据，平台能力聚焦于数据稽核、调取、展示。所有参与角色可以直接调取、对比数据，全量数据透明共享。

2. 功能分区实现不同管理诉求。

（1）全景视窗功能。系统提供不同维度的规章制度目录，绘制规章制度体系图谱，全景化呈现规章制度体系，一点看全。

（2）关联查询功能。利用标签提供多种查询路径，一键溯源。主要包括三条路径：第一，提供单项规章制度查询，一揽子提供规章制度的文本、发布部门（单位）、发布日期、文本内容等全部信息。第二，提供单项规章制度的关联制度查询，包括上下位、上下级制度。第三，提供单项规章制度的历史版本查询和迭代信息。也可以利用公文文号来集成单项规章制度的迭代信息，动态展示、定期推送制度迭代信息，公布上下级单位、平行部门之间的规章制度立改废情况。

（3）关联制度对比分析功能。通过自由设定目标字段，直接利用文档查询，提炼出包含目标字段的关联制度中的相似条款，对比标识存在"打架"风险的条款。

（4）信息推送功能。及时推送单项规章制度的制定与更新情况，包括发布、迭代与废止信息。提供月度、年度规章制度的发布、更新数据清单，定期汇集推送批量制度的迭代信息。

（5）看板展示功能。通过看板展现全景视图。体系化展示包括两种方式，纵向展示集团、省份、地市不同层级的组织机构之间制度的关联，上下级制度的关联；横向展示同层级平行部门之间的制度关联。纵横交错提供体系化全景视图。同步展示单项规章制度的全生命周期演进历程图示。

（6）评价功能。开放评价窗口，鼓励员工自主对规章制度进行评价。平台提供对规章制度进行 1 至 5 星评价，并自动对应分值。评价者可自由输入对规章制度的评价内容，方便平台收集。平台自动稽核数据、提炼指数，设置反馈路径，将评价结果及意见建议反馈给规章制度的发布部门。

（7）历史工作集成展示功能。对规章制度的历史清理及阶段性工作成果进行展示，防止工作成果因为人员变动而流失。

（8）智能管理功能。这是一个开放性的功能，作为个性化的配置，用于丰富规章制度的专项管理维度，将某一特定工作属性的规章制度进行集中管理。通过自由设置特色标签开展数据归集，形成特定内容的规章制度群组，主动集成特色数据包，形成专项工作定向链接和自主推送，多维度聚合规章制度的管理要求，提高制度执行力。例如，"合规"是一个新的管理科目，可以围绕合规集成各部门发布的涉及合规工作的规章制度，集中提供全量合规方面的规章制度成果。

【合规实务建议】

规章制度合规管理要注重科学性，为企业提供服务并创造价值才会获得企业认可。认清这一点，有助于合规管理部门在规章制度管理工作方面找准定位和工作重点，获取美誉度。"体系化"已经成为规章制度合规管理的焦点，实践中也是很多企业的痛点。本章介绍的工作方法具有很强的实操性，对企业开展规章制度合规管理具有很强的参考性。规章制度合规管理数字化转型及平台建设，是企业当下正在探索的新课题，本章介绍的内容综合考量了新技术因素的应用，具有一定的前瞻性，适用于数字化转型进程较快的企业。脱离了 IT系统建设，数字化转型就是无源之水，规章制度合规管理的数字化转型最终取决于企业的整体 IT 实力。

【本章涉及法规文件】

1. 2020 年，中共中央印发了《法治社会建设实施纲要（2020－2025 年)》。

2. 2020 年 8 月，国务院国资委下发《国务院国资委办公厅关于加快推进国有企业数字化转型工作的通知》。

第十四章　数据合规管理

本章内容导读

本章内容着重介绍数据监管基本情况及数据治理的基础知识与举措。

第一，从外部监管视角，尽可能介绍当下数据合规监管的全貌。从数据条例、数据交易管理、数据知识产权登记、数据官制度建设几个方面介绍部分地方性规制文件的内容，介绍了一个行业规范性文件，并以广东为例介绍了地方政府在其辖区内发布多种文件构建监管小环境。

第二，从企业内部管理视角，介绍数据治理作为一个系统工程涉及的基本知识、工作方法、重点任务等。在了解数据治理全貌的基础上，客观认知数据的合规管理。

第三，介绍企业用好"数据二十条"的关注点。以北京为例介绍了地方政府推进"数据二十条"要求。

第一节　数据规制全面覆盖

一、数据成为新生产要素

（一）国家推出大数据战略

党的十八届五中全会提出"实施国家大数据战略"，先后颁布《促进大数据发展行动纲要》和《大数据产业发展规划（2016 - 2020 年)》，全面推进数据发展，推动数据资源整合和开放共享，加快建设数据强国。十九届四中全会首次提出数据作为新型生产要素参与收益分配，将数据提升到了前所未有的战略高度，极大提升了全社会对数据的重视程度。有关部委把推动数据发展作为重要政策内容，各地政府纷纷制定数据发展相关政策和规划，公共事业领域加快跨界数据开放融合，以数据发展推动政府治理和公共服务能力现代化。

（二）数据要素成为生产力的重要组成部分

2020 年 3 月 30 日，《中共中央、国务院关于构建更加完善的要素市场化配置体制机制的意见》公布，数据与土地、劳动力、资本、技术这些传统要素并列成为五大生产要素之一。数字经济发展中，数据、资本、劳动力、土地、技术共同构成新的生产要素组合。数据要素是生产力的重要组成部分，催生新产业、新业态、新模式；数据要素能够与其他传统生产要素相配合，形成乘数效应，放大劳动力、资本等要素价值。如数据要素和劳动力要素相结合，提升劳动力要素产出效益；数据要素与技术要素相结合，催生"人工智能"等新技术。随着数据的爆发式增长，数据基础设施不断夯实，数据相关技术持续升级，央企的创新发展迎来难得机遇，也面临巨大挑战。面对数字化转型的新要求，央企必须遵循数据要素市场化配置要求，加强数据基础管理和挖掘应用，用数据提升经营质效，加快培育增长新动能，在竞争发展中赢得主动。

2022年12月2日，《中共中央、国务院关于构建数据基础制度更好发挥数据要素作用的意见》（简称"数据二十条"）公布，将构建数据产权制度提上日程，并明确提出"研究数据产权登记新方式"。数据产权制度是数据要素制度的起点与核心，建立数据知识产权登记规则，是对数据产权登记制度的重要探索。

（三）数据是企业数字化转型的核心要素

在商业活动中，数据不仅能够辅助企业快速做出决策，实现降本增效，甚至可以重构企业的商业模式。

1. 数据连接一切。现实世界和网络世界组成的虚实交织的世界已经出现。人们把现实世界的事物、事实和联系，用数据记录下来，形成了一个抽象的网络世界。在现实世界中的人、事、物，都有着众多的特征和千丝万缕的联系，这一切都是通过数据来描述和连接，数据实现了人与人、人与物、物与物之间和互联，形成了对现实世界的抽象。

2. 数据驱动一切。数字化技术影响数据的特性和价值。原来数据只是作为业务流程中的输入和输出项，现在转变为驱动企业经营和管理的重要因素。企业通过将各业务领域的数据进行收集、融合、加工、分析、挖掘，从而发现业务中问题，帮助企业做出科学合理的决策。例如，利用各类运营数据实现精细化管理；利用客户数据、商品数据、销售数据等实现精准化营销；利用订单数据、商品数据、客户数据，制定合理的生产计划，等等。

3. 数据重塑一切。数据的价值不仅在于它可以记录历史，还能预测未来。数据对各行各业产生着天翻地覆的影响。例如，在制造行业，企业通过对内部应用系统、外部电商平台、物联网 IoT、相关产业链之间的数据打通和融合、探索和实践智能工厂、个性化定制、制造服务化、产业链全面协同等方面的应用，实现企业业务创新。

二、全国性法律规制

《中华人民共和国民法典》第 127 条规定，"法律对数据、网络虚拟财产的保护有规定的，依照其规定"。我国正逐步建立一套围绕数据为核心的法律法规，其中包括《中华人民共和国个人信息保护法》《中华人民共和国数据安全法》，也会涉及《中华人民共和国网络安全法》。这些法律规制的要求不是本书的关注重点，有大量的相关论述可以参考。需要注意的是，《中华人民共和国数据安全法》已于 2021 年 9 月 1 日开始施行，为各行业数据安全提供了监管、合规依据。该法确立了数据分类分级管理、数据安全审查、风险评估、监测预警和应急处理等基本制度，有助于数据生产企业和各级政府监管部门形成数据保护意识，促进数据产业合规利用数据和共享数据。

三、地方性规制文件

（一）概述

近几年有关数据类的地方性规制文件纷纷出台，涉及的地方政府多、数据管理维度多，内容的丰富度参差不齐，既提出监管要求也提供鼓励政策。对于企业来讲，全面遵守各地方政府出台的管理文件，才能满足监管要求。如果各地方政府的要求不一致，企业在经营中需要做对应的管理调整。如果企业尚未开始做数据合规管理工作，可以学习这些地方性规制文件中管理要求，对照要求设计企业的合规管理体系，也是一条开展合规管理的便捷通道。

（二）数据类的示例

1.《四川省数据条例》。

（1）2022 年 12 月 2 日，四川省人民代表大会常务委员会公布了《四川省数据条例》（2023 年 1 月 1 日施行）。主要内容包括理顺数据管理体制机制、推进数据资源统一管理、促进数据要素有序流通、推动数据资源高效开发利用、加强数据安全管理和个人信息保护、协同推进区域合作六个部分。

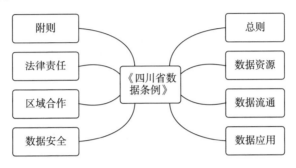

（2）在总则部分列举了数据管理的参与角色及职责，强化了地方政府及其有关部门数据管理的主体责任。

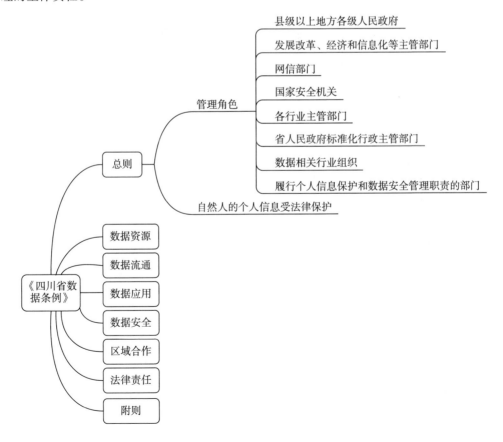

（3）在数据资源方面，推进全省公共数据资源"一本账管理"。例如，建设公共数据资源管理平台，建立统一数据目录，实现数据资源清单化管理等。

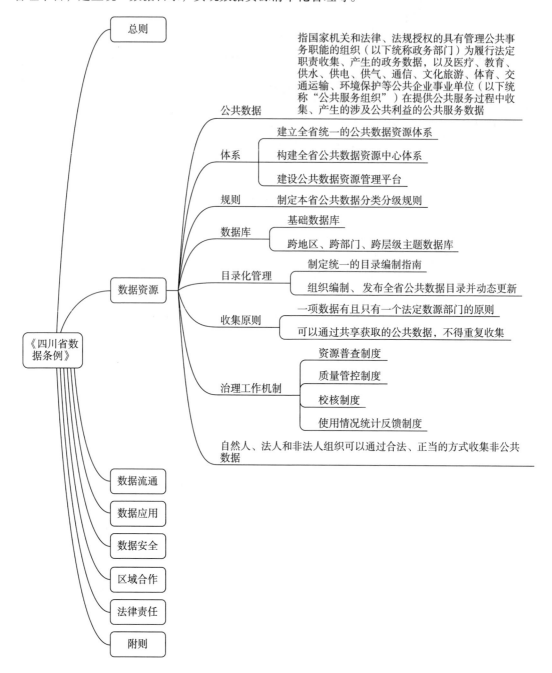

（4）数据要素流通方面，建立公共数据共享、开放机制，推动公共数据在各地区、各部门间共享和依法对社会开放。

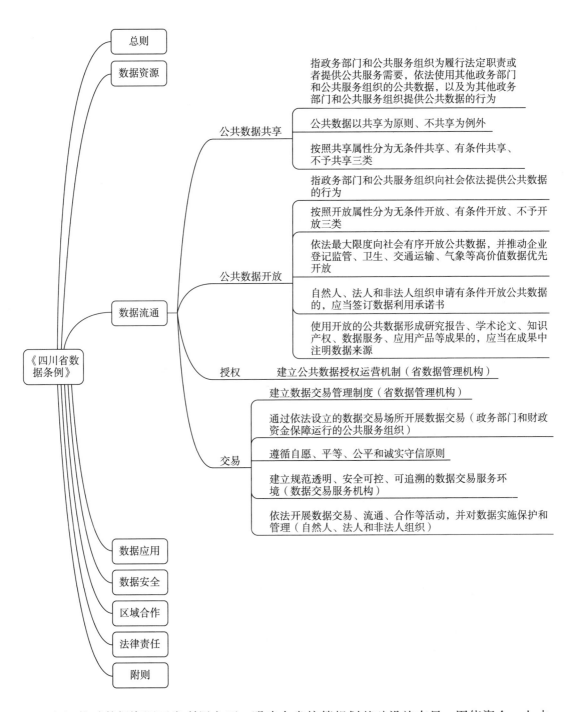

（5）推动数据资源开发利用方面，明确全省统筹规划基础设施布局，围绕资金、人才、科研等要素制定保障措施，培育壮大数据采集、存储管理、挖掘分析、交易流通、安全保护等数据核心产业，发展人工智能、数据存储、物联网、高端软件、网络安全等数字相关产业。

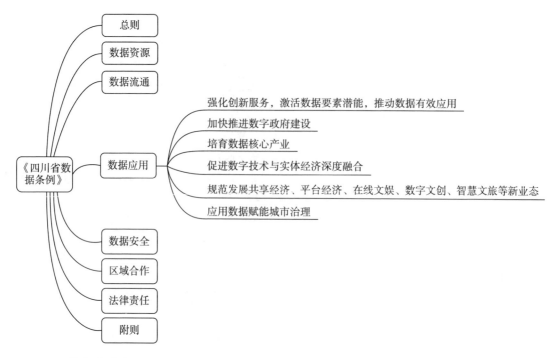

（6）数据安全方面，从"实行两大制度、建立六大机制、明确数据安全保护义务"三方面进行系统设计。两大制度是指数据安全责任制度、数据分类分级保护制度——数据安全实行"谁收集谁负责、谁使用谁负责、谁运行谁负责"的责任制。六大机制包括建立数据安全风险评估、风险报告、信息共享、监测预警、应急处置、监督检查机制，强调数据安全保护的部门间协同联动。

（7）区域合作方面，应加强数据领域省际合作，按照应用协同需求，与其他省、自治区、直辖市共同促进公共数据共享交换、数字认证、电子证照等跨区域互通互认。

2.《上海市数据条例》。

（1）2021年11月25日上海市人民代表大会常务委员会公布《上海市数据条例》（2022年1月1日起施行。）以保护促利用，聚焦数据权益保障、数据流通利用、数据安全管理三大环节，结合数字经济相关市场主体的发展瓶颈，在满足安全要求的前提下，最大程度促进数据流通和开发利用、赋能数字经济和社会发展。

（2）特点。第一，公共数据治理方面，要深化大数据资源平台建设，制订公共数据分类管理、便捷共享等规范，提升政府内部数据共享应用效率；建立政府统一采购非公共数据制度，提升财政资金集约化利用水平，加快政企数据融合应用。第二，数据要素市场方面，培育公平、开放、有序、诚信的数据要素市场，建立资产评估、登记结算、交易撮合、争议解决等市场运营体系，促进数据要素依法有序流动。建立健全数据交易机制，支持数据交易服务机构有序发展，创建完善数据交易服务机构管理制度，并由相关行业协会构建交易价格评估指标。第三，数据安全方面，实行数据安全责任制，数据处理者是数据安全责任主体。建立健全数据分类分级保护、重要数据目录管理、公共数据安全管理等制度，建立健全数据安全风险评估预警、数据安全应急处置等机制。

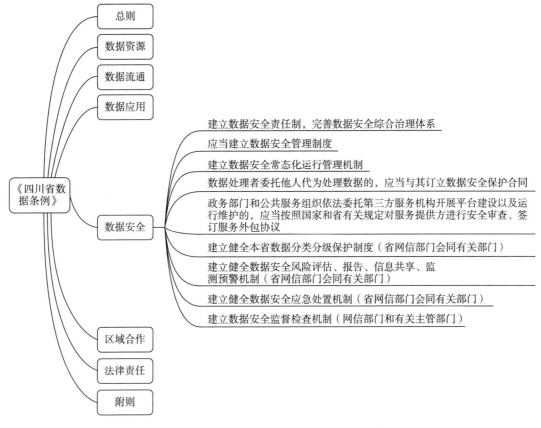

3.《浙江省公共数据条例》。

（1）2022年1月21日，浙江省人民代表大会常务委员会公布了《浙江省公共数据条例》（2022年3月1日起施行）。这是全国首部公共数据领域的地方性法规。提倡"应共享尽共享"。

（2）将公共数据分为两类。一类是本省国家机关、法律法规规章授权的具有管理公共事务职能的组织以及供水、供电、供气、公共交通等公共服务运营单位在依法履行职责或者提供公共服务过程中收集、产生的数据。另一类是根据本省应用需求，税务、海关、金融监督管理等国家有关部门派驻浙江管理机构提供的数据。

（3）规定四项制度。第一，要求分类开放，根据风险程度，将公共数据分为无条件开放、受限开放、禁止开放数据三类。第二，明确开放范围和重点，优先开放与民生紧密相关、社会迫切需要等方面的数据。第三，规定开放属性确定机制，科学确定开放属性，并明确争议解决机制。第四，明确受限开放条件和要求，落实安全保障措施。

（4）体现七大亮点。第一，拓展公共数据范围，为党政机关整体智治提供基础资源支撑。第二，明确公共数据平台建设规范，夯实数字化改革底座。第三，完善公共数据收集归集规则，提高公共数据质量。第四，建立公共数据充分共享机制，助力省域治理高效协同。第五，构建公共数据有序开放制度，激活数据要素市场。第六，设立公共数据授权运营制度，更好推动数据创造价值。第七，健全公共数据安全管理规范，确保公共数据全生命周期安全。

（5）突出三个导向。第一，改革导向。紧紧围绕浙江省委数字化改革决策部署，把握一体化、全方位、制度重塑、数据赋能、现代化的改革特征，着力固化提升改革成果、有效破解改革难题，并充分预留改革空间。第二，需求导向。根据实践所需和基层、群众所盼，拓宽公共数据范围，强化公共数据平台一体化智能化建设，推动公共数据依法收集、充分共享、有序开放、安全利用，发挥数据作为关键生产要素的作用。第三，问题导向。聚焦数字化改革中的难点、堵点问题进行制度设计，推进省域治理体系和治理能力现代化，为法规"立得住、行得通、真管用"提供了保障，条例的很多内容具有全国引领性，也具有浙江辨识度。

（三）数据交易管理类——《天津市数据交易管理暂行办法》

1. 2022 年 1 月 25 日，天津市互联网信息办公室发布《天津市数据交易管理暂行办法》（2022 年 1 月 25 日施行，有效期 2 年）。

2. 特点。

（1）规定了数据交易主体应满足的条件、可交易的数据类型、如何确保数据交易安全，强调了国家安全、公共安全、隐私数据不可交易。分为总则、交易主体、交易数据、交易行为、交易平台、交易安全、监管、责任追究、附则九章。其中交易主体分为数据供应者、数据需求者、数据交易服务机构。参与数据交易，三者应当满足一年内没有重大数据类违法违规记录。数据供应商和数据需求者应向数据交易服务机构注册，审核合格，分别安全交付数据和安全保护数据。

（2）数据交易一般分为电子化交易和非电子化交易。电子化交易是基于数据交易服务平台的数据交易，非电子化交易是基于离线方式的数据交易。强调将未电子化形式的文件、资料、图表等各种数据转换为电子化形式的数据，推进全过程电子化交易。

（3）数据供应商对交易数据进行安全风险评估并生成评估报告。数据用户按供求双方约定使用数据，禁止个人信息的再识别，使用完毕后按约定立即销毁交易数据。作为平台方面，数据交易服务机构强调不能擅自使用数据供求双方的数据或者数据衍生品，应该向数据供求双方提供匿名、泛化、随机、加密等失灵机制和措施，保护重要的数据和个人机密信息发生泄漏、篡改、损坏等数据安全事件时，数据交易服务机构应当立即采取纠正措施，立即以电话、邮件等方式通知数据供求双方，并向有关部门报告。

（4）互联网信息主管部门与公安等部门合作，对数据交易机构履行数据安全责任、执行安全管理制度等情况进行检查。发现数据交易行为或交易平台存在较大风险时，应提出纠正要求，催促纠正。

（四）数据知识产权登记类——《北京市数据知识产权登记管理办法（试行）》

1. 2023 年 5 月 30 日，北京市知识产权局、北京市经济和信息化局、北京市商务局、北京市人民检察院发布《北京市数据知识产权登记管理办法（试行）》，用以规范北京市行政辖区内数据知识产权登记行为。共设五章，分为总则、登记内容、登记程序、管理监督、附则。

2. 特点。

（1）数据知识产权登记为权属记载型。借助知识产权保护制度对数据知识产权进行确认的数据权益保护机制为权属记载性登记。

（2）登记主体为数据持有者和数据处理者。

（3）在登记对象上强调数据具有商业价值且处于未公开状态。

（4）登记前需完成数据存证或公证，并且数据权属不存在争议。

（5）淡化数据所有权，强调数据使用权，旨在鼓励数据流通。

（五）数据官制度建设类——《上海市电信和互联网行业首席数据官制度建设指南（试行）》

1. 2023 年 5 月 31 日，上海市通信管理局印发《上海市电信和互联网行业首席数据官制度建设指南（试行）》。

2. 文件背景。《上海市数据条例》第 6 条明确鼓励各区、各部门、各企业事业单位建立首席数据官（Chief Data Officer，以下简称"CDO"）制度，并规定 CDO "由本区域、本部门、本单位相关负责人担任"。2023 年 3 月，上海市通信管理局启动"浦江护航"数据安全专项行动，重点任务包括试点实施电信和互联网行业 CDO 制度。要求在上海取得电信业务经营许可证的电信和互联网企业应积极建立 CDO 制度，明确本单位 CDO 及其工作职责并填写《电信和互联网企业首席数据官备案表（试行）》报市通信管理局备案。上海市通信管理局及有关主管部门将定期通报电信和互联网行业 CDO 制度建设与管理情况。

3. 企业可参照以下要求设置 CDO。

（1）应将 CDO 设置于企业最高管理层，为高级管理团队中分管数据治理的管理人员。CDO 应具备如下能力：第一，具有良好的职业道德和敬业精神。第二，熟悉相关规范及行业业务情况，具备与数据相关的战略思维、规划能力、领导力与执行能力，具备对数据的深刻理解和对行业的洞察力。第三，能够定期参加 CDO 专业能力培训。

（2）CDO 应承担如下职责：第一，制定企业数据治理战略并推动实施，包括推动企业数字化转型变革，构建企业数据资产文化，增强全员的数据治理意识；第二，优化企业数据治理与发展，充分发掘数据价值；第三，加强数据合规与安全保障。

四、行业规范性文件——《企业数据合规指引》（上海）

（一）文件出台

2022 年 1 月 27 日，上海市杨浦区人民检察院、上海市杨浦区工商业联合会、上海市信息服务业行业协会以及上海数据合规与安全产业发展专家工作组联合发布了《企业数据合规指引》。

（二）效力

没有强制性。

（三）主要内容

共有 38 条，按照合规架构与风险识别处理的逻辑划分为 6 章，从数据合规管理体系、数据风险识别、数据风险评估与处置、数据合规运行与保障等方面引导企业加强数据合规管理。相对完整、全面地对企业所应履行的义务作出了说明，可以作为降低数据安全风险的合规参考。列举了一些常见的数据风险，特别对数据刑事风险进行了提示，数据处理者在数据处理活动中可能因为存在某些行为被追究包括侵犯公民个人信息罪、破坏计算机信息系统罪、非法侵入计算机信息系统罪等刑事责任。

（四）配套举措

杨浦区检察院与上海数据合规与安全产业发展专家工作组共同研发企业数据合规自评估平台，免费向企业提供数据合规基础评估服务。企业将基本信息输入平台并选择合规模板后，平台会对隐私政策、数据主体权利响应机制、数据安全和风险管理措施、数据安全应急预案等数据治理体系进行盘点，在识别数据全生命周期风险的基础上，自动生成包括风险量化评级、影响评估、建议解决方案在内的评估报告，为企业决策提供参考。该平台在数据业务评估方面比传统方式节省 60% 以上的时间，提高企业的数据合规工作效率和治理能力。

五、地方性规制体系搭建示范（广东）

（一）《广东省数字经济促进条例》

2021 年 7 月 30 日，广东省人民代表大会常务委员会公布了《广东省数字经济促进条例》（2021 年 9 月 1 日起施行）。旨在促进数字经济发展，推进数字产业化和产业数字化，推动数字技术与实体经济深度融合，打造具有国际竞争力的数字产业集群，全面建设数字经济强省。一是聚焦"数字产业化、产业数字化"两大核心，依托"数据、技术"两大要素驱动，发挥数字基础设施底层支撑作用，强化政策措施保障，整体构建"两大核心、两大要素、一个支撑、一个保障"的框架结构。在数字资源开发利用保护方面，鼓励对数据资源实行全生命周期管理，挖掘数据资源要素潜力。明确自然人、法人和非法人组织对依法获取的数据资源开发利用的成果，所产生的财产权益受法律保护，并可以依法交易。有条件的地区，可以依法设立数据交易场所。二是对于解决互联网平台不正当竞争等问题，从政府部门、互联网平台经营者两个方面作出了多项规定：要求互联网平台经营者应当依法依约履行产品和服务质量保障、网络安全保障、数据安全保障、消费者权益保护。三是专门设立"数字技术创新"专章，规定实施省重点领域研发计划重大专项，加快推进基础理论、基础算法、装备材料等关键核心技术攻关和突破，打造数字技术大型综合研究基地和原始创新策源地。

（二）《广东省公共数据管理办法》

2021 年 10 月 18 日，广东省人民政府公布了《广东省公共数据管理办法》（广东省人民政府令第 290 号）（2021 年 11 月 25 日起施行）。这是广东省首部数据层面的政府规章，为规范公共数据管理，促进公共数据资源开发利用提供了制度保障。

体现了四个方面的创新：一是将具有公共服务职能的机构纳入适用范围，在国内首次明确把"具有公共服务职能的组织"在实施公共服务过程中制作或者获取的数据纳入公共数据范畴。二是在省级层面，将国家要求的"一数一源"探索落地，按照一项数据有且只有一个法定数源部门的要求，分类确定了基础数据的采集、核准和提供部门。三是明确数据交易的标的，数据交易是具有数据增值服务性质的数据产品或者数据服务的交易，政府通过数据交易平台加强对数据交易的监管，弥补了以往政府监管的空白。四是建立数据主体授权用数机制，明确商业秘密、个人敏感数据经数据主体授权后，可提供给被授权方使用。

通过管理职责划分、安全责任划分以及明确对应的法律责任，从制度上解决了公共管理和服务机构不愿将数据在政府内部共享的问题。将具有公共服务职能的组织，例如电力、水务、燃气、通信、公共交通等在实施公共服务过程中的数据采集、使用、管理活动纳入适用范围，为高价值公共数据管理提供了制度保障。对公共数据目录管理做了规定，统一目录管理，包括对公共数据的更新频率以及公共数据的采集、核准、提供部门等内容，并要求当法律、法规、规章依据或者法定职能发生变化的，公共管理和服务机构应当在 15 个工作日内更新本机构公共数据资源目录，同时要求公共数据主管部门应当在 5 个工作日内审定，通过这些可量化的管理要求来保障目录及时更新；要求公共管理和服务机构及时更新，保证公共数据的完整性、准确性、一致性和时效性，规定公共管理和服务机构对本机构公共数据开展数据治理，提升数据质量。

（三）《深圳经济特区数据条例》

2021 年 7 月 6 日，深圳市人民代表大会常务委员会通过《深圳经济特区数据条例》（2022 年 1 月 1 日施行）。在省条例的基础上作出了更为细化的规定。率先在地方立法中探索数据相关权益范围和类型，明确了自然人对个人数据依法享有权益，包括知情同意、补充、更正、删除、查阅、复制等权益；自然人、法人和非法人组织对其合法处理数据形成的数据产品和服务享有法律、行政法规及条例规定的财产权益，可以依法自主使用，取得收益，进行处分。

数据交易方面，市场主体对合法处理数据形成的数据产品和服务，可以依法自主使用，取得收益，进行处分。市政府推动建立数据交易平台，引导市场主体通过数据交易平台进行数据交易；市场主体合法处理数据形成的数据产品和服务，可以依法交易。

（四）《深圳市数据产权登记管理暂行办法》

1. 2023 年 6 月 15 日，深圳市发展和改革委员会印发《深圳市数据产权登记管理暂行办法》，自 2023 年 7 月 1 日起施行，有效期三年。包括总则、登记申请人及登记主体、登记机构、登记行为、监督与管理、法律责任、附则，共 7 章 34 条。规范数据产权登记行为，保护数据要素市场参与主体的合法权益，促进数据的开放流动和开发利用。

2. 对一些基本概念给予明确定义。数据资源，是指自然人、法人或非法人组织在依法履职或经营活动中制作或获取的，以电子或其他方式记录、保存的原始数据集合。

数据产品，是指自然人、法人或非法人组织通过对数据资源投入实质性劳动形成的数据及其衍生产品，包括但不限于数据集、数据分析报告、数据可视化产品、数据指数、应用程序编程接口（API 数据）、加密数据等。

登记机构，是指由本市数据产权登记工作主管部门管理的、提供数据产权登记服务的机构。

第三方服务机构，是指对数据资源和数据产品的真实性和合规性进行实质性审查，并出具相应审查报告的机构。

数据产权登记，是指数据产权登记机构将数据资源和数据产品的权属情况及其他事项进行记载的行为。

数据加工使用是指在相关法律法规或合同约定下，相关主体以各种方式、技术手段对数据进行采集、使用、分析或加工等行为。

数据产品经营是指在相关法律法规或合同约定下，相关主体可对数据产品进行占有、使用、收益或处分等行为。

3. 明确应用新技术。登记机构应当运用区块链等相关技术，对登记信息进行上链保存，并妥善保存登记的原始凭证及有关文件和资料。其保存期限不得少于 30 年。法律法规另有规定的，从其规定。

4. 监督与管理的新方式。

（1）登记主管部门应加强对登记监管数据的归集和共享，建立登记监管数据共享机制，制定共享目录，明确各部门共享责任，实现有关数据的共享。推行非现场监管、信用监管、风险预警等新型监管模式，提升监管水平。

（2）登记机构应当建立数据产权登记监控制度，发现有违反市场监督管理、网络安全、数据安全等方面相关的法律、法规、规章，损害国家利益和社会公共利益，侵犯个人隐私和商业秘密的行为，应当依法采取必要的处置措施，保存有关记录，并向监管部门报告。

（3）登记机构应当建立保护数据传输、存储和使用安全的基础设施，加强防攻击、防泄漏、防窃取的监测、预警、控制和应急处置能力建设，制定数据安全事件应急预案，对重要系统和数据库进行容灾备份，定期开展数据安全等级保护测试和渗透测试，关键设备应采用自主可控的产品和服务。

（4）登记机构和第三方服务机构应当实施保密措施，确保数据产权登记相关材料不被泄露或用于不正当活动。

（5）登记机构应当制定数据分级分类登记管理实施细则，根据数据的不同级别和类别采取不同的登记管理措施。

（五）《广州市国资委监管企业数据安全合规管理指南（试行2021年版）》

1. 2021年12月20日，广州市人民政府国有资产监督管理委员会下发关于印发《广州市国资委监管企业数据安全合规管理指南（试行2021年版）》（穗国资法〔2021〕13号）的通知

2. 主要内容。分为9章，共计58条。涉及组织机构、制度建设、合规要求（数据安全、个人信息保护、合作伙伴管理）、技术应用、责任与监督等内容。

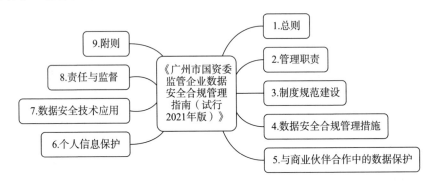

3. 工作原则。

（1）高度重视。数据是重要的战略性资源，监管企业要将数据安全合规管理提升到事关国家安全、经济安全、社会稳定和人民群众切实合法权益的高度，始终把国家主权、安全、发展利益放在首位，加强安全能力建设，重视企业、员工、股东及合作方数据安全及个人信息保护，以发展促安全、以安全保发展。

（2）推进落实。监管企业要坚持将数据安全合规要求逐步覆盖各业务领域，各部门，各级全资、控股或实际控制的子企业、分支机构及其员工。数据应当全面包括电子或其他方式对信息的记录。数据安全合规管控措施及技术应用覆盖所有数据资产及数据处理全流程。

（3）强化责任。监管企业要切实加强对数据安全合规管理的组织领导，明确职责，建立健全分工负责、协作配合的工作机制，明确管理人员和各岗位员工的数据合规责任并督促有效落实。

（4）协同融合。监管企业认真贯彻落实数据安全合规的相关要求，将数据安全合规工作纳入企业数字化转型整体布局中，将数据安全合规管理通过企业数字化技术的应用及升级进行有效落地。

4. 主体责任及数据安全风险较高的认定。

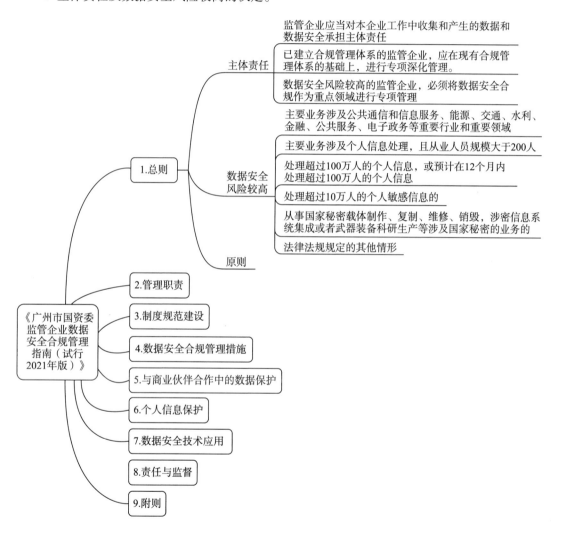

5. 管理角色与职责。

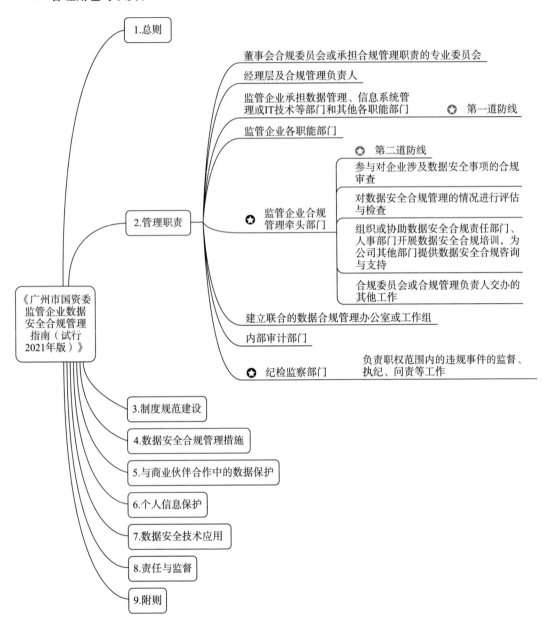

6. 制度规范建设。

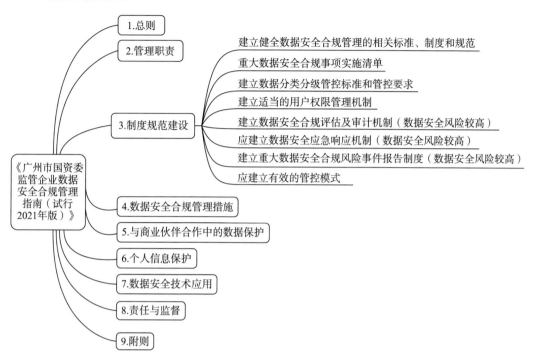

7. 数据安全合规管理措施。

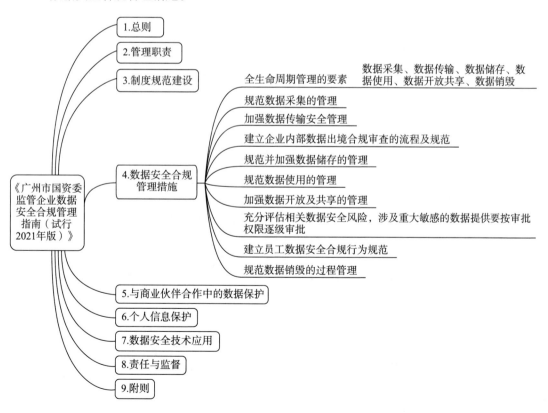

8. 与商业伙伴合作中的数据保护。

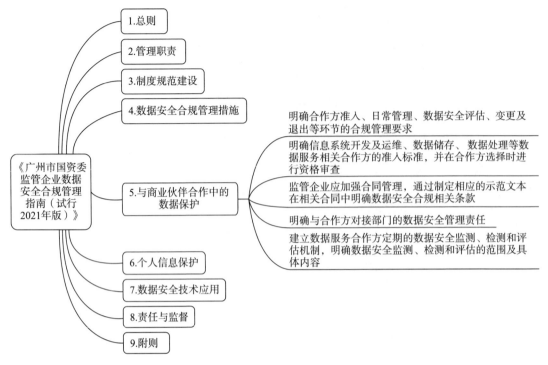

9. 个人信息保护。

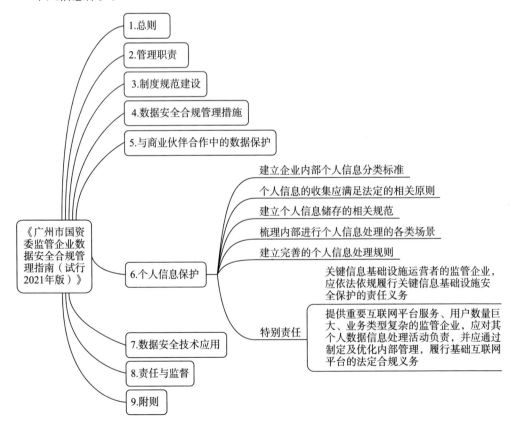

10. 数据安全技术应用。

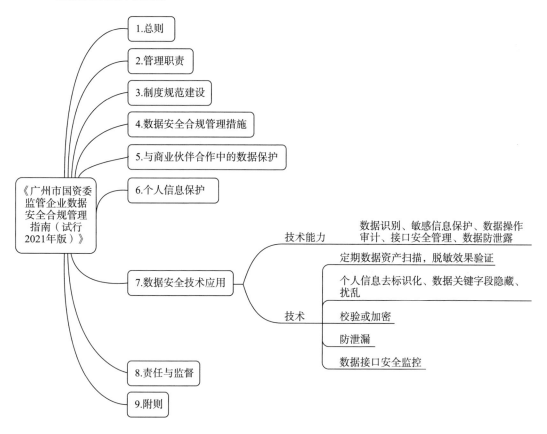

第二节　数据治理是系统工程

一、数据的特征

《中华人民共和国数据安全法》给数据下了定义，"本法所称数据，是指任何以电子或者其他方式对信息的记录。"数据是一种客观存在，是关于事物的事实描述，可通过测量、记录、发现等方式去获得。数据具有无限性、易复制性、非均质性、易腐性和原始性五个特征。

（一）无限性

与实物不同，数据不会因使用而耗尽，反而是因使用而产生，会不断被创造，会越来越多。

（二）易复制性

数据可以快速地以近乎零成本的方式进行复制，可供多人同时使用，可多次循环使用，一个人的使用可以不排斥和妨碍别人对其使用，不同人之间在使用上不存在直接的利益冲突。易复制性使得数据具有一定程度的非竞争性和非排他性，但数据不是公共品，有公共数据、企业数据和个人数据之分。

（三）非均质性

均质性普遍存在，例如出厂的商品、油电气等能源。而数据是非均质的，同一份数据对不同人的价值也不一样。

（四）易腐性

数据是一种易腐品，会随着时间的流逝而迅速贬值。数据的价值很大程度体现在时效性上，超过一半的数据在产生的那一刻就不再有价值，被称为"一秒钟定律"。能得到分析处理并产生实际效用的数据则更少。

（五）原始性

数据是原始的，本身并没有意义，只有对它进行处理分析，才能转变成对人们有用的信息。如果说数据是新石油，那么分析就是内燃机。信息是数据提炼后的产物；信息经人脑加工后形成知识，知识具有主观性；数据、信息和知识是历史的，而智慧是关于未来的，是人们运用知识做出决策和判断的能力。美国福特汉姆大学的米兰·瑟兰尼（Milan Zeleny）教授（1987）提出了 DIKW 金字塔模型，从底层到顶层依次是：数据（Data）：Know nothing，一无所知；信息（Information）：Know what，知道是什么；知识（Knowledge）：Know how，知道怎么做；智慧（Wisdom）：Know why，知道为什么。

二、数据治理与数据治理体系

（一）数据治理

数据治理是基于内部数据标准、策略和规则，管理企业数据的可用性、完整性和安全性的过程，是对数据进行全面管理、维护和优化的过程，保障数据利益相关者的需求得到满足，最大程度挖掘数据价值。有效的数据治理可确保数据是一致的、可理解的、正确的、完整的、可信赖的、安全的和可发现的。数据治理通常包括数据架构、数据建模、主数据、元数据、数据质量、数据安全、数据目录、数据资产等管理工作。数据治理的主要目标包括：将数据安全风险降至最低；建立数据使用的内部规则；实施合规要求；改善内部和外部沟通；增加数据的价值；通过风险管理和优化为公司的持续存在奠定坚实的基础

（二）数据治理体系

数据治理体系建设是一项复杂的系统性工程，既涉及企业战略、组织架构等顶层设计，又涉及文化、制度等外部因素，还与系统、平台、工具等技术发展密切相关。需要借鉴国际数据管理协会（DAMA）、国际数据治理研究所（DGI）、IBM 数据治理委员会、中国电子工业标准化技术协会信息技术服务分会（ITSS）等国内外组织或机构提出的数据治理架构基础上，结合国有企业数据现状及工作要求，涉及数据标准、数据平台、数据目录、数据质量、数据共享、数据应用等方面。

三、数据治理依赖于企业拥有较高的信息化水平

（一）具备必要条件

企业数字化转型达到一定的阶段，具有业务数据化的实力后，才能开展数据治理工作。如果企业没有建设完备的信息化系统，没有具备对业务进行数据解析的能力，是不能开展数据治理的。数据治理要求企业实现数据透明。企业所拥有的数据种类、数据驻留位置、谁有访问权以及这些数据如何被使用等信息都应该被说明。

（二）明确数据治理工作内容

1. 企业开展数据治理，要明确数据治理工作目标、原则与工作范围，统一数据治理工作方法，构建数据治理组织体系，明确组织机构的职责，规范数据治理体系管理、数据供给管

理、数据赋能管理要求。

2. 数据治理的目标是制定统一数据采集汇聚使用和数据服务标准，由统一的数据中台汇聚、拉通、整合、共享全域数据，规范全域数据管理，构建统一的标签体系，提升数据融合和共享质量，强化数据对各专业、生产一线的赋能，加大数据开放共享，加强安全防护，激发数据生产要素活力，实现数据"可视、可信、可用"，充分发挥数据要素在数字化转型中的"倍增器"作用。

（三）统筹规划一体推进

数据治理是一个宏大的工程，涉及的工作内容很多，企业会为此建立一整套工作机制。高质量的数据治理格局通常表现为"一套制度规范、一套治理方法、一个数据中台"。一套制度规范包含数据治理管理办法、数据企业标准和"N"个系统数据规范方案。简单来说，一套治理方法包含明确场景、识别数据、认定来源、治理数据、汇聚数据、使用数据、提升质量等多个步骤，规范数据治理行为，确保合规找数、用数、治数。一个数据中台指企业只能有一个数据中台，企业 OBMD 全域数据入湖数据中台，在统一数据中台汇聚、拉通、整合、共享，打破"数据烟窗"和"平台壁垒"，不能以行政部门或分支机构切分数据中台。这项工作通常的由负责数据管理的专业部门来承担，不是由合规管理部门承担的。不同企业管理诉求及管理颗粒度不同，这不是本书讨论的范畴，不做赘述。

（四）统一平台统一支持

数据治理依托于企业级数据平台的支撑。大部分企业仍处于信息化建设的初级阶段，根据业务需求建设业务系统，产生的业务数据沉淀在业务系统中。数据的分散存储不利于资源的高效利用，也给数据的统一管理和应用带来很大困难，制约了数据价值的有效发挥。通过建设企业统一的数据平台，为数据应用及共享服务提供基础平台，可以打破"数据竖井"，实现数据的全量汇聚和融通。企业的通常做法是建设数据中台，实现企业核心系统数据全量接入，统一管理。

四、企业数据治理的基本要素

（一）建立统一数据标准

1. 数据标准可以从源头上保障业务协同和数据共享。国有企业规模大、业务条线多，极易形成信息孤岛、数据多源等问题。要打破数据的专业壁垒，推动数据的贯通融合，必须统筹制定企业级的数据模型，形成各专业条线共同遵循的数据标准。

2. 数据标准涉及三个维度。

（1）业务维度。涉及业务的定义、标准的名称、标准的分类、标准的业务含义，还有业务的规则，等等。

（2）技术视角。涉及数据的类型、长度、格式、编码规则，等等。

（3）管理视角。涉及数据标准的管理者是谁，新增人员是谁，修改人员是谁，谁来使用，来源的系统，使用的系统，等等。

3. 根据每个业务活动，可以提炼出业务相关的数据对象对应着相应的实体数据。实体数据有相应的属性信息，将每一项属性信息从三个角度进行统一的梳理，最后归纳出与实体之间的关系，就形成了数据的整体模型。

（二）确定数据治理工作方法

数据治理的工作方法很重要，需要遵循数据治理的原理，依赖于先进的信息化作业工具，具备丰富功能的数据治理平台。拥有科学的方法，使数据资产、元数据、主数据、数据架构、数据共享等数据治理关键管理要素全面融入企业的经营管理中。通常涉及七个方面。

1. 明确场景。通常是由业务主责部门明确需要数据赋能的业务范畴、赋能对象、赋能范围、时间计划、业务目标等业务场景内容。

2. 识别数据。业务主责部门应清晰地划分场景赋能过程中需要使用的数据分类、属性、提供形式、更新频率等数据需求。

3. 找数据源。技术负责部门可通过企业正式发布的数据资产目录检索数据、定位数据源。如数据已具备且规范可用，则直接实施数据汇聚。

4. 治理数据。业务主责部门、技术负责部门联合认定主数据，明确数据类型，统一数据业务口径、技术口径，设计业务模型、明确数据流向，提交统筹管理部门组织评审，并发布相关数据标准；相应的支撑系统根据数据标准进行数据开发或改造，生成数据，保证数据同源一致、有序流动；将系统已生成的数据按照数据标准汇入企业的数据湖，实现数据全量纳管。

5. 汇聚数据。技术主责部门通过企业的数据平台实施物理采集入湖，明确指标标签业务口径、技术口径，在数据中台加工生成指标、标签、模型数据，提供数据使用。

6. 使用数据。企业各部门与各级分支机构依据企业的数据共享管理办法，规范数据共享使用，赋能业务场景，同时遵循数据安全要求，保障数据合规使用。

7. 提升质量。对数据治理工作过程进行监督，形成工作评价报告，总结数据治理工作成果，明确改进方向。可以对标 DCMM 国家标准，开展数据管理能力成熟度评估，了解企业数据治理管理水平，发现存在的问题，找到企业本身与行业平均水平之间的差距，指出企业未来数据管理能力建设方向。在数据赋能过程中，从公司经营发展、收入保障、感知提升、效率提升等方面，评价数据赋能成效。

（三）推动数据充分共享

推进数据充分共享，实现数据要素自由流动，是发挥数据价值的基础。受专业管理等客观条件影响，企业内部往往存在数据共享难等问题，影响企业数据价值的有效发挥。要打破专业壁垒，通过推动数据分级分类管理等方式，简化审批流程，基于企业数据中台等内部平台，强化数据在企业内部的充分共享。尽量树立"以共享为原则，不共享为例外"的工作原则，建立"最小化"的数据共享负面清单，提升数据获取及使用的便捷性。

（四）夯实元数据管理

元数据是关于数据的数据。元数据标注、描述或者刻画其他数据，以便检索、解读或使用信息更容易。对数据上下文背景、历史和起源进行完整地记录并管理。通过分层架构表达对数据的分类和定义，厘清数据资产。作为描述数据的数据，元数据是规范数据管理的重要载体，可以为数据的查询和获取提供基础信息。通过开展数据资源盘点，规范元数据管理并构建企业级数据目录，对于全面掌握公司数据资源状况，实现数据可视可查具有重要意义。通常要建立数据目录体系，建立常态维护机制，实现数据目录在线发布和管理，有效支撑数据查询和获取。

（五）需要应对的问题

1. 打破数据孤岛。数据孤岛是指由一个部门持有的数据集合，其他部门不容易或不能完全访问。数据往往是由企业内部的不同部门生产与管理的。这种数据管理机制，还有信息化时代的"烟囱"式系统结构，往往阻碍了数据在企业大内部的自由流动。这使得在企业内部数据应用变得困难。

2. 保障数据质量。数据治理涉及对进入企业的数据质量的监督，以及在企业内部的使用。数据的损坏、不准确、陈旧等情况必须避免，才能保证数据的清洁性，确保数据可以被信任。

3. 避免数据不透明。数据治理要求企业实现数据透明。诸如企业所拥有的数据种类、数据驻留位置、谁有访问权以及这些数据如何被使用等信息都应该被说明。企业应该制定实施数据管理流程，建立策略和方法来访问、整合、存储、转移和准备分析数据。

4. 清除不安全的数据。随着企业内部和外部数据源的激增，数据泄露也在增加。数据安全取决于可追溯性，企业应该能够跟踪数据起源于何处，位置在哪里，谁可以访问它，这些数据是如何被使用的，如何删除它，等等。要防止敏感的商业信息或客户数据的潜在泄漏。

第三节　数据治理三大任务

一、数据资产管理

（一）基本概念

1. 数据资产。数据资产是由企业合法拥有或者控制的数据资源，以电子或其他方式记录，例如数据库、文本、图像、语音、视频等结构化或非结构化数据，可进行计量，能直接或间接为企业带来经济和社会效益。

2. 数据资产管理。数据资产管理是指通过制度、流程、工具等手段，对数据资产采集、存储、使用等过程进行管理和评估，提高数据资产的利用率。

（二）管理机制

1. 目标与原则。数据资产管理以释放数据要素价值为目标，从数据资源化、数据资产化、数据资本化视角探索数据价值释放路径，从而控制、保护、交付和提高数据资产的价值。数据资产管理以"权属可管控、资产可计量、价值可量化、质量可评价"为原则，要求对全量数据资产进行管控，加强数据资产整合及保护，促进数据资产流通与交易，释放数据要素价值。

2. 内容。数据资产管理的内容包括数据目录管理、数据资产生命周期管理、数据资产运营评价。

（1）数据目录管理是通过明确数据责任，推动数据标准化，统一纳管元数据，形成数据资产目录。

（2）数据资产生命周期管理重点管控数据资产的新增、变更、删除，保证数据资产有序使用。

（3）数据资产运营评价是建立数据资产评价指标，开展数据资产运营评价，提升数据资产质量。数据资产管理通过盘点数据资源、统一注册发布数据资产、评价跟踪数据资产价值的方法，摸清企业数据家底，促进企业数据资产有序流通。

二、数据质量管理

（一）基本概念

数据质量是数据满足业务运营、管理决策等使用要求的程度。

根据国际数据治理协会 DAMA 官方定义，数据质量管理是对数据从计划、获取、共享、维护、应用、消亡生命周期的每个阶段里可能引发的各类数据质量问题，进行识别、度量、监控、预警等一系列管理活动，并通过改善和提高组织的管理水平使得数据质量获得进一步提高。

（二）管理目标

通过建立数据质量管理体系及工作机制，明确数据质量管理工作职责及要求，解决数据质量问题，持续提升数据质量，支撑业务发展，发挥数据要素价值。

（三）管理内容

1. 完整性，指的是数据记录的信息是否完整，是否存在缺陷的情况。数据残缺主要包括记录的残缺和重要字段信息的残缺，这两种情况都会造成统计结果不准确。

2. 一致性，指的是数据在数据仓库的不同系统中，要保证数据的一致性。

3. 准确性，指的是数据记录的信息和数据是否准确，是否存在异常，或者错误的信息。

4. 时效性，指的是数据的时间和效果需要保证，有效及时的数据，才能发挥价值。

5. 合规性，指的是数据的值、格式和展现形式，必须符合数据定义和业务定义的要求。

6. 可访问性，指的是给用户想要使用这些数据的时候，能有访问权限。

（四）管理要求

包括数据质量需求管理、数据质量稽核管理、数据质量问题管理、数据质量评价与报告、数据质量提升等。

（五）管理目标

通过确定数据质量需求、开展数据质量稽核、跟踪处理问题、评价报告数据质量、提升数据质量的闭环管理方法，不断迭代，持续提升数据质量。

三、数据安全管理

（一）基本概念

数据安全是指通过采取必要措施，确保数据处于有效保护和合法利用的状态，以及具备保障持续安全状态的能力。

数据安全管理是为确保数据处于有效保护和合法利用的状态而进行的管理活动。数据安全管理的目标是规范数据处理活动，加强数据安全管理，保障数据安全，促进数据开发利用，保护企业和个人的合法权益，维护国家安全和发展利益。

（二）管理范畴

1. 原则及职责分工。数据安全管理应遵循"谁采集谁负责，谁存储谁负责，谁使用谁负责，谁受益谁负责"的原则，数据的采集、存储、传输、使用、共享、销毁单位承担职责范围内的数据安全主体责任，各单位要建立、完善本单位数据安全管理流程和标准规范，明确内部各部门、岗位具体数据安全责任。企业数据安全工作要进行统筹管理，对数据安全工作实施指导、监督和管理，建立数据全生命周期安全管理制度，制定数据安全事件应急预案，组织安全演练。业务线条责任是针对本领域的数据安全负责，牵头完成本领域数据安全管理目标制定、需求提出、问题解决、整改提升工作。技术部门的责任是将数据安全管理工作要求在数据处理活动平台中落地实施。

2. 内容。包括备案管理、安全监督与检查。

备案管理指对数据安全管理中的重点工作事项建立全国备案机制。

安全监督与检查指各单位应对本单位数据安全管理情况和落实效果进行监督检查，重点针对数据安全制度规范体系、数据全生命周期技术保障能力、重要数据和核心数据安全管理、数据对外合作、数据安全评估及数据安全应急响应体系等进行检查，并及时督促问题整改。

3. 方法。包括责任落实、分类分级、技术防护、安全运营、监督检查等。

第四节　用好"数据二十条"做数据合规

一、全面理解"数据二十条"

（一）概述

2022 年 12 月 12 日，《中共中央、国务院关于构建数据基础制度更好发挥数据要素作用的意见》（简称"数据二十条"）从数据产权、流通交易、收益分配、安全治理等方面构建数据基础制度，提出 20 条政策举措。"数据二十条"的出台，将充分发挥中国海量数据规模和丰富应用场景优势，激活数据要素潜能，做强做优做大数字经济，增强经济发展新动能。"数据二十条"将全面增强各地区、各部门的公共数据统筹管理能力，有力推动跨层级、跨地域、跨部门的公共数据汇聚融合、共享交换和开发应用，大大提升公共数据的整体流通效能和经济社会价值。

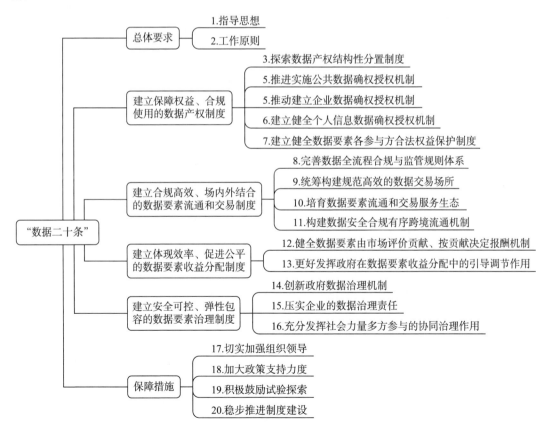

（二）构建四个制度

1. 建立保障权益、合规使用的数据产权制度，探索数据产权结构性分置制度，建立数据资源持有权、数据加工使用权、数据产品经营权"三权分置"的数据产权制度框架。

2. 建立合规高效、场内外结合的数据要素流通和交易制度，从规则、市场、生态、跨境四个方面构建适应中国制度优势的数据要素市场体系。

3. 建立体现效率、促进公平的数据要素收益分配制度，在初次分配阶段，按照"谁投入、谁贡献、谁受益"原则，推动数据要素收益向数据价值和使用价值创造者合理倾斜，在二次分配、三次分配阶段，重点关注公共利益和相对弱势群体，防止和依法规制资本在数据领域无序扩张形成市场垄断等各类风险挑战。

4. 建立安全可控、弹性包容的数据要素治理制度，构建政府、企业、社会多方协同的治理模式。

（三）释放数据内在价值

1. 提出从流通规则、交易市场、服务生态等方面加强数据流通交易顶层设计，建立数据流通准入标准规则，探索开展数据质量标准化体系建设；统筹优化全国数据交易场所规划布局，出台数据交易场所管理办法，构建多层次市场交易体系；培育数据商和第三方专业服务机构两类主体。

2. 数据的使用价值在于对产业生产效率和市场运行效率的普遍提升作用。由于数据的使用价值高度依赖于规模质量、多源融合和应用场景，因此必须通过流通才能创造出更大价值。通过流通交易可以鼓励市场主体逐步探索和完善数据定价体系，用市场化的手段合理评估和量化数据的经济贡献，有助于进一步将数据资源提升为数据资产，真正释放其内在价值。

二、结合"数据二十条"加深对数据的认知

（一）理解数据的属性

"数据二十条"明确规定，数据作为新型生产要素，是数字化、网络化、智能化的基础，已快速融入生产、分配、流通、消费和社会服务管理等各环节，深刻改变着生产方式、生活方式和社会治理方式。数据在当下企业的经营发展中发挥着重要作用，企业必须对数据拥有正确的认知。数据具有无形性、非消耗性等特点，可以接近零成本无限复制。这为企业价值创造提供极好条件。做好数据合规，首先要正确理解数据的实质、特点，才能厘清管理思路、梳理管理举措，促进数据管理在合规的道路上健康发展。

（二）数据对传统产权、流通、分配、治理等制度提出的挑战

数据合规治理需要重新规划治理体系，适应新的合规需求。发展和安全是数据治理体系的一体两面，要形成政府监管与市场自律、法治与行业自治协同、国内与国际统筹的数据要素治理结构。一方面，贯彻总体国家安全观，强化数据安全保障体系建设，把安全贯穿数据供给、流通、使用全过程，划定监管底线和红线；另一方面，加强数据分类分级管理，把该管的管住、该放的放开，积极有效防范和化解各种数据风险。国家倡导产业数字化，数字产业化；企业倡导业务数据化、数据业务化，数据成为企业的核心生产要素。企业在搭建自身数据治理体系过程中，要贯彻"数据二十条"体现的数据治理主旨，一手抓安全，一手抓发展。双轮驱动，数据治理才能稳步前行。

三、企业执行"数据二十条"的关注点

（一）聚焦"监管"与"合规"

1. "数据二十条"全文共提及"监管"13次，具体涉及划定监管红线、完善监管规则体系、突出国家级数据交易场所合规监管、在数据跨界流通中监管互认、强化行业监管和跨行业监管等方面；共提及"合规"16次，具体涉及合规使用、全流程合规治理、企业数据合规体系建设和监管、合规认证、合规公证、鼓励企业创新内部数据合规管理体系等方面。由此可见，"监管"与"合规"是数据治理的一体两面。

2. 从监管角度，需充分发挥政府有序引导和规范发展的作用，守住安全底线，明确监管红线，打造安全可信、包容创新、公平开放、监管有效的数据要素市场环境。强化分行业监管和跨行业协同监管，建立数据联管联治机制，建立健全鼓励创新、包容创新的容错纠错机制。建立数据要素生产流通使用全过程的合规公证、安全审查、算法审查、监测预警等制度，指导各方履行数据要素流通安全责任和义务。建立健全数据流通监管制度，制定数据流通和交易负面清单，明确不能交易或严格限制交易的数据项。因此，政府将探索构建多渠道、便利化的数据跨境流动监管机制，健全多部门协调配合的数据跨境流动监管体系；引导多种类型的数据交易场所共同发展，突出国家级数据交易场所合规监管和基础服务功能；加强企业数据合规体系建设和监管，严厉打击黑市交易，取缔数据流通非法产业。

3. 从合规角度，企业必须服从政府监管，主动理解监管要求，通过一系列的制度、指引、守则，将外部监管要求内化为企业的要求，丰富企业合规文化的内核。以合规作为企业数据治理的内生动力，设置红线禁区、规划蓝海空间，提出清晰、明确、可实现的合规要求，将合规要求嵌入数据挖掘与赋能的各个环节，护航数据治理全流程。

（二）洞察数据交易市场规则

1. 考虑到在数据生产、流通、使用等过程中，个人、企业、社会、国家等相关主体对数据有着不同利益诉求，且呈现复杂共生、相互依存、动态变化等特点，"数据二十条"创造性提出建立数据资源持有权、数据加工使用权和数据产品经营权"三权分置"的数据产权制度框架，构建中国特色数据产权制度体系。企业数据源自于企业生产经营活动，是企业通过治理形成的具有一定质量的、可计算使用的数据。数据持有权是基于价值创造受保护的原理，持有者可以使用、许可他人使用数据并获得收益，但对数据本身并不享有排他支配权，只有权禁止不当获取或使用数据以侵害其合法权益的行为。企业基于数据持有权可以更好地进行数据交易，取得数据收益，将数据转化为生产力。因此，基于数据持有权的商业交易可以为企业带来效益，是企业数据应用的重点，也是企业数据合规管理的重点。

2. 以"三权分置"为基石建立数据产权制度，有力推动数据产权结构性分置和有序流通，数据交易市场规则体现出新的趋势。企业要重点关注两个方面。一是分类分级，国家数据分类分级保护制度下，推进数据分类分级确权授权使用和市场化流通交易，健全数据要素权益保护制度，逐步形成具有中国特色的数据产权制度体系。二是流通规则，有序发展数据跨境流通和交易，建立数据来源可确认、使用范围可界定、流通过程可追溯、安全风险可防范的数据可信流通体系。

（三）承担责任与参与流通并行推进

1. 企业是政府监管的对象，要主动服从监管要求，履行社会义务。企业也要市场经济的

参与者，要发挥数据作为生产要素的活力，积极加入数字经济的建设。既要压实数据治理责任，也要积极参与数据交易，在数据交易中体现合规创造价值的作用。

2. "数据二十条"明确提出"压实企业的数据治理责任"。企业必须将数据合规提到重中之重的位置，履行合规义务。具体来讲，企业承担数据治理责任体现在以下几个方面：

（1）树立责任意识和自律意识，坚持"宽进严管"原则；

（2）积极参与数据要素市场建设，围绕数据来源、数据产权、数据质量；

（3）在数据采集汇聚、加工处理、流通交易、共享利用等各环节，依法依规承担相应责任；

（4）遵守《中华人民共和国反垄断法》等相关法律规定，不得利用数据、算法等优势和技术手段排除、限制竞争，实施不正当竞争；

（5）参与政府信息化建设中的政务数据安全管理，有规可循、有序发展、安全可控；

（6）增强社会责任，打破"数据垄断"，促进公平竞争。

3. 企业要积极参与数据市场流通，在政策向好的大环境下主动作为。具体来讲，企业主动作为可以从以下几个方面切入：

（1）注意数据权利归属与使用，遵守现有法律法规，探索数据产权结构性分置制度，将本企业的数据产权具体分为"数据资源持有权""数据加工使用权""数据产品经营权"等权利，分别制定不同的使用规则及对应举措。进一步厘清企业拥有的数据资源中哪些是个人数据，哪些是企业自有数据，建立数据确权授权机制。

（2）制定和落实数据分类分级制度，在国家数据分类分级保护制度下，做好企业自身数据分类分级、确权授权使用规则，结合企业实际规划数据使用场景。

（3）参与数据跨境流通机制发展。企业要主动提高政治站位，积极参与数据跨境流动国际规则制定，探索加入区域性国际数据跨境流动制度安排，开展数据跨境流动业务合作。

（4）企业在参与国家数据治理体系过程中，利用第三方专业服务机构，助力企业数据合规。包括培育数据集成、数据经纪、合规认证、安全审计、数据公证、数据保险、数据托管、资产评估、争议仲裁、风险评估、人才培训等多个方面。

（四）用好鼓励创新的政策红利

"数据二十条"强调创新政策支持，鼓励有条件的地方和行业在制度建设、技术路径、发展模式等方面先行先试，鼓励企业创新内部数据合规管理体系，不断探索完善数据基础制度。采用"揭榜挂帅"方式，支持有条件的部门、行业加快突破数据可信流通、安全治理等关键技术，建立创新容错机制，探索完善数据要素产权、定价、流通、交易、使用、分配、治理、安全的政策标准和体制机制，更好发挥数据要素的积极作用。企业要抓住契机，结合行业优势、企业特点，在数据治理的全链条中找到切入点，找到自身的数据盈利点。数据已经成为新生产要素，合规管理要助力企业形成数字实力；引入"算力"应用，形成"算力"和"数据"相结合的企业数据价值创造机制。数据正在改变生产方式、生活方式和社会治理方式，合规使用数据成为数据价值创造的组成部分。鼓励创新是数据治理的动力源泉，创新也将成为数据合规管理的驱动力。

第五节　地方政府推进"数据二十条"示例（北京）

一、《关于更好发挥数据要素作用进一步加快发展数字经济的实施意见》

（一）概述

1. 2023 年 6 月 20 日，中共北京市委、北京市人民政府印发《关于更好发挥数据要素作用进一步加快发展数字经济的实施意见》。提出了构建数据基础制度、发挥数据要素作用的决策部署，深入实施《北京市数字经济促进条例》，培育发展数据要素市场，加快建设全球数字经济标杆城市。

2. 指导思想。以习近平新时代中国特色社会主义思想为指导，全面贯彻落实党的二十大精神，按照做强做优做大数字经济的要求，坚持"五子"联动，发挥"两区"政策优势，把释放数据价值作为北京减量发展条件下持续增长的新动力，以促进数据合规高效流通使用、赋能实体经济为主线，加快推进数据产权制度和收益分配机制先行先试，围绕数据开放流动、应用场景示范、核心技术保障、发展模式创新、安全监管治理等重点，充分激活数据要素潜能，健全数据要素市场体系，为建设全球数字经济标杆城市奠定坚实基础。

3. 总体目标。形成一批先行先试的数据制度、政策和标准。推动建立供需高效匹配的多层次数据交易市场，充分挖掘数据资产价值，打造数据要素配置枢纽高地。促进数字经济全产业链开放发展和国际交流合作，形成一批数据赋能的创新应用场景，培育一批数据要素型领军企业。力争到 2030 年，本市数据要素市场规模达到 2000 亿元，基本完成国家数据基础制度先行先试工作，形成数据服务产业集聚区。

（二）企业需要关注的重点内容

1. 探索建立结构性分置的数据产权制度，推进数据资源持有权、数据加工使用权、数据产品经营权"三权分置"的产权运行机制先行先试。

（1）公共数据确权授权方面。北京市大数据中心开展公共数据归集、清洗、共享、开放、治理等活动，确保数据合规使用。

（2）企业数据确权授权方面。明确推动建立企业数据分类分级确权授权机制，对各类市场主体在生产经营活动中依法依规采集、持有、加工和销售的不涉及个人信息和公共利益的数据，市场主体享有相应权益。

（3）个人数据确权授权方面。允许个人将承载个人信息的数据授权数据处理者或第三方托管使用，推动数据处理者或第三方按照个人授权范围依法依规采集、持有、使用数据或提供托管服务。

2. 完善数据收益合理化分配。

（1）鼓励探索建立公共数据开发利用的收益分配机制，推进公共数据被授权运营方分享收益和提供增值服务。

（2）探索建立企业数据开发利用的收益分配机制，鼓励采用分红、提成等多种收益共享方式，平衡兼顾数据来源、采集、持有、加工、流通、使用等不同环节相关主体之间的利益分配。

（3）探索个人以按次、按年等方式依法依规获得个人数据合法使用中产生的收益。

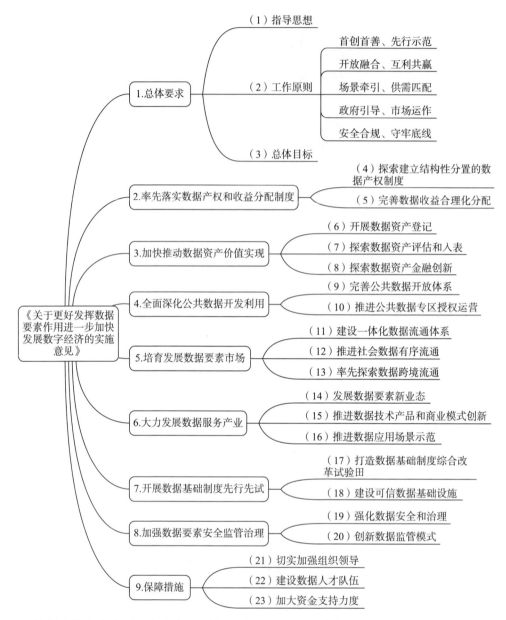

3. 数据赋能产业发展。大力发展数据服务产业、开展数据基础制度先行先试等方面，全力推进数据要素产业发展。如发展数据要素新业态、推进数据技术产品和商业模式创新、推进数据应用场景示范、打造数据基础制度综合改革试验田、建设可信数据基础设施。在完善培育人工智能生成内容产业发展、人工智能数据标注库、探索打造数据训练基地、拓展数据标注师人才培养模式等方面提出支持。

4. 公共数据的应用。

（1）开展"公共数据专区授权运营"。推进开展公共数据专区授权运营，北京市大数据主管部门负责制定公共数据授权运营规则，规范公共数据专区授权条件、授权程序、授权范围，以及运营主体、运营模式、运营评价、收益分配、监督审计和退出情形等。被授权运营主体按照"原始数据不出域、数据可用不可见"的要求，以模型、核验等产品和服务，向社会提供有偿开发利用。研究推动有偿使用公共数据按政府指导定价。

（2）全面深化公共数据开发利用，北京将建立各部门公共数据开放利用清单，推动用于公共治理、公益服务的公共数据有条件无偿使用。推动用于公共治理、公益服务的公共数据有条件无偿使用，加强北京公共数据开放创新基地建设，鼓励通过应用竞赛和建立联合实验室、研究中心、技术中心等方式，推动有条件无偿使用公共数据。

5. 数据资产化。

（1）推动完善数据资产价值评估模型，推动建立健全数据资产评估标准，建立完善数据资产评估工作机制，开展数据资产质量和价值评估。探索数据资产入表新模式。

（2）探索以合法数据资产作价出资入股企业、进行股权债权融资、开展数据信托活动，探索开展金融机构面向个人或企业的数据资产金融创新服务。

（3）探索市场主体以合法的数据资产作价出资入股企业、进行股权债权融资、开展数据信托活动。

6. 打击黑市交易，取缔数据流通非法产业。

（1）数据要素安全监管治理方面，将强化数据安全和治理，加强数据分类分级保护，落实自动驾驶、医疗健康、工业、金融、交通等行业数据分类分级指南，明确各类数据安全保护的范围、主体、责任和措施，加强对涉及国家利益、公共安全、商业秘密、个人隐私等重要数据的保护。

（2）创新数据监管模式，促进数据要素市场信用体系建设，逐步完善数据交易失信行为认定、守信激励、失信惩戒、信用修复、异议处理等机制；制定数据流通和交易负面清单，明确不能交易或严格限制交易的数据项；加强对数据垄断和不正当竞争行为监管，营造公平竞争、规范有序的市场环境；严厉打击黑市交易，取缔数据流通非法产业。

二、配套性文件不断发布

2020年4月，北京市大数据工作推进小组办公室印发《关于推进北京市金融公共数据专区建设的意见》，率先构建以场景为牵引的公共数据授权运营模式，依托市大数据平台建设了专区承担金融公共数据"统进统出"、制度化管理、创新社会应用等功能，探索形成"政府监管＋企业运营"的公共数据市场化应用模式，有力支撑了北京市普惠金融发展。

2022年11月，北京市经济和信息化局印发《关于推进北京市数据专区建设的指导意见》，全市统筹推进数据专区建设，在专区数据供给机制、运营服务能力、数据使用管控、安全管理能力等层面系统化规划部署。

2022年11月，北京市人民代表大会常务委员会印发《北京市数字经济促进条例》，推进数字产业化和产业数字化，完善数字经济治理，促进数字经济发展。

【合规实务建议】

关于数据的监管政策数量多、更新快、覆盖面广，知晓这些监管要求是做好数据合规管理的第一步。如果对监管要求都不知道或是理解不到位，是很难做好符合监管要求的合规管理的。参照监管要求搭建、调整企业的数据治理工作，可以提高数据治理的规范性、数据合规管理的科学性。

鉴于数据合规是数据治理体系中的一个重要工作，全面了解数据治理也是深耕数据合规管理的基础工作。否则，合规工作人员很难找到切入点参与到数据治理中。数据合规管理自身复杂性较强，可以单独成为一个系统工程，与数据治理有着千丝万缕的交融关系，很多情况下处于一起推进的工作状态。掌握了数据知识的基本面，合规工作人员与数据治理人员可以顺畅沟通，合规管理才能落到实处。

对企业来讲，用好"数据二十条"，发现商机拓展商机，利用政策红利为企业创造价值，是合规管理的最高境界。

【本章涉及法规文件】

1. 2020 年 3 月，《中共中央、国务院关于构建更加完善的要素市场化配置体制机制的意见》。

2. 2022 年 12 月，《中共中央、国务院关于构建数据基础制度更好发挥数据要素作用的意见》。

3. 2022 年 12 月，四川省人民代表大会常务委员会公布《四川省数据条例》。

4. 2021 年 11 月，上海市人民代表大会常务委员会公布《上海市数据条例》。

5. 2022 年 1 月，浙江省人民代表大会常务委员会公布《浙江省公共数据条例》。

6. 2022 年 1 月，天津市互联网信息办公室发布《天津市数据交易管理暂行办法》。

7. 2023 年 5 月，北京市知识产权局、北京市经济和信息化局、北京市商务局、北京市人民检察院发布《北京市数据知识产权登记管理办法（试行）》。

8. 2023 年 5 月，上海市通信管理局印发《上海市电信和互联网行业首席数据官制度建设指南（试行）》。

9. 2022 年 1 月，上海市杨浦区人民检察院、上海市杨浦区工商业联合会、上海市信息服务业行业协会以及上海数据合规与安全产业发展专家工作组联合发布了《企业数据合规指引》。

10. 2021 年 7 月，广东省人民代表大会常务委员会公布《广东省数字经济促进条例》。

11. 2021 年 10 月，广东省人民政府公布了《广东省公共数据管理办法》（广东省人民政府令第 290 号）。

12. 2021 年 7 月，深圳市人民代表大会常务委员会印发《深圳经济特区数据条例》。

13. 2023 年 6 月，深圳市发展和改革委员会印发《深圳市数据产权登记管理暂行办法》。

14. 2021 年 12 月，广州市人民政府国有资产监督管理委员会下发关于印发《广州市国资委监管企业数据安全合规管理指南（试行 2021 年版）》（穗国资法〔2021〕13 号）的通知。

15. 2023 年 6 月，中共北京市委、北京市人民政府印发《关于更好发挥数据要素作用进一步加快发展数字经济的实施意见》。

16. 2020 年 4 月，北京市大数据工作推进小组办公室印发《关于推进北京市金融公共数据专区建设的意见》。

17. 2022 年 11 月，北京市经济和信息化局印发《关于推进北京市数据专区建设的指导意见》。

18. 2022 年 11 月，北京市人民代表大会常务委员会印发《北京市数字经济促进条例》。

第十五章 网络安全合规管理

📎 本章内容导读

本章内容从两个视角展开介绍：

第一，从发展与安全的角度切入，如何辩证看待发展与安全的关系，介绍《中华人民共和国网络安全法》相关规定，以及公安部印发的两份重要文件。

《信息安全等级保护管理办法》的发布是为了规范信息安全等级保护管理，明确由公安机关负责信息安全等级保护工作的监督、检查、指导。

《贯彻落实网络安全等级保护制度和关键信息基础设施安全保护制度的指导意见》，以贯彻落实网络安全等级保护制度和关键信息基础设施安全保护制度为基础，以保护关键信息基础设施、重要网络和数据安全为重点，强调深入推进网络安全等级保护定级备案、等级测评、安全建设和检查等基础工作。

第二，从打击治理电信网络诈骗违法犯罪的角度切入，重点介绍《中华人民共和国反电信网络诈骗法》，中共中央办公厅、国务院办公厅印发了《关于加强打击治理电信网络诈骗违法犯罪工作的意见》，同时介绍工业和信息化部、检察院系统、公安系统等参与网络犯罪治理的一些信息，尽量归集不同方面的工作，方便企业可以较为全面地审视并参与到治理电信网络诈骗违法犯罪工作中。

另外介绍了企业网络安全合规管理方面的实践成果，涉及安全合规重灾区的重点治理举措、企业承担合规义务、电信行业开展电信网络诈骗工作的合规举措等，通过提供一些现实工作场景，加深对监管要求的理解。

第一节 网络安全是时代新焦点

一、提高政治站位看待安全

（一）《中华人民共和国国民经济和社会发展第十四个五年规划和 2035 年远景目标纲要》

2021 年，第十三届全国人民代表大会第四次会议表决通过了《中华人民共和国国民经济和社会发展第十四个五年规划和 2035 年远景目标纲要》的决议。这份 6 万多字的纲要文本中，一系列重点任务、诸多标志性工程、翔实的指标数据，擘画出中国发展的蓝图。其中提出，统筹发展和安全，把安全发展贯穿国家发展各领域和全过程，防范和化解影响我国现代化进程的各种风险，筑牢国家安全屏障。这是以习近平同志为核心的党中央站在"两个一百年"的历史交汇点上、全面开启第二个百年奋斗目标新征程之际作出的重大战略部署，具有深刻的方法论意义和丰富的实践内涵。认识是行动的先导，方法是实践的利器。要全面理解、科学把握、系统推进，正确处理好新时代发展和安全的关系，努力实现更高质量、更有效率、更加公平、更可持续、更为安全的发展。

（二）客观认知发展与安全

发展和安全相辅相成、互为条件。发展是解决一切问题的基础和关键。破解突出矛盾和问题，防范化解各类风险隐患，归根到底要靠发展。安全为发展创造和谐稳定的内外部环境。维护安全有成本和代价。要用辩证思维统筹发展和安全，正确处理好当前利益和长远利益、局部利益和全局利益、经济利益和社会利益之间的关系，找到发展和安全的最佳均衡点，力争实现高质量发展和高水平安全的良性互动。同时应看到，发展和安全是不断运动的。当今世界正经历百年未有之大变局，导致影响和制约我国统筹发展和安全的因素持续增加。要用动态的眼光看待发展与安全的演进，保持发展和安全的动态平衡。

（三）网络安全保护历程

1994年2月18日，国务院发布《中华人民共和国计算机信息系统安全保护条例》（中华人民共和国国务院令147号）（已修改），规定国家对计算机信息系统实行安全等级保护，公安部主管全国计算机信息系统安全保护工作。

1999年9月13日，国家质量技术监督局发布《计算机信息系统 安全保护等级划分准则》（GB 17859-1999），这是我国计算机信息系统安全保护等级划分准则强制性标准，给出了计算机信息系统相关定义，规定了计算机系统安全保护能力的五个等级。计算机信息系统安全保护能力随着安全保护等级的增高，逐渐增强。

2007年6月22日，公安部、国家保密局、国家密码管理局、国务院信息化工作办公室联合印发了《信息安全等级保护管理办法》，标志着等级保护制度正式开始实施；

2017年6月1日，《中华人民共和国网络安全法》正式施行，将网络安全等级保护制度上升到法律层面。

2018年6月27日，公安部会同有关部门起草了《网络安全等级保护条例（征求意见稿）》，并向社会公布征求意见。

2019年5月13日，国家市场监督管理总局、国家标准化管理委员会召开新闻发布会，正式发布了等保2.0相关的《信息安全技术 网络安全等级保护基本要求》《信息安全技术 网络安全等级保护测评要求》《信息安全技术 网络安全等级保护安全设计技术要求》等国家标准。

2020年7月22日，公安部印发《贯彻落实网络安全等级保护制度和关键信息基础设施安全保护制度的指导意见》。

二、《中华人民共和国网络安全法》

（一）概述

1. 2017 年 6 月 1 日，《中华人民共和国网络安全法》正式施行，这意味着网络安全同国土安全、经济安全等一样成为国家安全的一个重要组成部分。这是我国第一部全面规范网络空间安全管理方面问题的基础性法律。对于个人来说，其明确加强了对个人信息的保护，打击网络诈骗，从法律上保障了广大人民群众在网络空间的利益；对于企业来说，对如何强化网络安全管理、提高网络产品和服务的安全可控水平等提出了明确的要求，指导着网络产业的安全、有序运行。

2.《中华人民共和国网络安全法》第二章至第五章分别从网络安全支持与促进、网络运行安全一般规定、关键信息基础设施的运行安全、网络信息安全、监测预警与应急处置五个方面，对网络安全有关事项进行了规定，勾勒了我国网络安全工作的轮廓：以关键信息基础设施保护为重心，强调落实运营者责任，注重保护个人权益，加强动态感知快速反应，以技术、产业、人才为保障，立体化推进网络安全工作，体现了网络安全工作动态管理的理念，反映了网络安全为人民、网络安全靠人民的思想，也明确了技术、产业、人才等在网络安全工作中的重要地位。

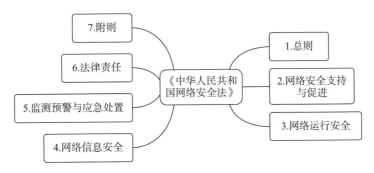

（二）对一些基本概念进行明确

具体条款如下：

第 76 条规定，本法下列用语的含义：（一）网络，是指由计算机或者其他信息终端及相关设备组成的按照一定的规则和程序对信息进行收集、存储、传输、交换、处理的系统。（二）网络安全，是指通过采取必要措施，防范对网络的攻击、侵入、干扰、破坏和非法使用以及意外事故，使网络处于稳定可靠运行的状态，以及保障网络数据的完整性、保密性、可用性的能力。（三）网络运营者，是指网络的所有者、管理者和网络服务提供者。（四）网络数据，是指通过网络收集、存储、传输、处理和产生的各种电子数据。（五）个人信息，是指以电子或者其他方式记录的能够单独或者与其他信息结合识别自然人个人身份的各种信息，包括但不限于自然人的姓名、出生日期、身份证件号码、个人生物识别信息、住址、电话号码等。

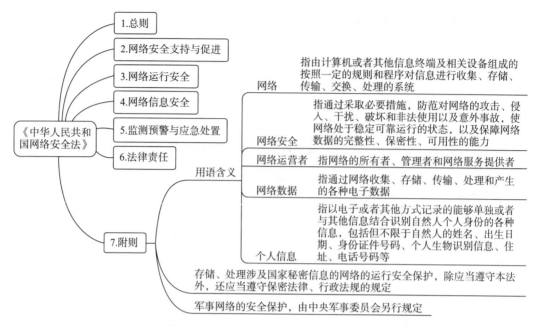

（三）关于网络安全支持与促进

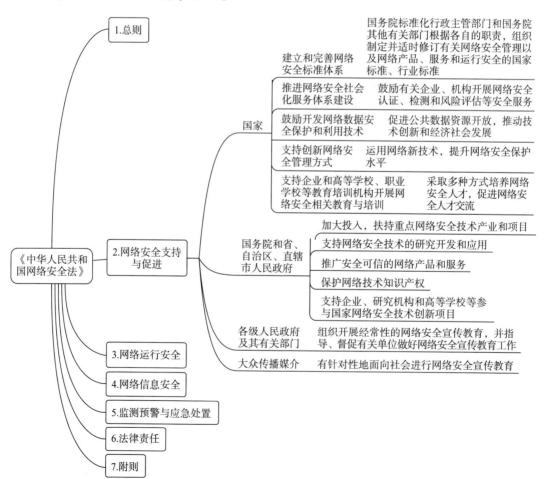

（四）关于网络运行安全

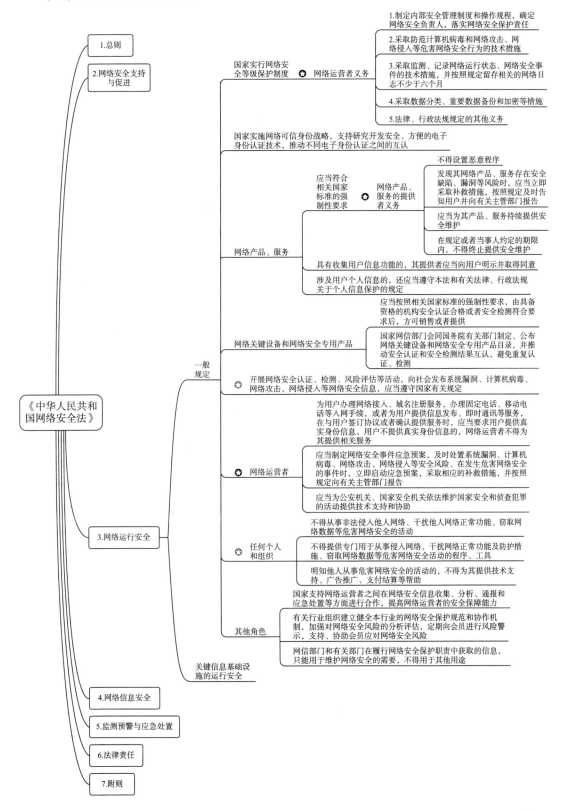

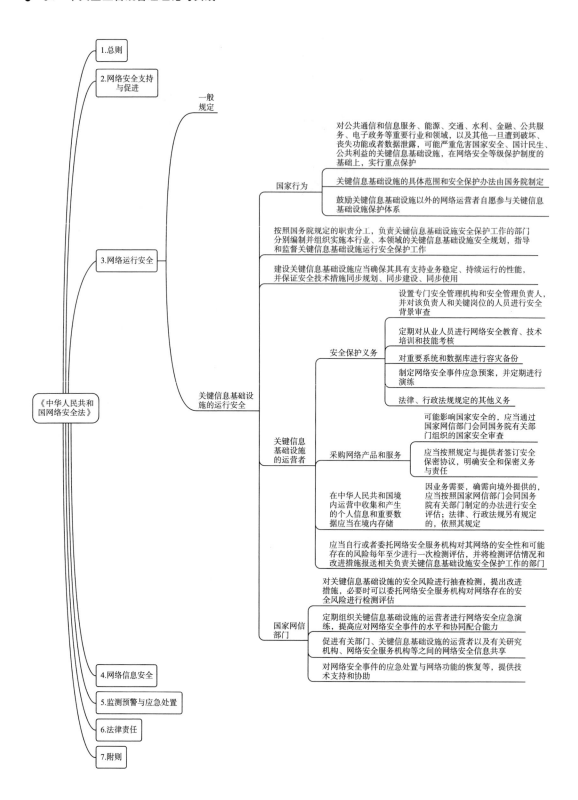

（五）关于网络信息安全

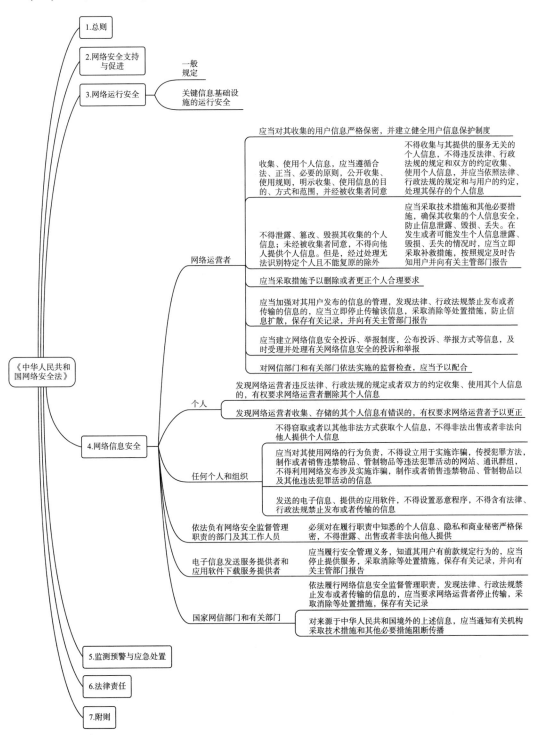

（六）关于监测预警与应急处置

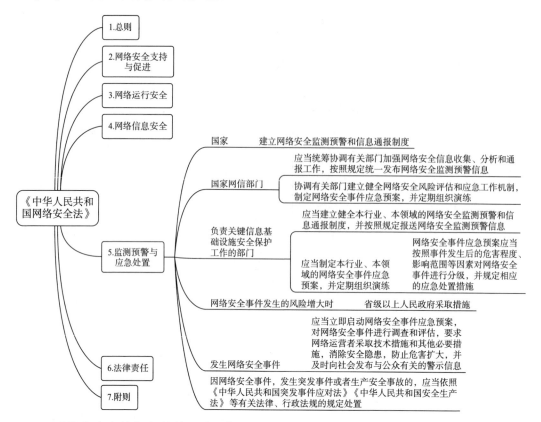

三、《信息安全等级保护管理办法》

（一）概述

2007 年 6 月 22 日，由公安部、国家保密局、国家密码管理局、国务院信息化工作办公室（已撤销）联合印发了《信息安全等级保护管理办法》（公通字〔2007〕43 号）。对信息安全进行分级保护是国际上通行的做法。这一标准的出台标志着国家信息安全等级保护基本制度的正式实施，信息安全保护工作将更加有层次、更加规范化。具体条款如下：

第 2 条规定，国家通过制定统一的信息安全等级保护管理规范和技术标准，组织公民、法人和其他组织对信息系统分等级实行安全保护，对等级保护工作的实施进行监督、管理。

（二）主要内容

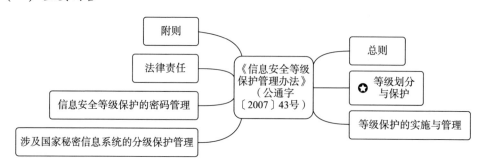

（三）监管责任承担

明确公安机关负责信息安全等级保护工作的监督、检查、指导。具体条款如下：

第3条规定，公安机关负责信息安全等级保护工作的监督、检查、指导。国家保密工作部门负责等级保护工作中有关保密工作的监督、检查、指导。国家密码管理部门负责等级保护工作中有关密码工作的监督、检查、指导。涉及其他职能部门管辖范围的事项，由有关职能部门依照国家法律法规的规定进行管理。国务院信息化工作办公室及地方信息化领导小组办事机构负责等级保护工作的部门间协调。

第4条规定，信息系统主管部门应当依照本办法及相关标准规范，督促、检查、指导本行业、本部门或者本地区信息系统运营、使用单位的信息安全等级保护工作。

（四）等级划分与保护

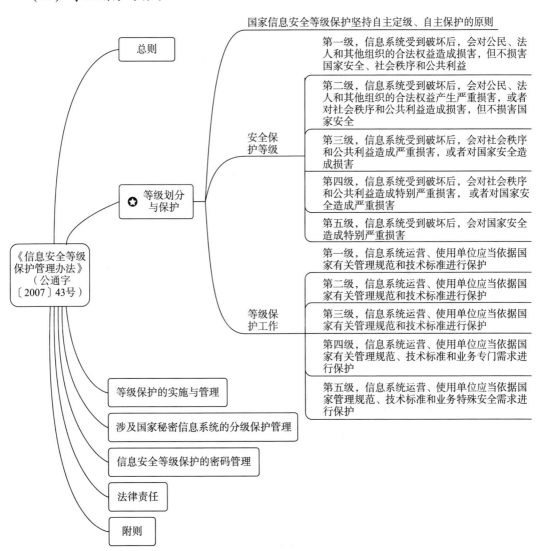

四、公安部关于《贯彻落实网络安全等级保护制度和关键信息基础设施安全保护制度的指导意见》

（一）概述

2020 年 7 月 22 日，公安部印发关于《贯彻落实网络安全等级保护制度和关键信息基础设施安全保护制度的指导意见》（公网安〔2020〕1960 号）。以贯彻落实网络安全等级保护制度和关键信息基础设施安全保护制度为基础，以保护关键信息基础设施、重要网络和数据安全为重点，构建国家网络安全综合防控体系。总结现有法规及实践中的网络安全等级保护的要求，强调应深入推进网络安全等级保护定级备案、等级测评、安全建设和检查等基础工作。

（二）主要内容

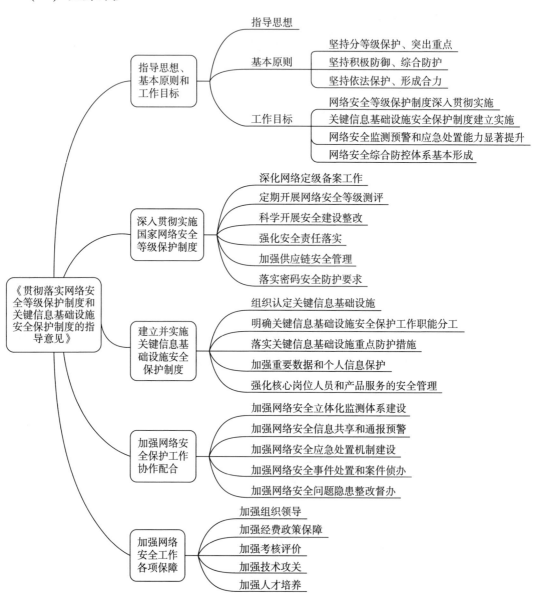

（三）网络运营者主要义务

1. 全面梳理本单位各类网络，特别是云计算、物联网、新型互联网、大数据、智能制造等新技术应用的基本情况，并根据网络的功能、服务范围、服务对象和处理数据等情况，科学确定网络的安全保护等级，对第二级以上网络依法向公安机关备案，并向行业主管部门报备。对新建网络，应在规划设计阶段确定安全保护等级。

2. 应依据有关标准规范，对已定级备案网络的安全性进行检测评估，查找可能存在的网络安全问题和隐患。第三级以上网络运营者应委托符合国家有关规定的等级测评机构，每年开展一次网络安全等级测评，并及时将等级测评报告提交受理备案的公安机关和行业主管部门。新建第三级以上网络应在通过等级测评后投入运行。

3. 在开展测评服务过程中要与测评机构签署安全保密协议，并对测评过程进行监督管理。

4. 应在网络建设和运营过程中，同步规划、同步建设、同步使用有关网络安全保护措施。应依据《信息安全技术 网络安全等级保护基本要求》《信息安全技术 网络安全等级保护安全设计技术要求》等国家标准，在现有安全保护措施的基础上，全面梳理分析安全保护需求，并结合等级测评过程中发现的问题隐患，按照"一个中心（安全管理中心）、三重防护（安全通信网络、安全区域边界、安全计算环境）"的要求，认真开展网络安全建设和整改加固，全面落实安全保护技术措施。网络运营者可将网络迁移上云，或将网络安全服务外包，充分利用云服务商和网络安全服务商提升网络安全保护能力和水平。应全面加强网络安全管理，建立完善人员管理、教育培训、系统安全建设和运维等管理制度，加强机房、设备和介质安全管理，强化重要数据和个人信息保护，制定操作规范和工作流程，加强日常监督和考核，确保各项管理措施有效落实。

5. 应依据《中华人民共和国网络安全法》等法律法规和有关政策要求，按照"谁主管谁负责、谁运营谁负责"的原则，厘清网络安全保护边界，明确安全保护工作责任，建立网络安全等级保护工作责任制，落实责任追究制度，作到"守土有责、守土尽责"。

6. 要定期组织专门力量开展网络安全自查和检测评估，行业主管部门要组织风险评估，及时发现网络安全隐患和薄弱环节并予以整改，不断提高网络安全保护能力和水平。

7. 应加强网络关键人员的安全管理，第三级以上网络运营者应对为其提供设计、建设、运维、技术服务的机构和人员加强管理，评估服务过程中可能存在的安全风险，并采取相应的管控措施。

8. 应加强网络运维管理，因业务需要确需通过互联网远程运维的，应进行评估论证，并采取相应的管控措施。

9. 应采购、使用符合国家法律法规和有关标准规范要求的网络产品及服务，第三级以上网络运营者应积极应用安全可信的网络产品及服务。

10. 应贯彻落实《中华人民共和国密码法》等有关法律法规规定和密码应用相关标准规范。第三级以上网络应正确、有效采用密码技术进行保护，并使用符合相关要求的密码产品和服务。第三级以上网络运营者应在网络规划、建设和运行阶段，按照密码应用安全性评估管理办法和相关标准，在网络安全等级测评中同步开展密码应用安全性评估。具体条款如下：

二、深入贯彻实施国家网络安全等级保护制度

按照国家网络安全等级保护制度要求，各单位、各部门在公安机关指导监督下，认真组织、深入开展网络安全等级保护工作，建立良好的网络安全保护生态，切实履行主体责任，全

面提升网络安全保护能力。

（一）深化网络定级备案工作。网络运营者应全面梳理本单位各类网络，特别是云计算、物联网、新型互联网、大数据、智能制造等新技术应用的基本情况，并根据网络的功能、服务范围、服务对象和处理数据等情况，科学确定网络的安全保护等级，对第二级以上网络依法向公安机关备案，并向行业主管部门报备。对新建网络，应在规划设计阶段确定安全保护等级。公安机关对网络运营者提交的备案材料和网络的安全保护等级进行审核，对定级结果合理、备案材料符合要求的，及时出具网络安全等级保护备案证明。行业主管部门可以依据《网络安全等级保护定级指南》国家标准，结合行业特点制定行业网络安全等级保护定级指导意见。

（二）定期开展网络安全等级测评。网络运营者应依据有关标准规范，对已定级备案网络的安全性进行检测评估，查找可能存在的网络安全问题和隐患。第三级以上网络运营者应委托符合国家有关规定的等级测评机构，每年开展一次网络安全等级测评，并及时将等级测评报告提交受理备案的公安机关和行业主管部门。新建第三级以上网络应在通过等级测评后投入运行。网络运营者在开展测评服务过程中要与测评机构签署安全保密协议，并对测评过程进行监督管理。公安机关要加强对本地等级测评机构的监督管理，建立测评人员背景审查和人员审核制度，确保等级测评过程客观、公正、安全。

（三）科学开展安全建设整改。网络运营者应在网络建设和运营过程中，同步规划、同步建设、同步使用有关网络安全保护措施。应依据《网络安全等级保护基本要求》《网络安全等级保护安全设计技术要求》等国家标准，在现有安全保护措施的基础上，全面梳理分析安全保护需求，并结合等级测评过程中发现的问题隐患，按照"一个中心（安全管理中心）、三重防护（安全通信网络、安全区域边界、安全计算环境）"的要求，认真开展网络安全建设和整改加固，全面落实安全保护技术措施。网络运营者可将网络迁移上云，或将网络安全服务外包，充分利用云服务商和网络安全服务商提升网络安全保护能力和水平。应全面加强网络安全管理，建立完善人员管理、教育培训、系统安全建设和运维等管理制度，加强机房、设备和介质安全管理，强化重要数据和个人信息保护，制定操作规范和工作流程，加强日常监督和考核，确保各项管理措施有效落实。

（四）强化安全责任落实。行业主管部门、网络运营者应依据《网络安全法》等法律法规和有关政策要求，按照"谁主管谁负责、谁运营谁负责"的原则，厘清网络安全保护边界，明确安全保护工作责任，建立网络安全等级保护工作责任制，落实责任追究制度，作到"守土有责、守土尽责"。网络运营者要定期组织专门力量开展网络安全自查和检测评估，行业主管部门要组织风险评估，及时发现网络安全隐患和薄弱环节并予以整改，不断提高网络安全保护能力和水平。

（五）加强供应链安全管理。网络运营者应加强网络关键人员的安全管理，第三级以上网络运营者应对为其提供设计、建设、运维、技术服务的机构和人员加强管理，评估服务过程中可能存在的安全风险，并采取相应的管控措施。网络运营者应加强网络运维管理，因业务需要确需通过互联网远程运维的，应进行评估论证，并采取相应的管控措施。网络运营者应采购、使用符合国家法律法规和有关标准规范要求的网络产品及服务，第三级以上网络运营者应积极应用安全可信的网络产品及服务。

（六）落实密码安全防护要求。网络运营者应贯彻落实《密码法》等有关法律法规规定和密码应用相关标准规范。第三级以上网络应正确、有效采用密码技术进行保护，并使用符合相关要求的密码产品和服务。第三级以上网络运营者应在网络规划、建设和运行阶段，按照密码应用安全性评估管理办法和相关标准，在网络安全等级测评中同步开展密码应用安全性评估。

（四）网络运营者工作落实网络安全等级保护制度

1. 网络运营者在业务开展中落实网络安全等级保护制度，要做到三个方面的工作。

（1）安全管理，需在企业内部明确网络安全的责任，并通过完善的规章制度、操作流程为网络安全提供制度保障；

（2）技术层面，应采取各种事前预防、事中响应、事后跟进的技术手段，应对网络攻击，降低网络安全的风险。值得注意的是，网络日志的保存期限已明确要求不低于6个月；

（3）数据安全方面，网络运营者需对重要数据进行备份、加密，以此来保障数据的可用性、保密性。

2. 网络运营者重点关注的问题与应对。如何根据自身实际情况建立有效的安全管理体系、如何在技术层面选择合理的技术解决方案、如何加强自身的数据保护能力，都是网络运营者重点关注的问题。针对这些问题，网络运营者通常会采取这样一些措施，如制定从主机层、网络层、应用层的整体防入侵措施，网络层具备抵御大流量的 DDoS 攻击、CC 攻击的能力，避免因网络攻击导致出现业务中断或不可访问的情况。并实现安全监测和安全分析，实时发现网络入侵行为。一旦违规，处罚就很严重：拒不执行本条款要求或因此导致危害网络安全后果的网络运营者，处1万元以上10万元以下罚款，对于直接负责的主管人员处以5000元以上5万元以下罚款。

五、《网络安全审查办法》

（一）概述

2021年12月28日，国家互联网信息办公室、国家发展和改革委员会、工业和信息化部、公安部、国家安全部、财政部、商务部、中国人民银行、国家市场监督管理总局、国家广播电视总局、中国证券监督管理委员会、国家保密局、国家密码管理局十三部门联合修订《网络安全审查办法》，自2022年2月15日起施行。

（二）修订背景

网络安全审查是网络安全领域的重要法律制度。原《网络安全审查办法》自2020年6月1日施行以来，通过对关键信息基础设施运营者采购活动进行审查和对部分重要产品等发起审查，对于保障关键信息基础设施供应链安全，维护国家安全发挥了重要作用。2021年9月1日，《中华人民共和国数据安全法》正式施行，明确规定国家建立数据安全审查制度。此次修订，将网络平台运营者开展数据处理活动影响或者可能影响国家安全等情形纳入网络安全审查范围，并明确要求掌握超过100万用户个人信息的网络平台运营者赴国外上市，必须向网络安全审查办公室申报网络安全审查，主要目的是为了进一步保障网络安全和数据安全，维护国家安全。

（三）网络平台运营者赴国外上市申报网络安全审查可能的结果

掌握100万用户个人信息的网络平台运营者赴国外上市，必须向网络安全审查办公室申报网络安全审查，申报网络安全审查可能有以下三种情况：一是无须审查；二是启动审查后，经研判不影响国家安全的，可继续赴国外上市程序；三是启动审查后，经研判影响国家安全的，不允许赴国外上市。

（四）主要内容

1. 明确审查对象和范围。审查对象是关键信息基础设施运营者、网络平台运营者。审查范围包括采购网络产品和服务，开展数据处理活动过程中影响或者可能影响国家安全的行为。

2. 强调了触发网络安全审查的一般场景和典型场景。一般场景是关键信息基础设施运营者采购网络产品和服务时预判该产品和服务投入使用后可能会带来的国家安全风险。影响或者可能影响国家安全的。典型场景是超过100万用户个人信息的网络平台运营者赴国外上市。

3. 审查的基本流程和重要时限。基本流程：提交审查材料→书面回复是否审查→初步审查，形成审计建议结论→发送成员单位征求意见→意见不同，特别审查程序→形成审查结论建议→书面通知当事人。

重要时限：①收到符合规定的审查申报材料10个工作日内，书面通知当事人是否需要审查。②需要开展审查的，网络安全审查办公室30个工作日内完成初步审查，情况复杂的可以延长15个工作日。③审查成员单位于收到审查结论建议之日15个工作日内，书面回复意见。④特别审查程序应当在90个工作日内完成，情况复杂的可以延长。⑤提交补充材料的时间不计入审查时间。

4. 触发网络安全审查的三种情形：当事人主动申报；网络安全审查工作机制成员单位提请审查；社会举报引起的审查。

第二节　打击治理电信网络诈骗违法犯罪

一、《中华人民共和国反电信网络诈骗法》

（一）概述

2022年9月2日，第十三届全国人民代表大会常务委员会第三十六次会议通过《中华人民共和国反电信网络诈骗法》，共7章50条，包括总则、电信治理、金融治理、互联网治理、综合措施、法律责任、附则。自2022年12月1日起施行。

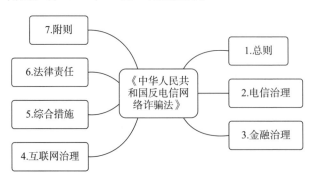

（二）对电信网络诈骗进行明确定义并提出工作原则

1. 给电信网络诈骗下定义。具体条款如下：

第2条规定，本法所称电信网络诈骗，是指以非法占有为目的，利用电信网络技术手段，通过远程、非接触等方式，诈骗公私财物的行为。

2. 工作原则。具体条款如下：

第4条规定，反电信网络诈骗工作坚持以人民为中心，统筹发展和安全；坚持系统观念、法治思维，注重源头治理、综合治理；坚持齐抓共管、群防群治，全面落实打防管控各项措施，加强社会宣传教育防范；坚持精准防治，保障正常生产经营活动和群众生活便利。

3. 国务院建立反电信网络诈骗工作机制。具体条款如下：

第6条规定，国务院建立反电信网络诈骗工作机制，统筹协调打击治理工作。地方各级人民政府组织领导本行政区域内反电信网络诈骗工作，确定反电信网络诈骗目标任务和工作机制，开展综合治理。公安机关牵头负责反电信网络诈骗工作，金融、电信、网信、市场监管等有关部门依照职责履行监管主体责任，负责本行业领域反电信网络诈骗工作。人民法院、人民检察院发挥审判、检察职能作用，依法防范、惩治电信网络诈骗活动。电信业务经营者、银行业金融机构、非银行支付机构、互联网服务提供者承担风险防控责任，建立反电信网络诈骗内部控制机制和安全责任制度，加强新业务涉诈风险安全评估。

第7条规定，有关部门、单位在反电信网络诈骗工作中应当密切协作，实现跨行业、跨地域协同配合、快速联动，加强专业队伍建设，有效打击治理电信网络诈骗活动。

第8条规定，各级人民政府和有关部门应当加强反电信网络诈骗宣传，普及相关法律和知识，提高公众对各类电信网络诈骗方式的防骗意识和识骗能力。教育行政、市场监管、民政等有关部门和村民委员会、居民委员会，应当结合电信网络诈骗受害群体的分布等特征，加强对老年人、青少年等群体的宣传教育，增强反电信网络诈骗宣传教育的针对性、精准性，开展反电信网络诈骗宣传教育进学校、进企业、进社区、进农村、进家庭等活动。各单位应当加强内部防范电信网络诈骗工作，对工作人员开展防范电信网络诈骗教育；个人应当加强电信网络诈骗防范意识。单位、个人应当协助、配合有关部门依照本法规定开展反电信网络诈骗工作。

（三）业务治理

1. 电话卡、银行卡、互联网账号实名制。实名制是治理电信网络诈骗的一项重要的源头性工作。《中华人民共和国反电信网络诈骗法》根据实践需要，对相关领域实名制作了全面规定，从法律上进一步补齐短板，加强薄弱环节。

（1）电话实名制。该法规定电信企业依法全面落实电话实名制。特别是监管电话卡代理商落实实名制，且电信企业要对代理商落实实名制承担管理责任，确保实名制在各个环节，尤其是末端环节的落实。

（2）物联网卡实名制。该法要求严格登记物联网卡用户身份信息；同时规定，单位用户从电信企业购买物联网卡再将载有物联网卡的设备销售给其他用户的，也应当登记、回传用户信息，确保监管到各个环节。

（3）金融实名制。该法在相关法律规定的基础上，规定银行、支付机构要建立客户尽职调查制度和依法识别受益所有人。

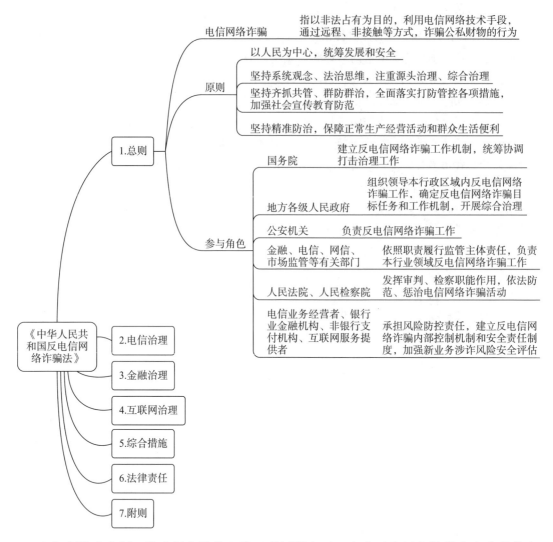

（4）网络实名制。该法规定提供有关互联网服务时，应当要求用户提供真实身份信息。同时针对实践中大量利用 App 涉诈的情况，规定了 App 许可、备案以及核验 App 开发运营者的真实身份信息等内容。

（5）明确了未履行实名制的法律责任。实名制并非静态实名制，而是对涉诈异常的电话卡、银行卡、互联网账号的动态实名制，保证使用环节"实人实操"，对涉诈异常的电话卡、银行卡、网络账号可以采取重新实名核验、"二次认证"等措施，并根据情况采取相应处置措施，保证实名又实人。同时规定根据风险程度采取差异化措施，并提供有效申诉渠道，保护公民合法权益。

2. 开立卡、账户、账号管理。

（1）对办理电话卡、银行卡、支付账户数量限制作出规定，要求不得超出国家规定限制的数量，改变过去唯开户数、发卡量、接入用户数等考核指标的情况。有了上述法律依据之后，国家相关规定可以根据具体情况确定数量要求，确定时可以区分不同情况，考虑有关合理需求，不宜"一刀切"。

（2）明确规定对经识别存在涉诈异常情形的，可以不予办卡或者延长期限、加强审查。这是为保障企业履行反诈风险防控责任。对涉诈电话卡、银行卡关联注册的互联网账号，有关企业应当按照公安机关、电信部门要求采取限制、暂停、关闭等处置措施。

（3）为"两卡"管理提供相应数据系统支撑，该法规定电信主管部门、人民银行要组织建立数量核验和风险信息共享机制，为用户查询提供便利。同时，针对实践需要，明确规定在建立上述系统时，银行、支付机构应当按照规定提供开户数量信息和有关风险信息。

3. 对涉诈异常情形的监测识别和处置。

（1）电信企业要监测识别处置涉诈异常电话卡，并采取限制、暂停等措施；对物联网卡的使用进行监测识别，防范改变使用场景和适用设备；对改号电话、虚假主叫进行识别拦截。

（2）金融机构要建立完善符合电信网络诈骗活动特征的异常账户和可疑交易监测机制，提升涉诈监测水平。同时，为了保障监测的有效性，明确规定开展涉诈监测识别时，可以收集、使用用户必要的设备位置信息和交易信息；规定银行、支付机构应当按照国家有关规定，完整、准确传输商户名称、收付款客户名称及账号等交易信息，保证交易过程的可追溯性。

（3）互联网企业要对涉诈异常账号、App、域名、网站以及其他涉诈信息、活动进行监测处置，采取相应措施。

（四）打击黑灰产业

1. 任何单位和个人不得非法制造、买卖、提供或者使用猫池、GOIP等非法设备，并在第42条中规定了相应的法律责任，公安机关可以据此直接作出处罚。

2. 任何单位和个人不得非法买卖、出租、出借电话卡、银行卡、支付账户、互联网账号以及电信线路、短信端口等。特别强调了不得提供实名核验帮助。

3. 任何单位和个人不得为他人实施电信网络诈骗提供支持和帮助。对于出售、提供个人信息，帮助他人洗钱以及其他各类支持帮助活动，都要依法打击。这种情形主要针对单位和个人恶意、非法、故意为电信网络诈骗提供支持、帮助的活动，对此该法第42条规定，公安机关可以直接实施处罚。

4. 互联网企业、电信企业对他人利用其相关业务从事涉诈支持、帮助活动，要依照国家有关规定，履行合理注意义务，开展监测识别和处置。所谓合理注意义务，既不是等企业明知他人利用其相关业务从事涉诈支持、帮助活动才追究企业责任，也不是结果责任、无限责任。合理注意义务的确定应当依照国家有关规定，根据不同行业、领域具体确定和判断。具体条款如下：

第42条规定，违反本法第十四条、第二十五条第一款规定的，没收违法所得，由公安机关或者有关主管部门处违法所得一倍以上十倍以下罚款，没有违法所得或者违法所得不足五万元的，处五十万元以下罚款；情节严重的，由公安机关并处十五日以下拘留。

（五）反制技术措施

1. 有关主管部门统筹负责本行业领域反制技术措施建设，旨在打通企业之间的数据壁垒。

2. 企业履行监测识别处置责任，并规定国家支持企业研究开发反制技术建设。

3. 涉诈数据信息共享。包括：推进涉电信网络诈骗样本信息数据共享，加强涉诈用户信息交叉核验；规定互联网企业对发现的涉诈违法犯罪线索、风险信息，按照规定移送公安等部门。特别是，该法还专门规定了有关具体技术系统建设，如国务院电信主管部门建立开户核验和风险信息共享机制等。

4. 有关部门对电信网络诈骗活动严重的特定区域，经国务院反电信网络诈骗工作机制决定或者批准，可以依照国家有关规定采取必要的临时风险防范措施。

（六）电信、金融、互联网行业治理

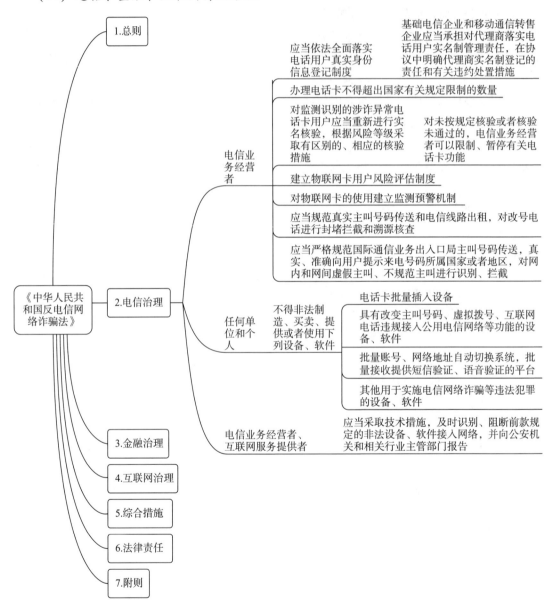

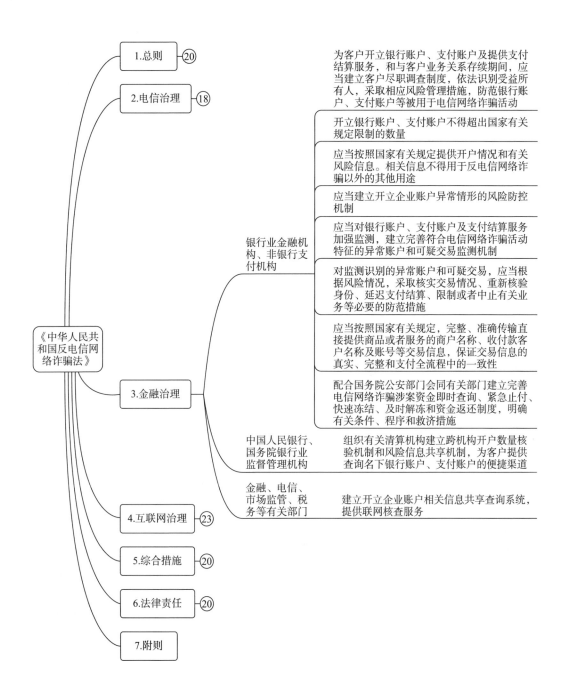

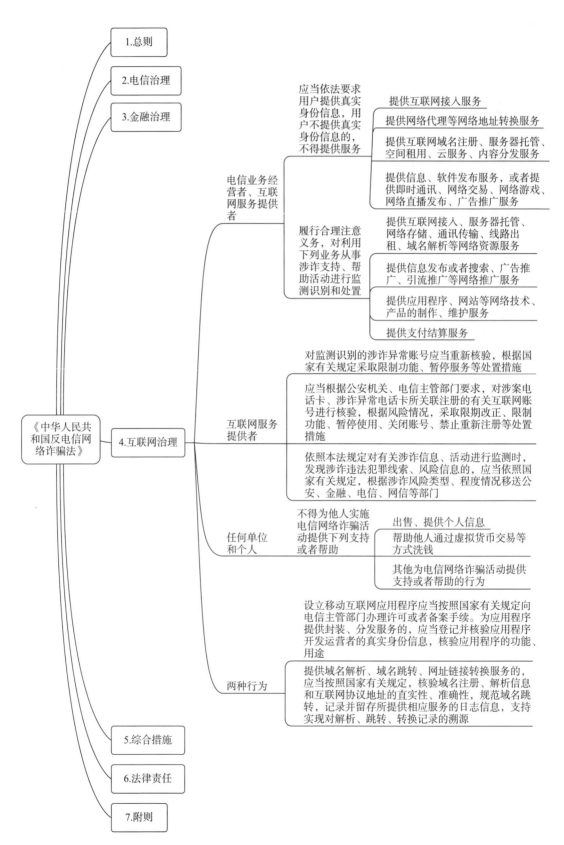

（七）综合措施

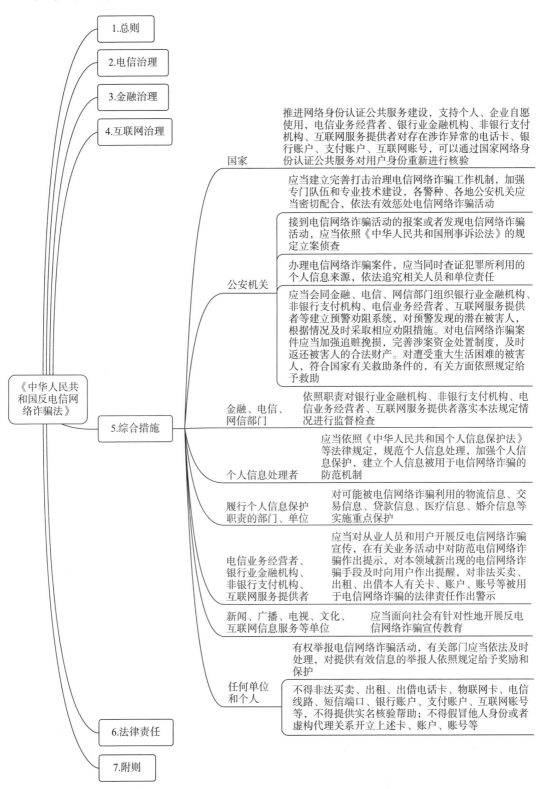

（八）法律责任

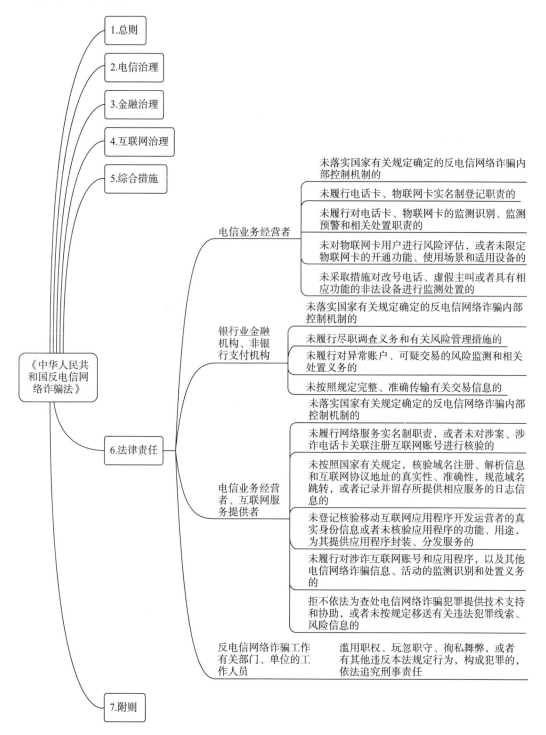

二、《关于加强打击治理电信网络诈骗违法犯罪工作的意见》

（一）概述

2022年，中共中央办公厅、国务院办公厅印发了《关于加强打击治理电信网络诈骗违法犯罪工作的意见》，对加强打击治理电信网络诈骗违法犯罪工作作出安排部署。

（二）文件主旨

要坚持以人民为中心，统筹发展和安全，强化系统观念、法治思维，注重源头治理、综合治理，坚持齐抓共管、群防群治，全面落实打防管控各项措施和金融、通信、互联网等行业监管主体责任，加强法律制度建设，加强社会宣传教育防范，推进国际执法合作，坚决遏制此类犯罪多发、高发态势，为建设更高水平的平安中国、法治中国作出新的更大的贡献。

（三）背景

1. 近年来，电信网络诈骗犯罪形势十分严峻，已成为发案最多、上升最快、涉及面最广、人民群众反映最强烈的犯罪类型。各地区、各部门、各行业和全国公安机关全链条重拳打击涉诈犯罪生态系统，全方位筑牢技术反诈防护网，全领域铲除电信网络诈骗犯罪滋生土壤，全维度强力挤压涉诈犯罪生存空间。

2. 打击治理电信网络诈骗违法犯罪是一个复杂的社会治理问题，当前金融、电信、互联网等行业常被不法分子利用作为诈骗渠道，重点地区综合治理也有待加强，亟须在全面总结近年来打击治理工作成功经验的基础上做好顶层设计。

3. 有利于推动构建"党委领导、政府主导、部门主责、行业监管、有关方面齐抓共管、社会各界广泛参与"的工作格局，有效提升打击治理能力，坚决遏制电信网络诈骗违法犯罪多发、高发态势

（四）总体思路

1. 坚决贯彻党中央决策部署。将党中央关于打击治理电信网络诈骗违法犯罪工作的部署要求作为根本遵循，坚持多管齐下、多策并举，齐抓共管、形成合力，坚决遏制电信网络诈骗违法犯罪多发、高发态势。

2. 切实提高政法机关打击效能。坚持全链条纵深打击，健全涉诈资金查处机制，强化法律支撑，加强国际执法司法合作，不断提升对电信网络诈骗违法犯罪的打击效能。

3. 切实加强行业监管源头治理责任。强化金融、电信、互联网等行业主管部门的技术反制和预警监测能力，通过建立健全安全评估、责任追究、信用惩戒等制度，进一步明确金融、电信、互联网行业的监管责任，推动相关行业强化源头治理。

4. 落实属地管控综合治理责任。通过明确主体责任，加强犯罪源头地综合整治等措施，充分发挥属地在清除涉诈黑灰产业等方面的重要作用。

（五）主要内容

1. 依法严厉打击电信网络诈骗违法犯罪。从近年来打击治理电信网络诈骗违法犯罪的情况看，必须把依法从严惩处、全链条纵深打击作为首要任务，对电信网络诈骗违法犯罪持续重拳出击，形成有效震慑

2. 构建严密防范体系。快破案不如不发案，多追赃不如不受骗。从强化技术反制、预警劝阻、宣传教育三个方面，全面落实"防范为先"理念。明确相关行业主管部门、金融机构、电信业务经营者、互联网服务提供者要提升技术反制能力，完善风险控制措施，建立完善预警劝阻专门系统，及时发现潜在受害群众。明确各地要建立全方位、广覆盖的反诈宣传教育体系，形成全社会反诈的浓厚氛围。

3. 加强行业监管源头治理。打击治理电信网络诈骗违法犯罪是一个复杂的社会治理问题，必须把行业治理作为重要内容，金融、电信、互联网等行业主管部门要加强行业治理，让电信网络诈骗无处生根。

（1）要建立健全行业安全评估和准入制度，不符合安全评估和准入条件的，禁止从业；

（2）要建立行业风险监测机制，提升风险识别拦截能力，及时采取管控措施；

（3）要建立实施电话用户在网积分管理和行业黑名单制度，对频繁应用于涉诈领域的高风险业务进行清理整顿；

（4）要严格落实网络账号实名登记等安全管理制度和技术措施，及时发现、处置异常网络账号和网络黑灰产业信息。

（5）要建立健全行业主管部门、企业、用户三级责任制，建立电信网络诈骗严重失信主体名单制度

4. 强化属地管控综合治理。电信网络诈骗违法犯罪具有地域性特点，电信网络诈骗违法犯罪窝点集中的地区往往涉诈黑灰产业泛滥，行业治理问题突出。加强犯罪源头地综合整治是打击治理电信网络诈骗违法犯罪的关键一招。要加强犯罪源头地综合整治，及时发现、铲除犯罪窝点，建立线索推送、举报渠道，清除本地涉诈黑灰产业。

5. 加强组织实施。坚强有力的组织领导是有效遏制电信网络诈骗违法犯罪的重要保障。要统筹力量资源，加强综合保障，推进各级反诈专门平台和反诈专业队伍建设，全面提升打击治理电信网络诈骗违法犯罪的能力水平

三、工业和信息化部开展信息通信行业防范治理电信网络诈骗工作

2022年6月工业和信息化部召开2022年信息通信行业防范治理电信网络诈骗电视电话会议。2021年以来，信息通信行业坚决贯彻落实习近平总书记重要指示批示精神和党中央、国务院决策部署，组织开展了"断卡行动2.0""打猫（池）行动"等系列工作，创新推出了12381涉诈预警劝阻短信和全国移动电话卡、"一证通查"等便民服务，拦截涉诈电话20亿次、短信21亿条，发送预警信息1.7亿条，排查涉诈高风险电话卡9700多万张，处置涉案域名网址104万个，反诈工作取得了历史性成效，切实维护了人民群众财产安全和合法权益。会议强调，2022年，信息通信行业要坚决贯彻落实党中央、国务院决策部署，把防范治理电信网络诈骗作为民心守护、技术屏障、众志成城和久久为功工程，进一步提高政治站位、强化责

任担当，树牢系统观念、坚持齐抓共管，坚持以技管网、提升防范能力，聚焦重点难点、挤压犯罪空间，压紧压实责任、优化改进考核，用心用情用力推进防范治理电信网络诈骗工作再上新台阶。

四、检察院系统积极参与网络犯罪治理

（一）2022 年《最高人民检察院工作报告》

针对网络犯罪持续大幅上升，2020 年建立专项办案工作指导机制，明确检察办案 65 条规范；2022 年协同最高人民法院、公安部出台 23 条办案指导意见。五年间，起诉利用网络实施诈骗、赌博、传播淫秽物品等犯罪 71.9 万人，年均上升 43.3%。协同公安机关从严惩治电信网络诈骗犯罪，深挖幕后金主、严惩团伙骨干、全力追赃挽损，起诉 19.3 万人。

（二）北京市朝阳区检察院发布《网络检察白皮书》

1. 网络犯罪案件总量逐年递增，呈现八个方面特点。电信网络诈骗手段及其黑产链条迭代更新；数字经济新业态衍生的负面效应显著增强；网络技术加剧涉民生领域犯罪危害性；侵犯公民个人信息犯罪手段呈现新样态；网络洗钱助推违法犯罪活动发展蔓延；涉黄、涉赌产业借助网络"优化升级"；涉平台数据安全类犯罪引发多重风险；网络曝光隐私成伤人利器、勒索筹码。

2. 针对数字经济新业态伴生的一系列新问题，对行业监管能力提出了更高要求。对此，更需要相关部门完善法律法规配置，丰富监管手段，并畅通行政监管部门与司法机关之间的行刑双向衔接机制，强化"互联网＋监管"理念，做好源头防范。

（1）从规制的角度，与公安机关、法院建立联席会议制度，定期会商新型及重大疑难复杂网络犯罪案件，探索制定类案审查工作指引，协同联动，打通网络风险防控关键节点，形成司法防控合力。

（2）从法律监督的角度，与辖区网络安全企业就建立检企互通、技术咨询、取证绿色通道等机制进行沟通交流，探索与数字经济重点区域及企业建立常态化联络机制，协助指导企业合法合规经营，并通过参与、跟进、融入式监督，推进检察履职由"惩"入"治"，提升法律监督的社会效果。

五、公安系统积极参与网络犯罪治理

（一）公安部参与网络犯罪治理

2023 年 5 月 30 日，国务委员、公安部部长王小洪在全国打击治理电信网络新型违法犯罪工作电视电话会议上强调，要深入贯彻落实习近平总书记重要指示精神和党中央决策部署，认真落实反电信网络诈骗法和中共中央办公厅、国务院办公厅《关于加强打击治理电信网络诈骗违法犯罪工作的意见》，坚持"专题研究、专门队伍、专案攻坚、专业技术，抓好内部合力、促成外部合力"总体思路，全面加强打防管控各项措施，深入推进打击治理工作，全力夺取反诈人民战争新胜利，以实际行动彰显主题教育成效。要进一步加大打击力度，坚决打掉犯罪分子的嚣张气焰，确保电信网络诈骗犯罪多发、高发态势得到有效遏制。要进一步织密防护网络，加强技术反制、预警劝阻、资金返还和宣传防范，最大限度预防案件发生、减少群众财产损失。要进一步抓好源头管控、深化行业治理，全力挤压涉诈违法犯罪活动空间。要进一步强化组织推进，努力构建党委领导、政府主导、部门主责、行业监管、有关方面齐抓共管的整体格局。

（二）上海市公安局参与网络犯罪治理具体举措

1. 2023 年 1 月 17 日，上海市公安局召开新闻发布会，通报 2022 年打防电信网络诈骗措施成效。2022 年，上海警方依托新型现代警务机制，以"红蓝对抗"实战练兵活动为抓手，持续严厉打击、严密防范电信网络诈骗违法犯罪，统筹推进"断卡""断流""斩链"等一系列专项行动，集中优势力量打团伙、捣窝点、斩链条、摧网络，先后发起 3 次全国集群战役、11 次全市集中收网行动，全年累计抓获犯罪嫌疑人 9900 余名，全市电信网络诈骗案件既遂数连续四年下降，有力遏制了电信网络诈骗犯罪的发案势头。

2. 构建多维预警防阻体系。不法分子的诈骗手法不断翻新，呈现出复合化、专业化、网络化、链条化的特点，如将假冒客服与"安全账户"相结合、将网络交友与刷单 App 相结合等，欺骗性更强。上海警方从技术防阻、预警劝阻、追赃挽损三方面入手，变"亡羊补牢"为"未雨绸缪"。

（1）在技术防阻方面，持续加固优化信息入口"防护墙"，不断升级市域诈骗电话防阻体系，对诈骗短信收端发端、诈骗网址采取"分环式"技术拦截，拦截有害短信。

（2）在预警劝阻方面，重点强化资金端预警劝阻，通过"市、区、所"三级联动、梯次递进的叠加劝阻机制，间接避损。

（3）在追赃挽损方面，筑牢资金流出"防护盾"，做精做细做优"接报快处"机制和"资金防阻体系"，强化警企联动，对涉诈资金线上查冻挽损、线下打击追缴，累计通过集中返还、上门返还等形式返还被骗资金。

3. 持续深入开展打击治理。

（1）网络黑灰产业链为电信网络诈骗团伙提供引流推广、非法通信设备、转账洗钱、支付结算等非法服务，已成为此类犯罪滋生的土壤和多发的推手。不法分子不断更换升级通信技术、想方设法隐匿号码特征信息，以期降低被害人的防范意识，同时隐藏身份、逃避打击。

（2）上海警方紧盯电信网络诈骗犯罪及其"黑灰产"的新动向、新手法、新变化，全环节、全链条打击不法分子利用新技术手段进行网络"黑灰产"犯罪，深挖行业"内鬼"，斩断诈骗分子信息的"流入"以及资金的"流出"通道，守护群众"钱袋子"。

（3）针对电信网络诈骗最离不开的"电话卡、银行卡"问题，上海警方深入推进"断卡"行动，始终将打击锋芒对准"卡头、卡贩"等"两卡"犯罪团伙，通过市区两级反诈专班捆绑融合、集中研判、合成攻坚，全量挖掘、全流查控，全链研判涉诈"两卡"线索，捣毁本市话务窝点，缴获各类通信设备、涉诈手机卡。

六、社会企业发布《2022 年度反诈报告》

360 数字安全集团联合光明网网络安全频道发布了《2022 年度反诈报告》。

报告从全年反诈概况、黑灰产发展趋势、主要诈骗类型套路等方面进行了梳理，多维度解析电信网络诈骗，对电信网络诈骗的新变化、新特点进行预判，为后续常态化反诈工作的开展提供了指引。对目前较为常见的电信网络诈骗类型，主要包括"杀猪盘"，刷单，投资理财，虚假网络贷款，仿冒银行、ETC、医保、公检法等机构以及领导熟人等诈骗手段进行了梳理，并对其套路进行了解析。

报告指出，随着诈骗套路升级、诈骗产业链技术升级、诈骗受众的转型以及诈骗窝点转移等趋势的愈发明显，未来的电信网络诈骗不仅不会就此举步不前，只会变得更加善于伪装，为反诈工作增加难度。甚至还将衍生出元宇宙诈骗、web3.0 诈骗和医疗诈骗等紧跟热点、短期更迭快的新型诈骗手段。

七、结合网络犯罪的演变规律，形成合力打击黑产

（一）网络犯罪的演变规律，

2012 年至 2022 年，网络犯罪案件带有明显的时代烙印。不同的时代，不同的回应影响着网络犯罪的具体样态。纵观网络犯罪发展历程，可划分为三个阶段。不同阶段的特点不同。

1. 以网络为犯罪对象阶段。1993 年至 2013 年底互联网多为个人获取新闻资讯的信息工具，"人机交互"为计算机应用的主要模式。犯罪表现为针对计算机系统、通信系统本身实施侵害的技术性犯罪。计算机系统、计算机网络成为主要犯罪对象。1997 年修订的《中华人民共和国刑法》专门规定针对计算机系统和信息网络实施犯罪的条文（第 285 条～第 287

条），主要的计算机犯罪法律体系得以建立和完善，为打击治理该阶段的网络犯罪提供了法律依据

2. 以网络为犯罪工具阶段。即时通信及社交媒体产生并发展，电子商务及数字经济兴起与繁荣，互联网正式进入"人人交互"时代。网络不仅仅是犯罪对象，其"工具价值"被不法分子充分利用，传统犯罪"网络化"成了网络犯罪的"标准模式"之一，以诈骗罪为代表的大量传统犯罪借助互联网的发展迅速扩散，传统犯罪在互联网时代产生异化，并因为网络的诸多特点产生了更严重的社会危害性。此时的网络犯罪，既包括网络犯罪的形式，也包括利用网络实施的传统犯罪。坚持依法从严惩处，形成打击合力，提升打击效能；坚持全链条纵深打击，依法打击电信网络诈骗以及上下游关联违法犯罪；健全涉诈资金查处机制，最大限度追赃挽损；强化技术反制，建立对涉诈网站、App 及诈骗电话、诈骗短消息处置机制；强化预警劝阻，不断提升预警信息监测发现能力。

3. 以网络为犯罪空间及其他上下游关联犯罪阶段。移动互联网、共享经济、消费场景线上线下融合、区块链等高新技术突破，推动互联网与日常生活、经济社会发展深度融合。互联网受众急剧增加，多元化趋势明显，独立于现实社会的网络生态系统逐渐形成、完备。这一阶段，网络空间、网络社会的安全秩序成了独立的法益。犯罪手段与网络信息技术高度融合；侵犯公民个人信息类型趋向多元，社会危害性加大。非法交易银行卡、电话卡黑产链条不断升级；"引流吸粉"为网络诈骗"设局"，网络水军成黑灰产业。

（二）打击黑产形成合力

随着网络社会关系的完备，网络社会与经济社会的深度交织，网络黑产迅速滋生。网络黑产即网络黑色产业链，指在网络空间内，为网络攻击、网络侵财、网络赌博、网络色情、网络贩毒、窃取信息等网络违法行为提供工具、资源、平台以及掩饰、隐瞒犯罪所得及其收益的渠道与环节。电信网络诈骗具有智能化、非接触性以及成本低、收益高、易复制、查打难等特点，形势依然严峻，用户反映强烈，安全事件时有发生。国务院及司法机关出台一系列专项活动，开展治理活动。

2020 年，国务院在全国范围内开展"断卡"行动，严厉打击整治非法开办、贩卖电话卡、银行卡的违法犯罪，斩断电话卡、银行卡的黑产链。

2020 年 11 月，最高人民检察院向工信部发出"六号检察建议"，围绕网络黑灰产业链条整治、App 违法违规收集个人信息、未成年人网络保护等问题提出治理建议。

2021 年，公安部深入推进"净网 2021"专项行动，并在专项行动中发起"断号"行动，对网络号黑色产业链发起凌厉攻势，持续加强对网络黑产的打击力度。

第三节 企业网络安全合规管理实践

一、抓住重灾区重点治理

（一）中国司法大数据研究院的成果

中国司法大数据研究院发布《涉信息网络犯罪特点和趋势（2017.1-2021.12）司法大数据专题报告》显示，2017 年至 2021 年，涉信息网络犯罪案件数量呈逐年上升趋势，近四成案件涉及诈骗罪。通过分析网络诈骗案件特征，报告指出，6.32% 的网络诈骗案件是获取公民个

人信息后有针对性地实施诈骗犯罪。

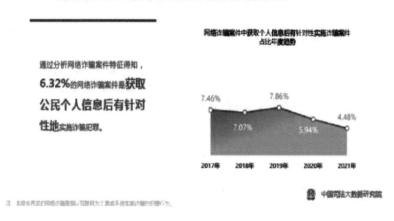

（二）用户个人信息保护合规

1. 在经营业务发展及数据合规保护之间取得平衡。在战略、执行、技术等各个合规管理界面均需及时作出调整和应对，并应在组织体系、制度体系、数据安全能力建设、强化人员数据合规意识与能力等多个方面共同发力，实现。

（1）战略层面，要结合《中华人民共和国个人信息保护法》等法律法规，优化顶层设计，构建符合企业自身战略发展需要的信息保护与数据合规组织体系与制度体系。

（2）执行层面，需要修订和更新企业现有的用户个人信息收集、处理业务规则，优化流程设计，升级数字系统，同时加强相关人员培训，提高每一项业务流程处理中的操作规范性。

（3）技术层面，需要对企业现有业务系统的各个模块进行更新和调整，以适应新的业务规则。

2. 健全制度，提升能力。

（1）健全用户个人信息保护与数据安全合规组织体系。与企业现有管理体系高度融合，结合企业特征突出数据安全合规重点与企业其他合规要求协调同步。

（2）完善个人信息保护和数据安全的规章制度体系。个人信息保护的基本制度，个人信息保护的组织管理制度，个人信息保护专项合规制度，个人信息保护影响评估制，个人信息应急处置制度。

（3）建设企业信息保护与数据安全能力。数据安全管理能力，数据安全防护能力，数据安全监管与审计能力。

（4）强化人员信息保护与数据合规意识与能力。建立人员安全意识培养机制，发布并宣贯信息保护与数据合规指南、指引、手册等宣贯材料，指导业务开展，加强合规治理参与人员的技能培训。

（三）按照信息采集的不同阶段进行差异化合规管理

1. 个人信息收集阶段。个人信息的收集应遵循合法、正当、必要、诚信四项基本原则。

2. 个人信息存储阶段。切实履行数据控制者的责任，注意数据存储的安全性。根据国家对于数据的分级保护要求，建立完善的数据存储与管理合规体系，全面降低数据泄露事件的发生概率

3. 个人信息处理使用阶段。遵循最小授权的原则，不得超出被授权范围和个人信息使用的目的进行数据处理与使用。确保个人信息处理的安全性，需注重对个人信息的加密和脱敏处理，并对于个人信息处理的具体活动进行记录和管理，使其有据可查。定期的风险评估，避免存在信息泄露、处理结果包含可恢复的敏感个人信息等情形。

4. 个人信息流通与共享阶段。公司将其收集的个人信息提供给第三方或向公众披露，应至少注意以下要点：

（1）个人信息的提供与流通应先征得被收集者的同意；

（2）对于敏感个人信息进行评估并进行脱敏处理；

（3）对个人信息接收方进行尽职调查和合理的约束；

（4）监督个人信息接收方的使用行为是否合规；

（5）在个人信息提供过程中，记录提供的具体信息，以便事后进行合规性审计。

（四）电信行业视角下的电信网络诈骗特点

1. 技术对抗强度大。诈骗分子快速迭代技术手段，开发利用虚拟拨号、"秒拨 IP"、"阅后即焚"，甚至人工智能、区块链等新兴技术，提升智能化诈骗水平，手法层出不穷，令人防不胜防，诈骗与反诈骗技术对抗持续胶着、日趋激烈。

2. 互联网诈骗形势严峻。随着打击治理工作深入推进，传统电话诈骗有所回落，互联网诈骗高位运行。据工信部通报，2021 年境内外涉诈网站域名处置超过 104 万个。加之个人信息买卖等网络黑灰产屡禁不止，打击治理难度更大。

3. 有组织犯罪更猖獗。电信网络诈骗呈现"产业化分布、集团化运作、精细化分工、跨境式布局"特点，涉诈窝点在境外大量聚集，倒卖电话卡和网络账号、挖掘安全漏洞、研发诈骗技术工具等已经产业化、一条龙运作，跨境、跨网、跨域特点明显，给全链条打击治理工作带来巨大挑战。

二、企业承担合规义务

（一）电信企业应承担合规义务

1. 全面落实实名制。根据不同用户的情况制定适用于代理商及用户的具体登记、处理

措施。

2. 开卡管控责任。办卡数量不超过限制，识别异常办卡情形并进行处置

3. 检测异常电话卡用户。对监测识别的涉诈异常电话卡用户应当重新进行实名核验，并可以限制、暂停有关电话卡功能

4. 规范物联网卡管理。建立物联网卡用户风险评估制度，严格登记用户信息等，并对物联网卡的使用建立监测预警机制

5. 规范主叫号码。规范真实主叫号码传送和电信线路出租，对虚假主叫、不规范主叫进行识别、拦截

6. 强化非法设备、软件治理。不得非法制造、买卖、提供或者使用相关设备、软件

（二）互联网服务提供者应承担的责任

1. 核实真实身份。为用户提供下列服务应当依法要求用户提供真实身份信息，用户不提供真实身份信息的，不得提供服务。

2. 规范涉诈账号的处置。对监测识别的涉诈异常账号应当重新核验，根据风险情况，采取限期改正、限制功能、暂停使用、关闭账号、禁止重新注册等处置措施。

3. 加强应用程序管控措施。按照规定办理相关登记、备案手续，并对相关涉诈应用程序重点监测、及时处置。

4. 规范互联网域名管理。核验域名注册、解析信息和互联网协议地址的真实性、准确性，规范域名跳转，记录并留存所提供相应服务的日志信息，支持实现对解析、跳转、转换记录的溯源。

5. 对从事涉诈支持、帮助活动进行监测识别和处置。任何单位和个人不得为他人实施电信网络诈骗活动提供相关支持或者帮助。

6. 为公安机关取证提供技术支持和协助。发现涉诈违法犯罪线索、风险信息的，按照规定反馈相关单位。

三、电信行业开展电信网络诈骗工作的合规举措示例

（一）专项治理行动示例

1. 加大源头治理，做好风险前防。持续开展源头治理，对"高危套餐"、风险号码等进行全面监测与风险排查；加大线上订单拦截管控力度。

2. 完善技术手段提升治理效能。强化涉诈风险模型拦截能力，针对特殊场景建立细分模型；增加客服投诉工单自动分析模块及智能语音外呼功能。

3. 加强警企配合协同快速联动。与反诈中心横向联动，建立高危号码快速处置响应机制。配合公安实施停机保护工作。

4. 狠抓涉诈涉案域名重点工作。按照工信部对涉案域名重点工作要求，建立涉案域名快速申诉流程，组建申诉快速响应团队。

5. 加强宣传引导　提高防范意识。深入各销售线，对内加强员工警示教育，普及"帮信罪"、开展反诈公益宣传部署动员；对外针对不同人群，开展反诈公益讲座。

6. 开展涉诈重点电信业务规范管理和新业务涉诈风险评估。在所有境外来电主叫号码前添加了国际长途字冠"00"送至本地网或长途中继。

（二）以技管网，筑牢安全防护堤坝

1. 深化传统电话诈骗发现处置能力。要积极引入互联网、金融等多维度数据，持续提高模型精准度，进行智能关停，做到关的准、关的快，提高大数据反诈模型集约度、实时率。锻造合规能力，强化黑白名单运营，鼓励模型孵化共享。

2. 提升新型网络诈骗发现处置能力。电信网络诈骗已经从电话诈骗延伸到了网络诈骗，并且呈上升态势，工信部对涉诈网站、App 发现封堵提出了明确要求，技术手段必须跟上。发挥 IT 集约和数据集中优势，打造形成全网一体化的"监测、发现、预警、处置"技术防控体系，形成标志性成果。

3. 扩大安全产品用户规模。企业要持续优化一系列安全产品，提升防骗识骗能力。利用线上线下资源加大宣传推广，向其他行业输出反诈能力，提升跨行业协同治理水平。

4. 与工信部系统、管局系统对接联调。企业内部要建设对应的反诈系统，完成电话号码、端口短信、IP 地址等能力对接，确保监管系统指令及时有效处置。

【合规实务建议】

目前网络安全合规管理尚处在发展阶段，合规工作人员的工作大多是配合网络部门保障网络安全，配合业务部门参与打击治理电信网络诈骗违法犯罪工作。因此，从这两个方面参与网络安全工作，做有深度的专项合规业务工作，是值得探索的合规管理领域。了解企业网络安全合规管理方面的实践，厘清企业在网络安全方面的合规需求，有的放矢地开展合规研究，为企业提供前瞻性的合规管理建议，是合规管理的新空间。

【本章涉及法律法规文件】

1. 2016 年 11 月，《中华人民共和国网络安全法》。

2. 2007 年 6 月，由公安部、国家保密局、国家密码管理局、国务院信息化工作办公室（已撤销）联合印发《信息安全等级保护管理办法》（公通字〔2007〕43 号）。

3. 2020 年 7 月，公安部印发关于《贯彻落实网络安全等级保护制度和关键信息基础设施安全保护制度的指导意见》（公网安〔2020〕1960 号）。

4. 2021 年 12 月，国家互联网信息办公室、国家发展和改革委员会、工业和信息化部、公安部、国家安全部、财政部、商务部、中国人民银行、国家市场监督管理总局、国家广播电视总局、中国证券监督管理委员会、国家保密局、国家密码管理局十三部门联合修订《网络安全审查办法》。

5. 2022 年 9 月，《中华人民共和国反电信网络诈骗法》。

6. 2022 年，中共中央办公厅、国务院办公厅印发《关于加强打击治理电信网络诈骗违法犯罪工作的意见》。

第十六章　知识产权合规管理

本章内容导读

本章内容从两个方面展开介绍。

第一，全面介绍企业知识产权合规管理。涉及两份文件。

上海市浦东新区人民检察院、中国信息通信研究院知识产权与创新发展中心发布《企业知识产权合规标准指引（试行）》。全面覆盖了知识产权合规管理的主要内容，包括知识产权合规管理组织体系、制度体系、运行体系、风险识别处置体系及第三方监督评估体系的要求、知识产权风险的定义及分类。

北京市大兴区人民检察院发布《侵犯知识产权犯罪涉案企业合规整改指南》。对合规整改的计划制定、实施与效果评估提出完整要求，并且对小微企业的评估标准做了单独规定。

第二，重点介绍知识产权合规风险防控。以知识产权合规风险防控为切入点，开展企业知识产权合规管理工作是一个比较通行的做法。重点围绕企业知识产权合规风险种类、识别处置体系、风险应对三个方面，介绍基本工作要素。

第一节　知识产权管理重要性

一、提高站位重视知识产权保护

（一）保护知识产权是保护创新

2020 年 11 月 30 日，习近平总书记在主持十九届中共中央政治局第二十五次集体学习时指出："创新是引领发展的第一动力，保护知识产权就是保护创新。全面建设社会主义现代化国家，必须更好推进知识产权保护工作。"

2021 年 9 月，中共中央、国务院印发《知识产权强国建设纲要（2021－2035 年）》明确要求："引导市场主体发挥专利、商标、版权等多种类型知识产权组合效应，培育一批知识产权竞争力强的世界一流企业。深化实施中小企业知识产权战略推进工程。"同时，部署"引导企业自觉履行尊重和保护知识产权的社会责任"。

2021 年 10 月 9 日，国务院《"十四五"国家知识产权保护和运用规划》明确要求："推动中央企业建立完善知识产权工作体系，打造一批具备国际竞争优势的知识产权强企。深化实施中小企业知识产权战略推进工程。"随着创新驱动发展战略的深入实施，知识产权作为国家发展战略性资源和国际竞争力核心要素的作用愈发凸显，知识产权也越来越多地成为企业的核心资产和主要竞争工具。

（二）知识产权是企业竞争力的核心要素

2020 年 11 月 30 日，习近平总书记在主持十九届中共中央政治局第二十五次集体学习时指出："知识产权领域仍存在侵权易发多发和侵权易、维权难的现象，知识产权侵权违法行为呈现新型化、复杂化、高技术化等特点；有的企业利用制度漏洞，滥用知识产权保护；市场主体应对海外知识产权纠纷能力明显不足，我国企业在海外的知识产权保护不到位。"知识产权是企业竞争力的核心要素，知识产权合规管理不到位会给企业带来不可估量的损失。

二、知识产权相关法律规定

《中华人民共和国民法典》第 123 条规定，民事主体依法享有知识产权。知识产权是权利人依法就下列客体享有的专有的权利：（一）作品；（二）发明、实用新型、外观设计；（三）商标；（四）地理标志；（五）商业秘密；（六）集成电路布图设计；（七）植物新品种；（八）法律规定的其他客体。其中一些客体的保护还涉及《中华人民共和国著作权法》《中华人民共和国商标法》《中华人民共和国专利法》《中华人民共和国反不正当竞争法》。

第三编第二十章技术合同部分的规定涉及企业对创新成果的保护，也是企业知识产权合规管理的重要遵循。

鉴于本书的重点不是对《中华人民共和国民法典》进行解读，此处就不做赘述。

第二节　企业知识产权合规管理

一、《企业知识产权保护指南》

（一）概述

2022 年 4 月 21 日，国家知识产权局发布《企业知识产权保护指南》，共七个章节，从战略及组织管理、人力资源管理、财务管理、市场营销、产品及研发管理、生产及供应链管理和法务与知识产权管理七个方面，阐述在企业运行各环节、各阶段如何开展知识产权保护工作，为企业提供知识产权风险防控、高效应对纠纷等方面的建议。

（二）主要内容

1. 列示对照清单，包括有关知识产权环境的知识产权法律法规、司法部门架构和裁判倾向、行政部门架构和执法环境、与企业所提供产品或服务相同或相近领域知识产权纠纷及有关竞争对手在目标市场的知识产权团队情况、在目标市场与本企业所提供产品或服务相关的知识产权布局情况、在目标市场过往进行知识产权维权的情况等。

2. 梳理企业市场营销活动、产品研发管理、生产活动及供应链管理、法务与知识产权管理、人才招聘与人员管理及企业对外投资或公开募股拟上市等环节可能涉及的知识产权风险，出真招、亮实招，有效指导企业全面提升知识产权风险治理能力，强化企业知识产权合规管理能力。

3. 围绕企业的业务链条和行政管理，系统介绍了知识产权的管理举措特别是风险管控要点。

4. 企业应积极关注知识产权保护政策变化，看清政策背后指引的方向、鼓励的举措、禁止的行为，从而在谋划企业自身发展时明确哪些事情可以做、哪些事情应该做、哪些事情碰不得，进而在企业知识产权保护战略制定中把准方向和路线

5. 介绍了知识产权在企业税务管理、私募融资估值和首次公开募股、科创版上市、利用质押和证券化等手段获取融资等活动中的作用、情形和关注要点。

二、《企业知识产权合规标准指引（试行）》

（一）概述

2021 年 12 月，上海市浦东新区人民检察院和中国信息通信研究院知识产权与创新发展中心发布《企业知识产权合规标准指引（试行)》，共 6 章 30 条。

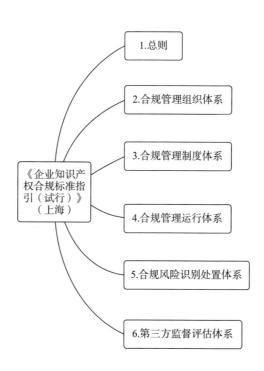

（二）对知识产权风险进行定义并分类

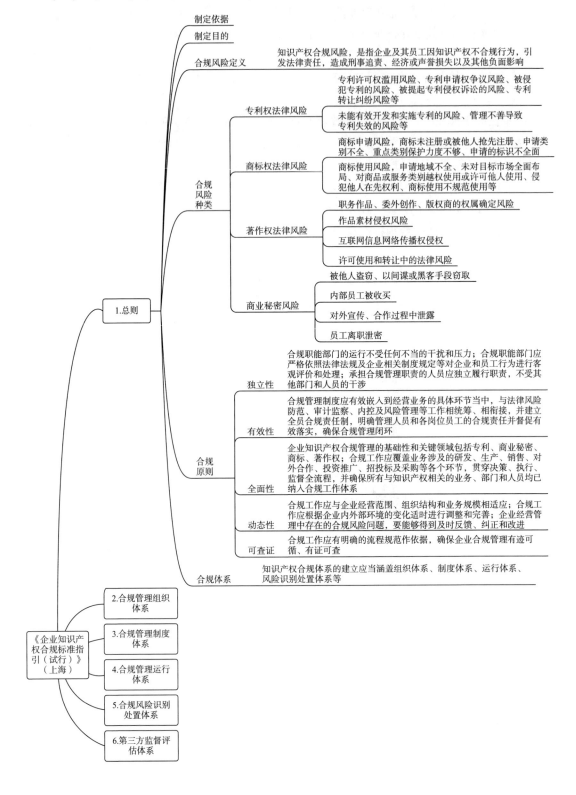

（三）知识产权合规管理组织体系、制度体系

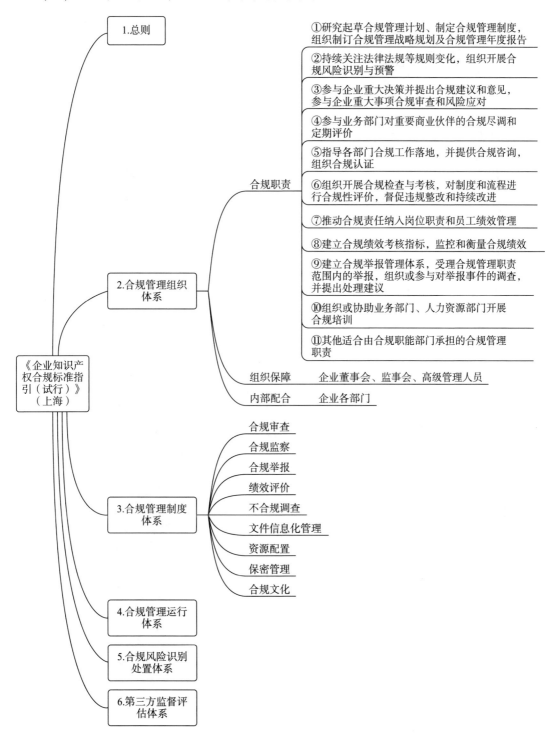

（四）知识产权合规管理运行体系

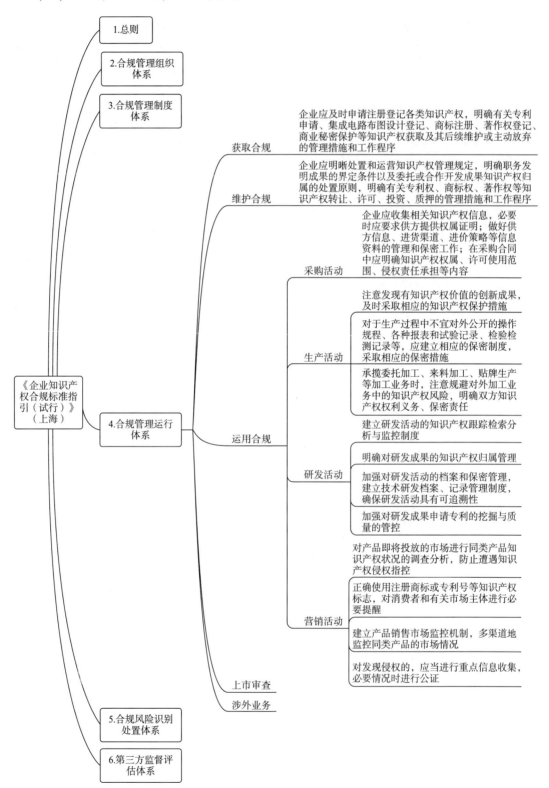

（五）知识产权合规风险识别处置体系

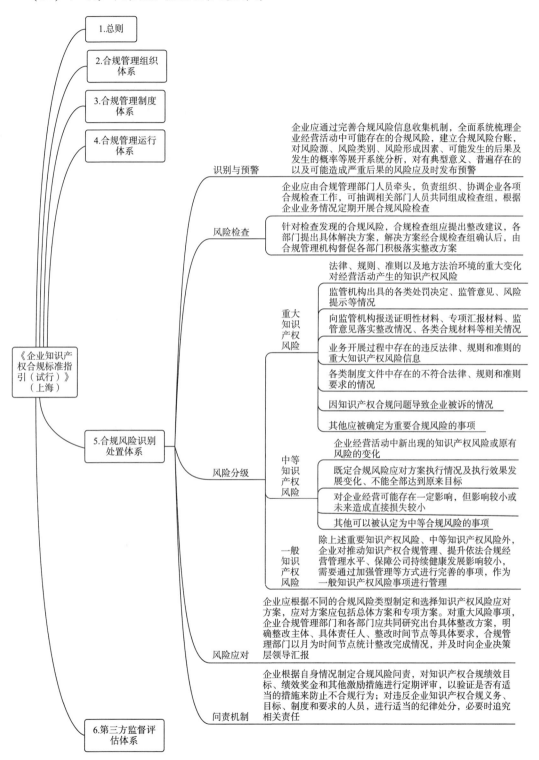

（六）第三方监督评估体系

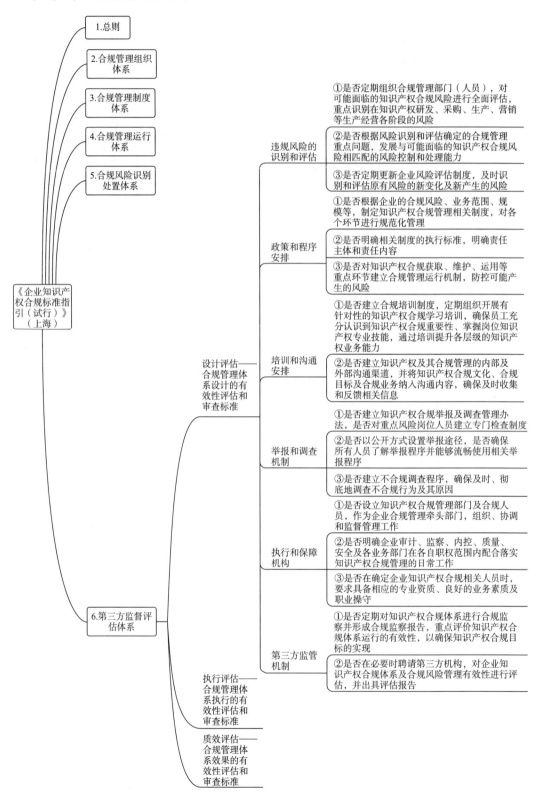

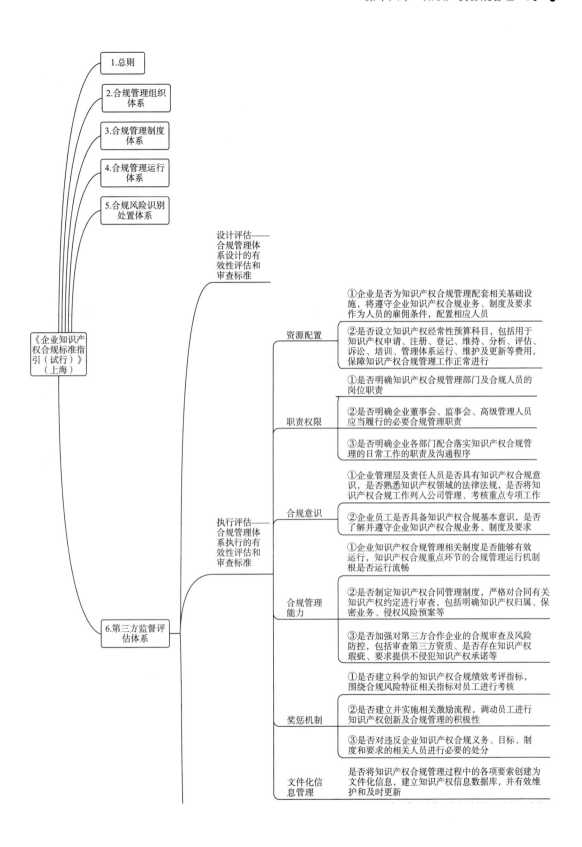

《企业知识产权合规标准指引（试行）》（上海）

1.总则

2.合规管理组织体系

3.合规管理制度体系

4.合规管理运行体系

5.合规风险识别处置体系

6.第三方监督评估体系

设计评估——合规管理体系设计的有效性评估和审查标准

执行评估——合规管理体系执行的有效性评估和审查标准

资源配置
①企业是否为知识产权合规管理配套相关基础设施，将遵守企业知识产权合规业务、制度及要求作为人员的雇佣条件，配置相应人员
②是否设立知识产权经常性预算科目，包括用于知识产权申请、注册、登记、维持、分析、评估、诉讼、培训、管理体系运行、维护及更新等费用，保障知识产权合规管理工作正常进行

职责权限
①是否明确知识产权合规管理部门及合规人员的岗位职责
②是否明确企业董事会、监事会、高级管理人员应当履行的必要合规管理职责
③是否明确企业各部门配合落实知识产权合规管理的日常工作的职责及沟通程序

合规意识
①企业管理层及责任人员是否具有知识产权合规意识，是否熟悉知识产权领域的法律法规，是否将知识产权合规工作列入公司管理、考核重点专项工作
②企业员工是否具备知识产权合规基本意识，是否了解并遵守企业知识产权合规业务、制度及要求

合规管理能力
①企业知识产权合规管理相关制度是否能够有效运行，知识产权合规重点环节的合规管理运行机根是否运行流畅
②是否制定知识产权合同管理制度，严格对合同有关知识产权约定进行审查，包括明确知识产权归属、保密业务、侵权风险预案等
③是否加强对第三方合作企业的合规审查及风险防控，包括审查第三方资质、是否存在知识产权瑕疵、要求提供不侵犯知识产权承诺等

奖惩机制
①是否建立科学的知识产权合规绩效考评指标，围绕合规风险特征相关指标对员工进行考核
②是否建立并实施相关激励流程，调动员工进行知识产权创新及合规管理的积极性
③是否对违反企业知识产权合规义务、目标、制度和要求的相关人员进行必要的处分

文件化信息管理
是否将知识产权合规管理过程中的各项要索创建为文件化信息，建立知识产权信息数据库，并有效维护和及时更新

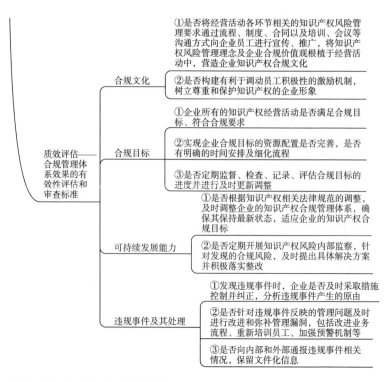

质效评估——合规管理体系效果的有效性评估和审查标准

合规文化
①是否将经营活动各环节相关的知识产权风险管理要求通过流程、制度、合同以及培训、会议等沟通方式向企业员工进行宣传、推广，将知识产权风险管理理念及企业合规价值观根植于经营活动中，营造企业知识产权合规文化
②是否构建有利于调动员工积极性的激励机制，树立尊重和保护知识产权的企业形象

合规目标
①企业所有的知识产权经营活动是否满足合规目标、符合合规要求
②实现企业合规目标的资源配置是否完善，是否有明确的时间安排及细化流程
③是否定期监督、检查、记录、评估合规目标的进度并进行及时更新调整

可持续发展能力
①是否根据知识产权相关法律规范的调整，及时调整企业的知识产权合规管理体系，确保其保持最新状态，适应企业的知识产权合规目标
②是否定期开展知识产权风险内部监察，针对发现的合规风险，及时提出具体解决方案并积极落实整改

违规事件及其处理
①发现违规事件时，企业是否及时采取措施控制并纠正，分析违规事件产生的原因
②是否针对违规事件反映的管理问题及时进行改进和弥补管理漏洞，包括改进业务流程、重新培训员工、加强预警机制等
③是否向内部和外部通报违规事件相关情况，保留文件化信息

三、《侵犯知识产权犯罪涉案企业合规整改指南》

（一）概述

2022 年 4 月，北京市大兴区人民检察院发布《侵犯知识产权犯罪涉案企业合规整改指南》。共 5 章 35 条。这是北京市大兴区人民检察院结合实际办案经验，立足大兴区"科技创新引领区"的功能定位，联合北京市大兴区知识产权局、北京市大兴区工商联，共同制定的，构建知识产权专项合规要素评价体系。

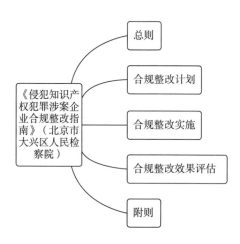

《侵犯知识产权犯罪涉案企业合规整改指南》（北京市大兴区人民检察院）
- 总则
- 合规整改计划
- 合规整改实施
- 合规整改效果评估
- 附则

（二）适用范围、合规要素

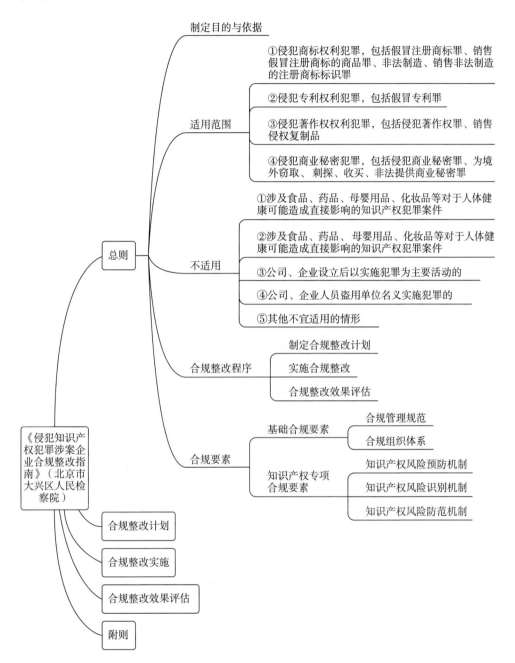

（三）整改计划、刑事风险提示

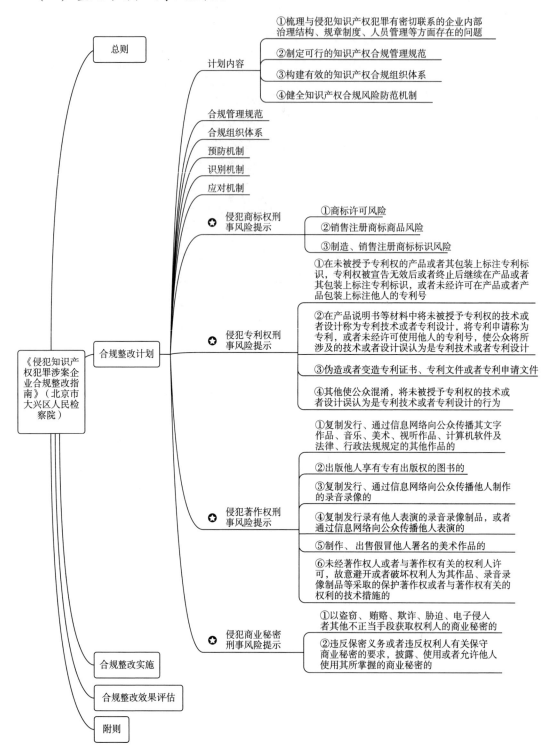

《侵犯知识产权犯罪涉案企业合规整改指南》（北京市大兴区人民检察院）

- 总则
- 合规整改计划
  - 计划内容
    - ①梳理与侵犯知识产权犯罪有密切联系的企业内部治理结构、规章制度、人员管理等方面存在的问题
    - ②制定可行的知识产权合规管理规范
    - ③构建有效的知识产权合规组织体系
    - ④健全知识产权合规风险防范机制
  - 合规管理规范
  - 合规组织体系
  - 预防机制
  - 识别机制
  - 应对机制
  - ✪ 侵犯商标权刑事风险提示
    - ①商标许可风险
    - ②销售注册商标商品风险
    - ③制造、销售注册商标标识风险
  - ✪ 侵犯专利权刑事风险提示
    - ①在未被授予专利权的产品或者其包装上标注专利标识，专利权被宣告无效后或者终止后继续在产品或者其包装上标注专利标识，或者未经许可在产品或者产品包装上标注他人的专利号
    - ②在产品说明书等材料中将未被授予专利权的技术或者设计称为专利技术或者专利设计，将专利申请称为专利，或者未经许可使用他人的专利号，使公众将所涉及的技术或者设计误认为是专利技术或者专利设计
    - ③伪造或者变造专利证书、专利文件或者专利申请文件
    - ④其他使公众混淆，将未被授予专利权的技术或者设计误认为是专利技术或者专利设计的行为
  - ✪ 侵犯著作权刑事风险提示
    - ①复制发行、通过信息网络向公众传播其文字作品、音乐、美术、视听作品、计算机软件及法律、行政法规规定的其他作品的
    - ②出版他人享有专有出版权的图书的
    - ③复制发行、通过信息网络向公众传播他人制作的录音录像的
    - ④复制发行录有他人表演的录音录像制品，或者通过信息网络向公众传播他人表演的
    - ⑤制作、出售假冒他人署名的美术作品的
    - ⑥未经著作权人或者与著作权有关的权利人许可，故意避开或者破坏权利人为其作品、录音录像制品等采取的保护著作权或者与著作权有关的权利的技术措施的
  - ✪ 侵犯商业秘密刑事风险提示
    - ①以盗窃、贿赂、欺诈、胁迫、电子侵入者其他不正当手段获取权利人的商业秘密的
    - ②违反保密义务或者违反权利人有关保守商业秘密的要求，披露、使用或者允许他人使用其所掌握的商业秘密的
- 合规整改实施
- 合规整改效果评估
- 附则

（四）合规整改实施

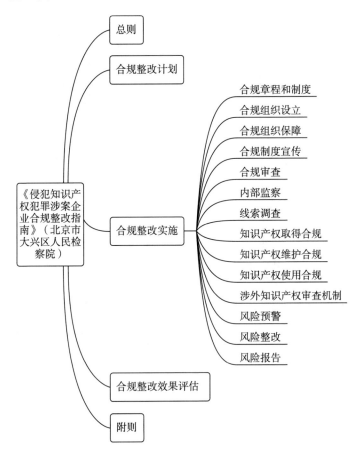

（五）合规整改效果评估

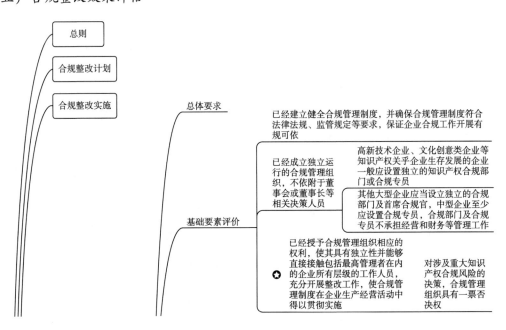

```
《侵犯知识产
权犯罪涉案企
业合规整改指
南》（北京市
大兴区人民检
察院）
    ├─ 合规整改效果评估
    │       └─ 知识产权专项要素评价 ★
    │              ├─ ①已经建立健全规范化的知识产权事务管理和决策流程，将知识产权合规审查作为规章制度制定、重大事项决策、重要合同签订、重大项目运营等经营管理行为的必经程序，及时对不合规的内容提出修改建议，未经合规审查不得实施
    │              ├─ ②已经建立工作责任清单，设立合规部门或合规专员，明确企业各岗位员工知识产权合规责任，明晰岗位知识产权侵权风险点，制定员工手册，指导企业员工在履职过程中可能涉及合规风险时进行正确的判断和合法的选择
    │              ├─ ③已经建立合规监察制度，由合规管理部门人员落实实施，并形成合规监察报告，监察内容主要包括对知识产权合规体系运行有效性进行评价和对知识产权合规绩效进行评价，以确保知识产权合规目标的实现
    │              ├─ ④已经建立举报机制，对企业在生产经营活动中存在的知识产权侵权情况，可直接向合规部门或合规专员报告，并对举报者进行保护，举报由无利益冲突的合规专员进行独立调查，并将调查结果和处理建议向决策层进行汇报、记录，对举报属实者予以奖励
    │              ├─ ⑤已经建立文件信息化管理制度，确保对企业管理中形成的相关知识产权的重要过程予以记录、标识、贮存、保护、检索、保存和处置，对行政决定、司法判决、律师函等外来文件进行有效管理，确保其来源与取得时间的准确性，外来文件和记录文件应当完整，明确保管方式和保存期限，文件管理体系的载体，不限于纸质文件，也包括电子文件
    │              ├─ ⑥已经建立保密管理制度，明确涉密人员，设定保密登记和接触权限，对容易造成企业知识产权秘密流失的设备，规范其使用人员、目的、方式和流通，明确涉密信息范围，规定保密等级、期限和传递、保存及销毁的要求，明确涉密区域，规定客户及参访人员活动范围等
    │              ├─ ⑦已经建立供应商审查制度，采购时核查供应商是否具备特定商品销售资质，是否提供一年内工商检查记录，供应商是否开具正规发票，货款支付渠道是否合法等
    │              ├─ ⑧已经建立出入库清单制度，出入库清单实现精细化管理，内容涵盖出（退）货单号码、产品名、数量、单价、销售总额、退货总额、质检情况以及备注栏等细项，对出入库全流程监控
    │              ├─ ⑨已经建立合规培训制度，对技术人员、知识产权管理人员、全体员工分层级合规培训，从增强知识产权保护意识、知识产权价值观、营造崇尚创新尊重知识产权的氛围、重视知识产权 宣传教育等方式进行知识产权文化的建设，结合知识产权管理制度建设和人才建设，构建有利于调动企业员工知识产权工作积极性的激励机制，树立尊重和保护知识产权的企业形象
    │              ├─ ⑩已经完善问责与惩戒机制，对违反企业合规义务、政策、流程和程序的人员（包括决策层、各级管理人员和普通员工）采取适当的纪律处分，如训诫、警告、降级、降职、调离、解雇、向执法部门报告违法情况等
    │              ├─ ⑪已经建立合规报告制度，合规部门要保证合规专项报告信息的准确性、完整性和可验证性，确保决策层及时了解并采取预防、纠正和补救措施
    │              └─ ⑫已经建立持续改进机制，知识产权专项合规制度实施期间，合规部门针对企业外部法律和政策的调整、企业内部制度、执行问题带来的合规风险等进行定期审查，并向决策层汇报，以及时修正，确保合规制度合法有效
    │       └─ 小微企业评价标准
    └─ 附则
```

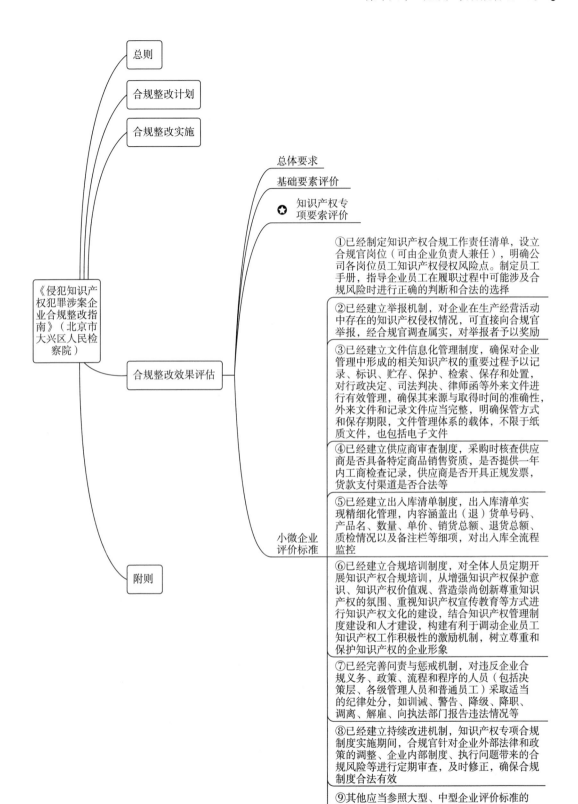

总则

合规整改计划

合规整改实施

《侵犯知识产权犯罪涉案企业合规整改指南》（北京市大兴区人民检察院）

合规整改效果评估

附则

总体要求

基础要素评价

知识产权专项要素评价

小微企业评价标准

①已经制定知识产权合规工作责任清单，设立合规官岗位（可由企业负责人兼任），明确公司各岗位员工知识产权侵权风险点。制定员工手册，指导企业员工在履职过程中可能涉及合规风险时进行正确的判断和合法的选择

②已经建立举报机制，对企业在生产经营活动中存在的知识产权侵权情况，可直接向合规官举报，经合规调查属实，对举报者予以奖励

③已经建立文件信息化管理制度，确保对企业管理中形成的相关知识产权的重要过程予以记录、标识、贮存、保护、检索、保存和处置，对行政决定、司法判决、律师函等外来文件进行有效管理，确保其来源与取得时间的准确性，外来文件和记录文件应当完整，明确保管方式和保存期限，文件管理体系的载体，不限于纸质文件，也包括电子文件

④已经建立供应商审查制度，采购时核查供应商是否具备特定商品销售资质，是否提供一年内工商检查记录，供应商是否开具正规发票，货款支付渠道是否合法等

⑤已经建立出入库清单制度，出入库清单实现精细化管理，内容涵盖出（退）货单号码、产品名、数量、单价、销货总额、退货总额、质检情况以及备注栏等细项，对出入库全流程监控

⑥已经建立合规培训制度，对全体人员定期开展知识产权合规培训，从增强知识产权保护意识、知识产权价值观、营造崇尚创新尊重知识产权的氛围、重视知识产权宣传教育等方式进行知识产权文化的建设，结合知识产权管理制度建设和人才建设，构建有利于调动企业员工知识产权工作积极性的激励机制，树立尊重和保护知识产权的企业形象

⑦已经完善问责与惩戒机制，对违反企业合规义务、政策、流程和程序的人员（包括决策层、各级管理人员和普通员工）采取适当的纪律处分，如训诫、警告、降级、降职、调离、解雇、向执法部门报告违法情况等

⑧已经建立持续改进机制，知识产权专项合规制度实施期间，合规官针对企业外部法律和政策的调整、企业内部制度、执行问题带来的合规风险等进行定期审查，及时修正，确保合规制度合法有效

⑨其他应当参照大型、中型企业评价标准的事项

（六）附则

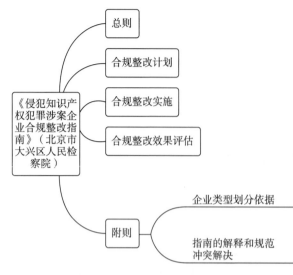

四、《企业知识产权国际合规管理规范》

（一）概述

2022年4月，广东省市场监督管理局发布省级地方标准《企业知识产权国际合规管理规范》（DB44/T 2361 - 2022），这是国内首个企业知识产权国际合规管理地方标准。

（二）出台背景

该项标准紧紧围绕广东企业"走出去"的主要领域和重点区域，参酌知识产权国际规则和主要国家、地区的差异性要求，总结广东企业"走出去"的经验教训，规定了建立、检查、实施、改进企业知识产权国际合规管理体系的基本要求，以及识别、评估、应对知识产权国际合规风险的基本方法和基本要求，致力于在海外知识产权布局、风险防范及纠纷应对等方面提供合规指引，从而帮助企业"强身健体"，实现海外知识产权风险防控的"源头治理"。

（三）主要内容

对知识产权国际合规管理方法、流程提供技术支撑，在实施过程中具有可操作性，能有效地指导企业建立和实施知识产权国际合规管理体系，加强海外知识产权合规风险管控。规定了企业建立知识产权国际合规管理体系的总体要求，包括理解组织及内外环境、确立企业自身适用的体系范围、遵循相应的基本原则以及做好文件控制等。界定了最高管理者、管理者代表及管理机构的职责权限，提出了识别、评估知识产权国际合规风险的要求，对合规风险应对及其措施的预期效果提出了基本要求，分别针对合规风险事件的预防、发现和处理，指导企业结合实际，采取恰当措施予以控制。

（四）主要特点

1. 全国首创。首次全面聚焦海外知识产权保护领域，创造性地将合规管理方法运用于海外知识产权保护工作。

2. 以企业需求为导向。从企业海外知识产权保护的实际需求出发，抓住重点和难点问题，兼具针对性和可操作性。

3. 以风险防范为主线。全面梳理企业海外知识产权获取、维护、运用、保护中的风险高发点，针对性提出风险应对指引和经验借鉴。

4. 保留持续完善空间。广东充分考虑知识产权国际合规管理的特殊性和复杂性，将根据形势发展变化，及时开展跟踪研究，持续进行修改完善，并将会适时推出新版本。

五、新的地方性法规（由地方人大及其常委会制定）不断发布（动态更新中）

《海南自由贸易港知识产权保护条例》于 2021 年 12 月 1 日公布，自 2022 年 1 月 1 日起施行。

《江苏省知识产权促进和保护条例》于 2022 年 1 月 14 日公布，自 2022 年 4 月 26 日起施行。

《广东省知识产权保护条例》于 2022 年 3 月 29 日公布，自 2022 年 5 月 1 日起施行。

《山东省知识产权保护和促进条例》于 2022 年 3 月 30 日公布，自 2022 年 5 月 1 日起施行。

《北京市知识产权保护条例》于 2022 年 3 月 31 日公布，自 2022 年 7 月 1 日起施行。

《汕头经济特区知识产权保护条例》于 2022 年 5 月 30 日公布，自 2022 年 7 月 1 日起施行。

《湖南省知识产权保护和促进条例》于 2022 年 9 月 26 日公布，自 2023 年 1 月 1 日起施行。

《浙江省知识产权保护和促进条例》于 2022 年 9 月 29 日公布，自 2023 年 1 月 1 日起施行。

《广东省版权条例》于 2022 年 9 月 29 日公布，自 2023 年 1 月 1 日起施行。

《广东省地理标志条例》于 2022 年 11 月 30 日公布，自 2023 年 1 月 1 日起施行。

第三节　知识产权合规风险防控

一、知识产权合规风险防控

（一）知识产权合规风险与知识产权合规风险防控

上海市浦东新区人民检察院和中国信息通信研究院知识产权与创新发展中心发布《企业知识产权合规标准指引（试行）》，对知识产权合规风险与企业知识产权合规风险管理给予定义。本指引所指的知识产权合规风险，是指企业及其员工因知识产权不合规行为，引发法律责任，造成刑事追责、经济或声誉损失以及其他负面影响。企业知识产权合规风险管理的目标是实现对知识产权合规风险的有效识别和管理，提升依法合规经营管理水平。

（二）聚焦知识产权合规风险管理

1. 梳理企业知识产权合规风险点。结合企业的行业属性、经营特点，厘清涉及知识产权合规的种类，在专利、商标、著作权、商业秘密中选出重点，建立合规风险库；结合规风险分级，首先解决重点领域的高级别风险。

2. 复用合规风险防控的通用举措。复用企业合规工作机制、组织机构开展知识产权专项工作，利用历史工作成果倒逼管理提升，出台制度规范工作流程，明确责任。

3. 变被动为主动、事后处理为事前预防。鉴于目前知识产权合规风险与法律风险重合性较多，风险处理过程被动性较强；要关口前移，总结教训推导出预防举措，增强工作主动性，采取管理方法提前解决风险发生的潜在隐患。

二、搭建企业知识产权合规风险防控体系

（一）合规风险防控三道防线与知识产权合规风险防控

风险防控通常包括三道防线，业务部门是本领域合规管理责任主体，负责日常相关工作，是第一道防线；合规管理牵头部门组织开展日常工作，是第二道防线；纪检监察机构和审计、巡视等部门在职权范围内，是第三道防线。知识产权合规管理及风险防控责任主要集中在第一道、第二道防线。知识产权合规风险的应对与处理更是集中在第二道防线。

（二）企业知识产权合规风险种类

参考《侵犯知识产权犯罪涉案企业合规整改指南》规定，可将知识产权合规风险分为四类。

1. 专利权法律风险。

（1）专利许可权滥用风险、专利申请权争议风险、被侵犯专利的风险、被提起专利侵权诉讼的风险、专利转让纠纷风险等；

（2）未能有效开发和实施专利的风险、管理不善导致专利失效的风险等。

2. 商标权法律风险。

（1）商标申请风险，商标未注册或被他人抢先注册、申请类别不全、重点类别保护力度不够、申请的标识不全面；

（2）商标使用风险，申请地域不全、未对目标市场全面布局、对商品或服务类别越权使用或许可他人使用、侵犯他人在先权利、商标使用不规范使用等。

3. 著作权法律风险。

（1）职务作品、委外创作、版权商的权属确定风险；

（2）作品素材侵权风险；

（3）互联网信息网络传播权侵权；

（4）许可使用和转让中的法律风险等。

4. 商业秘密风险。

（1）被他人盗窃、以间谍或黑客手段窃取；

（2）内部员工被收买；

（3）对外宣传、合作过程中泄露；

（4）员工离职泄密等。

三、建立知识产权合规风险识别处置机制

（一）识别与预警

企业应通过完善合规风险信息收集机制，全面系统梳理企业经营活动中可能存在的知识产权合规风险，建立风险台账，对风险源、风险类别、风险形成因素、可能发生的后果及发生的概率等展开系统分析，对有典型意义、普遍存在的以及可能造成严重后果的风险应及时发布预警。

（二）风险检查

1. 企业应由合规管理部门人员牵头，负责组织、协调企业各项合规检查工作，根据企业业务情况定期开展合规风险检查。

2. 针对检查发现的合规风险，提出整改建议，各部门提出具体解决方案，落实整改方案。

（三）风险分级

企业可对所识别的知识产权合规风险分为三类：重大知识产权风险、中等知识产权风险、一般知识产权风险。

（四）风险应对

1. 企业应根据不同的合规风险类型制定和选择知识产权风险应对方案，应对方案应包括总体方案和专项方案。

2. 对重大风险事项，企业合规管理部门和各部门应共同研究出台具体整改方案，明确整改主体、具体责任人、整改时间节点等具体要求，合规管理部门以阶段性时间节点统计整改完成情况，并及时向企业决策层领导汇报。

（五）问责机制

企业根据自身情况制定合规风险问责，对知识产权合规绩效目标、绩效奖金和其他激励措施进行定期评审，以验证是否有适当的措施来防止不合规行为；对违反企业知识产权合规义务、目标、制度和要求的人员，进行适当的纪律处分，必要时追究相关责任

（六）风险评估

1. 风险评估旨在使企业全面了解整体合规义务，确定高风险领域，优先安排资源以首先解决高风险领域。

2. 评估合规风险考虑三大因素。

（1）根据企业的规模、目标、市场环境及风险状况确定合规风险评估的标准和合规风险管理的优先级；

（2）合规风险意识、资源配置、职责权限、过程监控、奖惩机制、执行者能力要求、内部制度审查、第三方专业机构审查结果；

（3）违规或可能造成违规的原因、来源、发生的可能性、后果的严重性等。

3. 对合规风险进行评估定级。

4. 将合规风险按等级排序。

四、企业知识产权合规风险属于报告事项

《中央企业合规管理办法》（国务院国有资产监督管理委员会令第 42 号）对合规风险管理工作有明确规定。该规定也适用于知识产权合规风险管理。具体条款如下：

第 22 条规定，中央企业发生合规风险，相关业务及职能部门应当及时采取应对措施，并按照规定向合规管理部门报告。中央企业因违规行为引发重大法律纠纷案件、重大行政处罚、刑事案件，或者被国际组织制裁等重大合规风险事件，造成或者可能造成企业重大资产损失或者严重不良影响的，应当由首席合规官牵头，合规管理部门统筹协调，相关部门协同配合，及时采取措施妥善应对。中央企业发生重大合规风险事件，应当按照相关规定及时向国资委报告。

【合规实务建议】

知识产权合规管理要结合企业经营实际确定合适的管理内容，创新型企业的知识产权合规管理对企业发展非常重要。相对于全面合规风险管理，知识产权合规管理的内容更清晰，工作举措更具体，实操性更强。实际工作中抓住两点，可以更快更好地开展知识产权合规管理工作。

第一，对知识产权合规管理有一个整体认知，即知识产权合规管理是企业合规管理的组成部分，在服从整体工作要求，复用普适性工作手段的基础上，再考虑塑造特色工作范式。

第二，聚焦知识产权合规风险防控，梳理风险点、进行风险分类、建立风险库，优先解决高级别风险。采取管理方法，提前预判并解决知识产权合规风险发生的潜在条件，避免拖到后期采取法律救济手段解决合规风险引发的纠纷。通过关口前移发挥知识产权合规管理优势。

【本章涉及法规文件】

1. 2022年4月，国家知识产权局发布《企业知识产权保护指南》。

2. 2021年12月，上海市浦东新区人民检察院和中国信息通信研究院知识产权与创新发展中心发布《企业知识产权合规标准指引（试行）》。

3. 2022年4月，北京市大兴区人民检察院发布了《侵犯知识产权犯罪涉案企业合规整改指南》。

4. 2022年4月，广东省市场监督管理局发布省级地方标准《企业知识产权国际合规管理规范》（DB44/T 2361 – 2022）。

5. 《中央企业合规管理办法》（国务院国有资产监督管理委员会令第42号）。

第十七章　合同合规管理

本章内容导读

本章内容将合同合规管理作为传统合同管理的演进内容展开介绍。首先介绍企业合同管理以及合同管理系统建设的发展历程，梳理出发展的不同阶段管理实践的特点，分析不同阶段管理实践的不同点。合同合规管理要与合同管理不同阶段的实践紧密结合，对应确定不同的合同合规管理重点，也需要从合同管理与系统建设两个方面开展工作。

第一，合同合规管理依托合同管理，要促进合同管理质量提升。涉及四个方面，具体包括：合同审核阶段，加强文本管理，提高合同管理规范性；加大合同标准文本应用，提高合同管理规范性；在线交易，发挥电子合同合规管理优势；合同履行阶段，加强数据管理，助力合同管理为业务管理赋能。

第二，合同管理系统迭代升级，为合同合规管理提供新的作业工具。合同管理系统可以复用企业中台能力，将合同审核与合同履行两个阶段分开建设，区隔管理，提供不同的管理抓手，支撑不同的工作重点，实现不同的管理目标。

第一节　合同管理及系统建设发展历程

一、合同管理发展的路线图

（一）企业合同管理发展历程

合同作为商事交易不可缺少的组成部分，伴随着企业的创立和发展，是企业最重要的法律实务工作。因此，合同管理历史悠久，也是企业法务工作中最具有管理属性的。从企业合同管理发展的历程来看，存在着合法、合约、合规的演进过程，基本可以分为四个阶段。

第一阶段，合同管理初创阶段，聚焦合同文本审核，建立单份纸质合同文本审核机制与规则。逐渐发展到使用合同标准文本、规范合同审核流程、缩短合同审核时效。工作重点是保障合同文本的合法性，提高审核效率。

第二阶段，合同全生命周期管理阶段，合同管理覆盖到合同履行阶段，将合同履行与财务管理中的资金支出绑定，以合同文本作为资金支出的必要条件。合同发挥作用的时间段从合同文本审核环节延展到合同履行环节，为合同后续管理打开空间。逐渐过渡到将合同办结、合同评估、合作方评估、合同续签等工作一并进行关联。

第三阶段，合同智能管理阶段，合同文本内容数据化，实现全量合同文本数字化解析、数据化管理。逐渐过渡到对合同管理资源的归集与共享。这个阶段合同标准文本的管理会做进一步的细化，分为结构化和非结构化合同标准文本，一方面，加快合同文本的审核效率，另一方面，为后续合同数据的深加工奠定基础。

第四阶段，合同智慧运营阶段，建立合同运营的新架构和新规则，聚焦合同与业务的紧密融合，着重合同赋能业务发展与企业管理，打破合同法律管理边界的限制，融入企业经营，激发合同管理效能。

另外，结合企业的商业模式不同，涉及电商业务的企业会将电子合同管理纳入合同管理，主要是建立电子合同标准文本审核与应用工作机制，将电子合同与电商业务深度绑定。目前央企大规模推广智慧采购工作，纷纷上线电子招标采购平台、电子商城等大型采购类管理平台，电子合同管理会参与到采购类管理平台的运营中。

（二）企业合同管理系统建设的路线图

合同管理与业务管理高度匹配是合同管理的特点之一。伴随着企业信息化建设的发展，从线下到线上、再到在线化工作方式的推广，合同管理与业务管理方式一起进化，合同管理系统发展历程大致经历四个阶段。

第一阶段，纸质合同管理系统建设阶段，聚焦单合同文本的在线审核，着重将线下工作迁移到线上，实现合同全环节审核。在系统设计上关注审核功能的多样化、流程的关键节点配置。将合同系统与周边系统对接，尽量将合同文本审核工作涉及的内部管理要素直接从周边系统中调取或分享给周边系统，提高信息复用性。

第二阶段，纸质合同管理系统完善阶段。这是强调合同规范管理的阶段。这个阶段的开启以合同标准文本使用率普及为前提条件。当企业实现大规模的合同标准文本使用和覆盖后，合同管理工作就从合同文本的审核演进到合同文本内容的管理，以标准化与结构化为特色，以管理的手段开展合同管理的。

第三阶段，电子合同管理系统建设阶段。这个阶段的工作以企业开启电商模式为前提条件。电子合同管理系统承担对电子合同标准文本的统一管理，包括制定全部为结构化形式的电子合同标准文本，体现跨物理空间的应用特点；与电商平台的紧密对接，实现电子合同标准文本在电商业务场景中的精准嵌入。需要注意的是，电子合同管理系统建设阶段与纸质合同管理系统完善阶段的时间安排以企业的实际需求为准。如果业务同质特征明确，可以将电子合同管理系统标准文本库与纸质合同系统标准文本库打通，实现文本共享。

第四阶段，合同智能管理系统转型阶段。这是强调合同数据管理的阶段。聚焦全量合同文本数据化管理。这个阶段的开启以合同文本内容全面数据化为前提条件。合同文本内容通过机器转换为合同数据，以数据管理范式迭代合同管理方式。系统以数据驱动为核心，以流程递进为通道，合同文本内容转化为全量合同数据，实现合同数据的主动推送与充分共享，为业务发展与客户维护赋能。

二、合同合规管理从"合法"到"合规"

合同审核一直是法务工作的重点。合规工作全面开展之前，法务部门进行合法性审核，之后从合法性审核扩展到合规性审核。合同是企业进行商事交易活动必须使用的法律文件，通过合同约定可以有效地利用法律保障企业的合法权益。随着合规要求的出现，合同文本中要体现的内容更加丰富，要合法，还要合规。同时，合同管理的边界会相应扩展，在合同管理中加入合规管理的要素，将合同管理提升到合同合规管理的高度，通常会涉及建立合同合规管理的机制、丰富合规管理手段，同步对合同管理系统进行迭代升级。

不同企业的经营实际不同，所处的合同管理阶段不同，合同管理系统建设所处的阶段不同，其合同管理的重点、合同合规管理的重点也会不同。企业要做好合同合规管理，一定要结合实际，厘清本企业合同管理所处的阶段及管理特点，再规划对应的合同合规管理工作。

第二节　合同合规管理业务场景

一、合同审核阶段，加强文本管理提高合同管理规范性

（一）合同起草，文本由机器自主推送

合同发起部门起草合同文本时，AI 可以根据历史工作痕迹直接推送目标合同标准文本，或是推荐类似的历史合同文本，帮助起草人提高合同文本的质量；如果是起草关联合同，可以直接推送原合同，在原合同文本上进行变更、中止、终止等工作。

（二）合同审核，提供 AI 检索

随着 AI 的应用普及，合同审核阶段的文本预审交给 AI 的场景大规模出现。合同发起部门起草完成合同文本，进入合同审核的第一个环节就可以交给 AI，由 AI 进行初步的形式审核，包括错别字筛选修订、格式与序号调整等由于 AI 具有强大的检索功能，合同起草或是审核时，可发挥 AI 的能力，直接检索调取法律条款、相关企业规章制度的要求，进行内容比对。

（三）合同审核，进行关联管理

支出类合同签订时，通常要考虑符合企业的财务预算管理要求。因此，合同审核阶段可以加入落实预算管理要求的审核环节，直接提供预算安排的明确要求。这是合同管理落实企业内部管理要求的体现。

（四）合同定稿，使用技术保障措施

1. 发挥编码能力，提升合同管理的精准性及关联性。

（1）身份标识 1：合同编号。系统唯一合同流水号，系统唯一合同编号。合同完成审签后系统自动分配合同编号。编号之间具有延续性，变更/补充合同、终止/解除合同、续签合同。

（2）身份标识 2：合同标准文本编号。系统唯一标准文本编号，审批生效后由系统自动分配。在同一合同标准文本非结构化与结构化之间建立对应关系；省公司合同标准文本与所辖地市公司合同标准文本之间建立对应关系。

2. 使用高新技术提高防伪力度。使用高科技手段，为合同配备防伪标识；在合同定稿后，系统自动添加水印、二维码等防伪标识。

二、加大合同标准文本应用，提高合同管理规范性

（一）有效覆盖企业的基础业务，提高法律服务效率

1. 基础业务从业务管理层面和法律审核覆盖方面都已经相对成熟，有条件以合同标准文

本为抓手，为各业务类别制定对应的合同标准文本，规模性提高合同文本质量。

2. 当企业处于交易强势方地位时，可以提高谈判效率、保障交易质量。

3. 集中梳理企业通用的合同标准文本，优化成为统一版本集中推广使用，提高法律服务的普适性与规范性。

4. 基层单位利用对合同标准文本规范业务开展，能有效提高业务响应速度和签约效率。

（二）结构与非结构合同标准文本发挥不同作用

1. 这种分类以企业拥有合同系统为前提，利用信息化手段对合同标准文本进行不同配置为依据，同一文本可同时制定两种类型。

2. 结构化合同标准文本是指利用合同系统对合同标准文本中的条款内容进行固化，合同起草时只能在规定位置填写具体内容的文本形式。

3. 非结构化合同标准文本是指合同系统对合同标准文本中的条款内容未进行全面固化，可进行补充、修订、删除等操作，系统能够自动保存修改痕迹的文本形式（系统限制修订率不超过50%）。

4. 内容简单、风险可控、应用成熟的标准文本，可以优先纳入结构化管理范畴。后续可对应采取区隔化的审签流程配置。

（三）建立合同标准文本数据库，加强资源共享

1. 建立企业统一的合同标准文本数据库，积淀合同管理能力。

2. 企业各级分支机构的员工可直接调取全国通用的合同标准文本，进行本地的合同起草工作。

3. 企业各级分支机构的部门可以直接引用合同标准文本，加工修改为本地适用的合同标准文本。同级别分支机构可直接选取复用其他分支机构同质化的合同标准文本；上下级分支机构可制定建立父子对应型合同标准文本。

4. 纸质标准文本数据库与电子合同标准文本数据库可贯通使用。

（四）合同标准文本的自动推送

将合同标准文本与业务场景、起草人历史工作数据绑定，建立映射关系，根据起草人的角色和选择的业务场景，由机器自主推送目标合同标准文本，升级合同标准文本应用方式。

三、在线交易，发挥电子合同合规管理优势

（一）集中化

建立电子合同标准文本集中管控流程，推广全在线作业方式，保障从电子合同标准文本审核到单个电子合同签约的全过程环节贯通，从企业的内部管理场景连接到内外部交易业务场景中，实现管理规范性的延展。同时形成企业统一的电子合同标准文本数据库，提供各业务平台唯一可使用的电子合同标准文本数据源。

（二）标准化

对业务场景进行标准化定义，说明标准文本使用的业务场景及所处环节，保障合同标准文本与业务场景的精准对接、环节嵌套。

（三）嵌入式

全部使用结构化的电子合同标准文本形式，业务办理关键信息在用户操作界面进行展示，勾选后自动填充至合同正文且禁止修改，用加密手段生成完整有效、不可篡改的电子合同文

本，以电子合同的合规管理保障电商业务的合规开展。

四、合同履行阶段，加强数据管理为业务管理赋能

（一）合同数据应用规范化

将生效合同文本信息全部转化为数据后，要以数据管理方式调整原有的合同履行管理方式。法务部门发挥牵头作用，将业务部门的管理诉求收集起来，并以标签方式嵌入合同管理系统，建立基于合同的合规算法模型，为业务部门推送合同数据。同时以原始合同数据为主线，不断稽核业务衍生数据，形成基于合同管理的数据图谱。

（二）合同数据管理协同化

合同文本数据可以被 AI 识别，合同中涉及款项的应收应付事项都可以被机器识别，并提前做出工作提示。如果没有完成当期工作，就会触发机器的预警提示，给相关人员发送提示信息，从而有效防范合同履约风险。合同终止临期，机器也会进行续签提示，提高收入类合同的续签率。将合同履行不合规的数据定期归集，可以开展合同合规的专项活动，例如某一业务类型的合同欠费清缴，可以有效增加企业的收入。

（三）合同数据分析指标化

合同文本数据是企业经营性信息的集成芯片，提升合同数据的活跃性，可以同步提升合同衍生数据的应用能力。以合同数据为基础指数，利用算法建立模型，从周期类、状态类、质量类、财务类不同角度提炼出不同的合同管理指数，提供给不同的业务部门和职能部门。形成大规模的数据量后，可以进行精细度更高的数据管理工作，从合同数据与衍生数据中提取收入、利润、效益、应收账款、自由现金流等多维度的数据包，为企业经营分析提供数据支撑。企业经营分析的管理特点是先抓住成本、收入，这是分析标的的第一层。向下延伸到三个关键事项，业务类别、客户群和具体客户、具体业务。再向下延伸关联到更详细的数据项，颗粒度甚至可延伸到单一客户、客户具体业务、对应地收入信息等。

第三节　合同合规管理数字化转型

一、融入企业大局提升数智化管理能力

（一）合同业务数字化

中台建设将企业整体系统建设的底层技术更新了，是底层生产工具在技术层面的全面升级；归集到中台的专业管理系统是 SaaS 层面的应用升级。企业将中台建设全面云化，上云后的合同管理系统，运行能力呈现爆发式增长，运行效率指数级加快。合同管理业务化、合同管理数据化，数据的多维集成和应用，颠覆旧式的合同管理工作范式，包括合同服务方式、服务内容、数据应用、价值体现等。合同管理作为企业的一种新型业务类型，需要遵从业务数字化，应用服务场景化，业务处理智能化，能力输出服务化的数字化转型要求，搭建全新的数据驱动型合同管理新范式。合同合规管理可以在高起点开启发展之路，对系统建设的业务需求直接建立在新能力上。

（二）合同与业务同步管理

业务开展和推进与合同生成与履行看似是两条主线，但是将管理颗粒度细化到单合同支撑业务的角度，可以看到合同签订正是业务确定的起点，业务推进的过程与合同履行基本上是同

步同向的过程。业务与合同双线同步管理，是合同履行阶段合同数据管理的底层逻辑。一方面，单合同是业务管理的末端，稽核具体业务特征和管理需求，通过单合同履行，牵引并驱动业务工作流程，保障合同合规合约履行。另一方面，通过单合同履行数据的解析、拆分、叠加、归集，可以形成基于合同文本的基础数据，同时不断叠加新的关联数据，形成以合同数据为核心的数据资源。这对数据驱动的企业数字化转型很有价值。通过进行数据管理，可以有效提高合同合规履行质量，形成合同合规管理的亮点。

二、合同管理系统汲取企业中台能力

（一）合同管理系统嵌入中台统一管理

合同管理系统是企业管理中台的重要组成部分，管理中台是企业中台建设的组成部分。合同管理系统的建设规划要向上追溯，贯彻中台建设的统一规则，落实企业数字化转型的具体安排。因此，合同管理系统的业务需求，虽然是企业的服务部门提出的，但大前提是符合企业的整体规划，这直接影响到合同系统的功能布局。中台建设的一个基本原则就是要求业务系统进行性质分类、分模块布局。数据管理强调归一性，全部数据归集到数据中台，业务系统将数据传递到数据中台，通过数据中台提取需求数据。流程上强调分级管理，企业流程从上至下分为几个级别，非主干级的流程避免直接打通，由流程中台统一规划配置。这种管理格局下，合同管理系统曾经倡导与不同系统打通、与多种流程对接的安排，就成为过去式，被中台建设统一规划所取代。

（二）合同管理系统复用中台能力

中台是通过数据统一、实时、在线实现全业务链的贯通、个性化需求扩展以及业务实时联动等价值；是管理能力与业务能力聚合和开放的重要载体。合同管理系统建设要依托中台能力，让合同合规管理从碎片化的事务性工作中解放出来，采用标准化、结构化、数据化工作方式，做数字化的合同合规管理。包括提高合同合规管理规划能力、布局能力；集约高效的资源配置能力；敏捷协同的审核能力；合同数据的归集、传递、推送能力……

（三）分模块建设区隔管理

1. 未来合同合规管理，需要覆盖合同的全生命周期，对合同审核与履行采取全流程管理。鉴于两个阶段的工作重点不同，管理抓手不同，管理目标也不同，合同合规管理在这两个阶段的工作管理要求不同，承载管理诉求的系统需要进行区域划分。

2. 合同审核阶段，是法务人员或合规人员发挥作用的主场，可以通过对合法合规性的审核来控制合同质量，对应的系统建设可以规划为合同生成区域，以审核为主线，承载合同内部管理要求，以审核流程为驱动，注重审核规范性和审核效率。

3. 合同履行阶段，法务人员或合规人员发挥作用的空间有限，很难在第一时间以第一视角直接切入。实践中合同履行的责任主体是合同履行部门，通常是与合规管理部门平行的职能部门或是业务部门，工作线平行推进。甚至合同管理部门不在这个工作线的流程中，不是必要环节。合同履行区域的系统建设，以合同数据的生产和应用为主线，以合同数据为驱动，对内为业务部门提供交易数据支撑，对外为客户提供业务进程的数据对接服务。合同数据管理是这个区域的工作重点，一方面，将合同数据应用可视化，展示过程节点；另一方面，稽核合同基础数据与衍生数据并传递给数据中台。在合同履行管理区域，可内嵌算法、模型，进行合同违规违约风险筛查、预警及处理，让机器参与到合同规范履行过程中。

【合规实务建议】

　　企业合同管理是相对成熟的一类法务管理工作。怎样将合同管理进一步提升为合同合规管理是个新课题。一方面，不同企业的经营实际不同，所处的合同管理阶段不同，合同管理系统建设所处的阶段不同，其合同管理的重点、合同合规管理的重点不同。另一方面，不同企业在合同的全生命周期管理中，对合同审核与履行管理力度不同，精细化程度不同。合同合规管理可以结合这两个方面的工作，选择适合本企业实际的工作重点和工作方法。在原有的合同管理格局的基础上，结合企业实际，叠加合规管理要求，取得实效才能体现合同合规管理的价值。

【本章涉及法规文件】

　　无。

第十八章　采购合规管理

🎯 **本章内容导读**

本章内容从三个方面介绍如何做好企业采购合规管理。

第一，介绍供应链管理与采购管理的基础知识，国家鼓励供应链管理创新的政策要求及工作要求，方便合规工作人员了解采购业务管理体系和工作安排。

第二，介绍大型企业采购管理业态，一套制度体系与一个运营平台相结合的先进的运营模式。重点介绍如何通过制度管理奠定采购合规管理基石，通过采购管理的基础设施改造一并实现采购合规管理。

第三，介绍数字化采购业务场景，重点解读如何将智能风险防控设置为数字化采购的核心组件，发挥机器主导作用，构建在线化智能风险防控工作范式。

第一节　供应链管理与创新

一、供应链管理与采购管理

（一）供应链管理

1. 供应链指以数据流和物流连接消费者与工厂、供应商与工厂，通过数字化转型将从原来的传统供应链模型向数字化供应网络转型升级，形成多方的协同计划和动态履约。具体到企业视角的供应链，通常指为满足企业生产经营及自身发展所需的各项物资的供给及处置过程组成的供应链条，含采购计划、寻源采购、订单交易、物流仓储、资金结算、利旧处置等全环节。供应链管理指以规范、效率和效益为目标，对供应链各环节所涉及的资金流、物流、信息流进行计划、组织、协调和控制等有效管理的过程。

2. 供应链数字化，通过联通生产与销售链路的数据，实现预测准确性的提升，有效指导物流及产能规划，提高排产频率。作为企业经营的上游环节，供应商关系的维护、供应商生命周期的管理、寻源及价格管理的结果将直接影响企业经营的成本及利润。在数字化转型进度较快的企业中，通常会建立供应链平台，依托供应链平台实施供应链互联网化运营，实现供应链全环节数字化闭环管理。

3. 企业通常会设立物资采购管理部门，作为供应链相关工作的归口管理部门，负责制定供应链相关制度及操作流程。

（二）采购管理

1. 采购是指企业使用固定资产或成本费用支出资金以合同方式有偿取得物资（或称产品、商品，含货物、工程及服务）的行为。采购管理主要内容包括采购模式、采购方式、采购程序管理。采购方式分为招标和非招标两大类，其中招标类包括公开招标、邀请招标两种采购方式，非招标类包括竞争性谈判采购、单一来源采购、询价采购等采购方式。采购程序原则上分为采购需求、采购准备、采购实施、合同执行四个阶段。采购程序可根据不同的采购方式、规模等情形适当简化，以提高采购效率。

2. 企业通常会设立物资采购管理部门，作为采购相关工作的归口管理部门，负责制定采购相关制度及操作流程。

二、国家鼓励供应链管理创新

（一）采购部门关注的涉及供应链的政策文件

1. 国务院国资委改革局《关于开展采购管理提升对标工作有关事项的通知》（国资厅发改革〔2015〕27 号）。

2. 《国务院办公厅关于积极推进供应链创新与应用的指导意见》（国办发〔2017〕84 号）。

3. 国务院国资委《关于开展对标世界一流管理提升行动的通知》（国资发改革〔2020〕39 号）。

4. 《商务部等 8 单位关于开展全国供应链创新与应用示范创建工作的通知》（商流通函〔2021〕113 号）。

（二）《国务院办公厅关于积极推进供应链创新与应用的指导意见》

1. 概述。2017 年 10 月 5 日，国务院办公厅发布《国务院办公厅关于积极推进供应链创新与应用的指导意见》（国办发〔2017〕84 号）。是我国第一份由国务院办公厅发布的关于供应链创新应用的指导意见。要求着力构建符合我国国情的供应链发展新技术、新模式。

2. 解读对供应链的认知。

（1）供应链是以客户需求为导向，以提高质量和效率为目标，以整合资源为手段，实现产品设计、采购、生产、销售、服务等全过程高效协同的组织形态。随着信息技术的发展，供应链已发展到与互联网、物联网深度融合的智慧供应链新阶段。为加快供应链创新与应用，应促进产业组织方式、商业模式和政府治理方式创新，推进供给侧结构性改革。

（2）落实新发展理念的重要举措。供应链具有创新、协同、共赢、开放、绿色等特征，推进供应链创新发展，有利于加速产业融合、深化社会分工、提高集成创新能力，有利于建立供应链上下游企业合作共赢的协同发展机制，有利于建立覆盖设计、生产、流通、消费、回收等各环节的绿色产业体系。

（3）供给侧结构性改革的重要抓手。供应链通过资源整合和流程优化，促进产业跨界和协同发展，有利于加强从生产到消费等各环节的有效对接，降低企业经营和交易成本，促进供需精准匹配和产业转型升级，全面提高产品和服务质量。供应链金融的规范发展，有利于拓宽中小微企业的融资渠道，确保资金流向实体经济。

（4）引领全球化提升竞争力的重要载体。推进供应链全球布局，加强与伙伴国家和地区之间的合作共赢，有利于我国企业更深更广融入全球供给体系，推进"一带一路"建设落地，打造全球利益共同体和命运共同体。建立基于供应链的全球贸易新规则，有利于提高我国在全球经济治理中的话语权，保障我国能源资源安全和产业安全。

3. 指导思想。全面贯彻党的十八大和十八届三中、四中、五中、六中全会精神，深入贯彻习近平总书记系列重要讲话精神和治国理政新理念新思想新战略，认真落实党中央、国务院决策部署，统筹推进"五位一体"总体布局和协调推进"四个全面"战略布局，坚持以人民为中心的发展思想，坚持稳中求进的工作总基调，牢固树立和贯彻落实创新、协调、绿色、开放、共享的发展理念，以提高发展质量和效益为中心，以供应链与互联网、物联网深度融合为路径，以信息化、标准化、信用体系建设和人才培养为支撑，创新发展供应链新理念、新技术、新模式，高效整合各类资源和要素，提升产业集成和协同水平，打造大数据支撑、网络化共享、智能化协作的智慧供应链体系，推进供给侧结构性改革，提升我国经济全球竞争力。

4. 加强供应链信用和监管服务体系建设。完善全国信用信息共享平台、国家企业信用信息公示系统和"信用中国"网站，健全政府部门信用信息共享机制，促进商务、海关、质检、工商、银行等部门和机构之间公共数据资源的互联互通。研究利用区块链、人工智能等新兴技术，建立基于供应链的信用评价机制。推进各类供应链平台有机对接，加强对信用评级、信用记录、风险预警、违法失信行为等信息的披露和共享。创新供应链监管机制，整合供应链各环节涉及的市场准入、海关、质检等政策，加强供应链风险管控，促进供应链健康稳定发展。

三、重要活动

（一）供应链创新与应用示范创建工作

2018 年，商务部启动供应链创新与应用示范创建工作。商务部关于供应链创新应用，涉及供应链管理、供应链创新、供应链专业服务、全球供应链、供应链绿色发展、供应链风险防范……成果评价是从定量和定性两个维度，对企业供应链进行综合评价，选出年度供应链优秀企业，具体包括总资产回报率、库存周转率、收入增长率三个定量指标；环境社会治理第三方评价、同行评议与专家意见两个定性指标。

（二）对标世界一流管理提升行动

2020 年 8 月，国务院国资委开展对标世界一流管理提升行动。国务院国资委评价中央企业采购管理水平，涉及采购管理组织与体制、采购管理流程与运营、供应商管理、信息化与大数据应用……成果评价从三个层次客观诊断公司供应链绩效，明确改善目标和方向，三个层次包括供应链划分、供应链配置、供应链流程。

《关于开展对标世界一流管理提升行动的通知》文件在"加强运营管理，提升精益运营能力"部分，明确要求"着力优化供应链管理，持续提升采购的集约化、规范化、信息化、协同化水平，实现采购优质优价和全生命周期总成本最低……"央企要努力做好企业物资供给管理者与保障者，现代化供应链建设者与运营者。

（三）对标世界一流采购交易管理体系推进会

1. 2022 年 4 月 21 日，国务院国资委召开对标世界一流采购交易管理体系推进会。对建立完善采购交易管理体系、全面提升供应链管理水平进行再部署、再推进。要求进一步完善数字化智能化管控体系，建立更大范围的寻源询价机制，推进在线监管实时链接，深化供应商管理，带动上下游发展，提升腐败治理效能，扎实构建具有世界一流水平的采购交易管理体系。要在持续抓好采购交易管理的基础上，按照新形势新要求，聚焦重点领域和关键环节，以采购

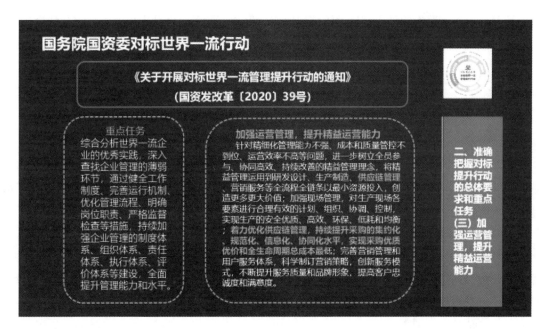

为切入点全面提升供应链管理水平，为维护产业链供应链安全稳定、建设具有全球竞争力的世界一流企业提供坚强保障。

2. 下一步工作安排。国务院国资委将加快推进"一张网、一平台"建设，逐步做到所属企业在统一的采购电子网络和商务平台开展采购业务，实现采购交易管理的电子化。全面实施电子招标，依托平台统一信息发布、流程操作、采购价格管理、专家库管理和服务评价，切实做到业务公开、过程受控、全程在线、永久可追溯。

3. 工作要求。国企要在持续抓好采购交易管理的基础上，聚焦重点领域和关键环节，深入开展供应链管理创新工作，进一步推动产业链供应链现代化水平稳步提升。会议强调了三点要求：

（1）强化组织领导和工作统筹。企业负责同志要直接推动，切实打通采购与法律、财务、市场、监督等部门间壁垒，统筹集团内部物流、信息流、资金流等资源，不断深化业务协同，形成更强的企业采购竞争力。要根据新形势、新变化，及时调整优化集团总部的机构和职能，进一步增强负责采购和供应链管理的力量，培育一支专业化的人才队伍，组织推进各项工作任务。

（2）积极推动向供应链管理转型升级。要以采购为切入点，全面梳理所在行业和领域的供应链条，找准短板弱项，发挥链主作用，着力推动强链补链。要进一步增强系统思维，结合"双碳"目标、绿色供应链建设和高质量发展等方面要求，推动传统采购管理向供应链管理升级，加快构建具有国有企业特色的现代供应链管理体系。要充分运用中央企业采购管理对标评估等平台，加强向一流企业学习，结合自身实际，积极开展供应链管理探索实践。

（3）为维护供应链安全稳定发挥更大作用。针对复杂严峻形势，加快打造多中心、多节点的并联供应网络，开辟多元化产品进口和供应渠道，积极落实相关工作部署，加强战略核心物资储备，有力维护产业链供应链安全。围绕境外地缘政治冲突、国内疫情多点散发等新情况、新挑战，切实发挥稳定器、压舱石作用，特别是电力电网、能源、医药、物流等领域企业，要开展极端情况下的供应链压力测试并形成"保供"预案，做到未雨绸缪、防范风险。

第二节　大型企业采购管理格局

一、大型企业采购管理进入"1+1"运营模式

（一）采购管理数字化转型

央企采购管理数字化转型工作具有较强的先进性。以采购需求为驱动力，企业不断探索采取线下线上相结合的工作方式，将采购服务能力输送到采取需求前端。复用企业数字化能力，服从公司一体化规划，推进采购集约化运营，做好供应链链长，承担企业社会责任。"1+1"运营模式，是采用数字化工作方式提升采购管理的质量和效能的采购管理新范式。

（二）一套制度体系

第一个"1"，指采购管理制度体系化，从底层制度、基础制度、专项制度、运营规则等多个层面形成多圈层嵌套的制度结构，从不同的管理层面统筹规划，为一站式的采购体系夯实基础。运营规则可以细化量化工作要求，实现操作层面流程和节点的全面覆盖，指导运营具体活动，提供作业动作标准。

（三）一个运营平台

第二个"1"，指平台运营，即建设统一的供应链运营平台，以采购平台为主体，全面支撑企业的采购活动，实现采购集约化。优质的平台通常具备三个要素。

1. 能力，基于多层级组织架构和复杂交易场景，铸造平台能力；后台使用统一的技术底座，将企业的业务能力和数据服务中心化、共享化、协同化；前台积木式组合搭建多板块功能区，依托核心模块，满足差异化需求；向前调取中台通用能力，避免重复开发；向后提供采购支撑服务，做到降本增效。

2. 资源，将历史工作成果进行数字化改造，在平台上进行沉淀，萃取知识产权，提炼数据资源。

3. 服务，保持平台动态迭代，采购业务以场景化方式进行管理，业务规范具象化表达，系统功能具备人性化设计。

二、制度管理体系化

（一）采购管理制度体系呈现金字塔式特征

1. 纵向贯通落实多层级管理要求。党中央国务院对发展现代供应链提出要求，在创新引领、绿色低碳、共享经济、现代供应链等领域培育新增长点、形成新动能。国务院国资委在对标一流活动中提出工作要求，按照现代供应链管理理念，推动企业高质量发展。商务部在供应链示范企业创建活动中提出工作要求，在现代供应链引入新技术、新方法，培育新增长点、形成新动能。企业层面的要求通常是系统化和一体化。

2. 整体架构分层级搭建。规章制度要分层级，要建立不同层级规章制度上下顺位间的关联管理，目标是形成企业统一的制度体系。将采购制度与工作流程统筹管理，用系统固化制度要求。在规范制度体系的过程中，要注意使用一个管理思路、一套工作话术、保障制度内容的一致性和连贯性；在供应链平台建立一个采购制度专区，集中展示全部制度。通过制度知识图谱展示制度全貌，链接具体制度文本，方便企业员学习制度、执行制度。

3. 构建制度矩阵。

（1）底层制度起到全面规划管理体系、统筹制度布局、牵引制度体系的作用。通常可以制定《供应链管理办法》，按照供应链全环节闭环管理的目标进行梳理、整合，形成底层制度。供应链包括计划管理、采购管理、物流管理、物资处置、供应商管理、风险防控、平台运营、应急保障等环节，对应不同的工作内容，工作重点各不相同。

（2）结合企业采购管理实际，划分采购业务管理细分领域。例如可划分为采购、物资、运营三个领域，分领域进行制度建设。在每个细分领域，切分为底层制度、基础制度、专项管理制度、操作规则四个梯层，形成制度矩阵，规范管理。第一，采购维度，可制定采购管理办法作为基本制度。集中体现采购管理的基本原则。管理覆盖区域包括采购管理体系、采购计划管理、采购模式与方式、采购基本程序、采购风险防控等多个方面。进一步细分，包括依法必须招标的实施、自愿招标采购、询价采购、供应商管理规定、过程归档等，又会涉及采购管理体系、采购计划、采购模式、采购基本程序、采购风险防控。第二，物资维度，可制定物资管理办法作为基本制度。体现"物资谁管理，风险谁负责"原则，建立不同专业线主导、纵横贯通、协调运作的风险评估及防控责任体系，全面覆盖物资管理相关单位，实施风险防控的常态化监督，防范物资领域相关风险。管理覆盖区域包括物资管理体系、物资管理范围、物资管理要素、物资作业程序、物资风险防控等多个方面。进一步细分，包括存货管理规、工程物资管理、通用物资管理规定、供应商前移物资管理、报废物资处置管理等，又会涉及物资管理体系、物资管理范围、物资管理要素、物资作业程序、物资风险防控。第三，运营维度，可制定平台运营管理办法作为基本制度。以供应链管理相关制度嵌入供应链平台实施互联网化运营为宗旨，对供应链各环节进行数字化闭环管理。运营内容包括供应商、商品、交易、物流、结算、客服、数据等多个方面。管理覆盖区域包括供应链运营体系、供应链平台、供应链运营内容与职责、供应链运营流程、供应链平台应用、供应链运营风险防控等多个方面。进一步细分，包括平台运营通用规则、平台运营支撑管理、供应链产品经理管理、通用物资运营规则、报废物资处置等，又会涉及供应链平台建设、供应链运营内容与职责、供应链运营流程、供应链平台应用、供应链运营风险防控。

（二）采购合规管理制度化

1. 将风险防控作为采购管理的重要组成部分。

（1）明确工作原则。第一，制定"规则在先，实施在后"的工作原则，必须按照批准后的方案实施采购/招募，严禁未经审批擅自调整方案内容。如果实施过程中发现采购方案存在缺陷，应由实施部门终止本次采购/招募，重新组织编制方案，经审批后再次实施。第二，按照"谁实施，谁负责"的原则，由采购实施部门负责采购、招募实施过程中的风险防控；按照"谁下单，谁负责"的原则，由订单下达单位负责订单采购风险防控。

（2）公开透明。除涉及国家、企业秘密或战时、应急等特殊情形外，应对相关信息进行公开，接受内外部监督。

（3）检查抽查。物资采购管理部门适时组织对采购全过程现场抽查、网上巡查、专项检查、投诉及质疑处理等活动。

（4）问责追责。参与采购活动的人员，应严格遵守相关法律法规以及企业内部的规章制度，自觉接受内外部监管、审计、合规、纪检等部门的监督、检查，积极配合投诉处理，涉及违法违规行为的将受到问责、追责处理。

2. 物资管理领域，分阶段明确风险防控工作要求。

（1）接收准备阶段。接收单位应根据物资适用仓储层级、存放环境要求合理安排库位，防范存放错位、存放条件不当等风险。

（2）到货验收阶段。参与验收的各单位按照合同约定进行清点验收，防范虚假订单、到货物资数量错误、质量不达标等风险。

（3）物资保管阶段。实物保管单位健全仓库安全管理制度，落实安全生产责任，防范安全设施不达标、安全操作不规范等风险；严格落实物资出入库、盘点等作业程序，防范账实不符、物资变质等风险。

（4）物资流转阶段。负责物资流转单位根据物资时效性要求、物流承诺时效等因素，选择合理配送方式，积极推动物流轨迹全程可视，防范物资在运输中发生丢失、损坏等风险。

（5）物资盘活阶段。专业管理部门建立与生产经营需求相匹配的库存目标及预警机制，及时组织物资调拨，防范物资积压、短缺等风险。

（6）报废处置阶段。专业管理部门加快办理物资报废手续，防范仓储资源长期占用风险；物资采购管理部门通过公开、透明的线上方式开展物资处置，防范线下处置风险；严格报废物资实物管理，防范账实不符、交接效率低等风险。

3. 平台运营领域，明确数字化风险防控工作要求。

（1）制度嵌入。将供应链管理制度、产品运营规则嵌入供应链平台，实现供应链各环节全线上规范操作。

（2）公开公示。对供应链管理制度、产品运营规则与供应链各环节实施公开公示（除涉及国家、企业秘密或战时、应急等特殊情形外），接受内外部监督。

（3）智能风控。建立供应链风险识别、评估、响应、处理闭环管理机制，开发智能风险预警模型，实现在线风险防控。

（4）监管对接。通过供应链平台与内外部监管系统对接，实现对供应链运营过程的在线监督。

三、平台运营一体化

（一）平台提供采购全流程在线作业管理

平台由不同业务板块以松耦合式结构组成，可拆解为独立板块，满足不同业务需求，基础功能全部标准化。平台支撑供应链全链条管理需求，一方面，纳入中台统一规划，另一方面，精细化管理提供基础、进阶、丰富、精细等多层级的功能延展，满足不同业务发展阶段、不同管理颗粒度的在线工作要求。顺应业务场景化发展趋势，结合具体业务场景提供个性化定制解决方案。平台拥有通用能力，配置智能工具，支撑企业多层组织架构的在线应用，实现采购业务全流程贯通。实现内部协同，打通"物流、资金流、信息流"，实现全周期管理。实现外部协同，与外部系统连接，接入多家供应商系统，采购业务内外部同频推进。

（二）平台实现一体化采购能力聚合

平台是数字化采购的主阵地，是采购一体化能力聚合的载体，是智能采购的坚实底座。采购管理与服务一体两面，有机结合，体现在平台运营的各个方面。将采购场景化作为工作新常态，做好大数据应用；供应链全链路连接、外部供应商与公司连接、内部供给方与使用方连接，不断增强业务协同性。建立物资品类与业务场景的映射关系，做有精度的采购；提高平台穿透力，让采购服务需求前端，做有深度的采购；扩大平台覆盖面，让多层级多部门的人员即时参与，在线互动、资源共享，提升采购协同化，做有温度的采购。

（三）标准化管理成就采购合规管理

将结构化管理文件模板嵌入采购场景，支撑全环节采购，体现合规管理标准化。表单模板，涉及的所有采购工作，由管理员提前设计管理要求，并以标签形式配置好管理项，操作时按标签填写对应内容（如供应商资质要求、工程招标范围等）。不同采购类型可灵活配置多个表单模板；文档模板，采购相关的工作文档，全部提供结构化模板，直接在文档空白处填写内容，机器直接自动补齐填入信息，生成合同文件或结果通知书时就是内容完整文件。标准化管理减少人为操作造成的违规风险，提升采购规范性，保障采购合规管理的有效落实。

四、全面改造采购管理的基础设施

（一）广泛使用先进生产工具，改善采购工作业态

依托新技术，数字化将传统信息转换为可被计算机分析处理的数据，处理过去人员无法完成的任务，杜绝线下随意操作的乱象。采购工作全业务嵌入平台协同运行，采购行为在线化，工作环节流程化，流程推进自动化；采购工作成果数字化，工作流程简单化，采购工单AI化，业务数据识萃取常态化，知识地图可视化，资源积淀能力化。新的生产工具极大提升了采购业务效能，全面升级了采购管理的基础设施，提高采购管理的合规性。

（二）采购业务进行任务化拆分处理，调整采购业务布局

将采购工作具象化，落实为一系列的工作任务，并将工作任务层层分拆，细化为多重具体任务，采用多种工作流程，将这些任务串联或是并联到流程中，可定位、可识别、可展示。有先例的工作首选历史工作成果复用，有模板文件的直接调用模板，工作流程设定为环节自动递进到下一步，工作方式上灵活应用单点处理与多头处理。企业宏大的采购业务格局，层层分拆细化到众多的具体子任务中，对具体子任务进行标准化管理，提升采购业务整体的规范性。

（三）采购管理建立制式工作法，提供全链条服务

采购工作要承担起公司内部供给侧重担，要从传统采购管理模式中跳脱出来，发挥平台效应，做智能化采购，分类优化采购标准、流程，以标准化提效能，以规范化落合规。采购管理由企业总部一体规划，统一管理权与系统建设权，分支机构仅做执行。一方面，针对采购业务管理搭建全链条工作线，有章法、有步骤、有举措，端到端流程贯通，提高管理科学度与智能性，迭代采购业务机制；另一方面，开展数字化采购服务，保障采购业务良性运转、安全运转，为内部采购需求部门和外部供应商提供便利。

（四）采购管理呈现规范化、动态化、显性化新常态

梳理脉络清晰完整的管理思路、搭建内容完备逻辑顺承的制度体系、提供富含科技能力的作业工具、采取系统建设机器控制的管理举措，形成全新的采购范式，增强采购合规管理水平。日常工作例行化，例行工作标准化，标准工作流程化，代码控制取代人工监督，合规工作管理力度明显加大、成效显著。由于制度体系顺承关系清晰，上一层级制度迭代后，下一层级对应制度或产品运营规则可及时做好配套优化，平台工作流程也会随之调整，系统内嵌的管理规则同步更新。采购业务管理持续保持科学性与鲜活度，合规管理质量得到保障。

五、智慧采购提供一体化运营服务

（一）采购业务数据化，实现采购管理新跨越

采购业务与企业发展结合紧密，历年耕耘，工作机制较为成熟，管理基本面较为扎实，常规工作占比高。内外部强监管态势下，数据的真实性强、清洁性高、数量巨大。这种业务现状决定了采购业务数据化具有极强可行性。建设供应链平台，让采购业务数据化具有物理载体。推动数据透明、开放、共享、注智、赋能，以数据夯实采购管理智能化基础，发挥数据作为新生产要素的效能，围绕智慧采购推动采购管理的跨越式进步。将业务管理精髓移植到数据管理中，保持管理连续性；以数据管理思路优化业务管理，触发业务管理新思路。大体量多维度的数据沉淀可以建立丰富的数据连接关系。采购类数据包括全物资品类、全业务种类、全作业流程环节数据，展示这些数据及其关联关系；加大存量数据使用力度，提升数据分析能力。将业务场景与数据结合应用，扩大具体子任务的模型数量，及时注入数据训练算法，增强常规简单工作的机器自主决策能力，减少人工干预，降低人员工作量。利用数据为业务画像，根据画像优化物资品类，调整业务种类，筛查流程堵点，提升业务能力。"抓得准"才能"管得住"。

（二）全链条支撑，实现采购服务新跃升

采购业务流程复杂、时间跨度长，不同阶段工作任务重点不同。采购寻源阶段，从需求采集到签订合同，要做到物资品类丰富，采购计划合理、采购作业流程顺畅；采购执行阶段，从下单订货到账单结算，要做到物资品类精准提供、交付及时、账单匹配准确、报账安排合约。必须招标的采购业务，是一个从发标到中标的单独流程，确保刚性遵守《招标投标法》等有关法律法规。围绕提质增效，提高服务的精准度，强化机器赋能，协同合作提效率。将采购业务分阶段、划重点区隔管理，厘清里程碑节点，采取不同管理手段规范操作。

第三节　数字化合规采购新范式

一、采购合规管理业态升级

（一）先进采购工作范式推广，对合规工作提出新要求

智能采购管理体现了采购工作范式的先进性，采购业务合规性在实际工作中已经得到全面改善。流程合规交给系统控制，大规模的模板应用保障业务规范化。合规工作纳入采购管理体系一体规划，风险防控作为必要任务模块成为平台核心组件，风险防控能力成为平台的基础能力之一。

（二）廉洁采购与合规采购双保障，夯实采购管理基本面

采购业务涉及企业内部物资供给，体量大、流程长、内外部参与者众多，是内外部巡视审计的重点。企业对违纪违规行为零容忍。采购管理也有自身管理的双层防线设置，用于防控采购风险。

第一层防线，守住廉洁采购的底线。将党风廉政建设与采购业务齐抓共管，做实廉洁采购。企业通常会设立专岗从事监督工作，通过"制度明确、平台控制、专岗监督"三位一体模式，将廉洁要求纳入制度规范、嵌入供应链平台流程、设定为必选操作环节，为监督人员设置高权限，稽核数据识别的违纪风险。具体采用风险识别、预警提示、系统限制、人员抽检、违规追责等手段，多措并举筑牢廉洁防线。有些情况下，这个专岗也可以是合规管理员角色，承担合规管理员职责。

第二层防线，将"规范"作为落实合规责任的定准星。管理到位与平台支撑同步推进。管理上，接受内外部监管，满足监管硬性要求。针对中央巡视、审计署、部委及内部巡视审计等各项检查发现的问题，列示问题清单，第一时间改进反应。全程跟踪整改进度与改善状态，确保问题整改到位。后续以问题为引线，挖掘管理漏洞，固化整改举措，建立长效工作机制。针对采购合规风险防控，可以考虑建立"风险识别、风险评估、风险响应、风险控制"四环节工作法，完成管理闭环。平台建设上，建立在线智能风控区，将 AI 技术、云计算、大数据能力与业务、管理相结合。大批量开发采购风险控制模型，算法加持，形成以数据喂养算法的良性循环，提高机器自主工作能力。在较大范围内建立机器自主筛查、预警、追踪的风险监控机制，做智能化风险监控，降本增效。

二、智能风控成为智能化采购业务场景核心组件

随着平台运营的推广，采购业务不断进行场景化改革，并促进业务场景的智能化升维。目前大型央企已普遍建设供应链平台，全方位提供智能采购管理与服务。智能采购业务开展，具备证照智能识别、智能比对等能力，可实现招标采购智能处理；智能采购业务支撑，具备智能下单，应用智能搜索、智能比价、智能商品匹配推荐等功能，快速下单；智能客服，具备基于 AI 语音和文字的智能客服能力，同时服务内外部用户；智能物流，具备智慧配送、智慧仓储、智慧处置能力；智能协同，可打通供应链上下游环节，多方协同；智能数据，可实时数据收集、分析、处理，为平台管理者、买家、卖家提供数据服务；智能管理，将供应商管理、需求计划管理、商品目录管理进行关联管理；智能风控，应用大数据、AI 等技术实现智能的风险检测、预警与处理……智能风控，是合规管理融入业务、嵌入流程的典型成果，是合规成果可视化的最好示例。

三、机器主导智能风险防控

（一）工作原理

1. 建立采购业务"规则库"，将规则内嵌于系统中，设置风险阈值。发挥机器自主学习能力，建立模型并让机器利用系统中沉淀的大数据训练模型，提高模型准确度。利用模型与数据校验识别风险并进行风险预警。通过规则的多环节内嵌，提升全环节风险识别、风险评估、风险响应、风险处理的能力，支撑在线监督、在线检查、在线控制。

2. 建立风险防控数据库，提供风险识别与处理。一是建立风控模型数据库，加入风险识别策略、风险执行条件、风险响应内容、实时模型、离线模型等元素，通过模块分类、调用模块、调用节点、场景应用、关键指标等举措进行风险识别。二是建立风险事件数据库，加入强控事件、预警事件、软控事件、模型个数、触发次数、离线事件等元素，通过中断流程、在线检查、提升审批层级、预警提醒、涉嫌违规事项管理等举措进行风险处理。后续可以进行风险事件稽核、风险数据归档、风险数据指数提炼、大数据风险数据分析等举措进行风险数据洞察。

（二）风险防控运行

1. 风险识别。建立企业采购业务管理规则库，统一工作标准。结合采购业务场景，配置对应规则，内嵌对应模型，实时采集交易数据，由模型进行风险识别，自动触发风险提醒。

2. 风险分析。结合风控规则名称、风险评估等级、风控表象描述、应用模块、触发次数等因素，通过 AI 分析将业务与阈值对比，识别风险类型，给风险定级。将风险预警提示传递给相关采购业务参与角色。

3. 风险响应。机器自主提供对应风险防控工具，包括强控制（拦截、禁止）、软控制（提升审批层级）、风险预警（提醒）等，防控成果体现为份额管控、审批流提醒、数据查询查看、中止业务流程等。

4. 风险处理。进入后续风险处理流程，采取包括供应商正负面清单管控、围标串标风险管控、采购方式一致性管控、评委评分合理性校验等方式，完成风险处理工作闭环。

（三）全流程全方位风险预警

全流程环节较多，涉及商品纳入商品采购目录、采购管理、招投标、询价议价、签订合同、交易过程、仓储管理等。在不同的环节点，会结合管理要求设置不同的风险控制事项，例如违规商品巡检、商品举报下架、采购实施强限制规范、开标有效性校验、重复询价及高价询价预警、协议有效期管控、供应商黑名单暂停下单、长库龄物资预警、缺货补货提醒……数据与模型结合，风险预警贯通全流程。

（四）事前、事中、事后全面风险防控

事前预警覆盖招募产品有效期预警、超长在途订单预警、协议执行期预警、协议执行份额预警……事中管控覆盖资金结余率管控、供应商黑名单管控、项目预算管控、公告时间管控……事后处理覆盖疑似违规项目、mac 地址相同、疑似违规询价单……

四、采购合规动态提升

（一）采购合规智能化

供应链体系在持续进化中，新的合规点将随机涌现，合规管理与业务运营深度绑定，合规管理与采购业务发展同步升级。供应链平台的合规运营，要实现技术基础层、核心能力层、智能服务层、应用场景层等各层级的全面覆盖。从供应商与商品的管理合规，延展到交易、物流、结算、客服等运营合规，进一步延展到流程合规、数据合规。

（二）应用风险控制模型

采购数字化转型提高采购智能化管控能力，依托大数据、人工智能、区块链等技术，不断完善供应链生态。采购合规管理将进一步依赖机器自主控制，不断开发基于大数据驱动的风险控制模型，利用模型与数据辨识风险，展示风险，动态监控；进一步强化全环节风险防控，涵盖采购需求、采购寻源、订单交易、物流仓储、资产处置等环节，业务管理与合规管理一体推进。

【合规实务建议】

采购管理是企业数字化转型过程中走在前端的业务，智能化管理水平相对较高。本章对采购业务进行全面介绍，有助于合规工作人员了解采购业务，从采购业务管理的角度认知采购管理、采购合规管理。进一步认知采购合规管理与通常的合规管理的区别，深入认知采购合规管理的特点，寻找适合的合规工作举措。本章对采购合规管理的工作原理、业务属性以及工作举措都做了详细介绍，有助于合规工作人员借鉴这些工作经验，选取与企业实际相匹配的方法，参与到采购管理中去做采购合规管理。需要注意，采购合规管理不能脱离物资采购管理部门的业务管理单独开展，需要合规管理部门与物资采购管理部门一起合作，必须依托采购业务管理，才能做好采购合规管理工作。

【本章涉及法规文件】

1. 2017 年 10 月，国务院办公厅发布《国务院办公厅关于积极推进供应链创新与应用的指导意见》（国办发〔2017〕84 号）。

第五部分

智慧合规管理

第十九章　合规管理数字化转型

本章内容导读

本章介绍了未来合规管理的工作背景，对合规数字化转型做了展望。

未来合规管理面对的新形势可以从两个层面来看，宏观层面，新技术引领企业加入数字经济、数字孪生连接物理世界与数字世界、中台建设成为企业新基建；企业层面，数字化转型带动企业基础设施改造、工作范式重塑、一体化能力聚合与运营服务水平提升。

本章全面介绍了企业合规管理数字化转型的诸多元素，包括基础设施改造、工作范式调整、运营平台建设、业务新场景构建，以及利用人工智能实现智慧合规管理。本章介绍的一系列适用于未来工作场景的合规工作举措，具备一定的前瞻性，重在启发合规管理新思路，锻造合规管理亮点。

第一节　合规护航企业行稳致远

一、企业首先要经营，管理为经营服务

国务院国资委对央企的考核指标体系主要包括经济效益、社会效益、环境效益和创新能力四个方面。其中，经济效益是央企的核心指标，主要包括营业收入、利润、资产负债率、现金流等方面的考核。环境效益是央企的责任指标，主要包括能源消耗、排放物排放、环境保护投入等方面的考核。创新能力则是央企的发展指标，主要包括科技创新、知识产权、人才培养等方面的考核。社会效益也是重要指标之一，主要包括就业、税收、公益事业支出等方面的考核。国务院国资委对央企的考核指标体系具有灵活性和可操作性，根据不同央企的特点和发展阶段，制定不同的考核指标和权重，以确保考核体系的公正性和科学性；根据央企的实际情况，对考核指标进行动态调整和优化，以确保考核体系的实效性和可操作性。

对于企业来说，管理始终是为经营服务的，经营能力体现为要选择正确的事情来做，而管理能力体现为要把事情做正确。企业运作类似于踢足球，岗位之间的配合和补位，与球员之间的配合和补位同理。企业不能时刻揪住一些管理问题不放，要以经营为核心，促进企业的长远发展。过分关注细节问题，反而解决不了关键问题，对于企业发展并无益处。合规管理是企业管理的组成部分，要注意避免陷入过度管理的误区。

二、合规的价值体现在提升企业的经营管理水平

2022年8月，国务院国资委发布《中央企业合规管理办法》（国务院国有资产监督管理委员会令第42号），强调企业合规管理要有效防控合规风险，提出合规管理要"以提升依法合规经营管理水平为导向"。2018年12月，国家发展和改革委员会等七部委联合发布《企业境外经营合规管理指引》（发改外资〔2018〕1916号）。指出"合规是企业'走出去'行稳致远的前提，合规管理能力是企业国际竞争力的重要方面。"

企业是一个创造、传递、支持和获取价值的系统。企业的经营体系是围绕销售产品、提供服务获得利润展开的；企业的组织架构是设置管理部门、服务部门、生产部门，牵引不同的专业管理线条，协同合作保障经营发展。这其中，合规工作的核心是为企业提供服务，为企业经营发展做好辅助工作。合规管理部门作为后台部门，通常不直接参与到企业的生产经营中，合规工作人员一定要拥有大局观，以局部服务整体、是助力不是阻力作为工作宗旨。形成工作合力的前提条件是，要站在公司的角度思考合规工作如何开展，不能以合规为中心，站在道德制高点上，用各种条条框框去评判企业的经营管理行为，抑制企业改革创新的活力。要践行企业战略，结合企业不同年度的重点工作，厘清在哪些领域承担直接责任，处于直接工作者的角色，独立开展工作并承担责任；在哪些领域承担间接责任，仅是辅助者角色，为直接工作承担者提供内部支持，帮助直接工作承担者更好地完成其工作。

三、合规工作以创造价值为导向

企业通过为客户提供服务创造价值，没有价值提升就是无谓消耗成本的"空转""虚转"。任何的经营管理行为都要回归企业本质，合规工作也不例外，同时为内部客户与外部客户创造价值。纠正错误不等于正向推动，防控风险不等于创造价值。合规工作要助力企业各项业务的开展，单纯的"合规风险提示"只能体现合规管理部门求免责的心态，没有后续的工作追踪及结果复盘，就没有形成工作闭环。合规管理部门作为后台职能部门，要尊重业务部门合规责任主体的工作职责，尽量为前台部门提供服务。例如亚马逊公司特别强调职能部门必须转换理念，职能部门的作用不是让业务做不成，而是大家一起想办法，在兼顾成本、风险等的前提下，怎么把业务做成、做好。奉行的名言是，there is no "NO"，也就是说：职能部门不能简单说不。职能部门得想办法解决问题，帮业务部门把事做成。合规管理部门在工作中会接触到经营管理的不同专业领域、不同工作流程，有机会梳理出同质化工作的合规共性，提炼标准化的合规举措，制造统一的合规知识产品，为其他部门赋能。

第二节　企业数字化转型

一、企业推进数字化转型的背景

（一）国家倡导使命担当

二十大报告"加快构建新发展格局，着力推动高质量发展"部分，提出"构建高水平社会主义市场经济体制。""深化国资国企改革，加快国有经济布局优化和结构调整，推动国有资本和国有企业做强做优做大，提升企业核心竞争力。""完善中国特色现代企业制度，弘扬企业家精神，加快建设世界一流企业。"督促国有企业成为世界一流企业。

（二）全球经济变轨期提供机遇

新一轮科技革命和产业变革正在迅猛发展，全球经济正处在一个前所未有的变轨期。国有企业需充分发挥国有经济主导作用，主动把握和引领新一代信息技术变革趋势。数字经济代表了未来经济的发展方向，已成为经济增长的核心要素和企业竞争的关键领域。国有企业是引领带动经济高质量发展的中坚力量，加快数字化转型将加速推进新技术创新、新产品培育、新模式扩散和新业态发展；推动国有企业的生产方式、业务形态、商业模式等产生颠覆式重构，有机会发挥后发优势，实现换道超车，抢占新一轮产业竞争制高点；有效激发国有企业创新活力，降低国有企业创新门槛和成本，加快构建实时、开放、高效、协同的创新体系，走出一条具有中国特色的创新发展之路。国有企业加快推进经营管理数字化，积极培育新模式新业态，促进商业模式创新。开展以用户为中心的商业模式变革，构建基于平台的产业协同生态，服务化延伸、个性化定制、网络化协同等格局日渐成熟。

二、企业运用新技术加入数字经济

（一）云 + 中台架构

相较于传统的 IT 基础设施，云 + 中台架构提供了强大的阶跃优势，其中包括提供更快的速度，更可靠的端到端连接安全性，更低的成本与可靠性、可扩展性，以及跨区域资产的可见性。

（二）物联网 + 5G

随着 5G 技术的到来，企业能通过与互联网相连的新设备收集数据，开发新服务，提高生产效率，改善实时决策，解决关键问题，以及创造新的创新体验。

（三）网络安全

信息攻击的巨大威胁，让企业开始意识到自身没有充分的措施来加以应对，这促使企业加速采用具有高可靠性的信息安全解决方案与网络安全防护系统。

（四）平台经济

平台经济在应对当今全新商业模式的挑战时拥有巨大的发展潜力，基于平台经济概念的市场还能为企业提供创新模式，重新构建生产者与消费者间的关系。

（五）全新商业模式

企业正在越来越多地利用数字化技术改变其商业模式，从而使其能在市场竞争中获得优势。

（六）产业互联网

企业通过综合运用数字化先进技术，为实际产业场景提供综合信息技术解决方案，与此同时，通过建立资源整合型平台，从线上线下同步强化产业协同程度，提升产业链整体效率。市场、供应者和消费者关系的变化与外部环境的数字化决定了数字化技术是企业未来发展的基石之一。

三、企业数字化转型概况

（一）数字化转型内涵

T/AIITRE 10001−2020《数字化转型 参考架构》在原文引言部分指出，数字化转型是顺应新一轮科技革命和产业变革趋势，不断深化应用云计算、大数据、物联网、人工智能、区块链等新一代信息技术，激发数据要素创新驱动潜能，打造和提升信息时代的生存与发展能力，加速业务优化升级和创新转型，改造提升传统动能，培育发展新动能，创造、传递并获取新价值，实现转型升级和创新发展的过程。数字化转型的核心要义，要将基于工业技术专业分工取得规模化效率的发展模式，逐步转变为基于信息技术赋能作用获取多样化效率的发展模式。

（二）数字化转型的五大任务

参考 T/AIITRE 10001-2020《数字化转型 参考架构》有关要求可以看到，价值体系优化、创新和重构是企业数字化转型的根本任务，组织应从发展战略、新型能力、系统性解决方案、治理体系和业务创新转型五个视角出发，构建系统化、体系化的关联关系，系统有序地推进数字化转型，创新价值创造、传递、支持、获取的路径和模式。

1. 根据数字化转型的新形势、新趋势和新要求，从发展战略视角提出新的价值主张，把数据驱动的理念、方法和机制根植于组织发展战略全局。

2. 将新型能力建设作为贯穿数字化转型始终的核心路径，通过识别和策划新型能力（体系），持续建设、运行和改进新型能力，支持业务按需调用能力以快速响应市场需求变化，从而加速推进业务创新转型，获取可持续竞争合作优势。

3. 实施涵盖数据、技术、流程、组织四要素的系统性解决方案，支持打造新型能力，加速业务创新转型，并通过四要素的互动创新和持续优化，推动新型能力和业务创新转型持续运行与不断改进。

4. 建立匹配的治理体系并推进管理模式持续变革，提供管理保障。

5. 发挥新型能力的赋能作用，加速业务体系和业务模式创新，推进传统业务创新转型升级，培育发展数字新业务，通过业务全面服务化，构建开放合作的价值模式，快速响应、满足和引领市场需求，最大化获得价值效益。

以智慧工厂为例，智慧工厂对产线设备的数据采集和连接以及对业务系统数据的采集达到了高覆盖和实时响应的程度，将数据转化为可以反哺企业发展的资产，通过工业互联网大数据分析和人工智能技术的结合，实现生产流程优化、生产资料优化和流程质量优化等以数据为基础的升级。智慧工厂是数字化转型的典范，其原理可以适用在任何企业的局部业务场景中，形成小环境中的智慧业务。

（三）数字化转型注重新型能力建设

数字化转型过程就是一个系统性创新的过程，应对转型和创新引发的高度不确定性是常态，企业需要锻造应对挑战、抢抓机遇的新型能力。数字经济时代的新型能力就是数字化生存和发展能力，是为适应快速变化的环境，深化应用新一代信息技术，建立、提升、整合、重构组织的内外部能力，赋能业务加速创新转型，构建竞争合作新优势，改造提升传统动能，形成新动能，不断创造新价值，实现新发展的能力。企业新型能力建设应按照价值体系优化、创新和重构的要求，贯穿数字化转型全过程，全方位牵引数字化转型的相关活动。

四、数字中台成为企业应用新基建

（一）IT 系统的技术底座发生变化

1. 数字中台成为企业应用的新基建。数字中台是基于云计算、大数据、人工智能等新一代技术打造的持续演进的企业级业务能力和数据共享服务平台。数字中台支撑企业数字化应用的标准化建设及快速定制，沉淀企业的数据资产，实现数据驱动的精细化运营，提升企业业务在面向互联网和生态发展过程中的应变和响应能力。数字中台提供了数字经济时代用技术解决商业领域未知问题的支撑能力，从而助力企业进行数字化创新。企业在多年的信息化进程中，从特定应用场景的角度，建设一些解决特定业务领域问题的独立的、垂直的 IT 系统或套件。这些单体系统或套件之间的业务能力和数据不互通、不共享，形成了一个个系统烟囱和数据孤岛，这会带来很多问题。数字中台打破了企业按部门或按领域单独建设 IT 系统的传统方式，构建了企业进行应用开发的新一代平台型基座，翻新了 IT 系统的技术底座，让 IT 从单纯技术服务走向业务服务成为可能。数字中台成为牵引企业数字化转型的坚实底座，将加深企业的数字化、智能化、平台化和生态化，并正在成为产业数智化转型与产业经济变革的关键步骤和战略安排。

2. 数字中台是企业治理的抓手。通过数字中台，企业可实现资源资产可视化、管理流程智能化、安全风险可控化、用户体验互联网化，提供良好的用户体验，强调"高效协同"、"内容开放"、"沟通连接"。数字中台全面拉通、整合、共享全域核心业务、核心能力、核心数据、核心流程，通过聚合和开放实现体系化管理与服务，包括灵活高效的一线赋能体系；横纵穿透的运营管控体系；集约高效的资源配置体系；敏捷协同的办公体系。数字中台可实现从客户需求到后端响应的端到端在线化和数字化，支持过程中资源资产同步数字化。不同企业数字中台的组成不同，通常会有业务中台、管理中台、数据中台等不同种类的中台承载对应的管理需求。其中风险可控化将对合规管理工作产生强烈冲击。

（二）合规管理系统内嵌于管理中台

管理中台通常由管理应用、管理运营平台和管理能力集三个方面共同构成。管理应用是面向专业线的，覆盖人力、财务、法律、合规、供应链、项目，办公等专业领域的前端应用。管理运营平台，面向业务的运营管理，通过具体业务场景串接管理业务域的业务能力，实现数据贯通，统一展示相关数据的业务运营平台。管理能力集，是指管理中台对管理业务进行沉淀整合形成能力。盘活企业数据，推动企业流程再造、组织变革，用数据驱动企业从管理和控制向服务和赋能转型。法务与合规的管理系统是管理中台的组件，工作支撑体现在管理应用部分。

（三）人工智能进一步提升数字中台能力

未来人工智能的应用前景非常广阔。AI 大模型具备极强的通用性和实用性。一是可实现数智融合。大模型通过融合大数据和 AI 能力，帮助企业及开发者实现数据和应用的统一。二是提供人机交互方式。大模型支持用户通过自然语言等方式与 AI 交互并完成各种任务，改变当前针对每个任务需单独设计算法的局面。三是多模态融合。基于 Transformer 架构的各种神经网络能够同时处理文字、图片和视频等信息，广泛应用于机器视觉、自然语言处理、多媒体分析等各类场景。这些技术突破最终都会落实在系统建设与功能配置上，提高系统数字中台的智能化水平，全面提升企业基础设施的能力。

五、数字孪生提供物理世界与数字世界的连接

（一）数字孪生带来数字治理模式

2021 年 3 月，《中华人民共和国国民经济和社会发展第十四个五年规划和 2035 年远景目标纲要》明确提出要"探索建设数字孪生城市"，为数字孪生城市建设提供了国家战略指引。此后，国家陆续印发了不同领域的十四五规划，为各领域如何利用数字孪生技术促进经济社会高质量发展做出了战略部署。数字孪生对实现各行业的数字化、智能化和高效化具有重要意义，推动社会治理等关键领域数字治理模式的深刻变革。

在信息技术领域，《"十四五"信息通信行业发展规划》《"十四五"软件和信息技术服务业发展规划》等文件强调，要强化数字孪生技术研发和创新突破，加强与传统行业深度融合发展，推动关键标准体系的制定和推广。文件还强调，要加快推进城市信息模型（CIM）平台建设，实现城市信息模型、地理信息系统、建筑信息模型等软件创新应用突破，支持新型智慧城市建设。加强云计算中心、物联网、工业互联网、车联网等领域关键核心技术和产品研发，加速人工智能、区块链、数字孪生、虚拟现实等新技术与传统行业深度融合发展。推动建立融合发展的新兴领域标准体系，加快数字基础设施共性标准、关键技术标准制定和推广。

在工业生产领域，《"十四五"信息化和工业化深度融合发展规划》《"十四五"智能制造发展规划》等规划文件指出，要推动智能制造、绿色制造示范工厂建设，构建面向工业生产全生命周期的数字孪生系统，探索形成数字孪生技术智能应用场景，并推进相关标准的制修订工作，加大标准试验验证力度。围绕机械、汽车、航空、航天、船舶、兵器、电子、电力等重点装备领域，建设数字化车间和智能工厂，推进基于模型的系统工程（MBSE）规模应用，依托工业互联网平台实现装备的预测性维护与健康管理。

（二）数字孪生的特点

数字孪生具有虚实共生、数据驱动、数字资产、开放架构、生命特征五大特点。可以驱动孪生对象不断进化，构造出与现实世界虚实映射的数字空间，在数字空间回溯历史、把握现在、预测未来，提高对复杂系统全生命周期动态演化机理与规律的洞察力与控制力。数字孪生体在伴随现实世界运行过程中产生的数据、模型、系统和标准构成与现实世界对应的数字资产，数字孪生体在物理实体真实数据的"喂养"下，成长为自循环、自适应、自学习、自演进的"数字生命体"。基于"物理实体＋数字孪生"的资源优化配置将成为数字经济的基本形态，实现物理空间与数字空间各类要素、活动相互映射、实时交互、高效协同，以及系统内资源配置和运行的按需响应、快速迭代、动态优化。

（三）数字孪生是一种综合性技术

数字孪生作为一种涉及多个技术领域的综合性技术，其核心技术包括物联网（IoT）、大数据、云计算、人工智能（AI）和边缘计算等。这些技术共同构成了数字孪生的技术体系，为其在各个应用场景中发挥作用提供了基础支持。通过物联网技术，数字孪生可以实时获取物理实体的状态信息，并将其应用于虚拟模型中。同时，数字孪生模型可以将优化结果反馈给物理实体，实现实时控制和调整。通过精确建模和仿真，数字孪生模型可以非常接近物理实体的实际状态和性能。

（四）数字孪生是实现智能化、数字化的重要手段

数字孪生通过创建物理实体的虚拟模型实现现实世界的模拟和预测。DTOS是运用数字孪生理念设计研发的广义操作系统，以统一的架构和技术规范，集成IoT、AI、仿真、区块链等前沿技术，打通虚实空间壁垒，形成可支撑多领域智慧应用的智能底座。数字孪生将现实世界中的物理对象和发展过程转化为数字模型，并在虚拟环境中对其进行模拟、分析、测试和优化，让企业可以更加高效智能地洞察运营环节，提升效率和效益。在工业领域，将设备的运行和维护信息与数字孪生模型相结合，实现设备健康状态监测、智能诊断和预测维护。在网络领域，对网络设备和拓扑进行建模，实现网络虚拟测试和网络规划与优化。在城市领域，通过采集城市的各种数据和要素，建立城市数字孪生，实现城市规划、交通、环境、公共安全等方面的管理和决策。在业务支撑领域，通过生成式技术自动创建拓扑和仿真模型，实现面向架构、拓扑、流程、IT 资产的管理和优化。

（五）数字孪生和 5G、智慧城市关系密切

在 5G 的支持下，云和端之间可以建立更紧密的连接。这也就意味着，更多的数据将被采集并集中在一起。这些数据，可以帮助构建更强大的数字孪生体。例如，一个数字孪生城市。2022 年新加坡已经搞了一个数字孪生体（Digital Twin），一比一复刻了一个虚拟新加坡。现在新加坡政府搞城市规划，什么动作都可以先在虚拟新加坡里测试一下。比如如果新加坡要用 AI 管理交通，担心会不会对整个系统造成比较大的波动，就可以先在虚拟新加坡里测试一下这个做法。还有我国的深圳、雄安，都已经在做这方面的摸索和尝试，"智慧城市 + 数字孪生"的应用场景越来越多。

（六）数字孪生加入企业经营场景

企业在生产经营的各个阶段都可以应用数字孪生，提高生产质量和管理水平。数字孪生正在构筑一条通向零成本的试错之路。创新就是一个试错的过程。试错都会有成本，但通过在数字孪生的虚拟世界中模拟物理世界运行，为新品开发、商业决策、产线调试、设备运维找到了一条新路。在产品设计阶段，数字孪生可以是虚拟原型，在数字化的虚拟环境中进行调整以测试不同的仿真或设计，然后再投资购买实体原型。通过减少将产品投入生产所需的迭代次数，可以节省时间和成本。在产品生产过程中，监控和响应来自 IoT 传感器的数据对于保持最高质量和避免返工至关重要。数字孪生模型可以对生产过程的每个部分进行建模，以识别发生误差的位置，或者可以使用更好的材料或流程。在施工阶段，通过数字孪生技术在数字化的虚拟环境中模拟真实的施工现场，包括周边环境、管线、建筑物等多个维度，实现对工程的全方位、真实还原和可视化管理。企业也可以使用数字孪生技术改善某一方面的管理与经营范式。例如自动生成业务视图，集成流程图谱，生成流程模型树目录……快速搭建可视化、结构化、数字化的业务模型，支撑业务的快速拓展与创新。

六、一体化能力聚合与一体化运营服务成为企业新常态

（一）发展是关乎企业生存的根本问题

企业是按一定规律构成的整体，是一个生态系统，系统内部要素相互联系、相互作用。随着企业组织机构的调整，系统建设的迭代，企业正在搭建纵向穿透、快速响应客户需求；横向协同、高效整合资源的矩阵式能力体系。同时，数字化能力以提高质量和效率，提升用户感知和服务效能为方向，实现生产、运营、服务、管理全流程。发挥中台智慧运营效能，对内改善内部用户的工作效能，对外增强数字化服务能力。实现从线上操作可展示，到在线流转办成事。

（二）协调发展提高企业统筹力

协调发展是衡量企业健康可持续发展水平的重要标志，也是增强企业抗风险能力、不断做强做优做大的关键因素。要科学统筹"质"和"量"的关系，以质的提升为量的增长提供动力，以量的增长为质的提升提供基础。要科学统筹自主和开放的关系，既要练好"专精特新"独门绝技，也要打好开放合作"团体赛"。要科学统筹当前和长远的关系，政策既要精准有力，又要合理适度，保持针对性、稳定性可持续性。要科学统筹整体和局部的关系，注重战略和战术、目标和考核等政策间的协调配合，避免相互抵消或合成谬误。

（三）一个主体一体化运营

企业要统筹一体，树立全局观，培养整体意识、协同意识。系统观念强调"整体大于部分之和"。企业就是一个高度耦合、系统集成的统一体，统筹各要素各尽其职、协同配合，从"十指用力"到"聚指成拳"、从"单兵作战"到"协同作战"，达到系统整体的效用最优。要统筹实现一体化能力聚合与运营服务水平提升，让各种要素合理配置，形成倍增效应。要统筹好各专业的协同，强化市场和创新双轮驱动，推动网络和业务高效协同。打破部门墙、专业墙，形成"后台服务前台，前台服务客户"的高效运转链条，立足大局、荣辱与共、同向发力。总部及各级本部要为基层做好支撑服务，从"大水漫灌"转变为"精准滴灌"，强支撑，提效率。要统筹"上下一盘棋"，加强资源整合、能力贯通的一体化发展。面对更加模糊的客户边界，更加复杂、个性的客户需求，需要企业能力矩阵要素进一步深度融合、高效联动，提升体系化协同作战能力，面向场景需求打造差异化产品，面向目标市场形成合力。企业要加强对行业发展规律的研究和发展趋势的洞察，建强做优战略管控和运营指挥能力，加快全要素畅通，强化全能力集约共享和机制创新。

第三节 企业合规管理数字化转型

一、合规管理工作的基础设施全面改造

1. 合规数字化。中台建设全面开展初具规模的情形下，搭建合规运营平台，以数字化作业方式开展合规工作，让多样化、个性化的合规工作方式及成果展现成为可能。场景、工具、数据、流程多种要素的组合应用，改变了企业的运营格局，也结合规工作带来冲击。合规工作可以将这些要素融入业务、融入企业管理，以新的方式开展工作。

2. 合规数据化。依托新技术，数字化将传统信息转换为可被计算机分析处理的数据。国家倡导产业数据化、数据产业化；企业倡导业务数据化、数据业务化。伴随业务与管理的合规工作自然也会数据化。自然语言处理技术、爬虫技术、免费检索工具、知识管理软件、智能引擎、AI 应用等等，能够提供全新的作业工具，重塑合规管理的底层逻辑，完成过去人员无法完成的任务。

3. 合规自动化。借助于中台的数据沉淀与稽核能力，将合规历史工作成果进行数据化加工，提炼为数字化的合规产品，推进合规运营的标准化与规范化进程。标准的合规产品采取自动化方式自主提供。例如 AI 机器人可以承担合规客服的工作，在线提供合规咨询，无须人工干预，机器自动运行。

4. 合规运营化。"运营"这个词是随着互联网发展火起来的。互联网运营是为产品传递价值、打造生态和创造玩法。运营所承担的使命是构建产品和用户间的互动关系，互联网公司的运营工作蕴含着极强的数据化思维，是建立在数据运用的基础之上的，围绕用户，通过数据来发现产品的问题、渠道的问题等。运营的目的，是使得更多的目标用户使用产品。目前央企广泛使用"运营"这个词汇，各专业条线开展工作时追求一种"运营"的状态。合规管理改革，要打造一个全连接的合规运营业态，满足企业更加泛在化和多元化的合规需求。未来，合规要

做到应用服务场景化，业务处理智能化，能力输出服务化。

二、合规管理工作范式全面重塑

（一）调整工作定位

合规管理部门要认清合规工作在公司价值链条中的位置，站在企业经营的角度、围绕前台部门的法律服务需求开展工作。在全局统一的布局中与其他部门协同联动。在工作理念、方法、机制、作风等方面不断升级，立足于赋能企业争先，推动合规工作范式从"碎片化""条块化"转为"一体化"。树立"整体智治"观念，发挥"数字治理"创新性，推动企业数字化改革。

（二）改变思维方式

1. 引入系统思维。坚持客观地而不是主观地、发展地而不是静止地、全面地而不是片面地、系统地而不是零散地、普遍联系地而不是孤立地观察事物，是马克思主义唯物辩证法的内在要求。系统思维是把物质系统当作一个整体来加以思考的思维方式，从整体出发，先综合、后分析，最后复归到更高阶段上的新的综合，具有整体性、综合性、定量化和精确化的特征。企业经营管理是一项涉及方方面面的系统工程，合规管理是企业经营管理的一个细分项，开展合规工作要主动将合规这个局部性问题放到企业整体中思考，主动与整体协同，以整体为先。

2. 引入辩证思维。辩证思维是从对象内在矛盾的运动变化中，从其各个方面的相互联系中进行考察，以便从整体上、本质上完整地认识对象。企业是一个动态变化中的整体。企业管理，既要看到事物构成的整体性，也要注重事物构成的过程性。同样，合规管理要遵从经营管理的发展变化规律，充分考虑企业的成长性，考虑改革效益与风险的平衡，商业利益与风险控制的平衡。

3. 引入数据思维。数据透明、开放、共享、注智、赋能，是企业经营管理新场景，也将成为合规工作无法回避的新场景。合规工作对企业来说，尤其是站在 IT 建设部门的角度，就是一种业务，一种必须数据化的业务，必须服从企业业务数据化的统一安排，以数据的方式呈现在企业的管理中台与数据中台上。合规管理的工作方式也要采纳数据管理的工作方式。

（三）调整工作范式

1. 突出管理属性。《中央企业合规管理办法》（国务院国有资产监督管理委员会令第 42 号）明确指出，"合规管理，是指企业以有效防控合规风险为目的，以提升依法合规经营管理水平为导向，以企业经营管理行为和员工履职行为为对象，开展的包括建立合规制度、完善运行机制、培育合规文化、强化监督问责等有组织、有计划的管理活动。"合规管理的本质是有组织、有计划的管理活动。因此应避免将合规审核工作等同为合规工作的全部，要在管理上下功夫，合规管理部门要做好合规管理的牵头工作。

2. 从技能到能力。颠覆性的技术可能不支持传统工作方式，未来会以过去做不到的方式来开展合规工作。合规管理要进一步拆解为显性可视、可考量的工作任务和举措，才能让企业的合规愿景与实际工作紧密结合。从合规管理自身建设的角度看，要从"提高合规人员的合规业务技能"转变为"提升企业合规管理能力"。

3. 采用长链条工作模式。基于分形原理，企业总部的合规管理部门可以对企业的合规工作进行全维度拆解，对合规规则构建、合规风险识别与风险预警、合规解决方案等，提供一揽子合规管理要求与合规工作意见，沿着企业组织架构的层级，从上向下传递，以集体智慧滋养团队能力，一站式提升企业的合规能力。

4. 制定新的工作标准。

（1）单纯的合规审核工作可以进行量化管理，将工作性质、过程、结果进行标签化管理并统计数量。

（2）工作档案统一化，通过工作成果归档的形式建立合规工作档案库，为后续的合规工作成果数据化奠定基础。

（3）工作成果显性化，采用书面形式提出合规意见，让合规工作成果直观可视。便于合规工作成果的再利用，为团队共享创造条件。

（4）工作操作规范化，利用系统固化、简化工作流程；提高标准化合规文件模板覆盖率和使用率。

（5）工作资源集中化，构建资源平台，将内外部资源集中展示，统筹使用，降本增效。

（6）工作调整动态化，不断迭代工作方法，创新工作方式，优化工作机制。不断促进合规工作的迭代升级，保持合规工作的科学性与先进性。

5. 萃取企业合规管理智慧。全线上、全流程的合规工作，将工作成果沉淀在系统中，将工作成果数据化，动态萃取提炼，聚合为企业独有的合规知识资源。将合规工作人员的个人智慧，提炼萃取为集体智慧，形成企业的合规知识管理体系。机器与人之间不断互动，在数据产生、应用、优化的过程中，反哺合规工作的能力提升，形成正向循环，取得飞轮效应。

三、合规运营平台建设理念

（一）秉承新理念规划新架构

1. 一级架构设置，核心框架统一。以一级架构为系统设计原则，构建跨层级、跨部门的协同工作状态。用一个平台实现连接、覆盖、交互，做到结构统一，功能展示界面统一。结合大企业组织架构特点，平台纵向贯穿集团总部、分支机构、基层单位各级组织，基础功能要保持一致；横向穿透部门墙，以流程为通道，打破部门壁垒，实现部门间协作，将不同职能业务线联结起来。分支机构的子平台可以结合属地管理需求进行个性化设置，满足差异化管理要求。

2. 秉承高内聚、低耦合设计理念。系统应用功能具有相对独立性，可以分拆开提供小微服务，通过松耦合的方式实现灵活的服务调用或数据传递。以"积木式"组装搭建为原则，不同功能模块与单独的优质功能可自由组合。不同专项工作进行模块化区隔，进一步拆分为具体工作场景，对应固化为群组式的功能。系统功能同时提供标准化和个性化两种组合方式。标准化组合可支撑最基础的工作要求，功能强制配置；个性化组合提供专属服务，功能可灵活配置、动态调整。差异化聚合方式，可提供多种管理颗粒度的规章制度的管理与服务能力。

（二）建立多种连接关系，塑造平台能力

1. 建立人与人的连接。实现不同职能部门使用者之间的并联式交叉互动。实现一定组织机构区域内的群体间协作。任何使用者都可以总览全量工作数据，在知识共享中提升全员互动的活跃度，协同工作的契合度。

2. 建立人与系统的连接。将各专业各部门的工作要求内置在平台上，工作成果积淀在平台上，在线加工成为企业知识资源。通过系统建立人与工作任务、数据信息、知识资源之间的连接，扩大企业能力对员工的支持力度。

3. 建立系统与系统的连接。平台依托中台优势，与周边系统保持工作流程贯通，数据传递顺畅，同频共振，动态更新。尽量加大公用性流程、通识性数据的复用率，避免环节重复、流程冗长、数据污染等情形。

4. 建立管理与执行的连接。各类数据在平台上尽量采取多种形式的图形、表单展示，在数据显性化的基础上，提供精准的单点数据连接、群组数据的对比。对使用者来说，找到看到才能做到。这是企业管理形成闭环的基本条件。

第四节　AI 赋能智慧合规管理

一、AI 带来挑战

（一）人工智能类产品惊艳登场

2022 年 11 月 30 日，OpenAI 推出了 ChatGPT。这是生成式 AI 在文本领域的实际应用。ChatGPT 是通过"大数据＋大算力＋强算法"构建的一种大型自然语言模型。2023 年 3 月 14 日，OpenAI 正式推出 GPT－4。GPT－4 是一个超大的多模态模型，可接受图像输入并理解图像内容，可接受的文字输入长度增加到 3.2 万个 token（约 2.4 万单词），能够生成歌词、创意文本，实现风格变化。GPT－4 着重加强了对于法律、金融、财务等知识服务领域的语言处理，更能理解法律人、金融人、财会人等的专业知识，处理更为复杂的事物。如果 ChatGPT 是汽车，那么 GPT－4 就是引擎，是一种强大的通用技术，可以被开发成许多不同的用途。

（二）理解人工智能的工作原理

1. 机器学习是一门多学科交叉专业。涵盖概率论知识，统计学知识，近似理论知识和复杂算法知识，使用计算机工具并致力于真实实时地模拟人类学习方式，并将现有内容进行知识结构划分来有效提高学习效率。深度学习（DL，Deep Learning）是机器学习（ML，Machine Learning）领域中一个新的研究方向。深度学习是学习样本数据的内在规律和表示层次，这些学习过程中获得的信息对诸如文字、图像和声音等数据的解释有很大的帮助。它的最终目标是让机器能够像人一样具有分析学习能力，能够识别文字、图像和声音等数据。如果机器学习可以定义为"训练"人工智能的方法，那么深度学习就是允许机器模拟人类思维的方法。这种情况下，仅靠数学模型是不够的，深度学习还需要专门设计的人工神经网络和非常强大的计算能力，集合不同的计算层及分析，模拟外界与人脑的神经连接模式，形成外界与人工神经网络的连接。

2. 人工智能的功能包括四个层面。第一层是理解，通过模拟数据和事件关联的认知能力，AI 能够识别文本、图像、表格、视频、语音和推断信息；第二层是推理，系统能够通过精确的数学算法并以自动化方式连接收集到的多个信息；第三层是学习，特指具有特定功能的系统，用于分析数据输入并在输出中"正确"返回，即通过自动学习技术保障人工智能学习和执行各种功能；第四层是交互（又称人机交互），指人工智能与人类交互相关的工作方式。人工智能包含了两个关键因素：一是感知，能感受并了解环境的特征；二是决策，能基于目标最大化成功概率而采取行动。

目前阶段的人工智能的应用，最显著的范式体现在 AIGC 上。AIGC，即人工智能生成内容

（AI Generated Content），属于人工智能领域近几年比较新颖的技术形态，是基于生成算法、训练数据、芯片算力的生成式 AI，可以生成包括文本、音乐、图片、代码、视频等多样化的内容。整体应用仍然处于早期阶段，用户体验及沉浸感尚待改进。

3. AIGC 产品的核心特点。充当专业资料（如教学材料、合同、技术文献）和普通人之间的桥梁，类似于把若干个知识点，用交互式"语言"的形式提供给受众。以 ChatGPT 为例来看，ChatGPT 通过自监督学习方法，利用海量无监督数据训练通用基础模型，并将感知、认知与生成用统一框架实现"端到端"的整合，直接输出高质量的生成结果。ChatGPT 的优势在于：海量的数据驱动，拥有庞大的语料库，不断学习训练数据来提高自己的表现；对话理解能力强：可理解各种自然语言对话，并生成相应的回答；自然语言生成能力强，可生成各种自然语言文本，包括文章、对话等；跨语言能力强，支持多种语言，可在不同语言之间进行快速转换和翻译；高效可拓展，可快速处理大量请求，并生成相应的答案……理解 ChatGPT 的核心特点，发挥 ChatGPT 的优势，让 AI 赋能合规管理工作。

（三）AIGC 对企业影响

AIGC 作为一种全新的技术范式，促进专业领域知识、数据挖掘、人与机器的协同融合。企业将进化出人机协同管理新范式。一方面，企业中的"人"推进精细化、标准化工作制式建设，采用先进的感知技术和传输技术，构建大感知、大传输体系，实现对企业"物"及"人的行为"的量化感知和集成传输。另一方面，"人"对感知量化后的业务数据进行治理，构建统一的存储和运行管理平台，以大数据驱动企业运营。企业中的"人"将自己的创新、创造和知识管理成果与智能化运行模型（算法）进行融合，不断优化升级运行模型（算法）和管理模式，形成智慧大脑推动企业智慧化运行。企业通过智能交互、知识融合和协同共创的发展路径创造管理新范式。企业在许多领域中可应用人工智能技术，如利用生成式 AI 技术制作个性化营销脚本，包括文本、图像和视频；创建与特定销售场景匹配的虚拟助手形象；设计自动化流程和目标型任务提升运营效率；对大量的专业内容（包括法律法规、审查报告、行业研究等）进行知识整理……未来，AI 催生合规管理工作新范式是必然趋势。

（四）AIGC 对行业影响

1. 生成式 AI 的核心实力。生成式 AI 依靠 AI 大模型和 AI 算力训练生成内容。决定 AI 大模型的核心因素有三个，算力、算法、数据。基于"大规模通用基础模型 + 轻量级行业应用优化"新技术范式已出现，可进行行业知识整合和问题解决。未来进入商业大模型阶段，基于工程大模型底座，构建"通用服务大模型"，如 ChatGPT；构建"行业专属大模型"，如基于 ChatGPT 或开源大模型训练面向法律、医疗等行业服务能力；构建服务具体企业的"企业专属大模型"，如精准服务某律师事务所专属大模型体系。AI 大模型通过"API"等方式以及模型蒸馏等"瘦身"技术，将 AI 技术普惠化、低门槛化。

2. AIGC 推动行业进步。传统的人工智能技术比较关注数据分析，AIGC 更关注数据的自动合成。数字化转型重要的一点是用数据来改变业务，过程通常包括三个步骤。第一步，从业务中获取数据；第二步，分析数据，得到结论和洞察；第三步，基于结论和洞察，反过来制定决策，影响业务。AIGC 技术不仅可以分析数据，还能基于分析结果和结论，自动进行内容创作。通用大模型事实上无法解决行业具体问题，行业发展需要匹配的行业模型。在细分领域，如垂直行业范围内，制作训练小模型，不受算力资源稀缺的限制，数据体量较小，模型生成效率较高。人工智能将逐步把"知识"这个层面的学习、获取、搜集、归纳甚至推理的部分，分担下来。行业的知识沉淀、资源聚合、标准形成、规则迭代，都会受益于 AI 的发展提速增效。

二、人工智能对合规管理的影响

（一）通过预测提前解决不确定性带来的合规风险

严控法律合规风险是"全面提升依法治企能力"的主要举措之一。在提升风险管控能力方面，要求常态化开展风险隐患排查处置，针对共性风险及时开展预警，有效防范化解。不确定性是引发风险的重要因素，预测是提高确定性的重要手段。预测就是在事情发生以前，分析过去、现在的变化，对未来发展的可能性作出估计和推测。深度学习通过大量数据训练一个模型，然后注入新数据，用训练得到的模型对新数据进行推理，得出的结果就是一种预测。"精英日课第五季"中介绍的《权力与预测：人工智能的颠覆性经济学》（*Power and Prediction: The Disruptive Economics of Artificial Intelligence*）一书认为 AI 是一个"预测机器"，介绍了像发现新药、推荐商品、天气预报那样的预测性 AI 应用。预测是决定的前提。当 AI 被广泛应用的时候，预测和决定可以脱钩。不用管 AI 是怎么预测的，人类可直接根据预测做决定。例如在温室里种植农产品容易长虫害。有公司用 AI 提前一周准确预测是否会长虫，一周时间足以提前订购抗虫用品。这是一个应用解决方案。同样的逻辑，在企业经营中的许多风险，就可以通过预测、提前制定应用解决方案，从源头上预测风险、规避风险、消除风险。

（二）区块链不可篡改的属性保障刚性合规

区块链上的代码运行如同自然规律一样，被数学强制操纵。在没有私钥的情况下越权执行一笔操作需要的能量是太阳都无法供给的。因此区块链上的运行规则是不可打破的规则，也可以被认为是"规律"。人类世界中人可以违法然后被惩罚。在区块链世界，没有人有违法的能力。区块链构建了不可更改的规律。区块链也是一种智能合约，其执行可以由算法自动完成，即合同条款一旦写进区块链就开始自动执行，从根本上解决了合同不执行或不按照约定执行的问题，避免了商业纠纷。区块链也是一个第三方记账和查账的账本，人类可以在区块链上看到账本但是无法篡改，区块链禁止人为干预资金流动。企业商事交易中，利用区块链可以让商业变得更精准安全，大大提高交易合规性。

（三）知识图谱成为合规工作的新抓手

知识图谱技术是知识生产、知识表示存储和知识应用等众多技术的总和，用来"赋机器以智慧"。知识图谱是一种最接近真实世界的知识组织结构，是企业或组织机构对数据、信息和知识的最佳组织方法，应用场景包括可视化与交互式分析、智能问答、推荐系统、数据分析、知识溯源、辅助决策等。行业知识图谱是一个企业或组织机构对其所拥有的数据进行组织、存储和使用，其目标是将散乱、琐碎、低价值的数据变成高价值的信息与知识，为组织赋能。行业知识图谱通常由企业或组织机构为便捷应用企业或机构内部知识或行业公开知识而构建，并以知识检索、智能问答、认知推荐及专有的辅助决策应用等来提供服务。行业知识图谱会涉及具有深度的知识和更丰富复杂的应用。行业知识图谱的应用价值在于为知识型劳动者赋能，通常体现在两个方面。一是替代，即代替人做一些较为标准化、重复性、专业性的知识型工作；二是辅助，即借助可视化和交互式分析技术，实现人机的高效协同，帮助人更便捷地获取知识，降低工作门槛，提升工作的质量和效率。同时，知识图谱与行业知识图谱具备汇聚、关联和融合企业内外部的各类信息和知识的作用，可以结合企业实际进行深度建模，避免信息过载，提供全局决策知识支撑，冲破信息茧房，做出有效的决策，控制风险。知识图谱与行业知识图谱自身就是新的合规工作手段，同时帮助合规工作人员提升业务能力，催生新的合规工作范式。

第五节　企业智慧合规管理新场景

一、合规管理在线工作方式普及

国务院国资委要求企业建设合规管理系统、风险防控系统，探索数字化合规管理。《中央企业合规管理办法》（国务院国有资产监督管理委员会令第 42 号）将"信息化建设"列为专章，表明对这项工作的重视程度。随着信息化建设的迭代升级，企业业务场景变化导致合规工作场景相应变化，合规自身的工作方式也需要依托系统建设开展。一方面，利用企业已有的信息化系统，例如合同管理系统、诉讼管理系统，风险管理系统等调用现有资源，在关键环节配置控制节点、对关键事项进行数据实时提取，尽量发挥系统现有能力；另一方面，建设更先进的合规运营平台，从基础设施层面提升合规工作的先进性。利用多种现有的软件产品实现合规举措，规范企业管理场景，例如使用企业版钉钉系统，使用钉钉智慧管理系统可以实现基层单位的日常管理。这个工作平台具有公告、考勤、审批、直播、钉盘、DING 消息、日志、万能工资条、精细化管理、资产管理、企业看板等丰富的功能模块，可以支撑企业办公管理全线上工作方式，扩大了工作透明度，提高了工作效率，做到信息共享、管理流程合规。随着钉钉系统升级可以提供更多的应用服务企业。不同终端发挥不同作用，PC 端提供丰富的管理与服务配置，移动端提供多种差异化的简洁操作，灵活的作业方式进一步提高合规工作效能。

二、依托中台能力做数据驱动型合规

（一）企业中台建设为合规数字化转型奠定物理基础

中台可以全面拉通、整合、共享全域核心业务、核心能力、核心数据、核心流程，通过聚合和开放实现体系化管理与服务；实现从客户需求到后端响应的端到端在线化和数字化，支持过程中资源资产的同步数字化。面向业务的运营管理，通过具体业务场景串接管理业务域的业务能力，实现数据贯通，统一展示相关数据的业务形态。这意味着企业运营的透明化、可视化，为合规工作提供了全场景视图，将合规工作从追求嵌入流程的执著中脱离出来。规范本身就是合规的理想境界，从数据管理角度开展合规工作，拉升合规工作视角，更好地发挥合规管理部门的牵头作用。

（二）数字化转型提高合规工作效能

管理中台具备共享能力，包括人、财、物的连接，信息流、数据流、资金流的合并，同时构建业务共享能力中心和基础管理能力中心，整合输出，支撑企业前端应用。合规管理是多维领域汇聚的产物。完整的合规管理体系，需要完备的系统支撑，运用高科技的作业工具，输出高质量的工作成果，这些依靠单一的合规专业技能是无法实现的，专业进步需要跨领域合作。根植于管理中台的合规运营平台，可以直接复用企业的科技能力、数据能力、共享能力，将企业在其他业务线条使用的先进经验直接移植到合规工作领域，应用到合规工作具体场景中。直接在中台上与其他专业线工作互联互通，通过数据流抓取传递数据，推进合规业务的数据化。

三、AI 参与提高合规工作质量

1. AI 提供精准的检索与分析。合规工作中涉及大量的基础性准备工作，如检索法律、政策、规章制度、历史文件等，这些检索调取工作完全可以交给 AI，AI 完成工作的质量与效率比人类要高，AI 可以直接给出简明扼要的内容摘要。将收集到的资料进行分析，机器可自主生成分析报告，甚至自动生成各类常规性的模板化合规文书。拥有自主学习能力的 AI，可以根据人类的指令，不断完善现有工作成果，提供更优质的合规产品。

2. AI 加入合规业务场景降本增效。未来将合规蕴含的规则转换为可以被技术理解的代码，就能用代码去执行规则要求。人机结合的工作方式，将孵化出更多新的法律科技自动化产品，合规管理不断缔造新场景，广泛涉及在客服自动化、内容生成、法律分析、知识学习、数据智能等方面。例如，机器人可提供 24 小时在线合规事务咨询、生成基础性合规文书；进行历史案件裁判文书的阅读分析和理解、诉讼案件推演、诉讼策略的生成及诉讼结果的预判；在合同管理中，合同审核阶段进行文本预审、文本数据的数字化拆解及传递，履行阶段提供数据对比、履行进度提醒、违约风险筛查及预警。除了助力这些具有业务属性的工作外，还能在基础管理方面发挥作用，例如，将工作成果以图表和图像等可视化形式呈现、提供工作成果数据转化；自动分析工作成果数据、识别数据中的模式趋势，帮助合规人员提供合规解决方案；提供合规文本的实时翻译，提高跨语言沟通效率；利用机器人进行培训，采取嵌入工作场景的方式指导员工学习合规知识；利用模型与算法评估合规工作有效性……人工智能将成为人类的"副驾驶"，取代一些常规性的、基础性的工作，帮助人类腾出更多时间来发挥创造力。

【合规实务建议】

合规数字化管理是企业数字化转型催生的新事物，底层工作逻辑与业务特征具有通识性。实践中要按照企业数字化转型要求，并结合企业经营实际开展，不断打造具有企业特色的数字合规新场景。合规工作人员可利用本章内容，全面扩充知识面，包括了解企业数字化转型、中台、数字孪生等新技术知识；了解新技术对企业产生的影响、对合规管理产生的影响；体会到新形势下合规管理的变化，如何调整合规管理思路；基于合规管理的业务属性，开展数字化的合规管理。实践中可以直接使用企业数字化转型的工具和方法，也可以灵活选择本章介绍的一些数字化的合规工作举措。合规数字化转型难度较大，关键是找到工作切入点，先行动起来，才能全面开展。

后 记

感谢每一位给予我帮助的人！感谢你们出现在我的工作和生活中，如同一束束光，明亮又温暖。这些无私的给予，鼓舞着我热爱这个行业，渴求知识充盈，创新工作举措，输出思考成果。本书最后，谈谈笔者对做好合规管理的一点感悟，包括三个需要关注的重点和四个需要避免的误区。

三个需要关注的重点：

从事合规管理，要拥有发展观、大局观、全局观。要提高政治站位，把握时代特点，全面认识合规管理格局，规划合规工作蓝图。很多政策、法规、体制、机制并不是固定、一成不变的，会随着各种变量的调整产生变化。要以发展的眼光看待当下的工作。新的工作要放到大系统的坐标系统中找到相应的位置，抛弃非此即彼的简单认知。合规工作要在企业中找到"生态位"，要融入企业管理实践，结合企业的行业特点与经营特点，秉承守护价值、创造价值的理念，以护航企业合规经营为主旨。创新是企业成长的主旋律，创新与治理存在着天然的步调差距。在新的业务和技术领域，监管和企业可能存在"共同无知"，都没有标准答案。保护数字经济的创新能力和成长性，激发数字企业自身能力，鼓励企业自觉合规。

从事合规管理，要拥有系统思维、辩证思维、数字思维。要全面理解国家战略指引、部委政策规制、企业治理要求下的合规管理精髓。企业合规根植于企业，全面洞察企业整体的管理布局和经营方式，正确理解合规管理与企业其他管理手段之间相互联系与影响的关系，融入企业管理一盘棋，避免合成谬误；主动适应数字经济大潮中企业数字化转型态势，科学洞察业务数据化与数据业务化趋势，以及数字经济对企业商业模式与管理模式的影响，适应合规工作数据化的工作逻辑变迁和工作范式迭代。

从事合规管理，要尊重学科科学性，了解行业新技术、善用作业新工具。合规管理从实践成果中提炼理论知识，构建覆盖新职业的知识体系。对标一流，复用先进单位的经验与技术；洞察企业所处的行业特色，积极采取大数据、模型、算法、人脸识别、爬虫检索等新技术锻造作业工具。以高标准奠定高起点，以科学性保障先进性。伴随企业的数字化改革进程，主动适应企业经营新业态，以数字化工作方式开展高质量的合规工作。

四个需要避免的误区：

企业合规管理要厘清与法务管理的边界，避免陷入认知混沌的误区。中央企业开展合规管理，大部分由法务部门承担。法务人员兼任合规人员，将法律工作与合规工作同步推进，因此要注意厘清两种工作的不同点。法律工作的依据是刚性的，国家法律体系明确且相对稳定。合规工作依据标准是多元的，不同的国家机关、地方政府可以结合专业管理、地域管理出台不同的政策要求，要执行和参考的标准相对复杂。企业发生了法律问题不一定要使用法律手段解决，也不是只能使用法律手段解决。合规问题更为复杂，涉及不同视角，不同维度的管理，管理交叉的现象比较普遍。工作中容易出现盲人摸象的情况，局部正确未必能促成全局正确。合规工作需要宽广的视角，把握全局与局部、长远与当前、宏观与微观、一般与特殊的关系，一体化开展。

企业合规管理要主动适应政府监管，避免陷入僵化滞后被动局面的误区。当下政府监管政策频频出台，呈现体系化、精细化的趋势。企业为满足政府的监管要求，合规管理需要不断优化，保持动态更新。目前中央企业合规管理已经拥有相对完善的组织机构和工作机制保障，工作目标与原则相对清晰，但在打造一流工作范式方面仍需探索。中小企业的合规管理工作仍处于起步阶段。本书介绍了大量涉及合规工作的政策要求、部委规制要求，以及各地地方政府的管理要求和规范指引，覆盖面有限，也做不到及时反映最新动态。希望合规从业人员可以领会其中的合规管理思路，借鉴合规管理要求，采取合规工作手段，在现有的合规管理资源中汲取营养。结合企业的实际情况，及时跟进监管要求，完成合规规定动作，选好合规自选动作。

企业合规风险来源于不确定性，避免陷入唯风险论阻碍发展的误区。如果不确定性是乌卡时代的特色，那么风险无处不在就是这个时代的名片，是一种客观存在。有些理论认为这是一个快鱼吃慢鱼，而不是大鱼吃小鱼的时代。"快"是有代价的，权衡商业利益与风险同行，是企业每一天都会遇到的场景。要审慎看待全面风险，客观看待合规风险，风险要防控，企业更要发展。法律纠纷中暴露出来的风险是法务人员最直接触及的风险，也是合规风险的重灾区。聚焦重点风险、采取全闭环的工作方式解决造成风险的隐患，是做好风险防控的根本路径。

企业合规工作要考虑成本与收益，避免成为闲置性空中楼阁的误区。合规工作涉及面广，工作内容多，工作成本高。合规管理的重点在于为企业创造价值。企业对花在合规这件事上的时间成本和经济成本会有所考量，不太可能一下子做大而全的合规。结合行业特点与企业经营实际，厘清本企业的合规重点，做有企业特色的合规、有实效的合规，是更为客观的选择。企业合规管理一定要与企业的战略布局、年度重点工作结合起来，脱离了企业主体的合规工作只能是空中楼阁。合规工作自身也要做好基础设施升级与业务创新，与企业发展同频。

数字时代，不确定性是常态，应对不确定性是数字化转型的逻辑起点。近现代科学成就不断强化人们对于确定性逻辑规律的认知，大部分的现实问题要靠确定性的科学来解决。坚持传统思维框架的人对于不确定性造成的不可预测性耿耿于怀，想找到一劳永逸的灵丹妙药。数字化将人类带入到了一个深度感知、广泛连接、泛在智能的复杂系统，人类认识的世界观需要从"机械、可预见、静态的"逐步向"不断进化、不可预见、永远发展的"方向演进。经验和规则是重要的，但要与时俱进，"当所有的人都遵循经验和规则时，创造力便会窒息"。我们需要不断反思，对不确定性重新认识。

合规管理将成为新学科、新职业、新焦点，高质量的合规管理护航企业行稳致远！

李　辉

2023 年 10 月